I0821723

Jahrbuch kirchliches Buch- und Bibliothekswesen

Jahrbuch
kirchliches Buch- und Bibliothekswesen

NF 3, 2015

Im Auftrag der Arbeitsgemeinschaft Katholisch-Theologischer
Bibliotheken (AKThB) und des Verbandes
kirchlich-wissenschaftlicher Bibliotheken (VkwB)
in der Arbeitsgemeinschaft kirchlicher Archive und
Bibliotheken in der evangelischen Kirche

herausgegeben von

Jochen Bepler (†)/Hildesheim
Hans-Joachim Cristea/Trier
Dominikus Goecking OFM/Paderborn
Stephanie Hartmann/Limburg
J. Marius J. Lange van Ravenswaay/Emden
Georg Ott-Stelzner/Rottenburg
Hermann-Josef Schmalor/Paderborn
Alessandra Sorbello Staub/Fulda

Gedenkschrift für Jochen Bepler

herausgegeben von
Christian Heitzmann und Gerhard Lutz

Bibliografische Information der Deutschen Nationalbibliothek:
Die Deutsche Nationalbibliothek verzeichnet diese Publikation
in der Deutschen Nationalbibliografie; detaillierte bibliografische
Daten sind im Internet über http://dnb.dnb.de abrufbar.

1. Auflage 2016

Umschlaggestaltung: Anna Braungart, Tübingen
Satz: typegerecht, Berlin
Druck: Hubert & Co., Göttingen

ISBN 978-3-7954-3207-2
ISSN 1617-4674

Weitere Informationen zum Verlagsprogramm erhalten Sie unter:
www.schnell-und-steiner.de

Inhalt

Zum Gedenken an Jochen Bepler (1951–2015)

Mit Jochen Bepler haben seine Freunde und Kollegen in Bibliothek und Forschung einen hochgeschätzten, inspirierenden und kollegialen Gesprächspartner verloren. Wer ihn in seinem geräumigen Büro im Obergeschoss der Hildesheimer Dombibliothek besuchte, erlebte einen Bibliothekar im wörtlichsten Sinne, der nicht die große Bühne suchte, sondern sich um alle Bereiche der Bibliotheksarbeit oft selbst kümmerte. Seine Liebe zum Buch, gepaart mit breiter Bildung, intellektueller Neugierde und trockenem Humor, bleiben unvergessen.

Von 1970 bis 1979 studierte Jochen Bepler Germanistik und Geschichte in Marburg und Freiburg im Breisgau. Anschließend war er als wissenschaftliche Hilfskraft mit einem Forschungsstipendium an der Herzog August Bibliothek in Wolfenbüttel beschäftigt. Die Ausbildung im wissenschaftlichen Bibliothekswesen absolvierte er ab 1986 ebenfalls an der Herzog August Bibliothek und an der Fachhochschule für Bibliotheks- und Dokumentationswesen in Köln.

Ab 1989 war Jochen Bepler wissenschaftlicher Bibliothekar an der Dombibliothek Hildesheim, der ältesten Bibliothek Norddeutschlands mit bedeutendem historischen Altbestand. Die Dombibliothek erlangte 1993 den Status einer eigenständigen Einrichtung des Bistums Hildesheim. Im selben Jahr wurde Jochen Bepler von Bischof Josef Homeyer zu ihrem Direktor berufen und war dies bis zu seinem Tod im Jahr 2015. 1997 konnte der Neubau der Dombibliothek bezogen werden, der seitdem für die Bestände optimale konservatorische Bedingungen und Benutzern und Forschern eine hervorragende Arbeitsumgebung bietet.[1] Besonders lag Jochen Bepler der Albani-Psalter am Herzen: Er betreute

1 Jochen Bepler: Der Neubau der Dombibliothek in Hildesheim. Ein neues Haus für die älteste Bibliothek in Norddeutschland. In: Bibliothek. Forschung und Praxis 21 (1997) Nr. 1, S. 77–84.

nicht nur die Herausgabe der 2008 erschienenen Faksimile-Ausgabe, sondern stieß auch die Restaurierung an. Zudem ist sein Name mit zwei Sonderausstellungen des Psalters verbunden: Die eine 2013/14 im J. Paul Getty Museum in Los Angeles *Canterbury and St. Albans: Treasures from Church and Cloister*, die andere unter dem Titel *Gottesfurcht & Leidenschaft* bereits 2009/10 im Dommuseum Hildesheim. Von der Kooperation profitierte gerade das Dommuseum immer wieder. Wiederholt setzten die Buchbestände der Dombibliothek wichtige Akzente. Diese Zusammenarbeit gipfelte in der Einrichtung von speziellen Pultvitrinen für den Gobelinraum des 2015 neu eröffneten Museums, wo gezielt in wechselnden Präsentationen Bestände der Dombibliothek gezeigt werden sollen. Die erste Zusammenstellung für die Museumseröffnung im April 2015 richtete Jochen Bepler wenige Wochen vor seinem Tod noch persönlich ein. Aber auch seiner Ausbildungsbibliothek, der Herzog August Bibliothek, blieb er verbunden: So ermöglichte Jochen Bepler es beispielsweise, in mehreren Ausstellungen zur mittelalterlichen Buchkultur in Hildesheim und im Braunschweiger Land kostbare Handschriften der Dombibliothek auszustellen. Aber auch in den Bereichen der Konservierung und Restaurierung pflegte er enge Verbindungen nach Wolfenbüttel.

Jochen Bepler hatte zudem einen wachen Blick für die Relevanz zeitgenössischer Buchkunst. So reflektierte er über das Verhältnis von Comics und Kirche, legte in der Dombibliothek eine Sammlung von Comics an und war maßgeblich an der Entstehung des Bistumscomics zum 1200-jährigen Jubiläum der Diözese Hildesheim im Jahr 2015 beteiligt.[2]

Zugleich hat Jochen Bepler die Arbeitsgemeinschaft Katholisch-Theologischer Bibliotheken (AKThB) über Jahre hinweg deutlich geprägt. Zum ersten Mal nahm er 1989 in Würzburg an einer Jahrestagung teil, der zentralen Koordinations- und Kommunikationsplattform für die gesamte Arbeit der AKThB. Bereits 1991 organisierte er die Jahrestagung in Hildesheim, 1995 wurde er berufen, die Arbeitsgruppe „Das alte Buch", die heutige Altbestandskommission der AKThB, aufzubauen und zu leiten. Ein Jahr später hielt er das Eröffnungsreferat der Jahrestagung unter dem Titel „Das alte Buch im Besitz kirchlicher Bibliotheken". Die Kommissionsarbeit nahm er mit großem Engagement bis zu seinem Tode wahr.

1997 wurde er in Köln zum Vorsitzenden der AKThB gewählt und blieb dies 14 Jahre lang bis 2011. In dieser Zeit entwickelte sich die AKThB zu einem bibliothekarischen Fachverband, der sich im deutschen Bibliothekswesen sehr gut positionierte und auf breiter Basis die Interessen auch der kleineren Bibliotheken wahrnimmt. In diesen Kontext gehört auch sein großes Engagement für die Kirchenbibliothek St. Marien in Barth (Vorpommern). Als Mitglied im wissenschaftlichen Beirat des dortigen Fördervereins wirkte er maßgeblich an der Restaurierung und Neueinrichtung der an Altbeständen reichen Bibliothek und an der Konzeption von Arbeitsgesprächen zur Barther Bibliothek mit.

Besonders wichtig war ihm die Entwicklung eines neuen interkonfessionellen Kommunikationsorgans, des *Jahrbuchs kirchliches Buch- und Bibliothekswesen*, das er auch als Vorsitzender

2 Jochen Bepler: Kirche und Comics. Eine Annäherung. In: Jahrbuch kirchliches Buch- und Bibliothekswesen NF 2 (2014), S. 117–126.

der AKThB und Spiritus rector intensiv prägte und begleitete. Im ersten Band des neuen Jahrbuchs, das im Jahr 2000 erstmals erschien und als vollständige Neukonzeption das alte „Mitteilungsblatt“ ablöste, heißt es im Editorial, das deutlich Jochen Beplers Handschrift trägt und dessen tragende und treibende Rolle bei der Neukonzeption dokumentiert: „Wir beginnen etwas Neues.“ Und weiter zu Sinn und Ziel des Jahrbuchs: „Das neue Jahrbuch soll die Kräfte des kirchlichen Bibliothekswesens ... zusammenfassen und darstellen. Es soll die Arbeit in den kirchlichen Bibliotheken entsprechend den erreichten Standards befruchten und zugleich den kulturellen Beitrag kennzeichnen, der, oft unzureichend wahrgenommen, in kirchlichen Bibliotheken erbracht wird.“ Nachdem er 2011 nicht mehr zur Wahl des Vorsitzenden der AKThB kandidiert hatte, übernahm er die Hauptherausgeberschaft des Jahrbuchs und arbeitete intensiv an dessen inhaltlicher Gestaltung. Es ist sein Verdienst, dass im Jahr 2013 das Jahrbuch, nunmehr professionell betreut im Verlag Schnell und Steiner, als Neue Folge in neuem Gewand erschien und eine größere Verbreitung fand.

Dies alles ist Grund genug, Jochen Bepler diesen Jahrgang der Zeitschrift zu widmen. Die Herausgeber freuen sich besonders, dass sich so viele Weggefährten und Fachkollegen bereitgefunden haben, einen Beitrag für diese Gedenkschrift beizusteuern.

Christian Heitzmann und Gerhard Lutz,
unter Mitwirkung von Hermann-Josef Schmalor

Wolfenbüttel und Hildesheim, im September 2016

Die Sondersammlungen der Predigerseminarbibliothek Braunschweig

Gabriele Canstein

Unter dem Dach des Theologischen Zentrums in Braunschweig, das unter anderem die „Evangelische Akademie Abt Jerusalem“ und das „Atelier Sprache e.V.“ beherbergt, befindet sich die Predigerseminarbibliothek. Sie ist die theologisch-wissenschaftliche Bibliothek der Braunschweiger Landeskirche. Ihre lange, wechselvolle Geschichte ist bereits an anderer Stelle ausführlich dargestellt worden, so zum Beispiel auf der Homepage des Theologischen Zentrums sowie in einem Beitrag von Alwin Müller-Jerina in der Festschrift zum 300-jährigen Bestehen des Predigerseminars.[1] Hier soll nur der Hinweis erfolgen, dass die Bibliothek ihren Ursprung im Zisterzienserkloster Riddagshausen hat. Das Kloster wurde 1145 gegründet und nach der Reformation zunächst in eine Lateinschule, 1690 in ein Collegium Candidatorum, das spätere Predigerseminar, umgewandelt. Seit dieser Gründung kann man von einer weitgehend kontinuierlichen Geschichte bis zur Auflösung des Klosters unter westfälischer Herrschaft im Jahr 1810 sprechen.

Heute umfasst der Bestand der Predigerseminarbibliothek ca. 60.000 Bände, darunter sind einige besondere Sammlungen. Die „Riddagshäuser Klosterbibliothek“ bildet mit ca. 4000 Bänden den Altbestand der Bibliothek. Wann diese Sammlung mit rund 4.300 Titeln in der Weise zusammengestellt worden ist, wie sie uns überliefert ist, kann im Einzelnen nicht mehr nachvollzogen werden. Mit Sicherheit kann man sagen, dass ein Großteil dieses Bestandes aus Schenkungen der Braunschweiger Herzöge besteht, denn viele Bücher enthalten entsprechende Exlibris. In der Anfangszeit des Predigerseminars sind die Bücher in drei handgeschriebenen Katalogen, die von 1690 und 1707 datiert sind, erfasst worden (Sign. Z 13, Z 14 a,b, Z 15). Ein Abgleich mit dem jetzigen Bestand ist bisher noch nicht erfolgt. Seit der Überführung der Sammlung im Jahr 1963 aus der Stadtbibliothek Braunschweig – denn dorthin hatte man die Bücher im 2. Weltkrieg ausgelagert – in die Räumlichkeiten Alter Zeughof 1 sind sie in der Reihenfolge der ursprünglichen Signaturen aufgestellt.

1 Alwin Müller-Jerina: Eine Schatzkammer theologischer Wissenschaft: Die Bibliothek des Predigerseminars in Braunschweig. In: Wilfried Theilemann (Hrsg.): 300 Jahre Predigerseminar, 1690–1990: Riddagshausen, Wolfenbüttel, Braunschweig. Festschrift zum 300jährigen Jubiläum des Predigerseminars der Evangelisch-lutherischen Landeskirche in Braunschweig. Braunschweig, 1990, S. 171–176.

Wann und von wem die Signaturen in ihrer heutigen Form angebracht wurden und der dazugehörige Zettelkatalog erstellt wurde, lässt sich nicht mehr nachvollziehen. Da die Titelangaben nur die Signatur, den Verfasser, den Titel, Erscheinungsort und -jahr enthalten, kann man davon ausgehen, dass die Titelaufnahmen ohne Anwendung eines Regelwerkes gemacht worden sind. Die Titel der Sammlung sind in den alphabetischen Katalog und den OPAC der Predigerseminarbibliothek eingearbeitet. Dazu kommt noch ein chronologischer Zettelkatalog, der die Titel nach Erscheinungsjahr ordnet.

Aus dem großen Bestand an seltenen und kostbaren Büchern in dieser Sammlung soll hier zunächst auf die ältesten Werke eingegangen werden; anschließend auf Werke, die für die Reformationsgeschichte der Stadt Braunschweig von Bedeutung gewesen sind.

Von der mittelalterlichen Bibliothek sind Handschriftenfragmente auf Pergament aus dem 13. Jahrhundert mit Gedichten von Walter von der Vogelweide erhalten sowie vier liturgische Papierhandschriften mit Noten. Das älteste gedruckte Buch ist eine Ausgabe der *Epistolae* von Aurelius Augustinus, in Straßburg bei Mentelin vor 1471 gedruckt (Sign. A 55, GW 2905). Der Einband ist bis auf die Bindung im Original erhalten: Die Vorder- und Rückendeckel bestehen aus Holz, das mit dunkelbraunem Leder bezogen ist. Darauf befinden sich Metallbuckel; an den Ecken und dem unteren Rand sind Metallkanten angebracht. An der Oberkante des Rückendeckels ist ein eiserner Ring befestigt: ein Hinweis darauf, dass dieses Buch einst an einem Pult angekettet war (Liber catenatus).

Mit den *Comoediae* des Terenz von 1499 (Sign. R III 11, BMC I 113) und Werken von Vergil von 1502 (Sign. R III 12) besitzt die Bibliothek zwei Frühdrucke, die die Bedeutung antiker Lektüre auch für Geistliche zeigen: Die Werke des Terenz wurden wegen ihres natürlichen und eleganten lateinischen Stils gelesen und gehörten zum Unterrichtsstoff in den Lateinschulen. Aber auch im Kanonissenstift Gandersheim waren seine Werke bekannt: Die Kanonisse Roswitha von Gandersheim (ca. 935–973) kannte die Werke, wie sie selbst im Vorwort zu ihrem zweiten Buch schreibt: Denn sie hat Komödien des Terenz umgedichtet, da ihr zwar der Sprachstil gefiel, nicht aber der frivole Inhalt. Martin Luther liebte die Komödien, besonders *Hecyra*, wie aus einer Äußerung in den Tischreden hervorgeht: „Das ist eine feine comedien, die beste im Terentio, aber weil sie nicht motus (Leidenschaft) hat, so gefelt sie den meisten Studenten nicht. Sed habet graves sententias, utiles ad communem vitam“.[2]

Das Werk von Terenz ist im Originaleinband erhalten. Vorder- und Rückendeckel bestehen aus Holz, das zur Hälfte mit Leder bezogen ist. Die Schließen wurden möglicherweise einmal nachgearbeitet. Die Werke des Terenz und des Vergil sind mit Holzschnitten illustriert.

Zahlreiche Bände der „Riddagshäuser Klosterbibliothek« sind Zeugnisse für die Reformation in Braunschweig: Von den Lutherschriften, die für die Reformation von großer Bedeutung sind, befinden sich im Bestand der Bibliothek folgende Ausgaben:

An den christlichen Adel deutscher Nation, 1520 (Sign. 405 kon 1). Die Schrift ist in einen Konvolutband, der in den 1970er Jahren restauriert wurde, eingebunden, wie auch die beiden Drucke *Von der Freiheit eines Christenmenschen,* 1523 (Sign. S 12 kon 9) und *Ein Sermon von dem ablas,* 1518 (Sign. S 1 kon 11). Mit dieser Schrift machte Luther seine Thesen

2 Martin LUTHER: Werke. Weimarer Ausgabe. Tischreden, Bd. 5. Weimar, 1919, S. 63 f. (Nr. 5339).

zum Ablass auch für Laien verständlich. Dank des Buchdrucks fand sie weite Verbreitung und wurde viel gelesen. Vermutlich war es die erste Lutherschrift, die der Braunschweiger Mönch Gottschalk Kruse (1499–1540) gelesen hat, denn er war einer der ersten, der nach Wittenberg ging, um dort zu studieren. Für kurze Zeit ist er dann als protestantischer Theologe nach Braunschweig zurückgekehrt und hat 1522 die erste reformatorische Schrift Niedersachsens verfasst.[3]

Das *Passional Christi und Antichristi* (Sign. S 5 kon 13) zeigt mit 26 Holzschnitten auf 14 Blättern Szenen aus der Passionsgeschichte Jesu, denen kontrastierende Darstellungen des Papstes in unterschiedlichen Situationen gegenübergestellt sind. Die Abbildungen stammen aus der Werkstatt von Lukas Cranach d. Ä.; vermutlich hat Martin Luther den Druck veranlasst. Hier findet die Gegnerschaft Luthers zum Papsttum – dem Antichristen – ihren bildhaften Ausdruck. Luther wollte die Oberhoheit des Papstes abschaffen; für ihn sollte jeder getaufte Christ in der Lage sein, die Bibel zu lesen und zu verstehen und eine unmittelbare Beziehung zu Gott zu haben. Daher rührt auch sein großes Interesse an guten Schulen, wie er es in der Schrift *An die Radherrn aller Stedte deutsches lands, das sie Christliche Schulen aufrichten und hallten sollen* (1524) (Sign. 405 kon 4), fordert. In Bugenhagens Kirchenordnung hat das Schulwesen deshalb einen bedeutenden Stellenwert.

Nicht nur Martin Luther hatte das Anliegen, das Kirchenwesen zu erneuern. Auch andere Theologen suchten nach Wegen, die Kirche zu reformieren, so zum Beispiel der Allstedter Theologe und Pfarrer Thomas Müntzer. Mit dem *Deutsch Kirchenampt* und der *Deutsch evangelisch Messze* (beide: Sign. P IV 3) hat Thomas Müntzer schon 1524 eine Agende in deutscher Sprache verfasst, und zwar in Allstedt. Der Grund für den Gebrauch des Deutschen bestand darin, dass die Gemeinde verstehen sollte, was gesungen wurde, und somit der Gottesdienst eine Veranstaltung der ganzen Gemeinde war. Müntzer verwendete als Notenschrift Neumen. Das sind gotische Notationen, die in der Gregorianik verwendet wurden. Mit welcher Absicht Thomas Müntzer diese Notenschrift wählte, ist nicht klar. Er hatte eine Pfründe an der Braunschweiger Michaeliskirche, aber ob seine Agende im Gottesdienst in Allstedt oder in Braunschweig tatsächlich verwendet worden ist, ist nicht belegt. Der Originaleinband ist nicht mehr erhalten; das Buch wurde um 1970 restauriert (Abb. 1).

Johannes Bugenhagen, ein Freund und Mitarbeiter Luthers in Wittenberg, kam auf Berufung durch den Rat der Stadt nach Braunschweig und verfasste für die Stadt eine neue Kirchenordnung (Sign. S 279). Sie enthält Ordnungen für die Gottesdienste, für die Taufe, die Beichte und das Abendmahl. Als besonders notwendig gelten in der Ordnung: gute Schulen für die Kinder, Prediger, die das Wort Gottes rein vortragen, und die mit lateinischen Lesungen und Bibelauslegungen zu versorgen sind, sowie die Einrichtung eines „gemeinen Kastens" zur Entlohnung der Kirchenbediensteten und für Bedürftige. Danach folgen christliche Zeremonien und andere Kirchendienste. Diese Kirchenordnung diente auch als Vorbild für weitere Kirchenordnungen, die Bugenhagen geschrieben hat, z. B. für Hamburg und Lübeck. Sie sind alle in Niederdeutsch geschrieben, denn Niederdeutsch war im 15. und 16. Jahrhundert die Verkehrssprache im Nord- und Ostseeraum.

3 Gottschalk KRUSE: Uan adams vnd vnsem valle vnd wedder vpperstandinghe, Braunschweig: Hans Dorn, 1522 (VD 16 K 2472).

Das Ampt auff das fest der geburt Christi.

Auff das fest der geburt Christi zur Metten hebt der priester also an. Got sey vnser hülff vmb seynes namen willen. Antwort. Der do geschaffen hat hymel vnnd erden. Darnach der priester widder. O got thu auff meyne lippen. Antwort. Vnnd laß meynen mundt deyn lob vorkündigen. Darnach der priester widder. O got steh mir bey in meyner not. Antwort wie vor.

Das Jnuitatorium.

Ris tus ist

vns gebo ren

Kumpt last vns yhm ehr erbie ten Kumpt

Abb. 1: Deutzsch kirche[n]ampt, vorordnet auffzuheben den hinterlistigen deckel unter welchem das Liecht der Welt vorhalte[n] war, welchs yetzt wiederümb erscheynt mit dysen Lobgesengen, vnd Götlichen Psalmen, die do erbawen die zunemenden Christenheyt, nach gottis vnwandelbarn willen, zum vntergang aller prechtigen geperde der gotlosen. / Alstedt [Thomas Müntzer] (Sign. P IV 3)

Während Martin Luther an seiner Übersetzung der Bibel ins Hochdeutsche gearbeitet hat, übertrug Johannes Bugenhagen die Bibel in die niederdeutsche Sprache. Eine Ausgabe dieser Bibel aus dem Jahr 1532 befindet sich in der Sammlung (Sign. B V 34). Hier zeigt sich wiederum die Intention der Reformatoren, dass auch Laien die Bibel lesen und verstehen sollen. Der Titelholzschnitt zum Neuen Testament zeigt bildhaft den Unterschied zwischen altem und neuem Bund. Auf der linken Seite des Holzschnitts finden wir Adam und Eva, die vom Baum der Erkenntnis essen, und Moses, der die Gesetzestafeln in Empfang nimmt. Am unteren Rand befindet sich ein Sarg mit einem Leichnam. Der Lebensbaum ist auf dieser Seite verdorrt. Auf der rechten Seite sieht man am oberen Rand die Empfängnis, darunter Jesus am Kreuz, und am unteren Rand den auferstandenen Christus, der den Tod zertritt. Hier ist der Lebensbaum voller Blätter. Am unteren Stamm des Baums stehen ein Prophet und Paulus, beide weisen auf das Kreuz hin. Bei dem Exemplar der Predigerseminarbibliothek verziert der gleiche Holzschnitt auch das Titelblatt der *Biblia*, ist allerdings durch den Gebrauch beschädigt und wenig sachgerecht restauriert worden.

Ein Unikat zur Braunschweiger Reformationsgeschichte ist eine Handschrift von Prior Petrus Windruwe über die Einführung der Reformation im Kloster Riddagshausen. Abt Johannes Lorber (1557–1586) und Prior Windruwe, der später (1586–1614) der Nachfolger von Lorber gewesen ist, haben die Aufzeichnungen unterzeichnet. Die Handschrift ist eingebunden in einen Band des *Corpus Doctrinae Julium* (in: Sign. Z 5). Hier ein Auszug daraus:

> „Nach dem wir aber dazumal noch Im Finsternus und grewel des Bapsttumbs sassen, und gleichwol durch sunderliche schickunge Gottes des allmechtigen, der da will das alle Menschen selig werden und zum erkantnus des Lichtes und der warheit kommen, und erleuchtung des h[eiligen] geistes, unsern Ihrtumb und grewel darinne wir auferzogen waren, erkenneten, und soliche in Gottes worte gegründete Reformation den Herrn Rethen, neben underdeniger Dancksagung kegen Godt dem allmechtigen undd s[eine] f[ürstliche] g[naden] mit allem gehorsam, semplich und sunderlich im gantzen closter annamen; Als haben wir, Johannes Lorbeer Abt des Closters, alsbald eine besserung des Gottes Dienstes nach fürstlicher publicirter Kirchenordnunge angestellet, und alles was dem reinen unverfelschten worte gottes, als mit vertrawen des vordienstes des ordens, meßopfer für die Sünde der Lebendigen und der todten oder dergleichen zu wieder auf den tag Laurentii eiusdem anni, gentzlich abgeschafft, und den spinneweb sampt dem alten sawrteig in unsern beuolnen Kirchen so woll In als auserhalb des Closters ausgefeget, Dagegen aber den rechten Gottes Dienst angerichtet, und selbst hernacher Diesem Corpori Doctrinae welcher in der Propheten und Apostel schrifften gegründet, mit hertzen, mundt und handt niedergeschrieben ..."

Dieses Dokument zeugt von der neuen Macht des Herzogs, kirchliche Belange zu regeln. Es zeigt aber auch das Einverständnis des Abts und Priors mit den gewandelten Bedingungen: Das Kloster wurde in eine Klosterschule verwandelt.[4]

4 Chronicon Riddagshusense. Heinrich Meiboms Chronik des Klosters Riddagshausen 1145–1620, eingeleitet, übersetzt u. erläutert von Gottfried ZIMMERMANN (Braunschweiger Werkstücke, Reihe A,19, der ges. Reihe Bd. 61). Braunschweig, 1983, S. 139 f.

In der „Riddagshäuser Klosterbibliothek" befinden sich aus der Zeit nach der Reformation sechs Werke von Joachim Mörlin und 13 Werke von Martin Chemnitz, den beiden Superintendenten von Braunschweig, die an der Abfassung des *Corpus Doctrinae* mitgewirkt haben. Im Bestand sind weiterhin Werke von Theologen, die an der – 1576 von Herzog Julius gegründeten – Helmstedter Universität gelehrt haben, insbesondere von Georg Calixt, seinem Sohn Friedrich Ulrich und Tilemann Heshusius, um nur einige Namen zu nennen. Des Weiteren gehören theologische Schriften, Predigtsammlungen, Gesangbücher und Erbauungsliteratur zu dieser Sammlung. Als das Predigerseminar in Riddagshausen 1810 aufgelöst wurde, umfasste der Bestand ca. 3.000 Bände. Sie wurden in der Folgezeit zunächst auf mehrere staatliche Bibliotheken verteilt. Aber im Gegensatz zu vielen anderen Klosterbibliotheken, die nach der Säkularisierung entweder in staatliche Einrichtungen übergingen oder verkauft wurden, wurde der Riddagshäuser Bibliotheksbestand nach der Neugründung des Predigerseminars 1836 in Wolfenbüttel aus den verschiedenen Bibliotheken zurückgeholt und dort untergebracht. Während des Zweiten Weltkriegs erfolgte erneut eine räumliche Verteilung und Auslagerung. Nachdem das Predigerseminar 1952 wieder – diesmal in Braunschweig – eingerichtet wurde, wurde der Bestand endgültig zusammengeführt und 1963 im – nach dem Krieg wieder aufgebauten – Gebäude am Alten Zeughof 1 aufgestellt.

Mit der „Sammlung Daum" bewahrt die Predigerseminarbibliothek ein besonderes Juwel auf. Josef Daum, bis 1987 Leiter der Braunschweiger Universitätsbibliothek, und seine Ehefrau Hella, eine Buchrestauratorin, trugen eine wertvolle Sammlung von 220 Gesang- und Andachtsbüchern evangelischer und katholischer Provenienz zusammen. Sie stammen aus vier Jahrhunderten und verschiedenen europäischen Ländern. Die handlichen Bändchen zeugen von der tiefen Frömmigkeit ihrer einstigen Besitzer. Das zeigt sich an den kostbaren Einbänden dieser Andachts- und Erbauungsliteratur. Als Einbandmaterial wurde Elfenbein, Schildpatt, Perlmutt, Samt oder Leder benutzt. Die angebrachten Metallschließen sind schön verziert, Vorder- und Rückendeckel häufig mit Intarsien versehen oder zum Schmuck mit Bordüren und Medaillons geprägt. Die aufwendige, kostbare und sicher auch kostspielige Ausstattung dieser Bücher zeugt von der Achtung und Wertschätzung, die die Besitzer dem Inhalt entgegenbrachten. Sie sind ein außergewöhnliches Beispiel von 400 Jahren europäischer Buchkunst. Im Jahr 2002 konnte diese Sammlung mit Unterstützung der Stiftung NordLB/Öffentliche, des Vereinigten Braunschweigischen Kloster- und Studienfonds und der Evangelisch-Lutherischen Landeskirche erworben werden und kann damit als geschlossene Sammlung in der Region erhalten bleiben (Abb. 2).

Die dritte wertvolle Sammlung ist die „Stiftsbibliothek Gandersheim". Sie wurde als Depositum 1993 in die Predigerseminarbibliothek in Braunschweig überführt, da eine angemessene Aufbewahrung in der Stiftskirche während einer Restaurierungsphase nicht möglich war. Über diese Sammlung mit ihren ca. 1800 Bänden ist bereits an anderer Stelle berichtet worden.[5] Es sei nur am Rande erwähnt, dass es sich hierbei nicht um die hochmittelalterliche Bibliothek des Kanonissenstifts Gandersheim handelt, die im 10. Jahrhundert

5 Gabriele CANSTEIN: Die Stiftsbibliothek Gandersheim. In: Mitteilungsblatt der Arbeitsgemeinschaft Katholisch-Theologischer Bibliotheken (AKThB) 46 (1999), S. 47–57; DIES., Die Bibliothek des Stiftes Gandersheim. In: Jahrbuch Kirchliches Buch- und Bibliothekswesen, NF 1 (2013), S. 145–150.

Abb. 2: Mariengruß. Gebet- und Erbauungsbuch für katholische Christen, insbesonders zur Verehrung der allerseligsten Jungfrau Maria / nach Georg Ausim...Winterberg 1897 (Sign. SD 103)

der Dichterin Roswitha Bildungs- und Lesestoff geboten hat; die erhaltenen Bestände reichen lediglich ins 15. Jahrhundert zurück. Erhalten sind lediglich zwanzig spätmittelalterliche Handschriften mit theologischem Inhalt.[6] Das Kanonissenstift wurde in der Reformation zu einem protestantischen Damenstift umgewandelt. Die Stiftsbibliothek, die uns bis heute erhalten ist, wurde 1721 von der Äbtissin Elisabeth Ernestine Antonie von Sachsen-Meiningen, einer Enkelin Herzog Anton Ulrichs von Braunschweig-Lüneburg, kurz nach ihrem Amtsantritt neu eingerichtet. Staatswissenschaftliche Schriften, Historica und Reiseberichte zeigen das Interesse der Stiftsdamen an ihrer Umwelt und am Zeitgeschehen. Einmalig sind 57 Bände mit Predigtnachschriften aus der Hand der Äbtissin selbst und ein handgeschriebenes Gebetbuch für Frauen von Elisabeth Juliane, der Ehefrau Herzog Anton Ulrichs.[7] Beide Handschriften sind ein authentisches Zeugnis der Frömmigkeit adliger Damen in der frühen Neuzeit. Das Gebetbuch, das dann 1702 gedruckt

6 Helmar HÄRTEL: Die Handschriften der Stiftsbibliothek zu Gandersheim (Mittelalterliche Handschriften in Niedersachsen, 2). Wiesbaden, 1978.

7 Cornelia Niekus MOORE: Zur Beförderung eigener Andacht wie auch zu anderer Erbauung. Die Gebetbücher der Herzogin Elisabeth Juliane zu Braunschweig-Lüneburg als Zeugnisse Wolfenbütteler Frömmigkeit. In: Dieter MERZBACHER und Wolfgang MIERSEMANN (Hrsg.): Wirkungen des Pietismus im Fürstentum Wolfenbüttel. Studien und Quellen (Wolfenbütteler Arbeiten zur Barockforschung, 53). Wiesbaden, 2015, S. 331–356.

worden ist, enthält neben Morgen- und Abendgebeten auch Bitt- und Dankgebete, die die Herzogin selbst verfasst hat. Aus ihnen spricht Demut und tiefes Gottvertrauen. Den Leserinnen soll das Buch zur Erbauung und Andacht dienen und ihren Glauben stärken.

Die Predigerseminarbibliothek enthält noch weitere Sondersammlungen. Eine Gesangbuchsammlung mit etwa 500 Gesangbüchern aus den Jahren 1711 bis 1970 wurde 1975 von einem Braunschweiger Theologen angekauft. Dabei handelt es sich hauptsächlich um evangelische Gesangbücher aus verschiedenen Regionen und Landeskirchen. Für die Recherche stehen hierzu zwei Zettelkataloge zur Verfügung. Weiterhin ist eine Sammlung von Literatur aus und über Japan zu nennen. Sie wurde der Bibliothek von Elsbeth Strohm geschenkt, die in den 1970er und 80er Jahren in Osaka als Diakonin gewirkt und sich in dieser Zeit diese Bücher angeschafft hat. Auch die Handbücherei des Arbeitskreises „Dienst an Israel" wurde der Predigerseminarbibliothek übergeben: eine Sammlung von zeitgenössischen Judaica aus der zweiten Hälfte des 20. Jahrhunderts. Zu erwähnen ist zudem die Übernahme der Bibliothek des 1991 verstorbenen ehemaligen Propstes von Wolfenbüttel, Ernst-Burkhard Müller. Die „Bibliothek Müller" enthält vornehmlich theologische und philosophische Werke aus den Jahren 1960 bis 1980.[8]

Doch insbesondere die drei historischen Sammlungen der Predigerseminarbibliothek sind beeindruckende Zeugnisse vergangener Zeiten. Bei der „Riddagshäuser Klosterbibliothek" wird eine Ära der braunschweigischen Kirchengeschichte lebendig. Die „Sammlung Daum" gibt mit den aufwendig gestalteten Bucheinbänden Beispiele für Volksfrömmigkeit, und die Stiftsbibliothek erlaubt Einblicke in die Welt der Stiftsdamen im Barockzeitalter. Die Sammlungen, die hier skizziert worden sind, zeigen in ihrer Unterschiedlichkeit doch den Respekt und die Wertschätzung, die das Medium „Buch" in früheren Jahren erfahren hat. Bücher als Speicher von Wissen, von Erfahrungen und Auseinandersetzungen, aber auch von den Vorstellungen und Bildern, die man sich gemacht hat, galt es zu pflegen und zu bewahren. Wir wissen heute noch nicht, ob das Buch als Speichermedium einmal endgültig abgelöst werden wird. Aber dieses Erbe, diese Schätze auf jahrhundertealtem Papier, gilt es zu pflegen und zu bewahren.

8 Diese drei Sammlungen haben jeweils ein eigenes Signatursystem und sind im OPAC erfasst.

Neues zur Buchkultur der Franziskaner in Goslar

Bücherfunde in der Marktkirchenbibliothek und der Herzog August Bibliothek

Britta-Juliane Kruse

Historischer Kontext

Noch vor wenigen Jahren galt die Bibliothek der Goslarer Franziskaner als nahezu vollständig verloren.[1] Ihr Konvent befand sich an der Stadtmauer im Nordwesten Goslars – nahe der heutigen Straße „Hinter den Brüdern". Er wurde in den späten 1230er Jahren gegründet, nachdem erste Mendikanten schon ab ca. 1223 die Stadt erreicht und auf öffentlichen Plätzen gepredigt hatten.[2] Patron ihrer Niederlassung war der hl. Laurentius. 1277 erwarben die sog. Bettelmönche vom Konvent der Maria-Magdalenerinnen am Frankenberg ein Grundstück zur Erweiterung ihres Klostergeländes.[3] Seit 1422 gehörte das St. Petersstift zur Klosteranlage. Welche Bedeutung den Franziskanern im städtischen Leben Goslars rund zehn Jahre vor Einführung der Reformation beigemessen wurde, dokumentiert die 1517 mit privaten Zuwendungen finanzierte Modernisierung der Klosterkirche, in der Seelmessen für das Totengedenken gelesen wurden. Einige Stifter, unter ihnen Hans Geismar, der Großvater des bekannten Goslarer Chronisten (*min grote vater Hans Geismer de buwe ein*

1 „Ebenso liegen über den Verbleib der Bibliotheksbestände keine Hinweise vor. Da der Konvent allerdings ein Hausstudium unterhielt, ist eine Bibliothek vorauszusetzen. Einziger sicherer Hinweis auf Buchbesitz ist eine Eintragung über die Verpfändung von Büchern an die Stadt Ende des 14. Jh. Es handelte sich bei den Büchern um Standardwerke (*decretum unde decretales*) einer Franziskanerbibliothek, die auch wieder ausgelöst wurden." Zit. n. Bernd Schmies: Artikel Goslar – Franziskaner. In: Josef Dolle (Hrsg.): Niedersächsisches Klosterbuch. Verzeichnis der Klöster, Stifte, Kommenden und Beginenhäuser in Niedersachsen und Bremen von den Anfängen bis 1810, Teil 2: Gartow bis Mariental. Bielefeld, 2012, S. 523–528, hier S. 526. Auf die anschließende Identifizierung von Büchern aus dem Franziskanerkloster Goslar in der Marktkirchenbibliothek durch Helmut Liersch und Ulrich Bubenheimer verweist Volker Honemann: Bücher und Bibliotheken der Saxonia von ihren Anfängen bis zur Reformation. In: Volker Honemann (Hrsg.): Geschichte der sächsischen Franziskanerprovinz 1: Von den Anfängen bis zur Reformation. Paderborn, 2015, S. 521–601, hier S. 546, Anm. 98.

2 Bernd Schmies und Kirsten Rakemann: Spuren franziskanischer Geschichte. Chronologischer Abriß der Geschichte der sächsischen Franziskanerprovinz von ihren Anfängen bis zur Gegenwart. Werl, 1999, S. 21.

3 Thomas Budde: Zu den ältesten Befunden der Goslarer Brüdernklostergrabung. In: Nachrichten aus Niedersachsens Urgeschichte 65 (1996), S. 151–176, hier S. 160; G. F. Eduard Crusius: Geschichte der vormals Kaiserlichen freien Reichsstadt Goslar am Harze. Osterode, 1842, S. 76 f.

krutzegewelffte van sinen godern und war darneben bauher der kirchen),[4] ließen von ihnen finanzierte Kirchenfenster mit ihren Wappen versehen. Nach Ansicht der Vertreter der Alten Kirche führten diese Maßnahmen zur Förderung des Glaubens wie Seelmessen und Gebete langfristig zur Vergebung der Sünden und zum Gedächtnis über den Tod hinaus (Memoria).[5]

In der Phase des Übergangs zur Reformation[6] ließ der Stadtrat 1528 zwei heute nicht mehr auffindbare Inventare der Mobilien im Franziskanerkloster zusammenstellen.[7] Im folgenden Jahr fand der Abtransport der inventarisierten Gegenstände statt, unter denen sich vermutlich auch Bücher befanden. Durch das Verbot des Bettelns um Almosen war den Franziskanern eine unverzichtbare Lebensgrundlage entzogen worden. Infolgedessen löste sich der Konvent auf und die meisten Brüder zogen nach Halberstadt. Einige Konventualen wie Johannes Jopp und Johannes Topf,[8] die dort noch 1559 beziehungsweise 1562 lebten, blieben bis zu ihrem Tod im Franziskanerkloster. Der Priester Johannes Jopp vermachte 1559 testamentarisch dem Kloster Clus vier Bücher und verpflichtete die beschenkten Benediktiner mit dieser Verfügung, im Gegenzug zugunsten seines Seelenheils ein Jahr lang jeden Monat für ihn Memorien zu lesen.[9] Die letzten Minoriten verließen das Franziskanerkloster Goslar erst, nachdem Herzog Julius (1528–1589) 1568 im nahen Fürstentum Braunschweig-Lüneburg die Reformation eingeführt hatte.[10] Der nun verwaiste

4 Gerhard Cordes (Hrsg.): Chronik der Stadt Goslar von 1534: Die Goslarer Chronik des Hans Geismar (Beiträge zur Geschichte der Stadt Goslar, 14). Goslar, 1954, S. 128.

5 Siehe Arnold Angenendt: Die liturgische „Memoria": Hilfe für das Fortleben im Jenseits. In: Rainer Berndt (Hrsg.): Wider das Vergessen, für das Seelenheil. Memoria und Totengedenken im Mittelalter, Ergebnisse einer internationalen und interdisziplinären Tagung des Hugo von Sankt Viktor-Instituts 2008 (Erudiri sapientia: Studien zum Mittelalter und seiner Rezeptionsgeschichte, 9). Münster, 2013, S. 199–226, bes. S. 222 f.

6 Ulrich Winn: Die Anfänge der Reformation in Goslar. In: Otmar Hesse (Hrsg.): Die Reformation in der Reichsstadt Goslar (Goslarisches Forum, 6). Goslar, 2013, S. 19–34.

7 Leonhard Lemmens: Niedersächsische Franziskanerklöster im Mittelalter. Beitrag zur Kirchen- und Kulturgeschichte. Hildesheim, 1896, S. 72–74, hier S. 73; Honemann 2015 (wie Anm. 1), S. 546; Schmies 2012 (wie Anm. 1), S. 525; Schmies und Rakemann 1999 (wie Anm. 2), S. 267, 269. Vergleichbare Inventare von Büchersammlungen, die nach Einführung der Reformation entstanden, bevor die Bücher nach Wolfenbüttel gebracht worden sind, existieren zum Beispiel aus den Klöstern Frankenberg in Goslar, Wöltingerode bei Goslar und dem Augustiner-Chorfrauenstift Steterburg bei Salzgitter. Siehe Dieter Lange: Kirche und Kloster am Frankenberg in Goslar. Eine baugeschichtliche Untersuchung (Beiträge zur Geschichte der Stadt Goslar, 28). Goslar, 1971, S. 185; Jessica Kreutz: Die Buchbestände von Wöltingerode. Ein Zisterzienserinnenkloster im Kontext der spätmittelalterlichen Reformbewegungen (Wolfenbütteler Mittelalter-Studien, 26). Wiesbaden, 2014, S. 208–238; Britta-Juliane Kruse: Stiftsbibliotheken und Kirchenschätze. Materielle Kultur in den Augustiner-Chorfrauenstiften Steterburg und Heiningen (Wolfenbütteler Mittelalter-Studien, 28), Wiesbaden, 2016, S. 243–268.

8 Schmies 2012 (wie Anm. 1), S. 525.

9 Niedersächsisches Landesarchiv-Staatsarchiv Wolfenbüttel, Bestand 10/11 Urk (Benediktinerklöster Clus und Brunshausen), Urkunde Nr. 122a, datiert 1559. Dank an Christian Helbich für Informationen zu dieser Urkunde.

10 Schmies 2012 (wie Anm. 1), S. 525; Hans-Joachim Kraschewski: Art. Julius, Herzog zu Braunschweig-Lüneburg. In: Braunschweigisches Biographisches Lexikon, 8. bis 18. Jahrhundert. Braunschweig, 2006, S. 386; Christa Graefe: Herzog Julius zu Braunschweig-Lüneburg – ein norddeutscher protestantischer Fürst. In: Staatsklugheit und Frömmigkeit. Herzog Julius zu Braunschweig-Lüneburg – ein norddeutscher Landesherr des 16. Jahrhunderts, Katalog der Ausstellung im Zeughaus der Herzog August Bibliothek Wolfenbüttel vom 9. Dezember 1989 bis 29. April 1990. Weinheim, 1989, S. 13–16; Britta-Juliane Kruse: Erhaltenes Wissen, vergangene Pracht. Der Transfer von Klosterbibliotheken und Kirchenschätzen im Herzogtum Braunschweig-Wolfenbüttel (1572/73). In: Herzogin Elisabeth von Braunschweig-Lüneburg 1510–1558, Herrschaft – Konfession – Kultur. Beiträge des wissenschaftlichen Symposiums der Klosterkammer Hannover vom 24.–26. Februar

Gebäudekomplex wurde einer veränderten Nutzung zugeführt und war seit 1569 Hospital mit Räumen zur Unterbringung von Alten und Armen, in dem es, wie in vergleichbaren Institutionen, Erbauungsliteratur und Bibeln gegeben haben wird.[11]

Caspar Kolteman (auch: Kaspar Coltermann, um 1515–1576) ist als einziger Franziskaner namentlich bekannt, der zum protestantischen Glauben wechselte.[12] Nachdem er sich am 24. Juni 1533 verpflichtet hatte „dem Rat und der Stadt Goslar lebenslang um einen angemessen Sold in einem geistlichen Amt zu dienen"[13], finanzierte ihm der Stadtrat ein Stipendium für das Theologiestudium an der Universität Wittenberg, wo sein Name in den Matrikeln erwähnt ist. Im Zusammenhang mit seinem Ortswechsel könnte die Übergabe von Restbeständen der Bibliothek aus dem Franziskanerkloster in die Marktkirchenbibliothek stattgefunden haben.[14] Dies wäre im Sinne Martin Luthers gewesen, der 1524 in seiner Schrift „An die Bürgermeister und Ratsherren aller Städte deutsches Landes" die Gründung von Bibliotheken empfohlen hatte:

> „... daß man Fleiß vnd koste nicht spare / gute Libereyen oder Bůcherhåuser / sonderlich inn den grossen Stådten / die solchs wol vermůgen / zu verschaffen".[15]

Johannes Bugenhagen (1485–1528), Verfasser mehrerer reformierter Kirchenordnungen, unterstrich die Bedeutung von Bibliotheken bei der Bildungsvermittlung und sprach sich in diesem Zusammenhang auch für die Erhaltung historischer Büchersammlungen aus. In den Jahrhunderten zuvor waren diese in Reformphasen, zum Beispiel während der Windesheimer Klosterreform Mitte des 15. Jahrhunderts, zum Teil rigoros aussortiert und ersetzt worden, wobei es zum Verlust von Handschriften kam, deren Inhalt als veraltet galt und denen deshalb nur noch wegen ihrer Materialität ein Wert beigemessen wurde.[16]

2010 im Historischen Museum Hannover (Quellen und Darstellungen zur Geschichte Niedersachsens, 132). Hannover, 2011, S. 94–108. Kruse 2016 (wie Anm. 7), S. 3–7.

11 Crusius 1842 (wie Anm. 3), S. 263; Lemmens 1896 (wie Anm. 7), S. 72 f.; Hannelore Dreves: Das Armenwesen der Stadt Goslar. Eine Einzeluntersuchung zur städtischen Armut und Armenfürsorge im 15. und 16. Jahrhundert (Beiträge zur Geschichte der Stadt Goslar, 40). Goslar, 1992, S. 57; Stephan Kelichhaus: Goslar um 1600 (Göttinger Forschungen zur Landesgeschichte, 6). Bielefeld, 2003, zur Armenpflege siehe S. 178–197; Maria Kapp: Die erhaltenen Buchbestände der Goslarer Alten- und Armenstiftungen. In: Jahrbuch der Gesellschaft für Niedersächsische Kirchengeschichte 91 (1993), S. 239–245.

12 Schmies 2012 (wie Anm. 1), S. 525. Kolteman war Diakon an der Marktkirche St. Cosmas und Damian in Goslar und von 1540 bis 1576 erster protestantischer Geistlicher an St. Blasius zu Münden. Nach Uvo Hölscher: Die Geschichte der Reformation in Goslar nach dem Berichte der Akten im städtischen Archive (Quellen und Darstellungen zur Geschichte Niedersachsens, 7). Hannover und Leipzig 1902, S. 172; Lemmens 1896 (wie Anm. 7), S. 74.

13 Zit. n. der Edition von Ulrich Bubenheimer im Anhang zu Helmut Liersch: Buchschließen als Quelle für die Goslarer und die Halberstädter Reformationsgeschichte. In: Helmut Liersch (Hrsg.): Die Marktkirchen-Bibliothek Goslar. Eine Schatzkammer der Reformationszeit. Goslar, 2014, S. 55–117, hier S. 115–117.

14 Ebd., S. 95 f.

15 Martin Luther: An die Ratsherren aller Städte deutsches Lands, daß sie christliche Schulen aufrichten und halten sollen. Nürnberg: Alexander Dietrich 1524. Exemplar HAB, Signatur A: 283.7 Theol. (4), zit. n. Dj. Irene Dingel: Luthers Schrift *An die Ratsherren aller Städte deutsches Lands* (1524) – Historische und theologische Aspekte. In: Irene Dingel und Henning P. Jürgens (Hrsg.): Meilensteine der Reformation. Schlüsseldokumente der frühen Wirksamkeit Martin Luthers. Gütersloh, 2014, S. 180–190, 277–280; Henning P. Jürgens: *An die Ratsherren aller Städte deutsches Lands* (1524) – Entstehungskontext und Druckgeschichte, In: Ebd., S. 191–197, 280 f.

16 Kruse 2016 (wie Anm. 7), S. 155–190.

Grundstock städtischer Bibliotheken, so schreibt Bugenhagen in der Braunschweigischen Kirchenordnung von 1528, könnten vor allem Bücher sein, die man nicht bezahlen müsse – gemeint sind Bücher mit Ausgaben der von ihm auch namentlich genannten Kirchenlehrer Augustinus (354–430 n. Chr.) und Ambrosius (337–397 n. Chr.) oder des Kirchenvaters Hieronymus (347–420 n. Chr.), die in vorreformatorischer Zeit zu den Grundlagentexten von Predigt und Exegese in Klöstern und Kirchen gehört hatten.[17] In seinem Abschnitt „Van librien" der Kirchenordnung für das Herzogtum Pommern (1535) schlug er zudem vor, Bücher aus Klosterbibliotheken nicht verkommen zu lassen oder beiseite zu schaffen, sondern stattdessen anzuordnen, diese zu sammeln und in jeder Stadt [unter anderem damit] eine öffentlich zugängliche städtische Bibliothek einzurichten, die von Pfarrern, Predigern, Schuldirektoren, Hilfs- und Unterlehrern[18] genutzt werden könne:

> „Unde sind in den steden in parhen unde klöstern etlicke librien, dar denne etlicke gude bökere inne sind, welcke itzunder iemmerlick unde schmelick vörkamen unde vörbracht werden, dat men dar över ock bevelen und vörordenen wille, dat solcke wol to hope vorsammlet werden, unde in einer iewelicken stad eine gemeine liberie geholden werde, vör de parners, predikers, scholmesters und scholgesellen etc."[19]

Diesem Konzept entsprechend wurden Bücher aus dem Goslarer Franziskanerkloster in die Büchersammlung der Marktkirchenbibliothek übernommen, in der sie sich bis heute befinden. Andere kamen, vielleicht von dort, vielleicht auf anderen Wegen, in die Herzog August Bibliothek.

17 Hans LIETZMANN (Hrsg.): Johannes Bugenhagens Braunschweiger Kirchenordnung 1528. Bonn, 1912, S. 69. Sechs Ausgaben des Erstdrucks sind in der HAB vorhanden, u.a. HAB, Signatur H: 394.8° Helmst. (1). Siehe Herwarth von SCHADE: Der Einfluß der Reformation auf die Entwicklung des evangelischen Bibliothekswesens. In: Herbert G. GÖPFERT u.a. (Hrsg.): Beiträge zur Geschichte des Buchwesens im konfessionellen Zeitalter (Wolfenbütteler Schriften zur Geschichte des Buchwesens, 11). Wiesbaden, 1985, S. 147–177, hier S. 168.

18 Zur Unterscheidung von Scholmester und Scholgeselle siehe Art. „schol(e)-dinge" in August LÜBBEN: Mittelniederdeutsches Handwörterbuch. Nach dem Tode des Verfassers vollendet von Christoph Walther. Reprographischer Nachdruck der Ausgabe Norden und Leipzig 1888. Darmstadt, 1995, S. 331. Die Bezeichnungen „Scholmester" und „Scholgeselle" wurden, wie in diesem Beispiel, im 16. Jahrhundert häufig zusammen genannt. Seit dem Beginn des 17. Jahrhunderts wurde die Benennung „Schulkollege" üblich. Siehe Livländische Schulblätter 2 (1814), H. 14, S. 108–112, http://www.digizeitschriften.de/dms/resolveppn/?PID=ZDB023280212_0002%7CLOG_0051. [gesehen am 31.7.2016].

19 Zit. n. Emil SEHLING (Hrsg.): Die evangelischen Kirchenordnungen des XVI. Jahrhunderts, Bd. 4: Das Herzogtum Preußen, Polen. Die ehemals polnischen Landesteile des Königreichs Preußen. Das Herzogtum Pommern. Neudruck der Ausgabe Leipzig 1911. Tübingen, 1970, S. 336.

20 Jana BRETSCHNEIDER: Predigt, Professur und Provinzleistung. Funktion und Struktur des Franziskanischen Bildungswesens im mittelalterlichen Thüringen. In: HONEMANN (HRSG.) 2015 (wie Anm. 1), zu den Bibliotheken der Franziskaner bes. S. 336–338, hier S. 336. Zur Bibliothek des Erfurter Franziskanerklosters siehe Volker HONEMANN 2015 (wie Anm. 1), S. 521–601, hier S. 540–542. Zum Thema siehe auch: Libri, biblioteche e letture dei fratri mendicanti (secoli XIII-XIV): Atti del XXXII Convegno internazionale, Assisi, 7–9 ottobre 2004, Società internazionale degli studi francescani. Spoleto, 2005.

Spätestens seit den 1230er Jahren lässt sich bei den Franziskanern ein zunehmendes Interesse an Büchern, ihrer Benutzung und der Einrichtung von Bibliotheken konstatieren.[20] Im Franziskanerkloster Würzburg existierte schon 1249 eine weiträumige Pultbibliothek, die sich über ein ganzes Stockwerk erstreckte. Von der größtenteils verlorenen Büchersammlung konnten bisher vier mittelalterliche Codices nachgewiesen werden.[21] Als Reaktion auf ihre Mobilität gestattete das 1260 von dem bekannten Theologen und Philosophen Giovanni di Fidanza, genannt Bonaventura (1221–1274) in seiner Funktion als Generalminister geleitete Generalkapitel von Narbonne nach einer Ratifizierung der Ordensstatuten den Minoriten persönlichen Buchbesitz.[22] Von diesen nicht mehr benutzte Werke sollten zugunsten von Klosterbibliotheken gestiftet werden.[23] Vor allem seit Mitte des 14. Jahrhunderts nahm die Bedeutung von Büchersammlungen in Franziskanerklöstern zu. Ihre Zusammensetzung und Aufbewahrung war ebenfalls durch die Ordensstatuten definiert.[24] Favorisiert wurde eine vergleichbare Ausstattung der jeweiligen Klosterbibliotheken, um den Brüdern beim Wechsel in einen anderen Konvent möglichst dieselben Handexemplare vorlegen zu können. Einzelne Kleriker verfügten über privat genutzte Büchersammlungen.[25]

Anschaulichen Einblick in die Organisation der Pultbibliothek bei den Franziskanern in Stadthagen, deren sehr gut erhaltene Einbände noch mit den ursprünglichen Titelschildern, Pultzetteln mit Signaturen und Buchketten versehen sind, bietet eine aktuelle Publikation.[26] Wie in Stadthagen oder im Göttinger Franziskanerkloster[27] gab es auch bei deren Ordensbrüdern in Goslar eine Bibliothek. Vermutlich lag der Bibliotheksraum – wie in vielen anderen Konventen der Franziskaner um 1500 – oberhalb der Sakristei und war ebenfalls als Pultbibliothek organisiert, in der die regelmäßig genutzten, wertvollen Bücher mit Ketten fixiert vor Entfernung geschützt waren. Indem die Bände einzelnen Pulten unter inhaltlichen Gesichtspunkten zugeordnet waren, erhielt die Sammlung auch äußer-

21 Ein gedruckter Katalog der noch vorhandenen Handschriften ist in Vorbereitung. Siehe Christopher Köhler: Würzburg. In: Martin Schubert (Hrsg.): Schreiborte des deutschen Mittelalters: Skriptorien – Werke – Mäzene. Berlin / Boston, 2013, S. 621–644, hier S. 628 f. Daten zu den Handschriften des Würzburger Franziskanerklosters sind über das Portal des Handschriftencensus zugänglich: www.handschriftencensus.de/hss/wuerzburg.

22 Bretschneider 2015 (wie Anm. 20), S. 336; Andreas Speer: Bonaventura: Die Gewißheit der Erkenntnis. In: Theo Kobusch (Hrsg.): Philosophen des Mittelalters. Darmstadt, 2000, S. 167–185.

23 Konrad von Rabenau: Von Büchern und Bibliotheken. Bucheinbände aus Franziskanerklöstern der Ordensprovinz Saxonia. In: Roland Pieper (Hrsg.): Kunst. Von den Anfängen bis zur Gegenwart (Geschichte der Sächsischen Franziskanerprovinz von der Gründung bis zum Anfang des 21. Jahrhunderts, 5). Paderborn, 2012, S. 541–556, hier S. 541.

24 Zur Geschichte der Franziskanerbibliotheken im Mittelalter siehe John M. Lenhart: History of the Franciscan Libraries of the Middle Ages (Franciscan Educational Conference Monograph, 1). Washington, 1954.

25 Bretschneider 2015 (wie Anm. 20), S. 337.

26 Udo Jobst: Das Franziskanerkloster in Stadthagen. Zwischen Spätmittelalter und Renaissance (1486–1559) (Schaumburger Beiträge, 2). Bielefeld, 2014, zur Kettenbibliothek der Franziskaner siehe S. 85–91, zum Katalog der Franziskanerbibliothek Stadthagen siehe S. 107–134; Ders.: Eine Kettenbibliothek der Franziskaner in Stadthagen. In: Einbandforschung 17 (2005), S. 8–12; Ders.: Die Kettenbibliothek der Franziskaner in Stadthagen (1486–1559). Beschreibung der Ketten, Verschlüsse und Beschläge. In: Einbandforschung 19 (2006), S. 20–24.

27 Eva Schlotheuber: Die Franziskaner in Göttingen. Die Geschichte des Klosters und seiner Bibliothek (Saxonia Franciscana, 8). Werl, 1996 , zur Bibliothek siehe S. 132–135.

lich Struktur. Als Nutzer der Bibliothek sind einige Lesemeister (Lektoren) namentlich bekannt, die Novizen im Unterricht auf zukünftige Aufgaben als Seelsorger und Prediger vorbereiteten: Dazu gehörten Reymarus (1422) und Hermann Holzapfel, der 1491 „Hauptlektor" der Goslarer Franziskaner war – dies lässt sich wohl als Hinweis auf die gleichzeitige Existenz mehrerer Lehrer unterschiedlichen Ranges interpretieren.[28] In einer Urkunde von 1529 wird „Broder Andreas Morgenstern lesemestere des Barvoten Closters" genannt.[29]

Bücher mit gesicherter oder vermuteter Provenienz aus dem Franziskanerkloster Goslar in der Marktkirchenbibliothek

Außerhalb der Marktkirchenbibliothek beziehungsweise der Herzog August Bibliothek lässt sich bisher nur ein Fragment mit vermuteter Provenienz aus dem Franziskanerkloster nachweisen. In dem Kalendarium des 15. Jahrhunderts sind die Gedenktage an den hl. Franziskus mit Vigil und Oktav markiert. Für Maria Kapp lag während der Katalogisierung erhaltener Goslarer Handschriften dessen Herkunft aus dem Franziskanerkloster nahe[30], denn Einträge in Kalendarien sind bei anderen fehlenden Hinweisen oft die stichhaltigsten Argumente zur Eingrenzung der Herkunft von Büchern aus Konventsbibliotheken. Da in anderen von ihr analysierten Handschriften Provenienzhinweise fehlen, blieb es oft bei einer Lokalisierung in das Gebiet des südlichen Niedersachsens oder den Raum Goslar. Darunter könnten weitere, wegen fehlender Merkmale allerdings kaum zu identifizierende Handschriften der Franziskaner in Goslar sein – dies nur als einleitende Bemerkung.

Eine genaue Sichtung des Buchbestands der Marktkirchenbibliothek ergab, dass in dieser Büchersammlung 14 Inkunabeln aus dem Franziskanerkloster existieren, die alle schon im Inventar der Marktkirchenbibliothek von 1557 (heute im Stadtarchiv Goslar) genannt sind.[31] Sie überliefern ausnahmslos bekannte, über Jahrhunderte handschriftlich und im Druck verbreitete theologische Standardwerke: Ihre hervorragende Überlieferungssituation in originalen Einbänden ermöglicht eine Autopsie unter bucharchäologischen Gesichtspunkten (Abb. 1–4, 6).

28 Schmies 2012 (wie Anm. 1), S. 525. Zur Ausbildung bei den Franziskanern siehe Bert Roest: A history of Franciscan education (c. 1217–1517) (Education and society in the Middle Ages and Renaissance, 11). Leiden, 2000.

29 Arend Mindermann: Das Franziskanische Termineisystem. In: Honemann (Hrsg.) 2015 (wie Anm. 1), S. 195–263, hier S. 249.

30 Stadtarchiv Goslar, Signatur: M Th 69. Siehe Maria Kapp: Handschriften in Goslar: Stadtarchiv, Städtisches Museum, Marktkirchenbibliothek, Jakobigemeinde (Mittelalterliche Handschriften in Niedersachsen, Kurzkatalog, MKB, 50). Wiesbaden 2001, S. 63; Schmies 2015 (wie Anm. 1), S. 526 f.

31 Insgesamt sind in der Marktkirchenbibliothek 115 Inkunabeln (Einzelschriften in 76 Bänden, davon 107 lateinische) aus der Zeit von 1470–1500 und 750 Bände des 16. Jahrhunderts vorhanden. Nach Maria Kapp waren circa drei Viertel der Bände Kettenbände. Maria Kapp: Die Inkunabeln der Goslarer Marktkirchenbibliothek. Hg. von der Evangelisch-lutherischen Marktkirchengemeinde. Goslar, 1988, zu den Einbänden siehe S. 17 f. Dies.: Die Inkunabeln der Marktkirchenbibliothek. In: Otmar Hesse (Hrsg.): Beiträge zur Goslarer Kirchengeschichte (Beiträge zur Geschichte der Stadt Goslar, 49). Bielefeld, 2001, S. 9–43, hier S. 9, 11–14.

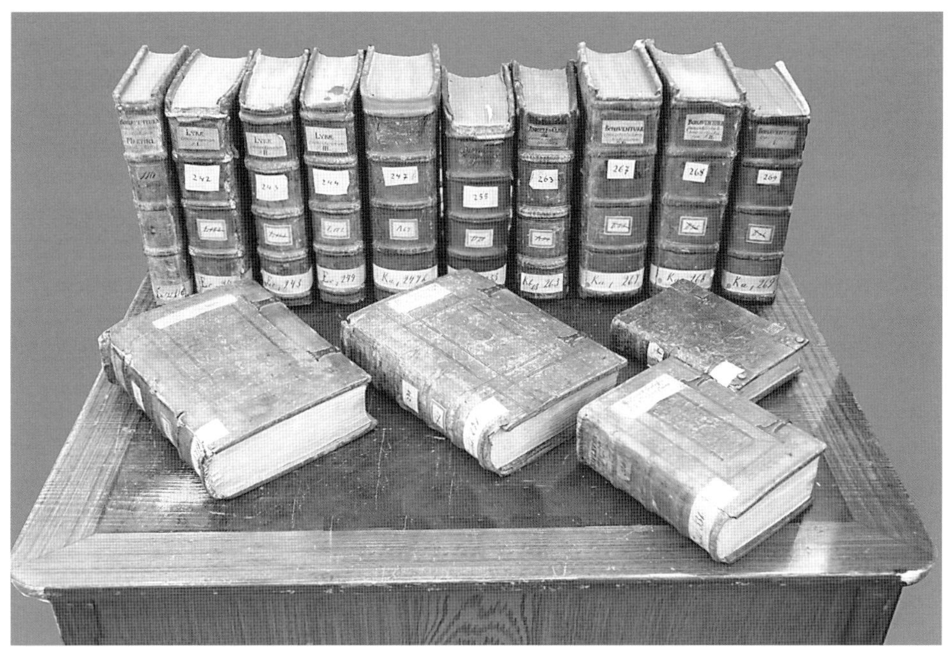

Abb. 1: Gesamtansicht der identifizierten Bücher aus dem Franziskanerkloster Goslar in der Marktkirchenbibliothek

Abb. 2: Vorderansichten historischer Einbände von Büchern aus dem Goslarer Franziskanerkloster.

Abb. 3: Löcher an der Oberseite des hinteren Einbands von MKB 242. Daran war die metallene Öse einer Kette befestigt, die das Buch fest mit einem Lesepult verband.

Abb. 4: Löcher an der Oberseite des hinteren Einbands von MKB 244. Daran war die Öse einer Kette befestigt, die das Buch fest mit einem Lesepult verband.

Löcher der entfernten Ösen von Buchketten an einigen Einbänden lassen auf eine im Franziskanerkloster Goslar vorhandene Pultbibliothek schließen (Abb. 3 und 4). Dafür spricht auch die Existenz von Pultbibliotheken in anderen Klöstern der Region: Ähnlich organisiert und vor Entwendung geschützt, wurden die Bücher im Konvent der Franziskaner-Observanten in Gandersheim oder in den Bibliotheken der Dominikaner und Franziskaner in Braunschweig. Wahrscheinlich waren besonders die theologischen Standardwerke von allgemeinem Interesse und in regelmäßiger Benutzung an den Pulten angekettet, denen der Bibliothekar nach inhaltlichen Kriterien weitere Bände zuordnete.[32] Im Inventar des 1529 säkularisierten Franziskanerklosters in Braunschweig werden zum Beispiel 443 Bände auf 14 Pulten erwähnt.[33] Die Pultbibliothek des Franziskanerklosters Göttingen umfasste 17 Pulte mit ca. 450 Bänden,[34] ihr Pendant in Gandersheim rund 250 Bände auf 13 Pulten und in einem großen Wandregal.[35] Nach dem erhaltenen Inventar der Bücher im Franziskanerkloster Altenburg war bis zur Auflösung des Konvents eine Büchersammlung mit 300 Titeln zusammengekommen, die auf 18 Stehpulten zur Benutzung bereit lagen.[36]

Vollständige Ketten oder Reste davon weisen heute noch fünf Bände in der Marktkirchenbibliothek Goslar auf, die nicht aus dem Franziskanerkloster stammen (**MKB 52–56**). An weiteren Buchdeckeln finden sich Löcher, die nach der Entfernung der Endstücke der Buchketten in den hölzernen Einbänden zurückblieben (Abb. 3 und 4).[37] Zu diesem Befund führen mehrere Exemplare aus dem Franziskanerkloster. Nach Helmut Liersch belegt der Katalog der Marktkirchenbibliothek von 1641, dass sich die Bibliotheksbestände zu diesem Zeitpunkt nicht mehr auf Pulten, sondern auf Regalen befanden. Die Ketten dürften also in den rund 80 Jahren zwischen der Entstehung der beiden Kataloge (1559 und 1641) entfernt worden sein.

Das Erscheinungsbild von Einbänden (Abb. 1 und 2), Schließen (Abb. 5) und Titelschildern (Abb. 1, 2, 6) an den Büchern der Franziskaner in der Marktkirchenbibliothek ist ähnlich und deutet auf die Herstellung in einer gemeinsamen Buchbinderei – naheliegend wäre eine Werkstatt in Goslar, vielleicht sogar im Kloster selbst, wie sie sich für das Kloster Stadthagen nachweisen ließ.[38] Öfter nachträglich an den Buchschnitten angebrachte Blattweiser (Abb. 5, Buchschnitt unten) indizieren ihre regelmäßige und systematische Benutzung, zum Beispiel

32 Von Rabenau 2012 (wie Anm. 23), S. 552.

33 Die Zusammensetzung der Braunschweiger Konventsbibliothek dokumentiert ein 1532 im Auftrag des Rates zusammengestelltes Inventar. Luitgard Camerer: Die Bibliothek des Franziskanerklosters in Braunschweig, Braunschweig, 1982, S. 32 f. Um 1529 ließ der Rat die Bücher der Pultbibliothek des Dominikanerklosters inventarisieren. Luitgard Camerer: Die Bibliothek des Dominikanerklosters in Braunschweig. In: Wolfenbütteler Notizen zur Buchgeschichte 15 (1990), S. 115–136, hier 117 f. Honemann 2015 (wie Anm. 1), S. 561–564.

34 Schlotheuber 1996 (wie Anm. 27), S. 218.

35 Ulrich Kopp: Eine Bibliothek an der Kette. Zur Vorgeschichte der Helmstedter Universitätsbibliothek. In: Jens Bruning und Ulrike Gleixner (Hrsg.): Das Athen der Welfen. Die Reformuniversität Helmstedt 1576–1810 (Ausstellungskataloge der Herzog August Bibliothek, 92). Braunschweig, 2010, S. 258–261, hier S. 258.

36 Bretschneider 2015 (wie Anm. 20), S. 338 und Abb. 15: Signatur des Bücherverzeichnisses: ThStA Altenburg, Z 339. Siehe Honemann 2015 (wie Anm. 1), S. 565–567.

37 Liersch 2014 (wie Anm. 13), S. 63.

38 Jobst 2005 (wie Anm. 26), S. 8–12.

Abb. 5: Erhaltene Buchschließen an Büchern aus dem Goslarer Franziskanerkloster.

bei der Vorbereitung von Predigten, privater Lektüre oder Lesungen im Konvent. Eindeutige Hinweise auf ihre Provenienz bieten einige enthaltene Vorbesitzeinträge aus dem Franziskanerkloster, welche zudem eine systematische Verzeichnung der Bände – vermutlich in einem Katalog – nahelegen (Abb. 7). Anders als zum Beispiel in Gandersheim oder im Augustiner-Chorfrauenstift Heiningen, wo die Signaturen, bestehend aus lateinischem Großbuchstaben und arabischer Zahl, auf dem Vorderdeckel vermerkt sind,[39] schlug der vom Guardian in Goslar zum Bibliothekar ernannte Bruder die Bücher auf und trug auf den ersten Blättern Signaturen ein. In mehreren Büchern fehlen diese Blätter, weil sie herausgetrennt wurden oder sich von der ersten Lage gelöst hatten.

39 Kruse 2016 (wie Anm. 7), S. 289–294, mit Abb. 67.

Abb. 6: Originales Titelschild und erhaltene Schließe von MKB 336.

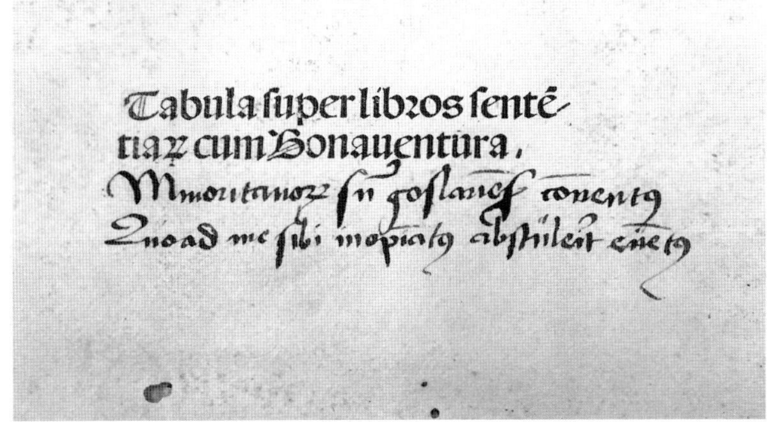

Tabula super libros senté-
tiaꝝ cum Bonauentura.

Abb. 7: Der Vorbesitzeintrag in MKB 116 gibt ein Buch aus der Bibliothek des Goslarer Franziskanerklosters zu erkennen.

Aufgrund der Einbandgestaltung und enthaltener Einträge konnten vierzehn Bücher (Abb. 1) in der Marktkirchenbibliothek identifiziert werden, deren Herkunft aus dem Franziskanerkloster belegt oder sehr wahrscheinlich ist. Für einen aufeinander bezogenen Bestand innerhalb der Sammlung spricht die Nummernfolge der vergebenen Signaturen.[40] Es handelt sich ausnahmslos um Druckschriften, vor allem Inkunabeln einer gebrauchsorientierten, für die Vorbereitung von Predigten geeigneten Sammlung.[41] Darunter befinden

40 Dies sind MKB 116, 242, 243, 244, 247b, 255, 263, 267, 268, 269, 270, 271, 272, 336, 337.

41 Die Angaben zum Inhalt entstammen dem von Ulrich Bubenheimer und Helmut Liersch zusammengestellten Katalog Goslarer Provenienzen in der Marktkirchenbibliothek vor 1560 [Eingesehen: Stand 22.12.2014].

sich Schriften Bonaventuras, des bereits genannten Kardinalbischofs von Albano und Leiters des Generalkapitels von Narbonne, der 1482 heiliggesprochen und seit 1588 als Kirchenlehrer verehrt wurde. **MKB 116** enthält Bonaventura: Tabula super libros sententiarum cum Bonaventura. Nürnberg: Anton Koberger 1500 (GW M 32561) und einen zweiten Druck.[42] **MKB 116** trägt wie fünf weitere Bände, dies sind **MKB 263, 267–270**, auf dem Titelblatt einen als Distichon formulierten handschriftlichen Vorbesitzvermerk aus dem Goslarer Konvent der Franziskaner: „Minoritarum sum goslarien[sis] conventus | Quoad me sibi inopinatus abstulerit eventus" (Abb. 7).[43]

Drei weitere, zusammengehörende Bände aus dem Franziskanerkloster stehen aufgrund der Nummernfolge ihrer Signaturen auch heute noch zusammen. **MKB 242, 243 und 244** (zu sehen auf Abb. 1) enthalten den weit verbreiteten und oft zitierten Bibelkommentar des Nicolaus von Lyra (1270/75–1349),[44] die *Postilla litteralis*: Postilla super totam bibliam cum expositionibus Britonis. Hier handelt es sich um die Inkunabel Straßburg: Johann Grüninger 1492 (GW 4292) mit dem Text des Standardwerks zur Bibelexegese. Der früher sicher vorhandene vierte Band der *Postille* fehlt. Zu den Bänden im Einzelnen: Aus **MKB 242, 243, 244** sind Vorsätze, auf denen ein Besitzeintrag vermerkt gewesen sein könnte, herausgetrennt. Die Einbände von **MKB 242** und **243** weisen auf der Rückseite drei Löcher auf, der von **MKB 244** zwei Löcher, an denen früher die Öse einer Kette für die Fixierung an einem Pult befestigt war. Wahrscheinlich waren die Ketten an unterschiedlich geformten Ösen angebracht. Auf der Vorderseite von **MKB 242** befindet sich ein aufgeklebtes Titelschild aus Pergament; beide Buchschließen sind noch intakt. Hinten im Buch dokumentiert ein Eintrag, wie der Band in die Bibliothek des Franziskanerklosters gelangte: Der Guardian hatte es für die Benutzung des Konvents gekauft: „Hunc librum cum suis attinencijs comparavit quidam gward[ianus] huius loci pro usu librarie conuentus Goslar[iensis] (Dieses Buch mit seinem Zubehör erwarb irgendein Guardian dieses Ortes für den Gebrauch der Bibliothek des Goslarer Konvents)." Dieser Vermerk unterstützt die oben erwähnte These einer reglementierten Ausstattung der Bücher aus Franziskanerklöstern.

Das Leder des Einbandes ist mit Stempeln verziert: Eingeprägt sind Rosetten, Rhomben mit Lilien, Blattwerk, Rankenleisten etc. Die Einbandstempel von **MKB 242–244** sind identisch, womit eine Einbindung aller erhaltenen Teile der Inkunabel in derselben Werkstatt feststeht. Identische Einbandstempel finden sich auch auf **MKB 247b**, Teil 2 der vierbändig gedruckten Ausgabe von Antoninus [Florentinus]: *Summa theologiae*, Straßburg: Johann Grüninger 1496 (GW 2192).[45] Aufgrund der Gestaltung ihrer Einbände bilden **MKB 242–244, 247b** und **255** eine Gruppe, die sich optisch vom übrigen Bestand absetzt. Der Band **MKB 243** weist vorn und hinten den Abklatsch inzwischen entfern-

42 Nach Ulrich Bubenheimer und Helmut Liersch ist dieser Druck der dritte Teil der „5 Partes" im Inventarium von 1559, Nr. 82–86.

43 Handschriftliche Besitzvermerke gibt es auch in Hand- und Druckschriften aus dem Augustiner-Chorfrauenstift Heiningen. Kruse 2016 (wie Anm. 7), S. 291.

44 Klaus Reinhardt: Nikolaus von Lyra. In: Biographisch-Bibliographisches Kirchenlexikon, Bd. 6. Herzberg, 1993, Sp. 910–915.

45 Im Bestand der Marktkirchenbibliothek existiert auch der erste Band der vierbändigen Werkausgabe mit der Signatur **MKB 247a**. Dieser weist einen Stempel „Bibl. Buxheim" mit Wappen auf und kam zu einem unbekannten Zeitpunkt aus der Bibliothek der Kartause Buxheim dorthin. Nachweis von Bubenheimer und Liersch (wie Anm. 41).

ter Makulatur auf.[46] Ein weiteres Kriterium kommt hinzu: Dies sind die verwendeten Buchschließen (Abb. 5), die bei **MKB 242–244** und **MKB 255** identisch sind, während die Schließe von **MKB 247b** anders aussieht. **MKB 255** und **MKB 336** weisen zwar ein unterschiedliches Format auf, Folio und Quart, verfügen aber über identische Einbände. Ebenso ist es bei **MKB 263** (Folio) und **MKB 337** (Quart); letzterer gehörte nicht zu den „libri catenati".

MKB 255 überliefert die Werke des unter dem Pseudonym Dionysius Areopagita bekannten, vermutlich syrischen Mönchs und späteren Kirchenvaters des frühen sechsten Jahrhunderts. Die vollständig in drei Teilen erhaltene Ausgabe erschien in Argentine [Straßburg:] [Georg Husner] 1502–1503 (VD 16 D 1848). **MKB 263** enthält ein Werk des franziskanischen Moraltheologen Angelus de Clavasio (Angelo Carletti di Chivasso, 1411–1495): *Summa angelica de casibus conscientiae*, Straßburg: Martin Flach 1498 (GW 1943). **MKB 267** und **MKB 268** tradieren zwei Teile von Bonaventura: *Perlustratio in libros IV. sententiarum Petri Lombardi*, Teil 1 und 2: Nürnberg: Anton Koberger 1491 (GW M32527). **MKB 269** und **MKB 270** umfassen wiederum Bonaventura: *Egregium opus subtilitate et deuoto exercitio precellens parvorum opusculorum*, Straßburg: Georg Husner 1495 (GW 4648). In beiden Bänden wurde der erwähnte Vorbesitzeintrag ausradiert. Auf ihren Vorderseiten ist der Titel des jeweiligen Teilbandes mit Tinte eingetragen und darunter auf einem aufgeklebten Schild aus Pergament wiederholt worden. Da es, wie schon erwähnt, bei den Franziskanern üblich war, Bücher aus privater Nutzung für den Gebrauch in der Konventsbibliothek zu hinterlassen, wird das Buch auf diesem Wege in die Sammlung gekommen sein.

MKB 271 ist vorn und auf dem Buchrücken mit aufgeklebten Titelschildern versehen, auf denen „Gotschalci Praeceptorium" steht. Der Band enthält Gotschalcus Hollen: *Praeceptorium divinae legis*,[47] Köln: Johann Koelhoff d. Ä. 1489 (GW 12893).

Auf dem Titelschild (Abb. 6) und in dem handlichen Quartband **MKB 336** steht der Name des als Stephanus Brulefer bekannt gewordenen Verfassers Etienne Pillet (Steffanus bruleffer): [Formalitates] *Venerabilis magistri fratris Stephani brulefer parisie[n]sis ordinis minoru*[m], Basel: Jacobus de Pfortzheim 1501 (VD 16 S 8915).[48] Der französische Franziskaner Stephanus Brulefer (gest. um 1500), dessen Werke schon zu seinen Lebzeiten gedruckt wurden, war Doktor der Theologie in Paris und Professor in Mainz. Auf der Innenseite des vorderen Einbands von **MKB 336** befindet sich der Eintrag eines Benutzers: „Ad usum

46 Heinz Oelmann schrieb 1909 in einem Artikel für die Goslarer Zeitung über den „Text eines alten Notenblattes" […] „dieser sei noch vor kurzem auf der Innenseite eines hölzernen, lederbezogenen Einbanddeckels aus Buche eingeklebt gewesen, ein Werk, „das ursprünglich aus der Bibliothek des früheren Brüdern- oder Minoritenklosters stammt". Nach Helmut Liersch befinden sich „zahlreiche solcher abgelösten Pergamente und Papiere unter den Archivalien der Bibliothek." Zit. n. Helmut Liersch: Entstehung, Geschichte und Wahrnehmung der Marktkirchen-Bibliothek im Spiegel der gedruckten Quellen und der Archivalien. In: Ders. 2014 (wie Anm. 13), S. 31.

47 Adolar Zumkeller OSA: Art. Hollen, Gottschalk. In: NDB 9, 1972, S. 541.

48 Juan de San Antonio (Hrsg.): Bibliotheca Universa Franciscana, sive Alumnorum trium ordinum S.P.N. Francisci. Matriti (Madrid) 1733, Register, S. 4; Louis Thuasne: Roberti Gaguini: Epistole et Orationes. Texte Publié sur les Éditions Originales de 1496. Précédé d'une Notice Biographique et suivi de Pièces diverses en partie inédites, Bd. 2. In: P. de Nolhac und L. Dorez (Hrsg.): Bibliothèque Littéraire de La Renaissance, Bd. 3. Paris, 1903, S. 14; Johannes Hyacinthus Sbaralea: Supplementum et castigatio ad scriptores trium ordinum fratrum Minorum …, Bd. 1. Rom, 1908, S. 109–111.

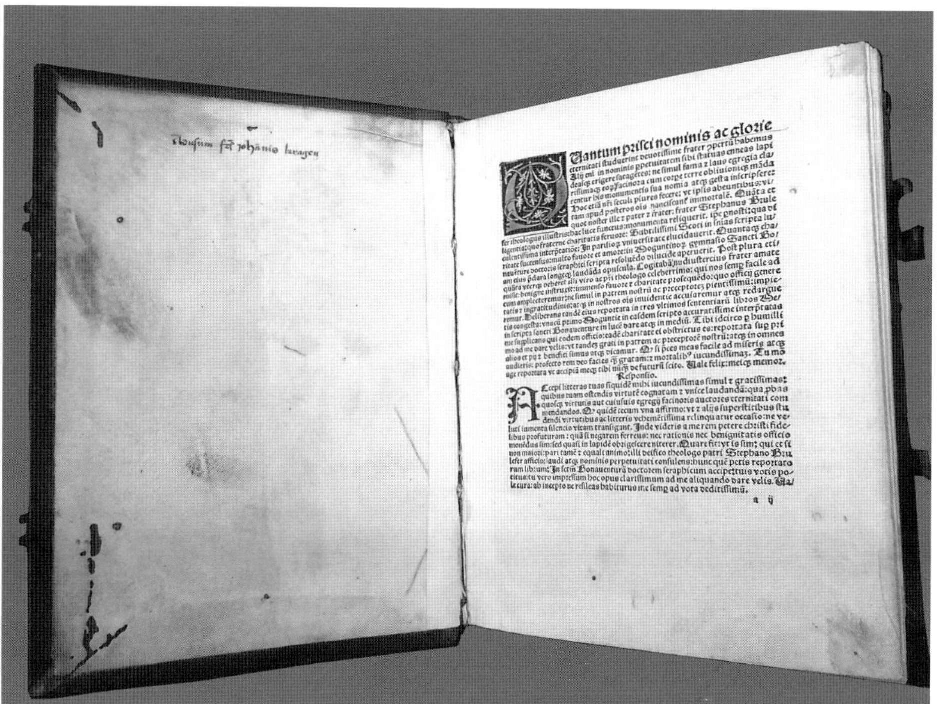

Abb. 8: Der Eintrag in MKB 336: „Ad usum fratris Johannis Kragen" verweist auf ein persönlich genutztes Exemplar.

fratris Johannis Kragen" – zum Eigengebrauch des Bruders Johannis Kragen (Abb. 8). Dieser interessante Hinweis kennzeichnet ein Buch, das nicht in der Bibliothek der Goslarer Franziskaner aufbewahrt wurde, sondern in einer Zelle, zur privaten Nutzung eines konkreten Bruders, der als Prediger oder Beichtvater tätig war.[49] Der Inhalt des Handexemplars ist intensiv durchgearbeitet und mit vielen, in roter Tinte geschriebenen Marginalien ergänzt worden. Für die Provenienz aus dem Franziskanerkloster Goslar spricht sowohl bei **MKB 336** als auch bei **MKB 337** die Machart des Einbands, u.a. mit einer versierten Ausführung der Beschläge in den Ecken und in der Mitte.[50] **MKB 337** enthält mit Johan-

49 Matyáš Franciszek Bajger: Aufbewahrung von Büchern und Gestaltung der Bibliotheken des Franziskanerklosters in Eger. In: Kamil Boldan und Jindřich Marek (Hrsg.): Libri catenati Egrenses. Knihy a knihovna chebskych františkánů v podznim stredověku a raném novověku. Prag, 2013, S. 213–237, S. 318 f., hier S. 319.

50 Zu Verschlüssen und Beschlägen siehe: Georg Adler: Who is who? Personennamen auf Buchverschlüssen und Buchbeschlägen. In: Barbara Schneider-Kempf (Hrsg.): Habent sua signa libelli. Beiträge zum Bucheinband in Geschichte und Gegenwart, Konrad von Rabenau anlässlich seines 90. Geburtstages am 3. Februar 2014 gewidmet (Beiträge aus der Staatsbibliothek zu Berlin – Preußischer Kulturbesitz, 48). Berlin, 2015, S. 41–53. Die Befunde korrespondieren mit der Entdeckung der im Jahr 1535 entstandenen Buchschließen, auf denen die Namen der Stifter von neun in der Marktkirchenbibliothek Goslar erhaltenen Bänden mit Werken des Augustinus eingraviert sind. Siehe Liersch 2014 (wie Anm. 13), S. 55–118.

nes Herolt [Guillelmus Parisiensis]: *Postilla Guillerini super Epistolas et Euangelia de Tempore et sanctis et pro defunctis*, Köln: Heinrich Quentel 1494 (GW 11973) einen weiteren, für die Vorbereitung von Predigten geeigneten Standardtext. Der Titelholzschnitt in diesem Buch ist partiell und nachlässig rubriziert. Die Bekleidung der Innenseite des vorderen Buchdeckels (vielleicht mit einem Handschriftenfragment) fehlt; ebenso existiert kein Vorsatz mehr, ein beliebter Ort zum Eintragen von Provenienzen. Vielleicht lag auch dieses Buch als Handexemplar zum persönlichen Gebrauch in einer Zelle.

Im Vergleich mit Helmar Härtels und Ulrich Kopps Forschungsergebnissen zu den Büchern aus dem Konvent der Franziskaner in Gandersheim lassen sich nach Sichtung der Bücher aus der Bibliothek ihrer Ordensbrüder in Goslar sowohl Unterschiede als auch Gemeinsamkeiten festhalten. In den Büchern aus Gandersheim befindet sich neben Schenkungsvermerken lediglich ein Besitzeintrag von 1553: „pro conventu Gandershemensi".[51] Einträge zum Bucherwerb des Guardians sind von dort bisher nicht bekannt. Das wichtigste Kriterium zur Zuweisung von Büchern in die Gandersheimer Bibliothek ist die Gestaltung der Einbände, ebenfalls Relikte einer Pultbibliothek. Ulrich Kopps geübten Augen ist es zu verdanken, dass heute neben Cod. Guelf. 137 Helmst. die Handschriften Cod. Guelf. 146 Helmst., 211 Helmst., 213 Helmst. und 391 Helmst., viele Inkunabeln und frühe Drucke Gandersheimer Provenienz im OPAC der Herzog August Bibliothek ausgewiesen sind. Er schreibt: „Immer wieder treten Parallelstücke auf, die ganz ähnliche Einbände sowie Titelschilder und Pultsignaturen auf den Vorderdeckeln aufweisen. Hinzu kommt als übergreifendes Kennzeichen die Ankettung, wobei Bände mit vollständigen Ketten samt Abschlussring für die Führstange des Bücherpultes erhalten sind, oder Teilketten bis hin zu bloßen Löchern im Hinterdeckel, wo ursprünglich die Kettenöse befestigt war."[52] Bei der Zusammenstellung eines Gesamtinventars der in Gandersheim vorhandenen Mobilien sind 259 große und kleine Bücher aus der Nutzung der Franziskaner erfasst worden, bevor sie anschließend in den Bestand der neu gegründeten Universitätsbibliothek Helmstedt eingingen.[53] Nach Auflösung der Universität (1810) setzte man sie erneut in Bewegung und brachte sie in die Wolfenbütteler Bibliothek, wo sie bis heute geblieben sind.[54]

51 Zit. n. Helmar Härtel: Untersuchungen zur Bibliotheksgeschichte in Niedersachsen an der Wende vom 15. zum 16. Jahrhundert. In: Wolfenbütteler Notizen zur Buchgeschichte 11 (1986), S. 1–32, hier S. 21 (Anm. 3). Kopp 2010 (wie Anm. 35), S. 259.

52 Zit. ebd. S. 259 f., mit Detailaufnahmen von Bänden der Gandersheimer Pultbibliothek (Abb. 163, 166, 167).

53 Ebd., S. 261.

54 Bertram Lesser: Einleitung. Zur Geschichte und Katalogisierung der Helmstedter Handschriften. In: Die mittelalterlichen Helmstedter Handschriften, Teil 1: Cod. Guelf. 1 bis 276 Helmst, beschrieben von Helmar Härtel, Christian Heitzmann, Dieter Merzbacher, Bertram Lesser. Wiesbaden, 2012, S. I–LXXXVI; Heinrich Schneider: Beiträge zur Geschichte der Universitätsbibliothek Helmstedt. Helmstedt, 1924. Die Funktionsgeschichte der Universitätsbibliothek Helmstedt wird von der Verfasserin in der Herzog August Bibliothek erforscht: http://www.hab.de/de/home/wissenschaft/forschungsprofil-und-projekte/ornament-und-instrument-funktionsgeschichte-einer-fruehneuzeitlichen-universitaetsbibliothek-am-beispiel-helmstedt-15761810.html.

Ungeachtet vieler Hand- und Druckschriften aus Klosterbibliotheken in der Sammlung konnten in der Herzog August Bibliothek bisher keine Handschriften aus dem Franziskanerkloster Goslar nachgewiesen werden. Bekannt sind aber zwei Druckschriften aus der Nutzung der Goslarer Minoriten: Der ältere Band, eine Inkunabel,[55] enthält Nicolaus von Lyra: *Postilla moralis super totam Bibliam,* hier mit dem Titel: Moralia super totam Bibliam, Straßburg: Georg Husner um 1479 (GW M26489).[56] Der Einband dieser Inkunabel hat durch die Einwirkung von Feuchtigkeit und Insektenfraß im Deckel erkennbar gelitten und ist wesentlich schlechter erhalten als die besprochenen Bände aus dem Franziskanerkloster in der Marktkirchenbibliothek. Er ist mit Streicheisenlinien, Rosetten und blütenförmigen Stempeln überzogen, deren Anordnung auf dem Lederbezug des Holzdeckels weniger schematisch wirkt, als auf untersuchten Einbänden in der Marktkirchenbibliothek. Die Einbandstempel dieser Inkunabel deuten auf die Buchbinderei des Johannes Bernardi in Braunschweig.[57] Ein Vergleich der Typen erhaltener Schließen führte zu keiner direkten Übereinstimmung. Während der Einband des Buches beschädigt ist, blieb das Papier, abgesehen von einigen Wurmlöchern, sehr gut erhalten. Mit hellroter Tinte eingetragene Majuskeln an den Textanfängen sind mit Ornamenten verziert. Während der Lektüre wurden Benutzungsspuren hinterlassen, vor allem Randglossen und Unterstreichungen einzelner Passagen (Textanfänge und -enden) mit roter Tinte. Zwischen den Blättern fanden sich zwei vergessene Lesezeichen (Abb. 12–14). Nach dem gedruckten Text, am Ende des Buches, trug der Gandersheimer Vikar Johannes Snehagen (Schneehagen aus Einbeck, im Amt von 1481 bis 1515)[58] am 23. Dezember 1486 mit dunkelroter Tinte folgendes ein und bestätigte dies nachdrücklich: „Anno domini m° cccc° lxxxvj Jn vigilia vigilie natalis domini per me Johannem Snehagen. Quod protestor“[59] (Abb. 9). Johannes Snehagen wählte den Tag vor dem Heiligen Abend und betonte öffentlich, er habe der im Explicit von Nicolaus von Lyra formulierten Bitte um Fürbitte für sein Seelenheil entsprochen.[60] Zwei Jahre später nahm er Nicolaus von Lyras Werk erneut zur Hand und dokumentierte am 24. Februar 1488 sein Buchgeschenk an den Konvent der Franziskaner in Goslar, bevor der gedruckte Text begann. Er schrieb:

55 Siehe John M. LENHART: Pre-reformation printed books: A study in statistical and applied bibliography. New York, 1935; DERS.: Franciscan printing houses in pre-Reformation times; Sixtus IV, O.F.M. and the German printers; Franciscan Tertiary among fifteenth century printers; Thomas Murner O. Conv. Promoter of printing (1511–1537); Archbishop Juan Zumarraga, O.F.M. and the introduction of printing in Mexico. In: Franciscan Studies N.S. 7 (1947), S. 90–97.

56 Wolfenbüttel, Herzog August Bibliothek, Signatur: H: C 24.2° Helmst.

57 Alle sieben Einzelstempel lassen sich mit der Werkstatt Johannes Bernardi in Braunschweig in Verbindung bringen. Siehe: http://www.hist-einband.de/recherche/suchergebnis.php?typ=be [gesehen am 1.8.2016].

58 Hans GOETTING: Das reichsunmittelbare Kanonissenstift Gandersheim (Germania sacra, N.F. 7). Berlin, 1973, S. 419, 498.

59 Abkürzungen wurden für die Wiedergabe aufgelöst.

60 Dank an Ulrich Bubenheimer für den Hinweis auf diesen Zusammenhang.

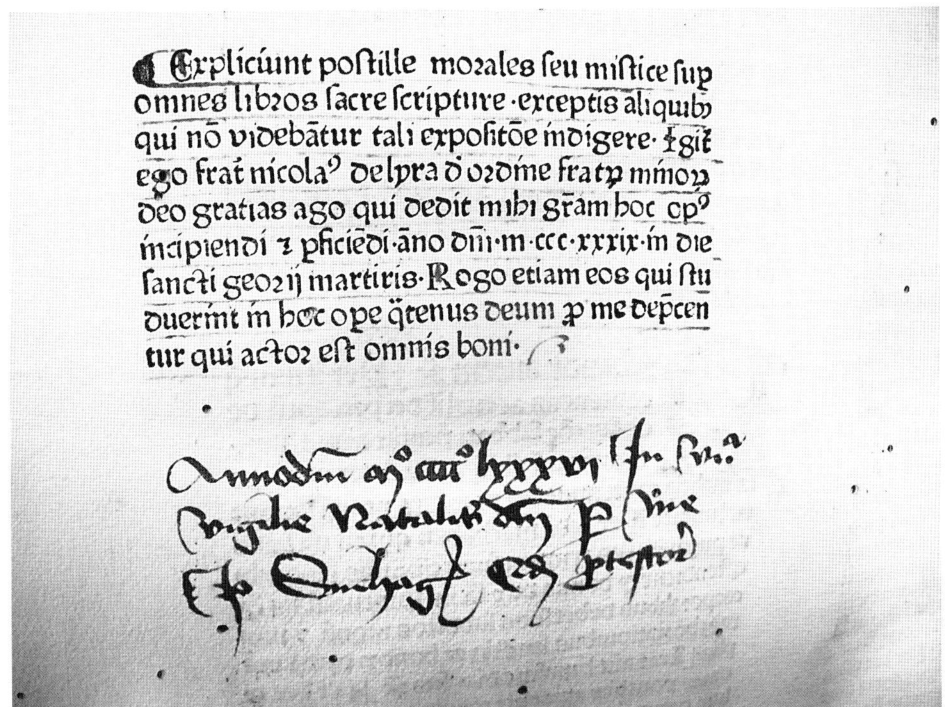

Explicũt poſtille morales ſeu miſtice ſup
omnes libros ſacre ſcripture ·exceptis aliquib
qui nõ videbãtur tali expoſitõe indigere· Igit
ego frat nicola⁹ delyra d ordine fratꝝ minoꝝ
deo gratias ago qui dedit mihi grãm hoc op⁹
incipiendi ꝛ pficiẽdi·ãno dñi·m·ccc·xxxix·in die
ſancti georij martiris· Rogo etiam eos qui ſtu
duerint in hoc ope q̃tenus deum ꝓ me depcen
tur qui actor eſt omnis boni·

Abb. 9: Eintrag von der Hand des Gandersheimer Vikars Johannes Snehagen auf dem letzten bedruckten Blatt von Wolfenbüttel, HAB, Signatur: H: C 24.2° Helmst.

„Johannes Snehagen vicarius ecclesie Gandersemensis contulit hunc librum fratribus minoribus goslariensibus pro salute vivorum et mortuorum perpetue cathenandum Anno domini m° cccc° lxxxviij die Mathie sed frater Tilemannus besk [sic!] pro nunc terminarius debet uti ad vitam suam de post [sic!] devolvetur ad Conventum utsupra“ (Johannes Schneehagen Vikar der Gandersheimer Kirche verschaffte den Minderen Brüdern in Goslar dieses Buch zum Heil der Lebenden und Toten, das für immer angekettet werden soll. Aber im Jahre des Herrn 1488, am Tag der hl. Mathias, erhielt es der Bruder Tilemannus Besk, zu dieser Zeit Terminarius [dieser war für das Einsammeln von Spenden zuständig], zum Gebrauch auf Lebenszeit; danach soll es dem oben genannten Konvent zurückgegeben werden) (siehe Abb. 10).

Zwischen den Blättern des Buches sind ein selten erhaltenes mittelalterliches Leserädchen und ein Lesezeichen aus einem Handschriftenfragment in Vergessenheit geraten (Abb. 12–14).[61]

61 Bertram LESSER: Registerknöpfe und Leserädchen. Lesezeichen aus Klosterbibliotheken in Südniedersachsen. In: Monika E. MÜLLER (Hrsg.): Schätze im Himmel – Bücher auf Erden. Mittelalterliche Handschriften aus Hildesheim (Ausstellungskataloge der Herzog August Bibliothek, 93). Wolfenbüttel, 2010, S. 227–236, hier S. 233–236.

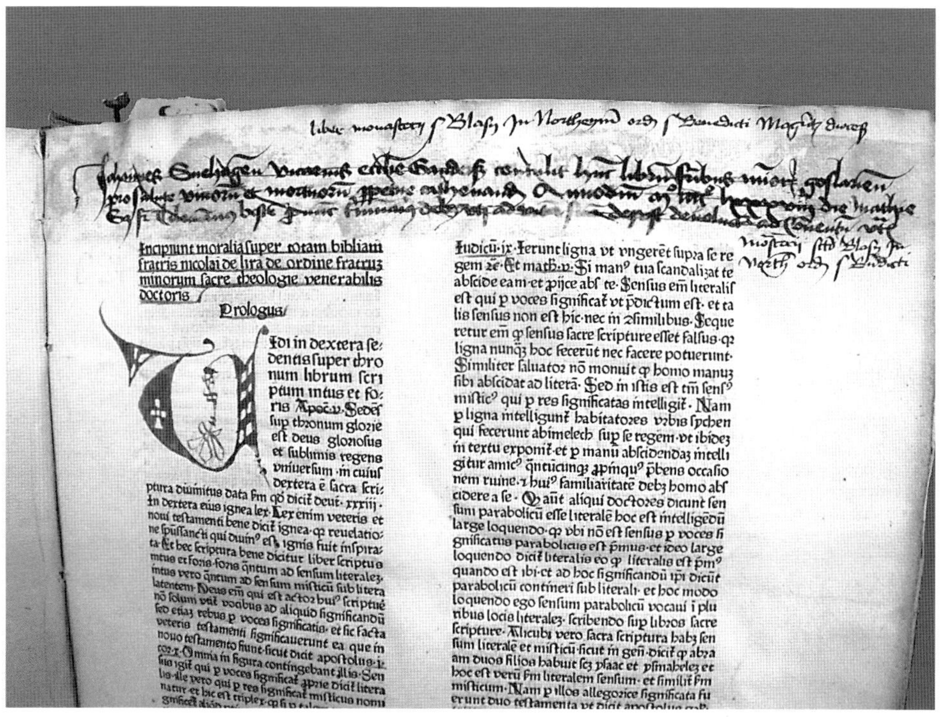

Abb. 10: Vermerk über das Buchgeschenk des Gandersheimer Vikars Johannes Snehagen (Schneehagen, im Amt 1481–1515) an die Goslarer Franziskaner, datiert 23. Dezember 1486. Einträge aus dem Benediktinerkloster Northeim, datiert 1517. Wolfenbüttel, HAB, Signatur: H: C 24.2° Helmst., vor dem Prolog.

Abb. 11: Besitzeintrag aus dem Kloster Northeim, Innenseite des vorderen Buchdeckles von HAB, Signatur: H: C 24.2° Helmst.

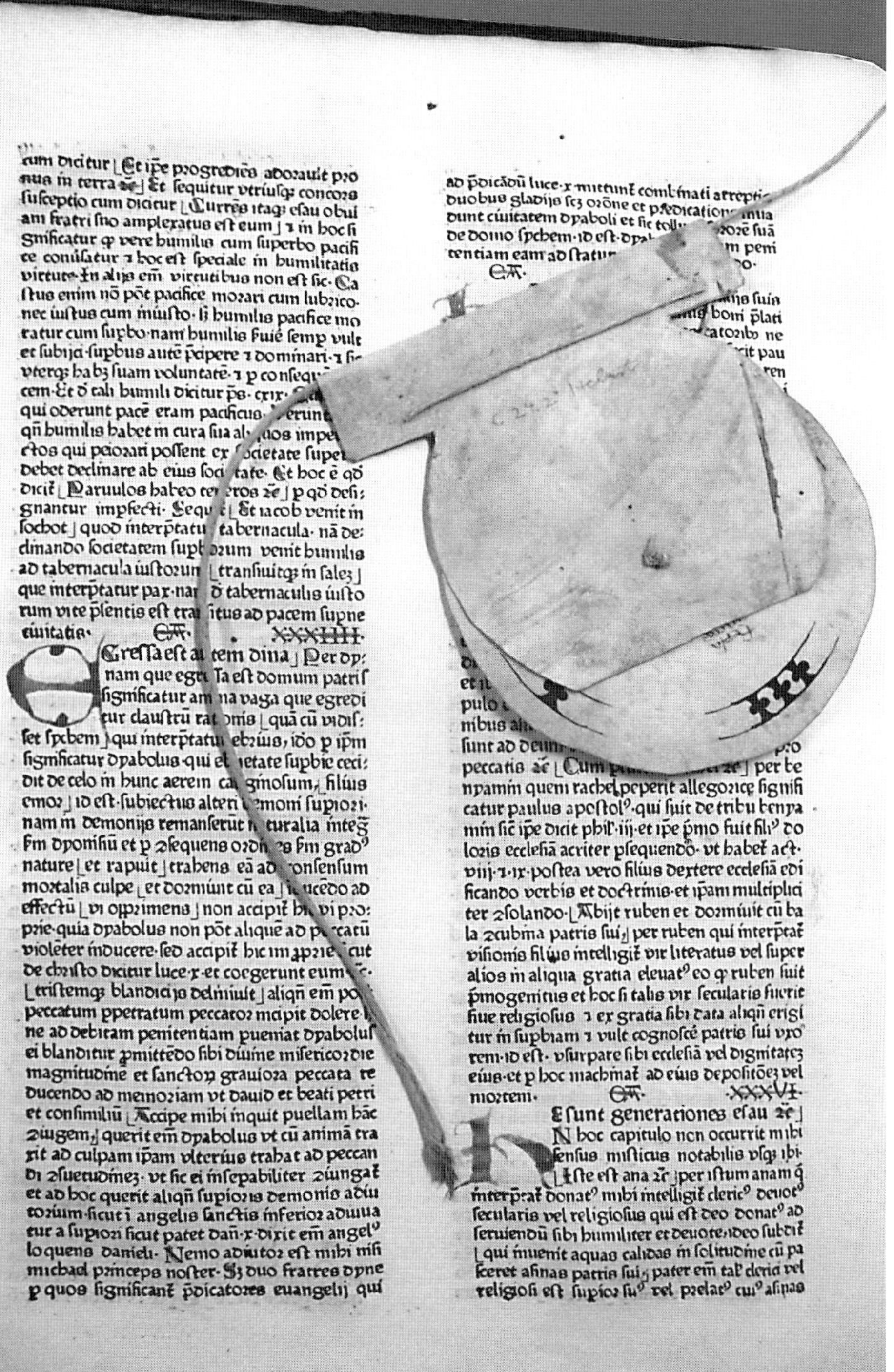

Abb. 12. Vorderseite des Leserädchens, das wohl im Kloster Northeim eingelegt wurde. HAB, Signatur: H: C 24.2° Helmst.

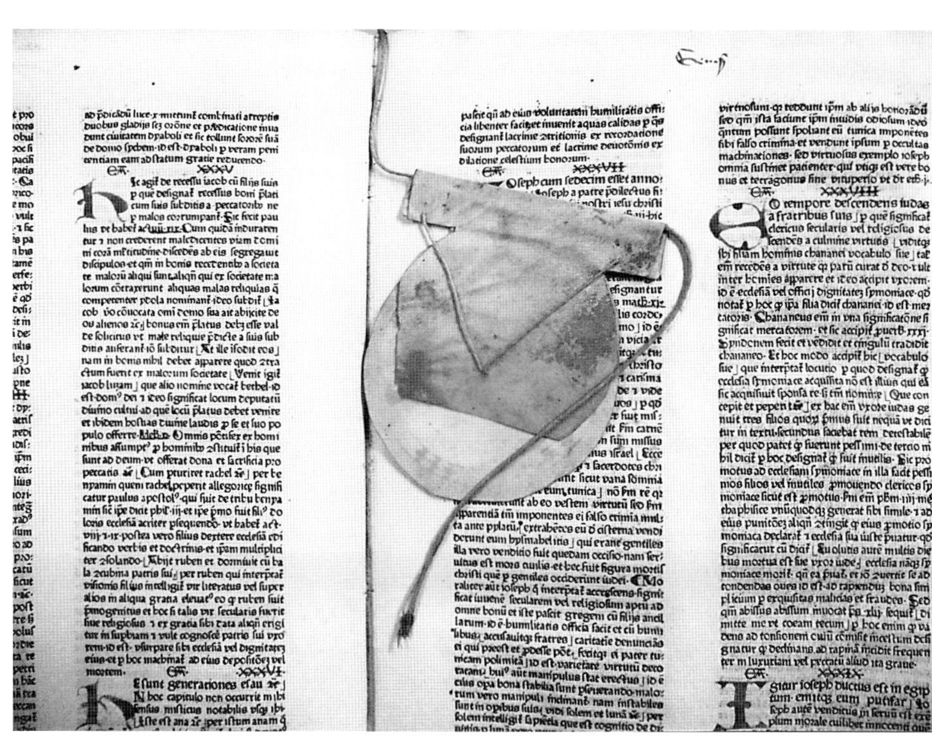

Abb. 13: Rückseite des Leserädchens in HAB, Signatur: H: C 24.2° Helmst.

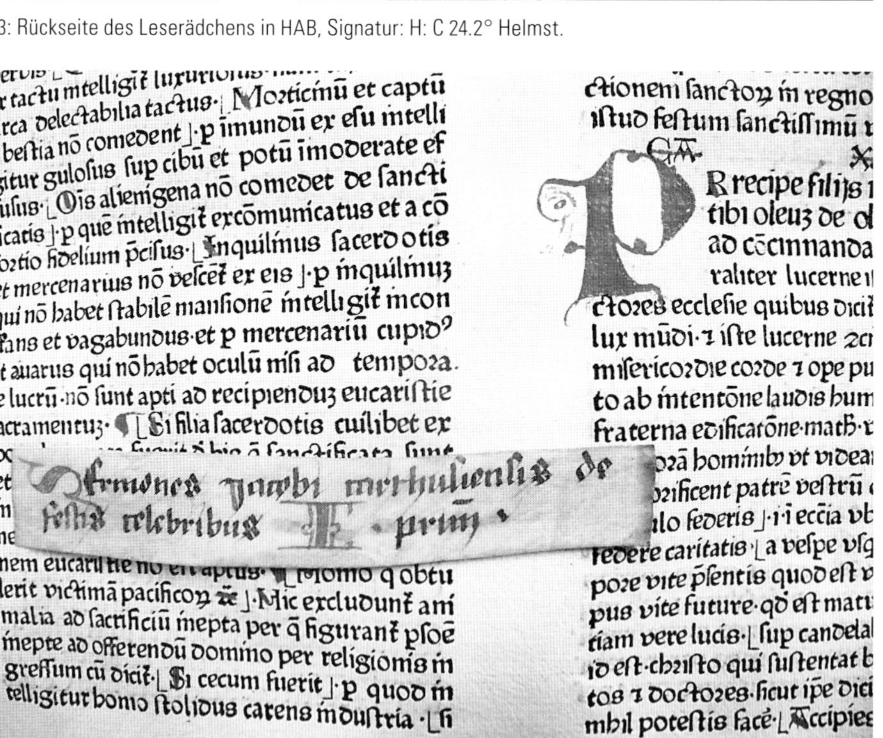

Abb. 14: Pergamentenes Textfragment als Lesezeichen in HAB, Signatur: H: C 24.2° Helmst.

Rund dreißig Jahre später gelangte das Buch in das Kloster Northeim, wo der Bibliothekar den Neuzugang 1517 auf der Innenseite des vorderen Buchdeckels mit einem Besitzeintrag kennzeichnete: „Liber monasterij sancti Blasij jn Northeym Anno domini Mdxvij" (Abb. 11). Dort wurde vermutlich auch das Leserädchen eingelegt, das erhaltenen Vergleichsstücken aus Northeim entspricht.[62] Über dem bereits zitierten Eintrag Johannes Snehagens vor dem Prolog kennzeichnete man das Buch noch einmal als Bestandteil der Bibliothek des Benediktinerklosters St.-Blasien in Northeim, Diözese Mainz: „liber monasterij sancti Blasij jn Northeyme ordinis s Benedicti Maguntinensis diocesis" (Abb. 10). Daraus ergibt sich, dass es elf Jahre vor Einführung der Reformation in Goslar an das Benediktinerkloster Northeim abgegeben wurde, obwohl sein Inhalt sehr gut mit den heute noch in der Marktkirchenbibliothek vorhandenen Bibelglossen des Nicolaus von Lyra korrespondierte. Vielleicht war es in Goslar als Dublette vorhanden und wurde deshalb weitergegeben. Ob diese Entscheidung im Zusammenhang mit dem Neubau der Kirche des Franziskanerklosters getroffen wurde, der ebenfalls 1517 begann, lässt sich bisher nicht beantworten. Bibliotheksräume lagen oft in der Nähe der Sakristei, insofern könnte die Baumaßnahme die Revision der Bibliotheksbestände nach sich gezogen haben.

In der Herzog August Bibliothek gibt es neben diesem Druck auch eine Handschrift mit einem Hinweis auf den zeitweiligen Benutzer Johannes Snehagen: In Cod. Guelf. 893 Helmst., fol. 154r, steht unter der Sammlung von Heiligenviten folgendes Kolophon:

> „Anno domini etc. [M CCCC, darüber geschrieben] LXXXVIII [1488 darüber geschrieben] in vigilia natalis domini obiit Theodericus Busse Canonicus Ecclesie Gandershemensis Cuius anima requiescat in pace Amen. Et [dominus darüber geschrieben] Johannes Snehagen nomine eius contulit hunc librum scholari suo Hermanno Scapers qui pro eo orabit Amen pro animabus omnium fidelium defunctorum".[63]

Demnach ging der Codex von dem 1488 verstorbenen Gandersheimer Kanoniker Theodericus Busse an Johannes Snehagen über. Dieser übergab es wiederum seinem Schüler Hermannus Scapers (Hermann Schaper), damit dieser für sein Seelenheil betete, so wie Snehagen es für Nicolaus von Lyra getan hatte.

In der Herzog August Bibliothek konnte noch ein weiterer früher Druck aus dem Umfeld der Franziskaner in Goslar identifiziert werden. Dieses aussagekräftige historische Relikt erschien erst, nachdem Goslar protestantisch geworden war. Es handelt sich um Friedrich Nausea: *Catholicus catechismus*, Antwerpen: Joannes Stelsius 1543.[64] Eingetragen ist ein durchgestrichener Provenienzhinweis von 1630: „Liber Convent. Goslariensis FF Min: Reg. Obs. 1630" (Abb. 15). Darunter steht der Name eines späteren Besitzers: Joannes Schönermarchius (Johannes Schönermarck). Ein Stempel der Universitätsbibliothek Helmstedt zeigt, dass es auch zu den Büchern der theologischen Fakultät in Helmstedt zählte, die nach der Auflösung der Universität 1810 nach Wolfenbüttel gebracht wurden.

62 Ebd., S. 233 mit Abb. 148.

63 Dank an Bertram Lesser für den Hinweis auf diese Handschrift.

64 Wolfenbüttel, Herzog August Bibliothek, Signatur: H: J 198.8° Helmst.

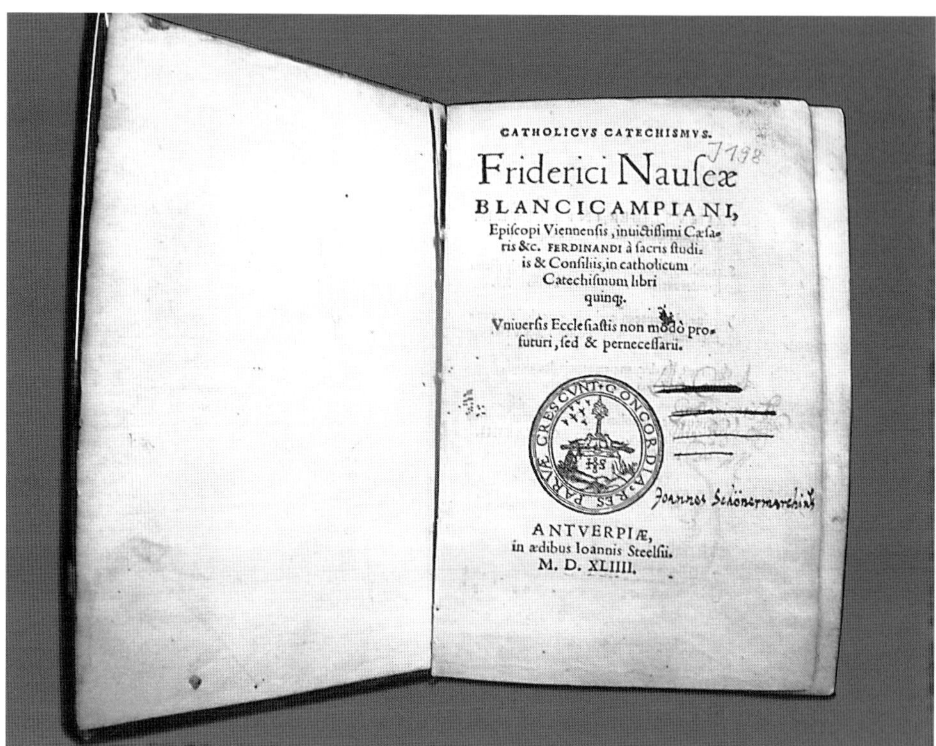

CATHOLICVS CATECHISMVS.

Friderici Nauſeæ

BLANCICAMPIANI,

Epiſcopi Viennenſis, inuictiſſimi Cæſa-
ris &c. FERDINANDI à ſacris ſtudi-
is & Conſiliis, in catholicum
Catechiſmum libri
quinq;.

Vniuerſis Eccleſiaſtis non modò pro-
futuri, ſed & perneceſſarii.

CRESCVNT CONCORDIA RES PARVÆ

Joannes Schönermarchius

ANTVERPIÆ,
in ædibus Ioannis Steelſii.
M. D. XLIIII.

Abb. 15: Titelblatt von Friedrich Nausea: Catholicus catechismus, Antwerpen: Joannes Stelsius 1543. Der Bezug zu den Franziskanern in Goslar ergibt sich aus dem durchgestrichenen Provenienzhinweis: *Liber Convent. Goslariensis FF Min: Reg. Obs. 1630.* Darunter ein Besitzvermerk des *Joannes Schönermarchius.* Wolfenbüttel, HAB, Signatur: H: J 198.8° Helmst.

Aus dem Eintrag mit dem Bezug zum Konvent der Minoriten in Goslar lässt sich schließen, dass sich der *Catholicus Catechismus* in der kurzen Phase der Rekatholisierung während des Dreißigjährigen Krieges im Franziskanerkloster befand. Nach dem Restitutionsedikt Kaiser Ferdinands II. von 1629 hatten die schon erwähnten bedürftigen Bewohnerinnen und Bewohner die ehemaligen Klostergebäude verlassen und für kurze Zeit waren dort wieder Franziskaner eingezogen.[65]

65 Crusius 1842 (wie Anm. 3), S. 309, 319 f.

Fazit

Eine Provenienz aus dem Franziskanerkloster Goslar kann zurzeit für 17 Bücher angenommen werden. Zusammen mit dem früher vermutlich vorhandenen, heute verlorenen vierten Band der ‚Postille' des Nicolaus von Lyra lassen sich jetzt 18 Bücher aus der Sammlung nachweisen. Neben einer Herkunft aus der Bibliothek ist grundsätzlich die private Nutzung einzelner Exemplare zu berücksichtigen. So könnten Bände, in denen kein Eintrag die Anschaffung durch den Guardian indiziert oder ein anderer konkreter Benutzungsvermerk steht, Handexemplare von Ordensbrüdern sein, die der jeweiligen Klosterbibliothek hinterlassen wurden, wenn sie, was auch gezeigt werden konnte, nicht als Schenkungen an andere Konvente gingen. Im Vergleich mit weiteren rekonstruierbaren Bibliotheken der Region[66] fällt vor allem auf, dass aus der Nutzung der Franziskaner – sieht man vom Fragment eines Kalendariums mit Bezügen zu den Heiligenfesten des Franziskus ab – keine Handschriften erhalten sind. Liturgische Bücher zum Gebrauch in der Kirche waren essentiell und sicherlich in der Sakristei vorhanden: Eine Existenz weiterer Handschriften kann vermutet werden. Doch wo sind sie anschließend geblieben? Fragmentiert, als Makulatur verkauft und auf diese Weise weiterhin benutzt? Ohne Hinweise auf ihre Herkunft in andere Büchersammlungen eingegangen? Denkbar wäre dies im Fall der Gandersheimer Franziskaner, deren Bibliothek nach Ulrich Kopp gleichsam als „Sammelbecken" Bücher verschiedener Provenienzen aufgenommen hat. Geht man mit Volker Honemann davon aus, dass von der bedeutenden Bibliothek des Erfurter Franziskanerkonvents „heute weniger als ein halbes Dutzend (von ursprünglich sicher deutlich mehr als einem halben Tausend) Bücher nachweisbar"[67] sind, dann handelt es sich bei diesen 18 Büchern sicher um Relikte einer umfangreicheren Büchersammlung der Franziskaner in Goslar. Auch wenn sich deren Gesamtumfang kaum noch rekonstruieren lassen wird, bieten deren Restbestände in buchhistorischer Perspektive viele aussagekräftige Merkmale.

66 Siehe Jochen Schevel: Bibliothek und Buchbestände des Augustiner-Chorherrenstifts Georgenberg bei Goslar. Ein Überblick über die Entwicklung im Mittelalter bis zur Zerstörung 1527 (Wolfenbütteler Mittelalter-Studien 27). Wiesbaden, 2015.

67 Zit. n. Honemann 2015 (wie Anm. 1), S. 540.

Pilgrims on earth: Some rethinking of the *Itinerarium Einsidlense* (Codex Einsidlensis 326)

Michael I. Allen

> ... *me manus una capit.*
> — Martial, *Epigrams*, 1.2, 3

> *Introite, nam et heic Dii sunt. Apud Gellium.*
> — An inscribed cornerstone after Lessing, seen on the way to chez Bepler (in Wolfenbüttel)

The manuscript usually known as the *Itinerarium Einsidlense* is a small book with a large reach. Jochen Bepler was likewise a learned friend whose kindness, probing questions, and public and professional achievements left a wide trace. I fondly remember walking from my lodging near the Herzog-August-Bibliothek to his beguiling house, there entering, and "recognizing the kindred spirit (*philos*)" which Euripides once equated (in his *Helen*, v. 560) with the divine. It seems fitting to find in a medieval booklet of traced pathways and inscriptions some intersections to honour the departed *custos librorum* who took delight in making his treasures known.

It is not my purpose here to discuss equally all the texts in, and stories one could tell about, Codex Einsiedeln 326 (hereafter *IE*). The medieval *recueil factice*, with above all its mid-ninth-century section (fols. 67r–86r) of texts concerning sites in Rome (and Pavia) ranks as one of the most famous and prized holdings of the Abbey Library. On account of the noted section, the *IE* figured in the 2014 exhibition at Aachen devoted to Charlemagne and "places of power," and was itself in 2015–2016 the cornerstone of an itinerant exhibition in Switzerland about medieval and early-modern monastic forms of the *Grand Tour* to Italy, with an accompanying volume of scholarly papers published as a beautiful and useful catalogue.[1] It is the credit of Peter Erhart, the Stiftsarchivar in Saint-Gall, to have brought that exhibition and catalogue to being.

I have known and followed *IE* since living in the mid-1980s with the Benedictines at Einsiedeln, when I was allowed on several occasions to study the original. Since then a spate

1 Frank POHLE (ed.): Karl der Große: Orte der Macht, exh. cat. Dresden, 2014; Peter ERHART and Jakob Kuratli HÜEBLIN (eds.): Vedi Napoli e poi muori – Grand Tour der Mönche. Sankt Gallen, 2014.

of important and lesser publications concerning *IE* have appeared. In 1987, Gerold Walser surely gave the impetus to this fresh work with his important black-and-white commentated facsimile, which covered: (1) the Carolingian sylloge of inscriptions (fols. 67r–79v), with three integrated Roman "visitors' routes" (my expression) *extra muros* (fols. 77r, 77v–78r); (2) the ensuing, unique facing-page "spreads" (fols. 79r-85r) that represent eleven visitors' routes (of which the first ten are strictly *intra muros*), set out on a path "marked" by the binding fold, with select sites noted in progressive order (moving downward) to the left and right; and finally, (3) the conventionally arranged tailpiece of description on Rome's Late Antique walls (fols. 85r–86r).[2] The remarkable facing-page layout resulted in trouble for Jean Mabillon's first publication in 1685 of the visitors' routes, which were perplexingly given with the individual pages transcribed in sequence but not as pages.[3] It scarcely needs telling, however, that the Rome-related material has long attracted attention as important. The *IE* was used and cared for at late medieval Einsiedeln, where it may have arrived, from the Abbey of Pfäfers, only in the fourteenth century (perhaps as security against other borrowed materials). From his base at the Council of Constance (1414–1417), Poggio Bracciolini acquired *IE*'s inscriptions, probably in Einsiedeln from this manuscript, which is our only known source for certain texts. The inscriptions and the unique visitors' routes have been published repeatedly, and have prompted diverse commentary as to the origin, nature, purpose, and "use" of the collection.[4] The manuscript itself earned an early place among the Einsiedeln book treasures available on the internet in excellent colour facsimile thanks to the *e-codices* project based at the University of Fribourg (CH).[5] As a Classicist at Bern, Walser's initial interest in making his facsimile edition was prompted in part by a concern to document early Swiss, or at least Alemannic, interest in Rome, since the relevant texts in *IE* were for a while believed to stem from scribes at Reichenau Abbey in Lake Constance. Before Walser's key publication, Bernhard Bischoff (d. 1991) shared with him his own judgement (known at Einsiedeln since his visit there in 1983) that the pertinent Carolingian section of *IE* was the work of a scribe "schooled in Fulda," which became in Walser's telling a "Schöpfung der Klosterschule von

2 Gerold WALSER: Die Einsiedler Inschriftensammlung und der Pilgerführer durch Rom. Codex Einsidlensis 326: Facsimile, Umschrift, Ubersetzung und Kommentar. Stuttgart, 1987. Because I mean to focus on the manuscript, I cite the IE according to its own foliation. The points made by Walser evoked below are taken from his "Introduction" (pp. 9–11). The entire codex may be consulted directly in the facsimile at e-codices, as below. The Swiss exhibition catalogue provides an excellent opening-based colour facsimile of fols. 76v–86r (thus including all the visitors' routes), with a German translation in the outer margins: Peter ERHART and Alfons ZETTLER: Das 'Itinerarium Einsidlense' oder der Falz als Weg". In: Peter ERHART and Jakob Kuratli HÜEBLIN (eds.): Vedi Napoli e poi muori – Grand Tour der Mönche. Sankt Gallen, 2014, pp. 38–59, here 40-59.

3 The result is all but unusable. Mabillon numbered and summarized the sylloge (with much complete transcription), where he understood the left-versus-right cues in the embedded consecutive routes (nos. 69, 70, 72 [= now route 12]). He certainly grasped the ensuing facing-page layout, but entrusted the actual transcription to someone who blindly copied out the text. Jean MABILLON and Michel GERMAIN: Veterum Analectorum Tomus IV, complectens Iter Germanicum. Paris, 1685, pp. 481–520.

4 It is often said, generally, that sylloges at least guided the elaboration of new Carolingian inscriptions, but that is more easily asserted than proved, pace, for one, Florian HARTMANN: Karolingische Gelehrte als Dichter und der Wissenstransfer am Beispiel der Epigraphik. In: Julia BECKER, Tino LICHT and Stefan WEINFURTER (eds.): Karolingische Klöster: Wissenstransfer und kulturelle Innovation (Materiale Textkulturen, 4). Berlin, 2015, pp. 255–276.

5 The facsimile at e-codices includes a summary description with bibliography on the codex by P. Odo Lang (2010), which I hope to update in the near future in light of some findings presented here.

Fulda." Bischoff's posthumous *Katalog* and *Nachlaß* at the Bayerische Staatsbibliothek (Munich) speak for a scribe "schooled in Fulda", which is not the same thing.[6] Be that as it may, his informed judgement, even as approximately knowable, has not been uniformly received in recent scholarship.[7] On the other hand, many speculations about the visitors' routes have been mooted, sometimes in consonance and repetition, sometimes with unanchored precision as to historical circumstances (e.g., imagined imperial visits) or supposed "models" (engraved tables or maps), and sometimes with nuances imported from anthropological reflection on the nature of space and mapping. Much of that harvest and the most pertinent bibliography is deftly presented and assessed in the judicious survey by Riccardo Santangeli Valenzani, a specialist on the *IE*, in his account for the recent Swiss exhibition catalogue under the specific angle of "problems and new approaches for research."[8] Without meaning to polemicize, I would like to take up a "problem", based on my general experience with manuscripts, that Santangeli Valenzani explicitly skipped, presumably as tedious and solved, in his useful essay.

From the start with Mabillon to the edition by Walser and even the recent *e-codices* description, the task of adequately and coherently representing the content of *IE* has remained unfulfilled. It does not entail, for one, rationalizing the extramural visitors' routes embedded in the sylloge merely to serve as an unharmonized mistake, to be tacked on, for modern convenience, to the mostly intramural opening-sized paths,[9] but rather attempting to explain what is actually there and where it is, once both points are fully considered. Scholars, of course, often approach "texts" and manuscripts with a particular focus and interest, and even cataloguers may want simply to have done with an entry, since so many others beckon. Bernhard Bischoff himself did not aspire to document all aspects of even the ninth-century codices that concerned him; he needed to focus on completing his *Katalog* and death cut him short with still much to do. To judge from Santangeli Valenzani's survey and perceptions, the remaining "problems and new approaches for research" would consist now in conceptualizing how the evidence of the visitors' routes (again, my term) is to be fitted into the mental "space" and categories of non-visitors attempting to translate the information of a partly inscrutable model into something they copied out to be meaningful and usable for themselves.[10] I cannot disagree with that, but I would like to share some missed details that I see and know, and to suggest how they may bear on working behind the written evidence that we possess, by some analogy, probabilities, and

6 Bernhard BISCHOFF: Katalog der festländischen Handschriften des neunten Jahrhunderts, edited from the Nachlaß by Birgit Ebersperger. Wiesbaden, 1998–2014, vol. 1, p. 242 (no. 1133). In the *Nachlass* I have studied all the slips on *IE* (under Ana 553, A, I, Einsiedeln).

7 Cf. Stefano DEL LUNGO: Roma in età carolingia e gli scritti dell'Anonimo Augiense (Miscellanea della Società Romana di Storia Patria, 48). Roma, 2004.

8 Riccardo Santangeli VALENZANI: 'Itinerarium Einsidlense': Probleme und neue Ansätze der Forschung". In: ERHART and HÜEBLIN 2014 (see note 2), pp. 33–37, with bibliography on 37. One might easily cite a host of incidental literature: e.g., Kai BRODERSEN: Ein karolingischer Stadtplan von Rom? In: Cartographica Helvetica 14 (1996), pp. 35–41.

9 Cf. WALSER 1987 (see note 2), p. 127 (nos. 69–70), 129 (no. 72), 204–11. The convention predates him.

10 For the conceptual framework, one thinks, of course, of the important work of Patrick Gautier-Dalché. See, for one, his Considérations intempestives sur l'objet "espace médiéval" et sur sa construction. In: Stéphane BOISSELLIER (ed.): De l'espace aux territoires: La territorialité des processus sociaux et culturels au Moyen Âge, Actes de la table ronde des 8–9 juin 2006, CESCM (Poitiers) (Culture et Société Médiévales, 19). Turnhout, 2010, pp. 133–44.

exclusions, to arrive at fresh plausible speculations about original forms and intentions and maybe personnel. I base my comments on having reinspected the manuscript I knew in the 1980s on two further occasions in 2015: one whole day in June to prepare, and a further whole day in September to conduct a seminar at Einsiedeln on *IE* with Professor Carmen Cardelle de Hartmann and her students in Medieval Latin at Zurich.[11]

I focus here on mostly telling what seems to me specifically "new". Many basic material details, namely measurements and contents, can be gleaned from standard resources, starting with Bischoff's *Katalog* and the *e-codices* facsimile and description/bibliography. Some, however, are readily visible, but inexplicably lack or want for comment, while certain details have been subject to misstatement. A first internal matter to settle is that I follow the accepted framework for dating the visitors' routes – as grounds for these copies, and by extension for the associated sylloge – to beween AD 751 and AD 855 based on certain mentions or omissions of datably changing fixtures within Rome (known especially from the *Liber pontificalis*). The absence of St. Peter's and the *Ciuitas Leonina* (ca. 847) affords no purchase, since one expects them first of all, precisely where a leaf has been excised. Conversely, I would not question, as some have, the *bona fides* of certain pointers to sites that seem inaptly far off a given path, any more than I would suspect the other plainly missing sites adjacent to some routes. Omissions and choices happen in texts, and no one can account for lines of sight on foot versus horseback, or conceivably a mix of both at different times.

A first point to restate is that the small codex (180 × 125 mm) is a medieval *recueil factice* that includes elements of an early anthology, which was itself built up over time. The codicological break-down given in the *e-codices* description (of 2010) does not serviceably mark changes in textual content as distinct from the separate and coherent physical segments that properly define a "codicological unit".[12] For the record, I must clarify the physical collation of the quires (Q = quire), and I use Roman numerals (after Anton Chroust) to identify, e.g., binions (II) versus quaternions/quinions (IV/V), then standard Arabic numerals for added or removed leaves, Arabic/alphabetic superscripts to note the current foliation at breaks, and double bars | | to delimit physically coherent segments. When the manuscript was "conserved" in ca. 1990, the highly paid artist disturbed both the page-order and quiring. Here, I give first what I knew in the 1980s, and then as supplement what we now see in *e-codices* and *in situ*. The physical collation should be as follows:

Q1 = $(V+1)^{A\text{ to }10}$, stubb opposite flyleaf A around the fold;
| | Q2 = V^{20}, Q3 = IV^{28}, Q4 = $(IV-2)^{34}$, leaves 7 and 8 excised
[ex-fol. 30, marked and set as 34*bis*];
| | Q5 = IV^{42}, Q6 = IV^{50}, Q7 = IV^{58}, Q8 = IV^{66};
| | Q9 = $(IV-1)^{73}$, leaf 1 excised; Q10 = IV^{81}, Q11 = V^{91}, Q12 = $(IV-2)^{97}$,
leaves 7 and 8 excised;
| | Q13 = $(IV-1)^{104+Z}$, leaf 1 excised, stubb opposite flyleaf Z around the fold.

11 I am grateful to P. Justinus Pagnamenta (Stiftsbibliothekar) and P. Martin Werlen (my sometime frater senior) for helping to make those visits possible.

12 The mixed result perhaps arose from the conversion of a sequential analysis of content to the template of "codicological units" standard in e-codices descriptions.

There are 104 folios (plus two medieval flyleaves), but now with a disturbance of the early quiring and numbering at:

> Q3 = $(IV^{28}+I)^{29}$, the stubb opposite fol. 29 now around the fold (from Q4);
> Q4 = $(II^{34}+I)^{34bis}$, the stubb opposite ex-fol. 30, alias 34bis, now reversed to set the renumbered leaf last.

From the authentic collation, one sees immediately that removed leaves occur at shifts between organic segments, there resized to fit the needed or still wanted text. As Bischoff remarked, the two ninth-century stretches of quires used calfskin (vellum): Q2–Q4 (partly) and Q9–Q12 (completely); we may add that those sections also include both "normal" quaternions along with some quinions, where the latter type in calfskin was a regular feature of mid-century book-making at Fulda and other central German scriptoria. The first noted stretch of quires, Q2–Q4, also shows a peculiar arrangement of the membrane with the hair-side always facing out.[13] Fulda, of course, knew how to be consistent, but not, so far as I know, in that way. The texts that chiefly concern us about Rome (and Pavia) lie together (fols. 67r–86r) in Q9–Q12, where they are followed, directly in Q11, by an excerpt from the *Ordo Romanus XXIII* (fols. 86v–88v), concerning Holy Week in Rome, specifically the Good Friday rituals with the relic of the True Cross, and then various poems, including, as seemingly latest in date, the epitaph of Bp. Bernald of Strassburg (d. 840?), a sometime monk of Reichenau (fol. 97v). The entire section of the book devoted to "Rome" is copied, with some variation (e.g., in the use of rubrication and the style of the certain notabilior letters) by what appears to be a single Caroline hand (and Caroline is the basic script throughout *IE*), which was for Bischoff some "in Fulda geschulter Schreiber." One can follow his thinking for the writing where it shows the Fulda-style *cc*-form of minuscule *a* and an often rounded (cuspless) *ct*-ligature, yet the writer also deploys a distinctly cusped form of *ct*-ligature (not Fulda) and a tall *rt*-ligature with a pronounced forward "hornlet" at the top (not Fulda). The form of the *rt*-ligature recalls, in my experience, habits from ninth-century South Germany (and later atavisms from there). "In Fulda geschult" cannot mean, I think, Fulda itself. The inconsistent mix of elements would square poorly with the Fulda scriptorium, or really any well practiced centre.[14] Bischoff decided in his separate *Katalog* entry for Q2–Q4 (with the *Gospel of Nicodemus*) for another "in Fulda geschulter Schreiber", here writing to a different justification and, I think, slightly later with an altogether weaker Fulda-style *cc*-form of *a* but a more consistent rounded *ct*-ligature.[15] For our purposes, it is important to emphasize (*pace* others) that the codex *does* include quire

13 Distracted by other matters I failed to note the flesh-hair orientation elsewhere except for Q1, which is the usual hair-side out to start, then alternating with usual like against like, and for Q5–Q8, containing a Penitential (Excarpsus Cummeani), which uses sheep- or goatskin parchment so finely worked as make distinguishing hair versus flesh for me impossible.

14 See, again, Bischoff 1998-2014 (see note 6), vol. 1, p. 242 (no. 1133), dating to saec. $ix^{2/3}$. The fuller notes in the Nachlaß (Ana 553, A, I, Einsiedeln) also point to the forms I observe, and date to saec. "$ix^{3/3}$."

15 Bischoff 1998-2014 (see note 6), vol. 1, p. 242 (no. 1132), dating to saec. $ix^{2/3}$. The notes in the Nachlaß (ibid.) date to saec. "ix^{2} (3/3?)" and remark: "Könnte auch Fulda sein". The scribe is notable for his predilection for setting accents on monosyllables.

numbers, and at that, in the section that most interests us, where the lower margin of the final versos of Q9 and Q11 still show their original ordering as "i" and "iii", respectively. Although it now lacks (perhaps because it named a past owner or offered a blank recto), there is every reason to suppose (also for interpreting the original) that the lost first leaf of Q9 introduced, dedicated, or explained the sylloge and visitors' routes that now begin abruptly. Without proposing to separate the physically and graphically kindred grouping Q2–Q4 from the section that originally headed a small but coherently conceived project consisting of Q9–Q12, it seems plausible that the real codicological units shifted position as part of a gradual accretion of materials by size or "theme".

The text found in Q1, here called the *Notae Iulii Caesaris* (fol. 1r), provides a tenth-century supplement for reading abbreviations that seems purpose-built, and carefully sized, as a help to understanding the sylloge of inscriptions. It is conceivable, moreover, to judge from the titling, mistaken but firmly linkable to an analogue at Reichenau, that some early, but not original, interest in Roman things here actually points, as Walser and others hoped, to that abbey.[16] The wavering palaeographical attribution of Q1, Q5–Q8 (*Poenitentiale Cummeani*), and Q13 (*De inuentione s. Crucis*) to Germany or Italy may in part turn on the final *Epitaphium Xanthippae*, whose model stone still survives at Parma, in Italy, and whose text in the tenth-century copy that closes Q13 (fol. 104v) seems to follow the accents and decorative interpuncts of the original as if copied in front of it.[17] Q1 and Q5–Q8 strike me as tenth-century German. Might that be a sign that the "engineered" *recueil factice*, with its early core of material about Rome and Pavia and the True Cross, then crossed together with new, carefully sized and mated accretions into Italy, and then back? Perhaps on the sort of pilgrimage for which some "conceptualizing" scholars have deemed the *IE* too removed from realities to be useful or suitable? It is at least certain that the tenth-century scribe of the *Poenitentiale Cummeani* (Q5–Q8) added a rubricated heading (fol. 10r, upper margin) to highlight the original writer's tailpiece on the alphabet as a form of numerical notation (fol. 10r–v in Q1). The distinct hand as rubricator follows up on the other scribe's outline of an alphabetic "code", which itself could relate to the (erstwhile ciphered) *litterae formatae* still needed, in theory, to cross into Italy as a pilgrim in the earlier Middle Ages. His added penitential as part of a pilgrim's *vade mecum* may be, in turn, a natural functional complement, and it here doubtless postdates the other quires it joined, except perhaps for Q13, with its palaeographically cohesive tenth-century writing

16 The source is, in fact, Marcus Valerius Probus (saec. i p. Chr.), Notae. As my teacher, Virgina Brown, wrote in a discussion of Julius Caesar's legacy: "Einsiedeln, Stiftsbibliothek ms. 326 (s. IX/X) contains, on ff. 1–10, 'Notae Iulii Caesaris' which consist of a collection of 'notae iuris.' Theodor Mommsen, their editor (in Heinrich KEIL: Grammatici latini IV 317–330), believed them to be copied from an older manuscript, probably that listed in the 846 [Reichenau] catalogue of Reginbert ('Notae Iulii Caesaris et liber Plinii Secundi de natura rerum'), and attributed the misleading title to a scribal confusion of 'Notae I(uris) C(ivilis)'". Virginia BROWN: Caesar, Gaius Julius. In: F. Edward CRANZ (ed.): Catalogus translationum et commentariorum, 3. Washington, 1976, p. 90.

17 There is also, as Virginia Brown often said to me, a certain habit of looking to Italy for anything one does not quite see how to place palaeographically. For the charming Epitaphium Xanthippae, Franz BÜCHELER: Carmina Latina Epigraphica. Leipzig, 1895–1897, pp. 53–54, no. 98 (= E. Bormann, ed., CIL XI [1888], no. 1118, from Parma; inc. Seu mortis miseret seu te uitae, perlige).

about Helena's discovery of the True Cross and closing epitaph copied somehow from Parma. The last quire in position and, I think, date thus picked up on the Cross-centered and epigraphic emphases of the earliest ones. The choice for the first core of material, the numbered "opening" quires with the sylloge, visitors' routes, and Liturgy of the Cross, seems to have informed and guided the taste for the rest, with the possible exception of the *Gospel of Nicodemus*, the earliest accretion, whose Harrowing of Hell (on Good Friday) was still not irrelevant and generally a "best-seller." Plotting the whole content of the *IE* suggests how a perplexing congeries actually could work in concert to serve a tenth-century pilgrim to Rome, and perhaps did.

But what, then, of an original hypothetical pilgrim behind the earliest elements of *IE* as they were elaborated between AD 751 and AD 855? For I take the early core of materials preserved in *IE* as the work of a travelling individual with curiosity, skill, and sharply trained religious and antiquarian sensibilities. That is the most ready hypothesis, and any real evidence for some Frankish or papal "committee effort" to market or document Rome (at that, with many non-Christian inscriptions) simply lacks for this material as it survives. The "anonymous" here in question, that is, since the loss of the first leaf of Q9, must also have been at least somewhat capable at reading and transcribing Greek, both in Rome, where there was help, *and* in Pavia (then the "other" political capital in Italy), where he might find none. He may have been a northern visitor in Lombard times or a Carolingian subject on his own or in his ruler's service after AD 774. A further small but important set of details – Tironian Notes – suggest a possible quarter in which to look for this anonymous. I mean here to plot a least complex and workable hypothesis.

A "place" where we might plausibly find our early scribes "schooled" at Fulda includes a whole circle of immediate dependencies and also other communities in whose educational and cultural life the great abbey was implicated through teaching, training, and writing for export (i. e., models). Einhard (d. 840), Charlemagne's well-connected biographer, was an alumnus of Fulda, and from the late 820s, in busy retirement at Seligenstadt (no more than two days' ride to the south), he wielded moral influence, gave advice, and lent books.[18] He did so specifically, we know, under prodding from Fulda by the visiting western student, Lupus of Ferrières (833–836), who scoured an outposted copy of Einhard's library catalogue to make requests and plied the elder statesman by letter and in person with questions about metrical theory, mathematics, Greek, and the practice of "Adoring the Cross." A multiple talent, Einhard had even made or guided the making of intricate reliquaries to honour the relics of the True Cross which he had received as an imperial gift. Early modern isometric sketches of one such creation show his mastery of Classical form, figural decoration, and the intricacies of exquisitely lettered inscriptions whose exceptional beauty is still evident in the extant pen-and-ink facsimile.[19] Though not unique in his preoccupation with the Cross as relic, its suitable display, and appropriate "worship", Ein-

18 See now, to start, Steffen PATZOLD: Ich und Karl der Große: Das Leben des Höflings Einhard, 2d ed. Stuttgart, 2014.

19 Karl HAUCK (ed.): Das Einhardkreuz: Vorträge und Studien der Münsteraner Diskussion zum arcus Einhardi (Abhandlungen der Akademie der Wissenschaften in Göttingen, Philologisch-Historische Klasse, 3. Folge, 87). Göttingen, 1974.

hard was an expert; he even dedicated to Lupus a bespoke theological essay "On Adoring the Cross" (836).[20] As a layman, or rather the lay abbot at Seligenstadt, he was engaged by the then deacon Lupus as a multivalent authority, though Fulda had architects (for maths), Hrabanus (as poet and theologian of the Cross), but admittedly scant knowledge of Greek.[21] Einhard used this language, albeit sparely, to explain "adoring" the Cross to Lupus and as proof, if not advertisement of his skill, in his earlier *Life of Charlemagne* (ca. 828). In his useful importunity about those matters, Lupus was even abetted by Abbot Hrabanus, who allowed his junior guest the use of his messenger to send to Seligenstadt. The resources and experience of Einhard were considerable. He could and did provide Lupus with a superb and justly famous model of inscriptional capitals as used by a certain royal sribe, which still survives in ms. Bern, Burgerbibl. 250 (Seligenstadt, AD 836).[22] Einhard also possessed a trusted agent and delegate in his notary, Ratleik (originally from Cologne), who mastered the contemporary Latin shorthand (Tironian Notes). This was a rare skill and probably scarcer than even a smattering of Greek letters in Central Germany. As Einhard's abbatial successor at Seligenstadt from 840, Ratleik also appears that year in December as archchancellor at the royal court of Louis the German (d. 876), where until his death in June 854 the immemorial practice of corroborating royal charters with notes in Tironian shorthand continued and then abruptly stopped. It is highly significant, though it has gone unnoticed, that the margins of *IE* include two instances of sophisticated Tironian annotation in the sylloge.[23] One resolves, if a reader knows to understand the rare sign, an inscription's technical turn, *pater patriae* (fol. 67v), while the other proposes (fol. 69r, to no good effect) an alternate reading, *uel nec*, for the unfamiliar truncation of the term *nummi* (to its initial·*N*·). Ratleik presents an instance of advanced Tironian ability, such as briefly but deftly witnessed by *IE*, in the relevant Central German landscape which was otherwise devoid of it.[24] Both Ratleik and Einhard also went to Italy and Rome on various business: the statesman multiple times and via Pavia, and Ratleik famously to Rome in 827 with orders to obtain (that is, to steal) relics, when he brought back the Martyrs SS. Marcellinus and Peter, who soon became the patrons of Seligenstadt. Ratleik had a strictly focused purpose, but one for which the visitors' routes in *IE* might have been useful. The collection's (internally exceptional) extramural visitors' routes, whose descriptive informa-

20 Michael I. ALLEN: The Letter as Mirror and Prism: Lupus of Ferrières and Einhard. In: Christiane Veyrard COSME, Dominique DEMARTINI, and Sumi SHIMAHARA (eds.): La Lettre-Miroir dans l'Occident latin et vernaculaire du Ve au XVe siècle (Études Augustiniennes). Paris (in press). An appendix there gives an improved text (based on all three extant mss.) of the De adoranda cruce, with commentary and translation.

21 Michael I. ALLEN: Aus Einhards Lebensabend und Consolatio Philosophiae III: Ein Seligenstadter Boethius-Fragment mit lateinischen und althochdeutschen Glossen. In: Archiv für mittelrheinische Kirchengeschichte 66 (2014), pp. 343–377.

22 See the facsimile and description at e-codices. A further textual commonality between Bern 250 (fol. 11vb) and *IE* (fol. 98r-v) is the presence in both of the twelve-line (Ps.-Ausonius) mnemonic poem De aerumnis Herculis (= Alexander RIESE: Anthologia Latina, 2d ed. Leipzig, 1906, vol. 1/2, pp. 107–108, no. 641).

23 There are other text-critical marks that show that the sylloge was carefully proofread and checked.

24 Tironian Notes were an important but strictly limited phenomenon (found only west of the Rhine outside royal chanceries), and geography matters. In a fine article that culminates with the recovery and publication of a major poem from shorthand, Martin Hellmann also resolves the Tironian mysteries of ms. Saint Gall, Stiftsbibl. 171, but has taken the codex as a local creation, whereas the early Caroline writing and shorthand originated, in an enriching twist, at Saint-Denis, near

tion is arguably the most immediate, point at least to catacombs with the required type of holy booty.[25] Einhard himself was an antiquarian, interested in past models and types for comparison, a product and paragon of the Carolingian *renovatio*. His interests coincide with the noted linguistic skills and preoccupations implicated in the early core of the *IE* (the Tironian signs are, of course, early but separate dressing). He had scribes at Seligenstadt, doubtless cosmopolitan in training but situated in the ambit of Fulda's powerful material (e.g., quinions of calfskin) and graphical examples. His personnel included individuals who knew Tironian notes, certainly Ratleik. Layered presences at Seligenstadt converge with the content, material form, and copywork in the original *IE*. We know from Lupus at Fulda, in Seligenstadt, and even back home in Ferrières (cf. his *epp.* 1–5 and 60), that Seligenstadt under Einhard and Ratleik owned and disseminated special texts. Reasonable plausibility suffices for a hypothesis, and there remain some comparanda and opportunities for further work.

Here I would like to remain within the *IE* to compare and assess some "imagined features" of – that is, speculations about – the early texts there, which relate to perplexities and attendant musings over what precisely we see. To start, as I touched on above, some analogues to Route 11 — itself the last of the facing-page "spreads" — and then the entirety of Route 12, figure inside the sylloge.[26] This counts almost perennially as a flaw, oversight, or indigestion, easily extended to impinge on further notions about the perception, mastery, and reworking of space. But I must admit that the immediate evidence of the codex has never struck me as a real problem, because the "misplaced" topographical elements directly adjoin inscriptions taken from the places that they list (and the near vicinity). The effect, when one reads the elements in context, is *immediacy*, not mistake. Only attempting to rationalize the material into some sort of "expected" coherence, printed layout ("fraught" with analogy or the lack thereof), or putative uncertainties about space produces a "flaw", and at that, one that touches on visiting, in part but especially, extramural places that clearly stand outside the usual fare of the visitors' routes, or to embrace my first hypothesis, of *the* visitor's routes. It may well be that going explicitly beyond the walls elicited, invited, or somehow required a different treatment, which attached to an individual subjective experience, and the shift of circumstances and results may be as simple and complex as dealing with a different oversight (or accompaniment), conveyance, or kit of tools for those outings. Altogether, we could be dealing, at various moments and here indirectly, with the notoriously diminutive Einhard as he padded through and around Rome on foot, with some sites a bit or much harder to see and reach with his short stature

Paris. Cf. Martin HELLMANN: Stenographische Technik in der karolingischen Patrologie. In: BECKER, LICHT and WEINFURTER 2015 (see note 4), pp. 177–179.

25 See, to begin, routes 11 and 12 in WALSER 1987 (see note 2), pp. 203–211, comparing 54–59 (nos. 66 [at the end] and 67–72, where the limitations of the presentation and transcription are obvious). Ratleik secured hired guidance to the booty he took from the Roman deacon Deusdona; see EINHARD: Translation und Wunder der heiligen Marcellinus und Petrus (Lateinisch-Deutsch), ed. Dorothea KIES and others (Acta Einhardi, 2). Seligenstadt, 2015. Eighth- and ninth-century popes tried to forbid exports and removed most "relics" from the vulnerable suburban catacombs to inside the walled City's relative safety and order.

26 See again, to begin, WALSER 1987 (see note 2), pp. 203–211, comparing 54–59 (nos. 66 [at the end] and 67–72).

and strides, until he took to horse, when he saw farther, or at least differently. And then he noted it down.

How exactly should we imagine that the key visitor, or at least someone, did that? The answer concerns what originally happened, what it included, and the mode and shape of the transmission that underlies what we now have. Not just any, in fact probably no secretary could be entrusted with deciphering or taking dictation in Latin (with abbreviations) and also in Greek (just outside Rome and in Pavia), where we even find in the latter the differential treatment of majuscule Greek Sigma in the "usual" forms versus the normal – "lunate" *C* of medieval bookhands and epigraphy.[27] That so much is so accurate about the inscriptions speaks for immediacy, all of which we might suppose, heuristically at least, for the airy facing-page spreads. How then, concretely, might we imagine that thinly packed immediacy in its first incarnation? Do we really need to posit in every case a troubled, fraught, or at least troublesome "translation" from the tightly packed, "raw" or "unprocessed" evidence of Route 12 (among the inscriptions) to the ample and tidied two-page format? From working with medieval books and their users, I imagine, I think, what lies behind the facing-page spreads. It is not likely that blank books (which were not available for purchase) were schlepped from home, and simply impossible that the wax-tablets of daily notes were filled up and brought back. In all likelihood, the antiquarian visitor to Rome and Pavia worked in margins, on interlinear space, and over end-leaves or blanks in some *vade mecum*, or at least in some owned and "sulliable" book(s) that could be appropriated, and later disentangled through recopying, for the noble purpose of creating a record, a memento, of a rich and complex encounter with Rome. It is not in the nature of such, so to say, *Sudelbücher* to survive as such, yet I suggest as a first good analogue the diminutive, originally airy pages of ms. Paris, BnF, lat. 6256 (saec. ix$^{2/4}$, W. France, with excerpts from the complete *Corpus Caesarianum*, Sallust, and others), whose margins were later invaded with other text.[28] The same sort of process is at work in the early-ninth-century glossary (from Orléans, but much traveled), whose margins and interlinear spaces were subsequently populated, *inter alia*, with the famous "Paris Old German Phrase Book."[29] One might test this second hypothesis, at least partially, by assessing the paths (with detour *de uia*) behind the differently presented left-side versus right-side pointers to noted sites in the "packed-format" trajectories found within the sylloge as against the distinction by left/right page in the two-page format. The roving "anonymous" visitor inscribed all his intramural routes and further forays venturing outside (especially in no. 11) with sites marked to the left and right of the binding fold in some book, probably with scratched notes (dry-point) or in red-point (Rötel). Inscriptions (sometimes long and complex)

27 For the Greek, see in WALSER 1987 (see note 2), pp. 129–30, 141 (nos. 73 and 80, respectively), which appear on fols. 78r–v and 79r in IE. The Greek would reward more commentary.

28 BISCHOFF 1998–2014 (see note 6), vol. 3 (2014), p. 116 (no. 4399). The manuscript can be inspected through the BnF's Gallica web-site.

29 Ms. Paris, BnF, lat. 7641. See Wolfgang HAUBRICHS and Max PFISTER: "In Francia fui": Studien zu den romanisch-germanischen Interferenzen und zur Grundsprache der althochdeutschen "Pariser (Altdeutschen) Gespräche" nebst einer Edition des Textes (Akademie der Wissenschaften und der Literatur, Mainz, Abhandlungen der Geistes- und sozialwissenschaftliche Klasse 1989/6). Wiesbaden, 1989. Also BISCHOFF 1998-2014 (see note 6), p. 133 (no. 4489).

and certain extramural movements entwined with them elicited a different, better suited method and cleaner space to ink. Visits to the suburbs with their precious catacombs were perhaps scouted twice. Or so, altogether, the evidence strikes me.

That will not eliminate the odd omissions, inclusions, and other challenges that remain about the visitor's paths in *Itinerarium Einsidlense*. But reflecting more, and nearer to the parchment, on the content, inner workings, and plausible hidden workings of this unique and valuable source does bring us closer to some real contours of friendship and duty toward the past, and as pilgrim in the present. That is all something Jochen Bepler understood and exemplified as lover and sharer of books and as a good pilgrim on earth.

Das 1159 vollendete Ratmann-Sakramentar und sein Stifter

Mit einem Exkurs zur Einführung der Prioratsverfassung im Hildesheimer Michaeliskloster im 12. Jahrhundert

Martina Giese

Das Ratmann-Sakramentar (Hildesheim, Dommuseum, DS 37) zählt zusammen mit seiner Schwesterhandschrift, dem wohl nur wenige Jahre jüngeren Stammheimer Missale (Los Angeles, J. Paul Getty Museum, MS 64), zu den hochmittelalterlichen Glanzstücken des Skriptoriums von St. Michael in Hildesheim.[1] Nach der Aufhebung des Klosters am 18. Februar 1803 gelangte der Codex über die Professen Seraphim Wächter[2] († 1835) und Ferdinand Becker[3] († 1841) als Schenkung in den Besitz des Domes.[4] Während sich

1 Die nachfolgenden Ausführungen basieren auf handschriftenbezogener Forschung, die ohne die Unterstützung von Jochen Bepler und seinem Team in der Hildesheimer Dombibliothek nicht möglich gewesen wäre.

2 Wie ein unediertes, vermutlich im ersten Viertel des 19. Jahrhunderts angelegtes und von späteren Händen (darunter die des Johann Michael Kratz, † 1885) fortgesetztes Verzeichnis (Hildesheim, Dombibliothek, Hs C 924, in dieser Mappe als loses Papierblatt ohne Signatur liegend) derjenigen Konventualen von St. Michael, welche unter Abt Gabriel Feischen (27. Mai 1771–23. April 1800) die Profess abgelegt haben, dokumentiert, stammte der hier an 24. Stelle (auf der Rückseite des Einzelblattes) notierte Seraphim Wächter aus Brakel, wurde am 15. Juli 1751 geboren, legte am 15. Juni 1772 die Profess ab, erhielt am 14. März 1778 die Priesterweihe und starb am 4. April 1835. Sein ursprünglich undatierter Professzettel ist erhalten, Hildesheim, Dombibliothek, Hs 308, Nr. 143. – Die Mappe mit der Signatur Hildesheim, Dombibliothek, Hs C 924, ist eine von Kratz zusammengetragene Materialsammlung zu den Äbten des Michaelisklosters und enthält noch weitere, bislang unedierte Abtslisten bzw. Abtschroniken. Darunter auch ein unsigniertes Einzelblatt mit einem „Numerus religiosorum" (vom 17. Mai 1737 als Abschrift von frühestens 1778 mit späteren Nachträgen bis 1744 als Jahr der Profess), einem Verzeichnis von 40 Konventualen von St. Michael, welche unter Abt Benedikt Lühmann (1706–1746) die Profess abgelegt haben. Die Edition und Auswertung dieser sowie weiterer handschriftlicher *Series abbatum* von St. Michael plane ich in einer separaten Studie.

3 Das in Anm. 2 für Seraphim Wächter erwähnte Verzeichnis (Hildesheim, Dombibliothek, Hs C 924) führt Ferdinandus Becker an 36. Stelle auf (auf der Rückseite des Einzelblattes). Als „Natio" ist hier *Rittbergensis* (wohl aufzulösen als Rittersberg, heute ein Stadtteil von Marienberg im Erzgebirgskreis) genannt, als Geburtsdatum der 29. September 1767, als Tag der Profess der 10. September 1786, als Tag der Priesterweihe der 2. Juni 1792 sowie (nachgetragen von Kratz) als Todestag der 28. Februar 1841. Die Professurkunde von Becker findet sich nicht in der Sammlung Hildesheim, Dombibliothek, Hs 308.

4 Dies belegt ein Vermerk von Johann Michael Kratz, Hildesheim, Dommuseum, DS 37, fol. 202vb, abgedruckt beispielsweise in Marlis Stähli: Die Handschriften im Domschatz zu Hildesheim, hrsg. von Helmar Härtel

die Datierung des Ratmann-Sakramentars durch eine fol. 1r eingetragene Urkunde des Abtes Franko von St. Michael auf 1159 als Jahr der Fertigstellung eingrenzen lässt, beruht diejenige des Stammheimer Missales auf ikonographischen und stilkritischen Überlegungen.[5] Wegen der ebenso üppigen wie qualitätvollen Illustrationen hat sich die kunsthistorische Forschung wiederholt mit dem Ratmann-Sakramentar befasst.[6] Von historischer Seite hingegen ist die Handschrift bislang nur unzureichend gewürdigt worden. Das gilt insbesondere für die Franko-Urkunde (fol. 1r), welche im Urkundenbuch des Hochstifts

(Mittelalterliche Handschriften in Niedersachsen, 7). Wiesbaden, 1984, S. 117–146, hier S. 121; Michael Brandt: Studien zur Hildesheimer Emailkunst des 12. Jahrhunderts. Phil. Diss., masch., Braunschweig, 1987, S. 98 Anm. 1; Anne Karen Menke: The Ratmann Sacramentary and the Stammheim Missal. Two Romanesque Manuscripts from St. Michael's at Hildesheim. Phil. Diss., Yale University, masch. Ann Arbor (Mich.), 1987, S. 215 f., der Textabdruck S. 216, S. 215 irrig die Jahreszahlen 1903 und 1935, statt 1803 und 1835. – Zum Schicksal der Bibliothek von St. Michael vgl. Hermann Seeland: Von alten Klosterbibliotheken in der Stadt Hildesheim (Zs. des Museums zu Hildesheim, N. F. 4). Hildesheim, 1952, S. 16–21, zu Seraphim Wächter und Ferdinand Becker S. 17–20; Ulrich Faust: Hildesheim, St. Michael. In: Die Benediktinerklöster in Niedersachsen, Schleswig-Holstein und Bremen, bearb. von Ulrich Faust (Germania Benedictina, 6). St. Ottilien, 1979, S. 218–252 (ohne Anm.), hier S. 235 f.; Stähli 1984 (wie oben), S. XXIX. – Eine bislang fehlende monographische Aufarbeitung der Bibliotheksgeschichte von St. Michael bereitet Monika E. Müller vor. Vgl. Monika E. Müller (Hrsg.): Schätze im Himmel – Bücher auf Erden. Mittelalterliche Handschriften aus Hildesheim (Ausstellungskataloge der Herzog August Bibliothek, 93). Wiesbaden, 2010; Dies.: Die Bibliothek von St. Michael in Hildesheim im Spannungsfeld von Askese und Kultur. In: Gerhard Lutz und Angela Weyer (Hrsg.): 1000 Jahre St. Michael in Hildesheim. Kirche – Kloster – Stifter (Schriftenreihe des Hornemann Instituts, 14). Petersberg, 2012, S. 185–211; Dies.: Vom *armarium* zum Bibliotheksraum – Prozesse der Wissensordnung im mittelalterlichen Buchbestand von St. Michael in Hildesheim. In: Michael Embach, Claudine Moulin und Andrea Rapp (Hrsg.): Die Bibliothek des Mittelalters als dynamischer Prozess (Trierer Beiträge zu den historischen Kulturwissenschaften, 3). Wiesbaden, 2012, S. 115–146.

5 Das Stammheimer Missale wurde 1997 aus deutschem Privatbesitz vom Getty Museum erworbenen. Ein Teildigitalisat findet sich online unter http://www.getty.edu/art/collection/objects/104673/unknown-maker-stammheim-missal-german-probably-1170s/ (1.4.2016). Vgl. aus der Literaturfülle Menke 1987 (wie Anm. 4), passim; Elizabeth C. Teviotdale: The Stammheim Missal (Getty Museum Studies on Art). Los Angeles, 2001, online unter http://d2aohiyo3d3idm.cloudfront.net/publications/virtuallibrary/089236615X.pdf (23.4.2016) – Elizabeth C. Teviotdale: The pictorial program of the Stammheim Missal. In: Colum P. Hourihane (Hrsg.): Objects, images, and the word. Art in the service of the liturgy (Occasional papers. Index of Christian Art, 6). Princeton (NJ), 2003, S. 79–93; Monika E. Müller: Stammheimer Missale. In: Müller (Hrsg.) 2010 (wie Anm. 4), S. 334–337; zuletzt mit weiterer Literatur Dies.: Der Bernward-Psalter im Wandel der Zeiten. Eine Studie zu Ausstattung und Funktion (Wolfenbütteler Mittelalter-Studien, 23). Wiesbaden, 2013, S. 299 f. (Register).

6 Vgl. die grundlegende Beschreibung von Stähli 1984 (wie Anm. 4), S. 117–145, daneben in der Einleitung S. XIX, XXIV, XXVI und XXIX; unabhängig davon Menke 1987 (wie Anm. 4), passim, S. 234 Anm. 45 zur im endenden 19. Jahrhundert einsetzenden Forschungsgeschichte, S. 210 und öfter die falsche Signatur „Hildesheim, Dombibl., Ms. 39", Appendix A, S. 205–207 eine fehlerhafte Transkription der Notitia auf fol. 1r, die S. 216 irrig als „colophon" bezeichnet wird. Aus der Literaturfülle seien beispielhaft außerdem genannt Brandt 1987 (wie Anm. 4), bes. S. 11–15 mit den Anm. S. 98 f. (und im unpaginierten Anhang die Abb. 1 [Vorderdeckel], 2 [fol. 1r, irrig als „1v" ausgewiesen], 5 [fol. 119r], 6 [fol. 111v], 10 [fol. 119v] und 11 [fol. 193r]) – Rainer Kahsnitz: Ratmann-Sakramentar. In: Michael Brandt und Arne Eggebrecht (Hrsg.): Bernward von Hildesheim und das Zeitalter der Ottonen, 2. Hildesheim / Mainz, 1993, S. 605–607 – Ulrich Knapp: Ratmann-Sakramentar. In: Ders. (Hrsg.): Buch und Bild im Mittelalter. Hildesheim, 1999, S. 74–78 – Elizabeth C. Teviotdale: „Who was Gevehard?". In: Ebd., S. 79–90; Michael Brandt, Christine Wulf und Harald Wolter-von dem Knesebeck: Ratmann-Sakramentar. In: Michael Brandt (Hrsg.): Abglanz des Himmels. Romanik in Hildesheim. Katalog zur Ausstellung des Dom-Museums Hildesheim. Regensburg, 2001, S. 133 f.; zuletzt Monika E. Müller: Quasi reliquiae. Bücher und Bilder im Dienste des Bernwardkultes. In: Dies. (Hrsg.) 2010 (wie Anm. 4), S. 138–153, hier bes. 143–148 (S. 146 mit Farbabbildung von fol. 111v); Dies.: Ratmann-Sakramentar. In: Ebd., S. 330–333; Dies. 2013 (wie Anm. 5), S. 299 (Register).

Hildesheim zwar unberücksichtigt blieb,[7] aber schon 1916 in einem Tafelwerk zur Paläographie zusammen mit dem Stifterbild (fol. IIv) als Abbildung sowie als Transkription zur Verfügung gestellt wurde.[8]

Diese Forschungslücke soll nachfolgend verkleinert werden, indem ausgehend von der Franko-Urkunde der in ihr genannte Stifter des Sakramentars biographisch präziser verortet wird. Zugleich soll damit exemplarisch aufgezeigt werden, welche Schwierigkeiten zu überwinden sind, wenn man die Zusammensetzung des Konvents von St. Michael und vor allem die Reihe seiner Äbte im Früh- und Hochmittelalter aufschlüsseln will. Da solide prosopographische Studien hierzu bislang fehlen, und über die zeitliche Abfolge der Äbte im fraglichen Zeitraum einige Verwirrung herrscht,[9] besitzen die nachfolgenden Ausführungen auch in methodischer Hinsicht über den Einzelfall hinausgehobene Bedeutung. Heranzuziehen sind vor allem urkundliche, nekrologische[10] und chronikalische Quellen,

7 K[arl] Janicke (Hrsg.): Urkundenbuch des Hochstifts Hildesheim, 1: Bis 1221 (Publicationen aus den K. Preußischen Staatsarchiven, 65). Leipzig, 1896, nachfolgend zitiert als UBHH I.

8 Anton Chroust (Hrsg.): Monumenta palaeographica. Denkmäler der Schreibkunst des Mittelalters. Abteilung I: Schrifttafeln in lateinischer und deutscher Sprache. München, 1916, Serie 2, Lieferung 21, Tafel 2 (= Tafel 442 des Gesamtwerkes) und Tafel 3 (= Tafel 443 des Gesamtwerkes), mit Abb. von fol. Ir sowie IIv. Beide Transkriptionen sind fehlerhaft.

9 Zu diesem defizitären Forschungsstand vgl. Hans Goetting: Das Bistum Hildesheim, 3: Die Hildesheimer Bischöfe von 815 bis 1221 (1227) (Germania Sacra, N. F. 20). Berlin / New York, 1984, S. 273 Anm. 16 – Ulrich Faust und Hans Jakob Schuffels: Profeßurkunden des Benediktinerklosters St. Michael in Hildesheim. In: Brandt und Eggebrecht (Hrsg.) 1993 (wie Anm. 6), 2, S. 594–597, hier S. 596; Martina Giese: Mittelalterliche Urkunden aus dem Hildesheimer Michaeliskloster in Abschriften von Augustinus Schübeler (gest. 1791). In: Archiv für Diplomatik 55 (2009), S. 33–66, hier S. 36, und siehe oben Anm. 2. – Eine Liste der Äbte mit Amtszeiten legte vor Faust 1979 (wie Anm. 4), S. 241 (Verbesserungen hierzu von Wolfgang Schwarz bot in ihrer Rezension des Bandes Brigide Schwarz: Rezension von Germania Benedictina 6: Norddeutschland [...]. In: Niedersächsisches Jahrbuch für Landesgeschichte 53 [1981], S. 378–381, hier S. 380); modifiziert von Hans-Georg Aschoff: Hildesheim – Benediktiner, St. Michael. In: Josef Dolle (Hrsg.): Niedersächsisches Klosterbuch. Verzeichnis der Klöster, Stifte, Kommenden und Beginenhäuser in Niedersachsen und Bremen von den Anfängen bis 1810. Teil 2: Gartow bis Mariental (Veröffentlichungen des Instituts für Historische Landesforschung der Universität Göttingen, 56.2). Bielefeld, 2012, S. 682–696, hier S. 695 f. (ohne Belege). – Ausführlicher zur Abfolge der Äbte bislang nur H[ermann] A[dolf] Lüntzel: Geschichte der Diöcese und Stadt Hildesheim, 1–2. Hrsg. aus dessen Nachlasse von H. Roemer. Hildesheim, 1858, hier 1, S. 337–340 (Goderam – Konrad II.), 2, S. 167–172 (Dietrich – Gottschalk) und S. 549–563 (Ernst – Johann Löff).

10 Das betrifft vorrangig das 1496/97 (nach heute verlorenen Vorläufern) angelegte und mit Nachträgen bis in das 19. Jahrhundert versehene Nekrolog von St. Michael. Hildesheim, Stadtarchiv, Best 52 Nr. 191a, fol. 114r–205v. Zur Handschrift vgl. Irene Stahl: Mittelalterliche Handschriften im Stadtarchiv Hildesheim. Eingeleitet von Helmar Härtel (Mittelalterliche Handschriften in Niedersachsen. Kurzkatalog, 4). Wiesbaden, 2001, S. 35 f. – Ein vollständiges Digitalisat ist seit Kurzem verfügbar über die Handschriftendatenbank der Herzog August Bibliothek Wolfenbuttel, online unter http://diglib.hab.de/?db=mss&list=ms&id=hi-sa-best-52-nr-191a&catalog=Stahl (1.3.2016). Die Digitalisierung konnte realisiert werden dank der Unterstützung von Herrn Prof. Dr. H. Reyer und Herrn Dr. Markus Schütz (beide Stadtarchiv Hildesheim), Herrn Dr. Christian Heitzmann (Herzog August Bibliothek Wolfenbüttel) und der Historischen Kommission für Niedersachsen und Bremen. – Nach der Handschrift Hannover, Gottfried Wilhelm Leibniz Bibliothek – Niedersächsische Landesbibliothek, Ms XXI 1259 (von 1612 mit einigen späteren Nachträgen) wurden gedruckt Excerpta ex monasterii s. Michaelis Hildensemensis necrologio. In: Gottfried Wilhelm Leibniz (Hrsg.): Scriptores rerum Brunsvicensium, 2. Hannover, 1710, S. 103–110. Vgl. Horst Eckert: G. W. Leibniz' Scriptores rerum Brunsvicensium. Entstehung und historiographische Bedeutung (Veröffentlichungen des Leibniz-Archivs, 3). Frankfurt am M., 1971, S. 125. Auszüge aus dem Leibniz-Druck gab, teilweise unter Rückgriff auf die Hannoveraner Handschrift kommentiert wieder: Das Necrologium des hildesheimischen St. Michaelisklosters Benedictiner=Ordens in Auszügen commentiert von Herrn E. F. Mooyer zu Minden. In: Vaterländisches Archiv des Historischen Vereins für Niedersachsen

wobei die ursprüngliche Überlieferung von den Verfälschungen im frühen 16. Jahrhundert zu trennen ist.[11]

Die Franko-Urkunde im Ratmann-Sakramentar

Auf fol. 1r des Ratmann-Sakramentars steht eine Urkunde von Abt Franko von St. Michael.[12] Diplomatisch klassifiziert handelt es sich um eine vollständige Notitia. Sie stellt ein Überbleibsel des ursprünglichen Textes dar, denn sie blieb von der umfangreichen Reskribierung des Codex im Jahr 1400 durch „frater Hermannus de Alveldie"[13] verschont.[14] Ihr Anfang lautet (in zeilengenauer Transkription):[15]

> „In nomine sancte et individuę trinitatis. Franco divina favente clementia sancti Micha/helis in Hildenesheym abbas. Notum sit karitati tam presentium quam futurorum / ęcclesię nostrę filiorum, qualiter dilectus frater noster Retmannus presbiter et monachus / hunc missalem librum pro indicio pię devotionis ad locum suę professi/onis [folgt auf Rasur *et stabilicionis*[16]]

(1842), S. 361–469; Ebd. (1843), S. 1–83. – Die Hannoveraner Handschrift und der Textzeuge Hildesheim, Dombibliothek, Hs 309 (von um 1700, mit späteren Nachträgen) gehen zurück auf die Handschrift Hildesheim, Stadtarchiv, Best. 52 Nr. 191a. Zum Nekrolog von St. Michael vgl. grundlegend Eckhard FREISE: Roger von Helmarshausen in seiner monastischen Umwelt. In: Frühmittelalterliche Studien 15 (1981), S. 180–293, bes. S. 231–235; daneben Karl-Heinz BAJORATH, Hans GOETTING und Hans Jakob SCHUFFELS: Nekrolog des Benediktinerklosters Sankt Michael in Hildesheim. In: BRANDT und EGGEBRECHT (Hrsg.) 1993 (wie Anm. 6), 2, S. 600f. (mit Ankündigung einer bislang nicht erschienenen kommentierten Edition); Christoph SCHULZ-MONS: Das Michaeliskloster in Hildesheim. Untersuchungen zur Gründung durch Bischof Bernward 993–1022, 1–2 (Quellen und Dokumentationen zur Stadtgeschichte Hildesheims 20, 1–2). Hildesheim, 2010, hier 1, S. 163f. Ich erstelle derzeit eine vollständige Transkription des Nekrologs, die veröffentlicht werden soll.

11 Siehe dazu unten ab Anm. 56.

12 Abbildungen von Hildesheim, Dommuseum, DS 37, fol. 1r, beispielsweise bei BRANDT 1987 (wie Anm. 4), im unpaginierten Anhang Abb. 2 (irrig als „1v" ausgewiesen); KNAPP 1999 (wie Anm. 6), S. 76 (Abb. 111); Monika E. MÜLLER: Ein Buch als Reliquie – Aspekte der Bernward- und der Reliquienverehrung im sog. Bernwardpsalter. In: Wolfenbütteler Beiträge aus den Schätzen der Herzog August Bibliothek 15 (2009), S. 45–102, hier S. 95 (Abb. 13); DIES.: Der Bernward-Psalter (Patrimonia, 343). Wiesbaden, 2012, S. 42 (Abb. 24); DIES. 2013 (wie Anm. 5), S. 94 (Abb. 31).

13 Bislang ist es nicht gelungen, diesen, wohl aus Alfeld bei Hildesheim stammenden Mönch des Michaelisklosters in einer anderen Quelle nachzuweisen.

14 Vgl. die z.B. bei STÄHLI 1984 (wie Anm. 4), S. 121 abgedruckte Notiz, Hildesheim, Dommuseum, DS 37, fol. 202v. Vgl. außerdem Patrizia ENGEL: Die Tilgungen im Ratmann-Sakramentar – Hinweise auf die Traditionspflege im Kloster St. Michael um 1400. In: LUTZ und WEYER (Hrsg.) 2012 (wie Anm. 4), S. 242–248. – Warum die Palimpsestierung erfolgte, ist unklar. Vielleicht hielt man die alten Messtexte nicht mehr für zeitgemäß und / oder die Texte waren durch den vielfältigen Gebrauch des Codex abgenutzt. Letzteres vermutet BRANDT 1987 (wie Anm. 4), S. 11; ersteres beispielsweise MÜLLER, Ratmann-Sakramentar, 2010 (wie Anm. 6), S. 330.

15 Diese und allen nachfolgenden Transkriptionen aus der Handschrift nach digitalen Reproduktionen. Betont sei, dass eine bislang unterbliebene Untersuchung der Handschrift mit modernen Methoden der multispektralen Aufnahmetechnik lohnenswert erscheint, weil dadurch vielleicht die unterschiedlichen Entstehungsschichten sichtbar gemacht werden könnten, was angesichts des Palimpsest-Charakters der Handschrift notwendig wäre, um einerseits alle Text- bzw. Bildschichten zu dokumentieren, andererseits deren zeitliche Abfolge zu präzisieren. Zu dieser Methode vgl. beispielsweise das aktuelle Teilprojekt „Z01 Methoden der Manuskriptanalyse zur Wiedergewinnung verlorener Schrift" des Sonderforschungsbereiches 950 „Manuskriptkulturen in Asien, Afrika und Europa" an der Universität Hamburg, Präsentation online unter http://www.manuscript-cultures.uni-hamburg.de/Projekte_p2.html#Z01 (12.4.2016).

16 Die Ergänzung ist angelehnt an die auch in St. Michael übliche Formulierung der benediktinischen Professfor-

proprio labore et industria permissione nostra conquisitum [später korrigiert zu *conscripsit?*[17]], / communi utilitati contulerit et principali altari ad missas ibi dicendas assignari petierit [...]."

Demnach hat der „Priester und Mönch" von St. Michael namens *Retmannus* die Herstellung des Sakramentars als Zeichen seiner frommen Gesinnung am Ort seiner Professablegung durch eigene Anstrengung und mit Eifer [sowie] mit Erlaubnis des Abtes verantwortet, es zum allgemeinen Nutzen [dem Kloster] gestiftet und erbeten, es für die Messfeiern am Hauptaltar zu bestimmen. Die Passage sichert Retmann (in alternativer Schreibweise in derselben Handschrift als „Ratmannus"[18] bezeichnet) als Stifter der Handschrift. Seine eigenhändige Beteiligung als Schreiber und / oder Maler an der Entstehung des Codex geht daraus jedoch nicht hervor. Das ist deswegen zu betonen, weil dies in der Forschung (gestützt auf fehlerhafte Transkriptionen, welche an der fraglichen Stelle statt des ursprünglichen „conquisitum" kommentarlos „conscripsit" bieten)[19] wiederholt behauptet wurde.[20] Die Verbesserung ist jedoch weder zeitgenössisch noch eindeutig, außerdem ist *conscripsit* grammatikalisch falsch, denn erwarten würde man *conscripserit*.[21]

mel, der zufolge der Professe als erstes von drei Gelübden die *stabilitas* [*loci*] versprach, d.h. die lebenslängliche Ortsbeständigkeit. Vgl. zu den 159 aus St. Michael erhaltenen Professurkunden (Hildesheim, Dombibliothek, Hs 308) FAUST 1979 (wie Anm. 4), bes. S. 230 und 246; FAUST und SCHUFFELS 1993 (wie Anm. 9), S. 594–597; SCHULZ-MONS 2010 (wie Anm. 10), 1, S. 138–140, und 2, S. 63.

17 Das Wort wurde, worauf zuerst (nach einem Hinweis von Hans Jakob Schuffels) aufmerksam machte Hartmut HOFFMANN: Buchkunst und Königtum im ottonischen und frühsalischen Reich, 1 (Schriften der MGH, 30.1). Hannover, 1986, S. 83, der „conquisitum [im 15. Jahrhundert ‚verbessert' zu conscripsit]" vorschlug, später korrigiert. Es ist heute nur noch zu Beginn und am Ende sicher lesbar als „con[...]sit". Ursprünglich stand gewiss nicht *conscripsit* dort.

18 Hildesheim, Dommuseum, DS 37, auf dem vorderen Einband und im Dedikationsbild fol. 11v. Vgl. zum Einband BRANDT 1987 (wie Anm. 4), bes. S. 11–15 mit den Anm. S. 98f.; Christine WULF: Die Inschriften der Stadt Hildesheim, 1: Einleitung, Register, Quellen und Literatur, Meisterzeichen, Hausmarken, Schemazeichnungen und Abbildungen; 2: Die Inschriften, Initialen und Jahreszahlen. Gesammelt und bearb. von Christine Wulf unter Benutzung der Vorarbeiten von Hans Jürgen Rieckenberg (Die Deutschen Inschriften, 58.1–2, Göttinger Reihe, 10.1–2). Wiesbaden, 2003, hier 2, Nr. 36, S. 240f., online unter http://www.inschriften.net/themen/inschrift-im-fokus/stadt-hildesheim-buchdeckel-des-ratman-sakramentars.html (23.2.2014); David GANZ: Der Einband [des Ratmann-Sakramentars]. In: MÜLLER (Hrsg.) 2010 (wie Anm. 4), S. 333f. Vgl. STÄHLI 1984 (wie Anm. 4), S. 119f. sowie eine Abb. von fol. 11v S. 126 und 135; CHROUST 1916 (wie Anm. 8), Tafel 3 mit Abbildung von fol. 11v. Weitere Abbildungen von fol. 11v beispielsweise bei KAHSNITZ 1993 (wie Anm. 6), S. 606; TEVIOTDALE 1999 (wie Anm. 6), S. 81 (Abb. 115); BRANDT (Hrsg.) 2001 (wie Anm. 6), S. 123; TEVIOTDALE 2001 (wie Anm. 5), S. 5 (Fig. 6); MÜLLER, Reliquiae, 2010 (wie Anm. 6), S. 146 (Abb. 61); DIES. (Hrsg.) 2010 (wie Anm. 4), S. 146 (Abb. 60); DIES. 2013 (wie Anm. 5), S. 378 (Farbabb. 27). Als Digitalisat ist die Seite online verfügbar unter http://www.welterbe-hildesheim.de/domschatz/popup_domschatz_02.html (12.3.2016).

19 Jeweils ohne Hinweis darauf, dass das Wort überhaupt korrigiert wurde, CHROUST 1916 (wie Anm. 8), Taf. 2 Z. 5, der als Einziger aber die Marginalie am rechten Rand der 7. Zeile der Franko-Urkunde (ebenfalls von späterer Hand) „scp" durch Auflösung mit „scrip." berücksichtigte, dessen Transkription aber noch weitere Fehler aufweist; MENKE 1987 (wie Anm. 4), S. 205–207, hier S. 205, deren Transkription auch sonst fehlerhaft ist; STÄHLI 1984 (wie Anm. 4), S. 120f., hier S. 120, die ansonsten die bislang beste, wenngleich auch nicht fehlerfreie (Teil-)Transkription vorlegte, in der auch die Nachträge als solche durch * gekennzeichnet sind. – Stephan BEISSEL: Die kunsthistorische Ausstellung in Düsseldorf 6: 18. Ein Missale aus Hildesheim und die Anfänge der Armenbibel [Schluss unter dem Titel: Die kunsthistorische Ausstellung in Düsseldorf 6a]. In: Zeitschrift für christliche Kunst 15 (1902), Sp. 265–274 und 307–318, hier Sp. 317 Anm. 25 transkribierte (nach Auskunft von Adolf Bertram) „conscriptum".

20 Vgl. beispielsweise MÜLLER, Ratmann-Sakramentar, 2010 (wie Anm. 6), S. 333, wo die (fehlerhafte) Transkription von Stähli auszugsweise wiederholt ist.

21 So die Transkription von WULF 2003 (wie Anm. 18), 2, Nr. 36, S. 240f., hier S. 241 (nach der schwarz-weiß

Am Ende der Urkunde ist das Jahr 1159 als Zeitpunkt der Fertigstellung des Sakramentars und seiner Schenkung an das Michaeliskloster genannt. Die Formulierung enthüllt außerdem, dass der Stifter Ratmann dem Kloster noch weitere Kostbarkeiten hinterlassen haben muss,[22] und dass der Klostergründer, Bischof Bernward von Hildesheim (993–1022), noch vor seiner päpstlichen Kanonisation 1192/93 als Heiliger verehrt wurde:[23]

> „Anno dominice incarnationis MCLVIIII hic liber consummatus et ęcclesię sancti archangeli / Michahelis sanctique Bernvvardi in Hildenesheym attitulatus est. / Quicumque ergo eum, sed et alia quedam, que suprascriptus frater [scil. Ratmann] in ęcclesię ornatu [!] con/tulit, loco huic quolibet modo abalienaverit, ipse de libro viventium deleatur / et cum iustis in eterna fęlicitat[e, das e am Ende heute nicht mehr lesbar] non scribatur."

Gemäß dem weiteren Wortlaut der Urkunde verband Ratmann mit diesem Schenkungsakt den Wunsch, die Handschrift möge beim Gottesdienst am Hauptaltar zu seinem Gedenken verwendet werden. Außer dem Abt Franko und dem Stifter sind weitere Namen von noch lebenden Personen genannt, derer künftig im Gebet gedacht werden sollte, und zwar von jedem, der den Codex künftig zur Hand nähme. Es handelt sich um Angehörige mehrerer Statusgruppen, die gut erkennbar durch Spalten-Layout und Tintenfarbe unterschieden sind: In den ersten fünf Spalten stehen Äbte und Mönche von St. Michael, die letzten drei Spalten wurden reserviert für die Wohltäter („benefactores"[24]), dann die Konversbrüder („fratres conversi") und schließlich die Konversinnen („sorores"[25]). In Spalte eins stehen von der anlegenden Hand untereinander mit roter Tinte eingetragen zu Beginn folgende Namen:

[1.] *Franco* [darüber von der anlegenden Hand geschrieben *abbas*]
[2.] *Bertoldus* [darüber von der anlegenden Hand geschrieben *abbas*]
[3.] *Vvinimar* [darüber von der anlegenden Hand geschrieben *abbas*]
[4.] *Rodiger* [darüber von der anlegenden Hand geschrieben *abbas*]
[5.] *Burchard*
[6.] *Rothard*
[7.] *Retman*

Abbildung bei Brandt 1987 [wie Anm. 4], Abbildung 2 im unpaginierten Anhang), online unter http://www.inschriften.net/themen/inschrift-im-fokus/stadt-hildesheim-buchdeckel-des-ratman-sakramentars.html (23.2.2016).

22 Darauf wies zu Recht hin Hoffmann 1986 (wie Anm. 17), S. 83.

23 Hildesheim, Dommuseum, DS 37, fol. 1r (in zeilengenauer Transkription). Der Schluss der Pönformel ist ein Zitat aus Psalm 68, 29 „deleantur de libro viventium et cum iustis non scribantur". – Zu der 1150 gestatteten Verehrung siehe unten mit Anm. 41.

24 An erster Stelle steht der 1161 verstorbene Bischof Bruno. Vgl. zu ihm Goetting 1984 (wie Anm. 9), S. 383–400, S. 398 mit Anm. 112 und 119 zu Brunos Eintrag im Nekrolog von St. Michael, Hildesheim, Stadtarchiv, Best 52 Nr. 191a, fol. 187rb, zum 18. Oktober, wo er als Stifter eines silbernen Kelches und eines seidenen Pluviales notiert ist. Zu dem an fünfter Stelle genannten „Ricbertus" vgl. Martina Giese: Ricbertus. Ein Hildesheimer Domkanoniker des 12. Jahrhunderts und seine Spuren im sog. Bernward-Psalter. In: Archiv für Diplomatik 62 (2016), S. 137–159 [im Druck], bes. S. 153 mit Anm. 54.

25 Über diese Gruppe habe ich am 10. Dezember 2014 an der Universität Bonn einen Vortrag gehalten (unter dem Titel: „Nicht mehr als sieben alte!" – Über die *sorores* des Hildesheimer Michaelisklosters im Hoch- und Spätmittelalter), dessen Veröffentlichung ich plane.

In der zweiten Spalte steht mit schwarzer Tinte, geschrieben von der anlegenden Hand, an neunter und letzter Position „Retmannus". Demnach gab es im Jahr 1159 in St. Michael zwei Mönche namens *Retmann / Ratmann*, was die Frage aufwirft, wer von beiden der Stifter des Sakramentars gewesen sein könnte. Der an erster Stelle genannte „Franco abbas" ist zweifellos der 1159 amtierende Abt von St. Michael und Aussteller der Urkunde, welcher urkundlich in dieser Funktion zuerst am 3. Februar 1155 begegnet.[26] Im Dezember 1161 oder Anfang 1162 wurde er Abt von Liesborn und verstarb am 3. Februar 1178.[27]

Die auf Franko folgenden Personen in der ersten bis fünften Spalte sind Professmönche des Klosters. Der Zusatz „abbas" bei „Bertoldus" bis „Rodiger" ist ursprünglich und trägt dem Umstand Rechnung, dass diese Professen von St. Michael vor dem Jahr 1159 auswärts die Abtswürde erlangten. Für die ersten sechs auf Franko folgenden Namen der Liste sei nachfolgend eine Identifizierung vorgeschlagen, was in der Zusammenschau bislang nicht geleistet wurde.

Bertold (Nr. 2) stand als erster Abt dem Benediktinerkloster St. Paul in Bremen vor, das 1131/32 aus einer Propstei hervorgegangen war. Er ist urkundlich als Abt zuletzt belegt als Zeuge einer Urkunde Erzbischof Adalberos von Hamburg am 26. Mai 1147, sein Amtsnachfolger Segebodo zuerst 1174 als Zeuge in einer Urkunde Erzbischof Balduins von Hamburg.[28] Die bislang für seine Biographie nicht ausgewertete Franko-Urkunde im Ratmann-Sakramentar, worin Bertold unter den Lebenden firmiert, erlaubt eine Eingrenzung seines Todesjahres auf frühestens 1160, denn im Nekrolog von St. Michael wird er zum 5. Januar kommemoriert und zum selben Tag auch im Nekrolog[29] der Hildesheimer Domkirche.[30]

26 Franko ist, abgesehen vom Ratmann-Sakramentar, urkundlich als Abt von St. Michael bezeugt durch UBHH I, Nr. 293, S. 277 f., hier S. 278 Z. 31, Urkunde Bischof Brunos von Hildesheim vom 3. Februar 1155; UBHH I, Nr. 294, S. 279 f., hier S. 280 Z. 2, Urkunde Bischof Brunos von Hildesheim vom 4. Februar 1155; UBHH I, Nr. 296, S. 281 f., hier S. 282 Z. 13, Urkunde Bischof Brunos von Hildesheim vom 18. Oktober 1155; UBHH I, Nr. 312, S. 296 f., hier S. 296 Z. 32 und 36, Urkunde Bischof Brunos von Hildesheim vom 13. Juni 1158; UBHH I, Nr. 321, S. 306, Urkunde Frankos, ohne Datierung, wohl 1160.

27 Im Nekrolog von St. Michael ist Franko zum 3. Februar berücksichtigt, Hildesheim, Stadtarchiv, Best 52 Nr. 191a, fol. 122rb „III. Nonas Februarii. Franco et Adelbertus, abbates, [Rest der Zeile im Umfang von ca. elf Buchstaben freigelassen, möglicherweise weil der Schreiber einen Namen seiner Vorlage an dieser Stelle nicht entziffern konnte] et Hezekinus, presbyter et monachus, nostre congregationis fratres". Vgl. Leibniz (Hrsg.) 1710 (wie Anm. 10), S. 104; Mooyer 1842 (wie Anm. 10), S. 396 f. – Zu Franko vgl. mit weiteren Quellenbelegen, aber ohne Beachtung des Ratmann-Sakramentars Helmut Müller: Das Bistum Münster, 5: Das Kanonissenstift und Benediktinerkloster Liesborn (Germania Sacra, N. F. 23). Berlin / New York, 1987, S. 74 und 226 f. (nach Informationen von Hans Jakob Schuffels). – Zur Erwähnung Frankos im Liber vitae von Corvey, in chronikalischen Quellen sowie auf fol. 111v des Ratmann-Sakramentars siehe unten bei Anm. 55, 71–79 und 93. Beissel 1902 (wie Anm. 19), Sp. 317 Anm. 25, behauptet irrig, Franko sei 1167 als Abt von St. Michael gestorben.

28 Johann Martin Lappenberg (Hrsg.): Hamburgisches Urkundenbuch, 1. Hamburg, 1842, Nr. 181, S. 171 f., hier S. 172, und Nr. 241, S. 219; Otto Heinrich May: Regesten der Erzbischöfe von Bremen, 1 (787–1306) (Veröffentlichungen der Historischen Kommission für die Provinz Hannover, Oldenburg, Braunschweig, Schaumburg-Lippe und Bremen, 11). Hannover, 1928, Nr. 478, S. 122, und Nr. 580, S. 151 f.

29 Wolfenbüttel, Herzog August Bibliothek, Cod. Guelf. 83.30 Aug. fol. Meine Transkriptionen aus dieser Handschrift beruhen auf dem Digitalisat eines schwarz-weiß Mikrofilms. Aus konservatorischen Gründen wurde der Codex bislang nicht digitalisiert und seine Benutzung ist seit einiger Zeit eingeschränkt, mir stand er noch nicht zur Einsichtnahme zur Verfügung. Zum Codex und seiner Datierung vgl. Rudolf Meier: Die Domkapitel zu Goslar und Halberstadt in ihrer persönlichen Zusammensetzung im Mittelalter mit Beiträgen über die Standesverhältnisse der bis zum

Winnimar / Winemar (Nr. 3) leitete (wohl seit 1134) das Kloster Clus.[31] In den Quellen taucht er mit diesem Rang ab 1153/54 auf, urkundlich zuletzt am 10. Juni 1167, gestorben ist er vermutlich an einem 16. Mai, frühestens des Jahres 1168.[32]

Jahre 1200 nachweisbaren Hildesheimer Domherren (Veröffentlichungen des Max-Planck-Instituts für Geschichte 5. Studien zur Germania Sacra, 1). Göttingen, 1967, S. 56 Anm. 119; FREISE 1981 (wie Anm. 10), bes. S. 205, 221 f., 235–238, 255, S. 256 Anm. 397 und S. 287–293; Everardus A. OVERGRAAUW und Raphaela AVERKORN: Verbrüderungsliste des Hildesheimer Domkapitels, aufgenommen im Kapiteloffiziumsbuch. In: BRANDT und EGGEBRECHT (Hrsg.) 1993 (wie Anm. 6), 2, S. 472 f.; Eckhard FREISE: Das Kapiteloffiziumsbuch des Hildesheimer Domkapitels 1191. In: Ulrich KNAPP (Hrsg.): Ego sum Hildensemensis. Bischof, Domkapitel und Dom in Hildesheim 815 bis 1810 (Kataloge des Dom-Museums Hildesheim, 3). Petersberg, 2000, S. 239–244 – mit weiterer Literatur Martina GIESE: Goslars legendäre Gründung durch Gundelcarl. Eine neue Textversion nach der verlorenen Sächsischen Kaiserchronik? In: Deutsches Archiv für Erforschung des Mittelalters 65 (2009), S. 547–564, hier S. 557 Anm. 24; Monika E. MÜLLER: Kapiteloffiziumsbuch des Hildesheimer Domkapitels. In: DIES. (Hrsg.) 2010 (wie Anm. 4), S. 355–358; Nathalie KRUPPA und Christian POPP: Das Kapiteloffiziumsbuch des Hildesheimer Domkapitels. In: Helmut FLACHENECKER und Janusz TANDECKI (Hrsg.): Editionswissenschaftliches Kolloquium 2011. Quellen kirchlicher Provenienz. Neue Editionsvorhaben und aktuelle EDV-Projekte (Publikationen des Deutsch-Polnischen Gesprächskreises für Quellenedition, 6). Thorn, 2011, S. 71–87, wo nicht alle Drucke von Texten aus dieser Handschrift genannt sind. – Christian SCHUFFELS: Das Brunograbmal im Dom zu Hildesheim. Kunst und Geschichte einer romanischen Skulptur. Regensburg, 2012 (Quellen und Studien zur Geschichte und Kunst im Bistum Hildesheim, 4), S. 23 und 120–122. – Eine Teiltranskription (nur das Kalendar und das Nekrolog-Martyrolog umfassend) von Hans Goetting existiert im Diplomatischen Apparat der Universität Göttingen und ist online abrufbar unter http://www.uni-goettingen.de/de/dokumente-und-quellen/505375.html (1.2.2015). Für diese Initiative sei auch an dieser Stelle Frau Prof. Dr. Hedwig Röckelein, der Leiterin des Diplomatischen Apparates, gedankt. – Zu abschriftlichen Überlieferungen nach letztlich diesem Codex vgl. zuletzt GIESE 2016 (wie Anm. 24), Anm. 61.

30 Hildesheim, Stadtarchiv, Best 52 Nr. 191a, fol. 115ra „Nonis Ianuarii. Bertoldus abbas". Im Hildesheimer Domnekrolog ist als Teil des Grundstocks der Handschrift sachlich falsch notiert, Bertold sei Abt von St. Michael gewesen, Wolfenbüttel, Herzog August Bibliothek, Cod. Guelf. 83.30 Aug. fol., fol. 37v „Nonis [Ianuarii]. Bertoldus, abbas sancti Michahelis". Vgl. ohne diese Belege und ohne Berücksichtigung des Ratmann-Sakramentars Luise MICHAELSEN: Das Paulskloster vor Bremen, 1. Teil. In: Bremisches Jahrbuch 46 (1959), S. 40–107, hier S. 60, 70 f. (ohne Hinweis auf St. Michael als Ort der Herkunft Bertolds) und S. 72; DIES.: Das Paulskloster vor Bremen, 2. Teil. In: Bremisches Jahrbuch 47 (1961), S. 1–63, hier S. 54 die Abtsreihe; DIES.: Bremen, St. Paul. In: FAUST (Bearb.) 1979 (wie Anm. 4), S. 57–66, hier S. 63 in der Liste der Äbte „Berthold 1131/1132, 1147" und S. 57; danach Ulrich WEIDINGER: Bremen – Kollegiatstift St. Pauli; seit 1131/32 Benediktinerkloster. In: DOLLE (Hrsg.) 2012 (wie Anm. 9), 1, S. 228–233, hier S. 233.

31 So offenbar zuerst die richtige Identifizierung von BEISSEL 1902 (wie Anm. 19), Sp. 317 Anm. 25 (nach Hinweis von Adolf Bertram), wo mit „1154–1166" aber falsche Amtsdaten genannt sind.

32 Vgl. mit den notwendigen Nachweisen und unter Berücksichtigung sämtlicher einschlägiger Quellen Hans GOETTING: Das Bistum Hildesheim, 2: Das Benediktiner(innen)kloster Brunshausen, das Benediktinerinnenkloster St. Marien vor Gandersheim, das Benediktinerkloster Clus, das Franziskanerkloster Gandersheim (Germania Sacra, N. F. 8). Berlin / New York, 1974, S. 203 f. und 261. – Im Hildesheimer Domnekrolog ist Winemar als Teil des Grundstocks der Handschrift zum 16. Mai berücksichtigt (Wolfenbüttel, Herzog August Bibliothek, Cod. Guelf. 83.30 Aug. fol., fol. 70r „XVII. Kalendas Iunii. Winnimarus abbas"), im Nekrolog von St. Michael zum 15. Juni (Hildesheim, Stadtarchiv, Best 52 Nr. 191a, fol. 155rb „XVII. Kalendas Iulii. Vinemarus, abbas, Vulpherus, Bernhardus et Eynhardus, presbyteri et monachi, nostre congregationis fratres"), worauf schon hinwiesen MOOYER 1842 (wie Anm. 10), S. 462, und LÜNTZEL 1858 (wie Anm. 9), 2, S. 154. Mutmaßlich beruht, wie Goetting vorschlug, die Abweichung im Nekrolog von St. Michael auf einem Fehler beim Abschreiben eines älteren, nicht erhaltenen Nekrologs. – Vgl. daneben zu Winemar von Clus BEISSEL 1902 (wie Anm. 19), Sp. 317 Anm. 25; GOETTING 1984 (wie Anm. 9), S. 367; MENKE 1987 (wie Anm. 4), S. 7 f.; Hermann JAKOBS: Germania Pontificia, V.2. Provincia Maguntinensis, 6: Dioeceses Hildesheimensis et Halberstadensis. Appendix: Saxonia (Regesta pontificum Romanorum, V.2.6). Göttingen, 2005, S. 134; ASCHOFF 2012 (wie Anm. 9), S. 683 und 686; Christian POPP: Clus – Benediktiner. In: DOLLE (Hrsg.) 2012 (wie Anm. 9), 1, S. 308–315, hier S. 315 in der Liste der Äbte als 2. „Winemarus (1153/54–1167)".

Rodiger (Nr. 4) war Gründungsabt von St. Abdon und Sennen in Ringelheim (heute ein Stadtteil von Salzgitter).[33] Eine Urkunde Bischof Brunos von Hildesheim vom 22. November 1154 dokumentiert ihn erstmals in dieser Funktion und als von Bischof Bernhard I. von Hildesheim († 20. Juli 1154) eingesetzt,[34] womit ein terminus ante quem für seinen Amtsantritt in Ringelheim gewonnen ist. Dazu passt auch die Einreihung Rodigers gleich hinter Winnimar / Winemar in der Franko-Urkunde, welcher demnach offenbar früher zu Abtswürden gekommen war als sein Mitbruder Rodiger. Dass Rodiger aus St. Michael in Hildesheim nach Ringelheim berufen wurde, ist nur durch späte chronikalische Quellen sowie seine Berücksichtigung in der Franko-Urkunde gesichert.[35] Im Nekrolog von St. Michael und im Hildesheimer Domnekrolog wurde sein Tod zum 23. Dezember eingetragen.[36] Als Vorsteher von Ringelheim ist Rodiger letztmals urkundlich nachzuweisen in einer Urkunde Bischof Adelogs von Hildesheim vom 18. Oktober 1174 (*actum*) bzw. 4. Dezember 1174 (*datum*), sein Nachfolger Rudolf zuerst in einer Bischofsurkunde Adelogs vom 7. März 1180.[37] Rodiger verstarb demnach frühestens am 23. Dezember 1174, spätestens am 23. Dezember 1179.

Burchard (Nr. 5) ist der vor und nach Franko amtierende Abt von St. Michael, der diese Würde aus unbekannten Gründen zeitweilig entweder niedergelegt oder durch Absetzung verloren haben muss und deswegen in der Franko-Urkunde ohne den Zusatz *abbas* firmiert. Ein entscheidendes Argument dafür, zwei Amtszeiten für Burchard vorauszusetzen, ist die Tatsache, dass im Nekrolog von St. Michael nur ein Träger dieses Namens als Abt Aufnahme fand, und zwar zum 20. Mai.[38] Da Burchards Vorgänger Dietrich I. am 25.

33 Vgl. BEISSEL 1902 (wie Anm. 19), Sp. 317 Anm. 25 (nach Hinweis von Adolf Bertram) „Rüdiger, ebenfalls Mönch von St. Michael, wurde 1150 Abt von Ringelheim". – GOETTING 1984 (wie Anm. 9), S. 362 f.; MENKE 1987 (wie Anm. 4), S. 7 f.; Wolfgang PETKE: Stift Ringelheim zwischen Adel, König und Bischof (um 941 bis 1150). In: Salzgitter-Jahrbuch 15/16 (1993/94), S. 91–110 (zur Frühzeit, aber ohne Erwähnung Rodigers) – JAKOBS 2005 (wie Anm. 32), zu (Salzgitter-)Ringelheim S. 136–139, hier S. 138 zu Rüdiger ohne Erwähnung des Ratmann-Sakramentars; ASCHOFF 2012 (wie Anm. 9), S. 683 und 686 f.; Wolfgang PETKE: Ringelheim. In: DOLLE (Hrsg.) 2012 (wie Anm. 9), 3, S. 1314–1321, hier S. 1315 zu den Vorgängen 1150 und 1154 sowie zu Abt Rodiger, der „kam vermutlich aus St. Michael oder aus St. Godehard in Hildesheim", S. 1320 sind für Rodiger die Jahre 1154 und 1175, für seinen Nachfolger Rudolf die Jahre 1180 und 1186/89 als Amtsdaten angegeben. – Jörg LEUSCHNER: Das Benediktinermönchskloster Ringelheim. In: Ringelheim (Beiträge zur Stadtgeschichte, 29). Salzgitter, 2015, S. 63–84, hier S. 64–66, Erwähnung Rüdigers S. 65 f., S. 66 gibt er als Abtszeit für Rüdiger an 1153–1175.

34 Nach gedruckter Überlieferung wiedergegeben im UBHH I, Nr. 289, S. 275 f., hier S. 276 Z. 28. – Zu Bernhard I. vgl. künftig Hedwig RÖCKELEIN: Berthold I. (amt. 1119–1130) und Bernhard I. (amt. 1130–1153) von Hildesheim. In: Michael BRANDT und Dorothee KEMPER (Hrsg.): Der Godehardschrein und der Epiphaniusschrein im Hildesheimer Dom (Corpus Scriniorum) [in Vorbereitung].

35 Siehe dazu unten den Exkurs mit Anm. 85–92.

36 Hildesheim, Stadtarchiv, Best 52 Nr. 191a, fol. 203vb „X. Kalendas Ianuarii. Rodgerus [korrigiert, wohl eher aus Rodegerus als aus Rodigerus] abbas". Vgl. LEIBNIZ (Hrsg.) 1710 (wie Anm. 10), S. 109; MOOYER 1842 (wie Anm. 10), S. 80. – Als Teil des Grundstocks der Handschrift steht im Domnekrolog, Wolfenbüttel, Herzog August Bibliothek, Cod. Guelf. 83.30 Aug. fol., fol. 126v „X. Kalendas Ianuarii. Rodingherus, primus abbas in Ringhelhem". Vgl. MOOYER 1842 (wie Anm. 10), S. 80; LÜNTZEL 1858 (wie Anm. 9), 2, S. 164.

37 UBHH I, Nr. 365, S. 347 f., hier S. 348 Z. 20, originale Überlieferung, „Rodigerus abbas de Ringelem". UBHH I, Nr. 396, S. 383–386, hier S. 385 Z. 31. Demgegenüber ist in einer Urkunde Bischof Adelogs von Hildesheim vom 18. April 1175 (UBHH I, Nr. 369, S. 354, hier Z. 18, originale Überlieferung) als Zeuge ohne Nennung eines Vornamens erwähnt „abbas de Ringelim".

38 Im Nekrolog von St. Michael, Hildesheim, Stadtarchiv, Best 52 Nr. 191a, fol. 148vb „XIII. Kalendas Iunii. Borchardus, nostre congregationis abbas octavus [von späterer Hand verbessert zu nonus], sepultus ante altare sancte Crucis". Am rechten Rand ist von späterer Hand hinzugesetzt „1143". Siehe dazu unten mit Anm. 64 und vgl. LEIBNIZ (Hrsg.) 1710 (wie Anm. 10), S. 105; MOOYER 1842 (wie Anm. 10), S. 451.

Mai 1149 verstarb,[39] kann Burchard frühestens danach an die Spitze des Konvents gerückt sein, wozu ihm Wibald von Stablo in einem Glückwunschschreiben gratulierte.[40] Burchard betrieb den ersten Vorstoß zu einer Kanonisation des Klosterfundators Bernward und erreichte auf einer Mainzer Provinzialsynode 1150 immerhin, dass ein lokaler Kult und die Errichtung eines Altars über dessen Grab gestattet wurde (nicht jedoch die Erhebung und Translation der Gebeine).[41] Das Ratmann-Sakramentar selbst ist ein Echo auf diesen Erfolg,[42] denn sowohl in der Franko-Urkunde als auch im Stifterbild fol. 11v ist Bernward als Heiliger bezeichnet und herausgestellt. Indem Ratmann das Sakramentar ausdrücklich für die liturgische Verwendung am Hauptaltar reservierte, wurden die 1150 getroffenen Bestimmungen geradezu unterlaufen. Einen verlässlichen Anhaltspunkt für den Beginn von Burchards erster Amtszeit ist sein Auftreten als Zeuge in einer Urkunde Bischof Bernhards I. von Hildesheim vom 8. Mai 1150,[43] für deren Ende eine Urkunde desselben Bischofs vom 13. Oktober 1152.[44] Die Eckdaten von Burchards zweiter Amtszeit, nachdem Franko nach Liesborn gewechselt war, werden markiert durch eine Urkunde Bischof Hermanns von Hildesheim von 1162 zugunsten Burchards und eine Urkunde desselben Ausstellers vom 23. August 1163, worin Burchard als (nicht eigenhändiger) Unterzeichner auftritt.[45] Demnach ist er frühestens am 20. Mai 1164 verstorben.

39 Vgl. das Nekrolog von St. Michael, Hildesheim, Stadtarchiv, Best 52 Nr. 191a, fol. 150ra „VIII. Kalendas Iunii. Theodericus, abbas nostre congregationis septimus [darüber geschrieben (von Rose?) die Zahl „8."] in ordine, sepultus in choro sancti Iohannis". Vgl. Leibniz (Hrsg.) 1710 (wie Anm. 10), S. 106; Mooyer 1842 (wie Anm. 10), S. 452 f.

40 Vgl. Martina Hartmann (Hrsg.): Das Briefbuch Abt Wibalds von Stablo und Corvey, Teil 1–3 (MGH, Die Briefe der deutschen Kaiserzeit, 9.1–3). Hannover, 2012, hier 1, Brief 148, S. 317 f., wo die Datierung („vielleicht März 1149") dementsprechend zu korrigieren ist und wo das Regest im UBHH I, Nr. 260, S. 238, fehlt. Vgl. zu diesem Brief bereits Rainer Maria Herkenrath: Zur Datierung zweier Hildesheimer Bischofsurkunden. In: Die Diözese Hildesheim in Vergangenheit und Gegenwart. Zs. des Vereins für Heimatkunde im Bistum Hildesheim 32/33 (1964/65), S. 10–13, hier S. 13.

41 Vgl. mit den notwendigen Nachweisen Martina Giese: Die Textfassungen der Lebensbeschreibung Bischof Bernwards von Hildesheim (MGH, Studien und Texte, 40). Hannover, 2006, S. 1, 39 f. und 124–127 – Dies.: Die schriftliche Pflege des Bernward-Kultes im Wandel der Zeit vom 11. bis 18. Jahrhundert. In: Monika E. Müller und Christian Heitzmann (Hrsg.): Einen Platz im Himmel erwerben. Bücher und Bilder im Dienste mittelalterlicher Jenseitsfürsorge. Vorträge zur Ausstellung „Schätze im Himmel – Bücher auf Erden" (Wolfenbütteler Hefte, 32). Wiesbaden, 2012, S. 15–54 und 113–119, hier S. 20. – Beim Abbruch des 1150 errichteten Altars 1863 fand sich das Wachssiegel des Konsekrators, Bischof Heinrichs von Minden (1140–1153). Vgl. Adolf Bertram: Die Bernwardsgruft in Hildesheim. Hildesheim, 1893, S. 8, danach Hartwig Beseler und Hans Roggenkamp: Die Michaeliskirche in Hildesheim. Berlin, 1954, S. 172. Vgl. daneben Gerhard Lutz: Der Heiligsprechungsprozess Bischof Bernwards und der Umbau von St. Michael seit der Mitte des 12. Jahrhunderts. In: Lutz und Weyer (Hrsg.) 2012 (wie Anm. 4), S. 212–224, hier 212.

42 Darauf wiesen beispielsweise auch hin Menke 1987 (wie Anm. 4), S. 10; Bajorath, Goetting und Schuffels 1993 (wie Anm. 10), S. 601; Monika E. Müller (Hrsg.): Die Verehrung Bernwards – Formen der künstlerischen Rezeption. In: Müller (Hrsg.) 2010 (wie Anm. 4), S. 326; dies.: Ratmann-Sakramentar, 2010 (wie Anm. 6), S. 330.

43 UBHH I, Nr. 263, S. 239–243, hier S. 242 Z. 12 f. Vgl. Goetting 1984 (wie Anm. 9), S. 361 f.; Petke 1993/94 (wie Anm. 33), S. 104 f.; Giese 2016 (wie Anm. 24), bei Anm. 18 und 55. – Als „Erstbeleg" scheidet aus die Erwähnung Burchards in einer Urkunde Bischof Bernhards von Hildesheim von vorgeblich 1140 (so datiert im UBHH I, Nr. 222, S. 201 f., hier S. 201 Z. 26 f., die Urkunde trägt im Textabdruck das Datum „MCLI"). Vgl. hierzu mit Korrektur der Datierung auf 1149 (ich ergänze: nach dem 25. Mai 1149, dem Todestag von Burchards Vorgänger Dietrich I.) bis vor dem 9. Mai 1152 Herkenrath 1964/65 (wie Anm. 40), S. 12 f.

44 UBHH I, Nr. 280, S. 264–266, hier S. 265 Z. 24 f.

45 UBHH I, Nr. 332, S. 317 f., hier S. 317 Z. 20, originale Überlieferung und unbesiegelter Entwurf. Zum Original, Hildesheim, Bistumsarchiv, Urkunden St. Michael, A VII 16, vgl. mit Digitalisat, aber ohne Nachweis des

Rothard (Nr. 6) ist mutmaßlich zu identifizieren mit dem im Corveyer Liber vitae unter den 1204 oder wenig später bereits verstorbenen Mönchen von St. Michael an 18. Stelle genannten „Rothardus".[46]

Retman (Nr. 7) ist angesichts seiner Positionierung in der Liste wohl der spätere Abt von St. Michael, welcher, da, wie gesagt, noch ein zweiter Retmann in der Notitia auftaucht,[47] nicht bedenkenlos mit dem Stifter des Codex gleichgesetzt werden darf. Im Nekrolog von St. Michael ist nur ein einziger (am 2. Juli verstorbener) Mönch Retmann verewigt, bei dem es sich nicht um den Abt des Michaelisklosters dieses Namens handeln kann, weil man sonst den Zusatz *abbas (nostre congregationis)* erwarten dürfte.[48] Das ist zu berücksichtigen, wenn nun die weiteren Quellenbelege für Abt Ratmann / Retmann von St. Michael gewürdigt werden.

Abt Ratmann von St. Michael

Sieht man von der Franko-Urkunde ab, ist Ratmann nur in drei urkundlichen Dokumenten nachzuweisen: Als Abt testierte er in zwei Urkunden Bischof Adelogs von Hildesheim vom 29. November 1178 und vom 7. März 1180,[49] ist außerdem in einer undatierten Professurkunde des Bruders G. aus St. Michael genannt.[50] Ein lediglich abschriftlich vom Ende des 12. Jahrhunderts in der Jüngeren Hildesheimer Briefsammlung enthaltenes Schreiben könnte von Abt Ratmann stammen, obwohl der Codex unicus für den Absender die Initiale „P" bietet.[51] Eckhard Freise hat darauf aufmerksam gemacht, dass erstens ein im

Drucks online unter http://monasterium.net/mom/DE-BAH/UrkStMi/A_VII_16/charter (23.7.2016). Vgl. GOETTING 1984 (wie Anm. 9), S. 403. Zu einer Kopie des 18. Jahrhundert (Hildesheim, Dombibliothek, Hs 124/2, S. 202) vgl. GIESE 2009 (wie Anm. 9), S. 57, Nr. 56; daneben jetzt GIESE 2016 (wie Anm. 24), bei Anm. 25. – UBHH I, Nr. 334, S. 319 f., hier S. 320 Z. 15, originale Überlieferung. Vgl. GOETTING 1984 (wie Anm. 9), S. 401–403; GIESE 2016 (wie Anm. 24), bei Anm. 26.

46 Zu diesem Eintrag siehe unten bei Anm. 55.

47 Siehe oben vor Anm. 26. MENKE 1987 (wie Anm. 4), S. 2 mit Anm. 3, geht auf diese Problematik nicht ein, schreibt bezogen auf Ratmanns Erwähnung im Stifterbild fol. 111v „The abbot of Hildesheim [!] from 1176–1180 was also called Ratmann, however, the name was too common to warrant the conclusion that the figure who offers the book later became abbot".

48 Hildesheim, Stadtarchiv, Best 52 Nr. 191a, fol. 159va „VI. Nonas Iulii. […] Rethmannus presbyter et Giselbertus conversus, et monachi, nostre congregationis fratres". – Der Vollständigkeit halber sei erwähnt, dass im selben Nekrolog zum 15. Mai ein zweiter Rethmannus auftaucht, der jedoch einen niederen Weihegrad besaß und kein Professmönch von St. Michael war. Hildesheim, Stadtarchiv, Best 52 Nr. 191a, fol. 147va „Idibus Maii. […] Rethmannus acolitus, nostre congregationis frater". Derselbe taucht zum 15. Mai auch im Hildesheimer Domnekrolog auf, Wolfenbüttel, Herzog August Bibliothek, Cod. Guelf. 83.30 Aug. fol., fol. 70r „Rermannus [!] accolitus sancti Michaelis".

49 UBHH I, Nr. 387, S. 371–374, hier S. 374 Z. 19 „Radmannus abbas de sancto Michaële"; UBHH I, Nr. 396, S. 383–386, hier S. 385 Z. 30 f. „Retmannus abbas sancti Michahelis".

50 Hildesheim, Dombibliothek, Hs 308, Nr. 5, ediert im UBHH I, Nr. 378, S. 361 f., hier S. 362 Z. 3 „in presencia Ratmanni abbatis", dort datiert auf 1176–1180. Vgl. FAUST und SCHUFFELS 1993 (wie Anm. 9), S. 596 f., Nr. 5.

51 Rolf DE KEGEL (Hrsg.): Die Jüngere Hildesheimer Briefsammlung (MGH, Die Briefe der deutschen Kaiserzeit, 7). München, 1995, Nr. 99, S. 154 f. Vgl. den überzeugenden Vorschlag von Hans Jakob SCHUFFELS: Jüngere Hildesheimer Briefsammlung. In: BRANDT und EGGEBRECHT (Hrsg.) 1993 (wie Anm. 6), 2, S. 615 f., der S. 616 zu Abt Ratmann schrieb „Daß er mit dem Stifter, nicht mit dem Schreiber oder Maler, des nach ihm benannten Codex aus dem Jahr 1159 […] identisch sei, könnte man erwägen, aber nicht beweisen". – Nimmt man eine Verschreibung der Initiale „R" zu „B" an für Nr. 102, S. 158 f., der Jüngeren Hildesheimer Briefsammlung, dann dürfte dieses Schreiben ursprünglich an Abt Ratmann gerichtet gewesen sein.

Zuge der Gebetsverbrüderung erbetenes (und nicht vor dem 20. Mai 1164 verfasstes) Verzeichnis von verstorbenen Angehörigen von St. Michael, das in den Liber vitae von Rastede (bei Oldenburg) Aufnahme fand und am Ende einen „Ratmannus“ aufführt,[52] vermutlich auf Initiative des Stifters des Ratmann-Sakramentars entstand, unterstreicht die Franko-Urkunde doch nachdrücklich dessen Sorge um die Memoria.[53] Dem ist gegen den letzten Herausgeber dieser Quelle Hermann Lübbing zuzustimmen, der 1935 behauptet hatte: „In dem letztgenannten Mönch Ratmann dürfen wir wohl schwerlich den berühmten Buchmaler [!] des Domstifts [!] erblicken, sondern wohl nur einen Namensvetter“.[54] Zweitens hat E. Freise die für St. Michael im Liber vitae von Corvey berücksichtigten Namen untersucht.[55] Demzufolge entstand der Eintrag (eine Liste der Toten und eine Liste der Lebenden) kurz nachdem der Corveyer Professe Hugold in St. Michael 1204 den Abtsstab übernommen hatte. In der linken Kolumne mit den Verstorbenen sind zu Beginn zwölf Äbte von St. Michael genannt, an vorletzter Position „Ratmannus“. Die Aufzählung ist ein wichtiges Zeugnis für diesen Personenkreis, weil sie unbeeinflusst von Verfälschungen der Überlieferung blieb, welche die Hildesheimer Tradition kennzeichnen und von Henning Rose herrühren. Dieser Aspekt soll am Beispiel von Abt Ratmann im Folgenden dargestellt werden.

52 Oldenburg, Niedersächsisches Staatsarchiv, Best. 23-1 Ab. 1, S. 17b, ediert als Oswald Holder-Egger (Hrsg.): Series abbatum s. Mariae in Rastede. In: MGH SS 13. Hannover, 1881, S. 346 f., hier S. 346 Z. 22–27 (Z. 23 „Buchardus abbas“; Z. 27 „Ratmannus“). Vgl. Irene Stahl: Handschriften in Nordwestdeutschland: Aurich – Emden – Oldenburg (Mittelalterliche Handschriften in Niedersachsen. Kurzkatalog, 3). Wiesbaden, 1993, S. 211–213, hier S. 212. – Zur Edition von Lübbing siehe unten Anm. 54. – Meine Datierung des Verzeichnisses auf nach dem 20. Mai 1164 beruht darauf, dass der an diesem Tag frühestens verstorbene Abt Burchard von St. Michael hierin unter den verstorbenen Äbten genannt ist.

53 Eckhard Freise: Liber vitae von Rastede. In: Brandt und Eggebrecht (Hrsg.) 1993 (wie Anm. 6), 2, S. 601 f., mit Abbildung S. 601; zuvor bereits Ders. 1981 (wie Anm. 10), S. 235 Anm. 260.

54 Hermann Lübbing: Das Rasteder „Buch des Lebens“. In: Niedersächsisches Jahrbuch für Landesgeschichte 12 (1935), S. 49–79, hier S. 70, zum Rasteder Abt Donatian (1158–1164), der aus St. Godehard kam, S. 52, S. 53 Beschreibung der Handschrift, S. 62 zu den Namen aus St. Godehard und aus St. Michael, S. 75 Datierung des Eintrags zu St. Godehard und zu St. Michael auf das 12. Jahrhundert, S. 75–79 zur Datierung der Handschrift insgesamt, online unter http://www.historische-kommission.niedersachsen.de/startseite/onlineangebote/niedersaechsisches_jahrbuch_landesgeschichte_online/niedersaechsisches-jahrbuch-online-113570.html (4.4.2016). Vgl. Uwe Ohainski: Rastede – Kollegiatstift, später Benediktinerkloster. In: Dolle (Hrsg.) 2012 (wie Anm. 33), Bd. 3, S. 1279–1287, zum Liber vitae („um 1165 entstanden“) S. 1281 und 1285, zum Abbatiat Donatians S. 1287.

55 Eckhard Freise: Liber vitae (und Pontificale) von Corvey. In: Brandt und Eggebrecht (Hrsg.) 1993 (wie Anm. 6), 2, S. 602–604, mit Abb. S. 71. – Zuvor bereits Ders. 1981 (wie Anm. 10), S. 235 Anm. 260; ders.: Corvey im hochmittelalterlichen Reformmönchtum. In: Karl Schmid und Joachim Wollasch (Hrsg.): Der Liber Vitae der Abtei Corvey, 2: Studien zur Corveyer Gedenküberlieferung und zur Erschließung des Liber vitae (Veröffentlichungen der Historischen Kommission für Westfalen, 40. Westfälische Gedenkbücher und Nekrologien, 2.2). Wiesbaden, 1989, S. 87–106, hier S. 105 f. – Nach Hartmut Hoffmann: Bücher und Urkunden aus Helmarshausen und Corvey (MGH, Studien und Texte, 4). Hannover, 1992, S. 34 f. und 88 wurde der Liber vitae von Corvey zwischen 1150 und 1160 angelegt. – Karl Schmid und Joachim Wollasch (Hrsg.): Der Liber Vitae der Abtei Corvey. Ms. I, n. 133 des Staatsarchivs Münster/Westfalen, 1: Einleitung, Register, Faksimile (Veröffentlichungen der Historischen Kommission für Westfalen, 40. Westfälische Gedenkbücher und Nekrologien, 2.1). Wiesbaden 1983, im unpaginierten Faksimile-Teil (nach S. 71 der Handschrift) die Liste der Verstorbenen in der linken Kolumne „Goderammus abbas primus, Sibertus, Megenwardus, Conradus, Conradus, Thidericus, Burchardus, Franco, Wichardus, Ratmannus, Thidericus, abbates. […] Nomina fratrum […] Rothardus […; zu Rothard siehe oben bei Anm. 46]“; die *nomina viventium* in der rechten Spalte beginnen mit „Hugoldus“ und „Heinricus“ (siehe zu beiden unten mit Anm. 75, 77 und 96).

Die Verfälschung der Abtsreihe von St. Michael durch Henning Rose

Henning Rose war Professe im Michaeliskloster, hat sich eifrig als Leser, Kommentator, Kopist, Autor sowie Verfälscher der Überlieferung betätigt, ist letztmals in einem Brief vom 28. Juli 1524 erwähnt, den Rose an den Meißener Domdekan Johannes Hennig schrieb, und starb laut Eintrag im Nekrolog des Michaelisklosters an einem 29. Januar – frühestens, so lässt sich jetzt präzisieren, im Jahr 1532.[56] Der Umfang seines Wirkens ist in den letzten Jahren zwar näher beleuchtet worden, aber noch lange nicht in ganzer Tragweite erfasst.[57] Ein zentrales Motiv für Henning Rose war zum einen (frühestens seit 1510) das spezielle Bemühen, die geplante Kanonisation Bischof Bennos von Meißen (1066–1105/07) zum Erfolg zu führen, was 1523 auch gelang, zum anderen eine religiös-kultische Aufwertung seines Klosters insgesamt zu erreichen. Im Zuge dieser Aktivitäten hat Rose dem Meißener Domkapitel zugearbeitet, indem er u. a. eine *chronica abbatum* beisteuerte sowie einen *liber abbatum*, worin Benno zum zeitweiligen Abt des Michaelisklosters befördert worden war.[58] Und dieselbe Einfügung Bennos in die *series*

56 Zu Henning Rose vgl. zuletzt mit weiterer Literatur Martina GIESE: Ein niederdeutsches Inventar der Kleinodien des Hildesheimer Michaelisklosters vom 3. Mai 1525. Historische Einordnung, Erstedition, Übersetzung und Kommentar. In: Hildesheimer Jahrbuch für Stadt und Stift Hildesheim 85 (2013), S. 51–84, hier S. 67 Anm. 46 und S. 71 f.; MÜLLER 2013 (wie Anm. 5), S. 307 (Register). – Unerwähnt blieb in diesen Beiträgen der Hinweis von Wilhelm BERGES: Die älteren Hildesheimer Inschriften bis zum Tode Bischof Hezilos († 1079), aus dem Nachlaß hrsg. und mit Nachträgen versehen von Hans Jürgen Rieckenberg (Abh. Göttingen, 131). Göttingen, 1983, S. 180 f. (nach Auskunft von Hans Jakob Schuffels), auf weitere Autographe von Rose. Vgl. dazu Fidel RÄDLE: Der heilige Benno von Meißen und Hildesheim. Texte aus der Handschrift Dombibliothek Hs 123b. In: Jochen BEPLER und Thomas SCHARF-WREDE (Hrsg.): Die Dombibliothek Hildesheim. Bücherschicksale. Hildesheim, 1996, S. 271–304, hier S. 278 f. Anm. 28. – Auf den Todeseintrag zu Rose im Nekrolog von St. Michael Hildesheim, Stadtarchiv, Best. 52, Nr. 191a, fol. 121ra (als Nachtrag zum Grundbestand: „IIII. Kalendas Februarii. Hennyngus Roesse, sacerdos et monachus, nostre congregationis frater"), wies erstmals hin Söhnke THALMANN: Henning Rose und der gefälschte Ablaßbrief Papst Silvesters II. (1001) für St. Michael in Hildesheim. Anmerkungen zur älteren Hildesheimer Geschichtsschreibung im frühen 16. Jahrhundert. In: Sabine AREND, Daniel BERGER, Carola BRÜCKNER, Axel EHLERS, Sabine GRAF, Gaby KUPER und Söhnke THALMANN (Hrsg.): Vielfalt und Aktualität des Mittelalters. Festschrift für Wolfgang Petke zum 65. Geburtstag (Veröffentlichungen des Instituts für Historische Landesforschung der Universität Göttingen, 48). Bielefeld, 2006, S. 653–677, hier S. 669 mit Anm. 59, der außerdem Roses Hand in diesem Codex nachwies S. 669 Anm. 68 und S. 677 Abb. 7. – Folgt man dieser Spur, ergibt sich eine Präzisierung von Roses Todesjahr: Rose trug in das Nekrolog von St. Michael zum 2. Februar und zum 11. November jeweils eine Memorie ein für den urkundlich zwischen 1486 und dem 25. September 1531 belegten Scholaster des Kreuzstiftes in Hildesheim namens Ludolf Suringes (Hildesheim, Stadtarchiv, Best 52 Nr. 191a, fol. 122ra, zum 2. Februar „Memoria secunda" und fol. 193rb, zum 11. November, „Memoria prima"). Rose starb demnach frühestens 1532. Zu Suringes vgl. Richard DOEBNER (Hrsg.): Urkundenbuch der Stadt Hildesheim, Teil 8: 1481-1597. Hildesheim, 1901, S. 964 (Register).

57 Nicht zuletzt aus Platzgründen beschränke ich mich nachfolgend darauf, die für das Ratmann-Sakramentar relevanten Zusammenhänge darzustellen. Roses historio- und hagiographische Tätigkeit weiter aufzuschlüsseln, muss separaten Studien vorbehalten bleiben. Vgl. zum Nachfolgenden insbesondere die Nachweise bei GIESE 2006 (wie Anm. 41), bes. S. 75–96; THALMANN 2006 (wie Anm. 56), worauf ausdrücklich verwiesen sei.

58 Das geht hervor aus der Korrespondenz, welche edierte Richard DOEBNER: Aktenstücke zur Geschichte der Vita Bennonis Misnensis. In: Neues Archiv für Sächsische Geschichte und Altertumskunde 7 (1886), S. 131–144; nachgedruckt in: DERS.: Studien zur Hildesheimischen Geschichte. Hildesheim, 1902, S. 135–148 (danach zitiert). Im Schreiben des Meißener Dekans Dr. Johann

abbatum des Klosters taucht auch in Roses heute noch im Stadtarchiv zu Hildesheim erhaltener Chronik auf, welche in Auszügen 1688 von Meibom ediert wurde.[59] Da diese Chronik in Hildesheim sowohl kopiert als auch breiter rezipiert wurde, fanden sowohl die Fabelei über Bennos Abbatiat als auch die interpolierte Abtsreihe hier stärkeren Niederschlag.[60] Für seine heute im Stadtarchiv liegende Chronik hat Rose im großen Stil die in St. Michael geschriebene Handschrift Wolfenbüttel, Herzog August Bibliothek, Cod.

Hennig an Henning Rose vom 21. Januar 1515 (Doebner 1902, Nr. 2, S. 138 f., hier S. 139) heißt es über die bevorstehende Reise von Rose sowie weiteren Mönchen von St. Michael nach Meißen: „Ad quem terminum duos vel tres fratres ex monasterio vestro citabunt, qui testimonium ferant **de omnibus cronicis, annalibus, registris, litteris et indiciis eis in hac re notis.** Scripsi igitur domino abbati vestro et adhuc rogo, quod interim tres fratres ad hujusmodi iter disponat, qui, cum vocati fuerint, veniant expensis capituli nostri. Jnter quos vos, ut spero, unus eritis portabitisque vobiscum **cedulas professionis jam inventas et librum abbatum monasterii vestri, ubi et Benno in suo ordine habetur**, et testimonium dabitis, quod **liber legende**, quem aliquando ad nos misistis, apud vos inventus sit, sicut tunc scripsistis." – Am 1. April 1515 schrieb Johannes Hennig an Rose über die von diesem übersandte Abschrift einer Abtschronik von St. Michael (und eine verbrannte ältere) sowie das aufgefundene Bild Bennos, Annalen und Bennos Professzettel (Doebner 1902, Nr. 5, S. 141) „De **chronica abbatum** [...] sum contentus, sperans, quod novitatem scripture commissarii apostolici non repudiabunt, licet illa ignis voragine per vos absumpta longe majoris extitisset auctoritatis. [...] Audivi eciam ex vobis de quodam **imagine Bennonis, quam eciam ad videndum solum cum aliis annalibus et cedulis sue professionis** afferatis, oro, et prefato domino officialia officia humanitatis exhibendo." Vgl. Giese 2006 (wie Anm. 41), S. 75 f. mit Anm. 278 f. sowie S. 85 und siehe unten mit Anm. 81.

59 Hildesheim, Stadtarchiv, Best. 52 Nr. 10a, fol. 1r–31r (siehe vor allem die Zitate unten nach Anm. 64), Teiledition als Chronica Monasterii S. Michaëlis in Hildesheim. In: Heinrich Meibom d. J. (Hrsg.): Rerum Germanicarum tomi 3: 2. Helmstedt, 1688, S. 517–525, zu Benno S. 518 f. Vgl. Giese 2006 (wie Anm. 41), S. 136 (Register), bes. S. 82–86; Dies.: Das „Goldene Testament" von 1419. Die ungedruckte niederdeutsche Vita Bernwards von Hildesheim. In: Lutz und Weyer (Hrsg.) 2012 (wie Anm. 4), S. 249–269, hier S. 263 f. Anm. 41, S. 264 Anm. 55 und S. 265 Anm. 59 f.

60 Eine Abschrift von Hildesheim, Stadtarchiv, Best. 52 Nr. 10a, fol. 1r–31r, mit Fortsetzung enthält, angefertigt von Johannes Heisede, Hildesheim, Dombibliothek, Hs 162, fol. 64r–147r (vgl. Giese 2006 [wie Anm. 41], S. 82 f. Anm. 295). Nach Hildesheim, Dombibliothek, Hs 162, wurde auszugsweise die *series abbatum* kopiert in Hildesheim, Dombibliothek, Hs 361a, S. 155–185 als „Catalogus abbatum monasterii S. Michaelis Arch. Hildesii", reichend vom 1. Abt Goderam bis zum 32. Hermann Polmann. S. 155 Incipit „Goderramus primus abbas monasterii sancti Michaelis archangeli Hildesii a praesule sancto Barwardo anno 996 constitutus est, qui primo fuit praepositus maioris ecclesiae Coloniensis, sacrae paginae doctor, filius marchionis, nobilis genere et dignitate, sed postmodum monasterium sancti Panthaleonis Coloniae est ingressus, ex quo cum quibusdam fratribus ad monasterium sancti Michaelis Hildesii est translatus." S. 185 endet der Text unvollständig „[...] consuevit lavare, quod de gratia dei usque hodie laudabiliter observatur: * propter quod etiam monasterium notabiliter profecit ab illo tempore et deinceps. Hic abbas [dann Textabbruch am Seitenende]". Zu * ist am Ende der Seite als Anmerkung gestetzt „puta [!] usque in annum 1521, quo compilator hujus catalogi adhuc vixit, sed eodem anno obiit, nimirum prior ad Sanctum Michaelem Joannes Heisede, sed nunc hic mos diu obsolevit". Auf dem ersten, unpaginierten / unfoliierten Blatt, das nur recto beschriftet ist, steht am Ende die datierte Provenienzangabe „Sum ex libris Joannis Godefridi Gruber. 1768", vermutlich hat Gruber die Handschrift auch geschrieben. Von Grubers Hand stammen beispielsweise Hildesheim, Dombibliothek, Hs 11f und Hs 310b. Gruber war Mönch in St. Godehard in Hildesheim. – Auf Roses Chronik fußen letztlich die auf Abt Johannes Jacke von St. Michael (1614–1668) zurückgehende Abtschronik (Hildesheim, Dombibliothek, Hs 1056, fol. 3r–82r Chronica Abbatum necnon Episcoporum bis zu Abt Werner Fabion [1677–1689]) sowie seine chronikalischen Notizen in Hildesheim, Dombibliothek, Hs 287 (vgl. zu beiden Handschriften zuletzt Giese 2012 [wie Anm. 59], S. 263 Anm. 39 sowie S. 265 Anm. 57 und 60), ferner die Passagen über die Äbte in Hildesheim, Dombibliothek, Hs 298a und 298b, sowie die bis 1725 reichende Chronica abbatum monasterii sancti Michaelis des Pater Jakob Bötticher (1681–1743), Hildesheim, Dombibliothek, Hs 297, S. 1–127 (danach die Abschrift von Benedikt Rautert von 1844, Hildesheim, Dombibliothek, Hs J 58 VIII, S. 1–178) (zu beiden Handschriften vgl. zuletzt Giese 2012 [wie Anm. 59], S. 263 Anm. 39 und S. 265 Anm. 60) und die Abtslisten in Hildesheim, Dombibliothek, Hs C 924 (siehe dazu bereits oben Anm. 2).

Guelf. 115 Extrav.[61], mit der Weltchronik des Dietrich Engelhus († 1434) ausgeschlachtet und zugleich die im selben Codex enthaltene Chronica Episcoporum Hildenshemensium nec non Abbatum Monasterii S. Michaelis von 1471/86, die er stellenweise ergänzt (z. B. um Versatzstücke aus der Fundatio ecclesiae Hildensemensis[62]) hat.[63] Als weitere

61 Vgl. GIESE 2006 (wie Anm. 41), S. 58f. Anm. 214 (so ist das Register S. 137 zu korrigieren, wo „S. 59 Anm. 215" angegeben ist), S. 74, 83f. und 93 Anm. 335; DIES. 2012 (wie Anm. 59), S. 265 Anm. 59f. – Vgl. jetzt die auch für Cod. Guelf. 115 Extrav. wichtige, vorläufige Handschriftenbeschreibung der ebenfalls in St. Michael (1450/55) hergestellten Schwesterhandschrift, Wolfenbüttel, Herzog August Bibliothek, Cod. Guelf. 450 Helmst., von Bertram LESSER, online unter http://diglib.hab.de/?db=mss&list=ms&id=450-helmst&catalog=Lesser (3.4.2016). Beide handschriftlichen Überlieferungen (und Forschungsbeiträge dazu) sind für Engelhus nicht hinreichend gewürdigt worden von Hiram KÜMPER: „Dietrich Engelhus, eine geschichtliche Quellenforschung". Über die ungedruckte Habilitationsschrift Karl Lamprechts in der Universitäts- und Landesbibliothek Bonn. In: Concilium medii aevi 17 (2014), S. 73–97, hier S. 90–97, bes. S. 93 mit Anm. 78, online unter http://cma.gbv.de/dr,cma,017,2014,a,05.pdf (22.8.2014). – Hinzuweisen ist darauf, dass die von RÄDLE 1996 (wie Anm. 56), S. 279 Anm. 28, hinsichtlich ihrer Textvorlage nicht identifizierten Epitaphien für Nachkommen Heinrichs des Löwen in Henning Roses Handschrift, Hildesheim, Dombibliothek, Hs 123b, fol. 133r–133v, ebenfalls eine Lesefrucht Roses aus der Nova Chronica des Engelhus (nach Cod. Guelf. 115, fol. 121r–121v) sind. Engelhus zitierte hiermit aus der *Saxonia* des Dietrich Lange. Vgl. die Edition auf der Basis dieser Handschrift (Codex Conringianus) Joachim Johann MADER (Hrsg.): Chronicon M[agistri] Theodorici Engelhusii, continens res ecclesiae et reipublicae, ab orbe condito ad annum Christi circiter MCCCCXX ex mss. codicibus. Helmstedt, 1671 (= VD17 23:238676E), S. 244–246, online unter http://digitale.bibliothek.uni-halle.de/vd17/content/pageview/140244 (5.4.2016); daneben Chronicon M. Theoderici Engelhusii, continens res Ecclesiae et Reipublicae ab orbe condito ad ipsius usque tempora. Ex aliquot MSS. plurimum auctum emendatumque. In: LEIBNIZ (Hrsg.) 1710 (wie Anm. 10), S. 977–1143, hier 1113f.

62 Adolf HOFMEISTER (Hrsg.): Fundatio ecclesiae Hildensemensis. In: MGH SS 30, 2. Leipzig, 1926–1934, S. 939–946, hier c. 4, S. 944 Z. 23–945 Z. 11 (über die einst vorbildliche Disziplin des Domklerus), wurde von Rose nachgetragen in Wolfenbüttel, Herzog August Bibliothek, Cod. Guelf. 115 Extrav., fol. 189v–190r. Vgl. den Abdruck Chronica Episcoporum Hildenshemensium nec non Abbatum Monasterii S. Michaelis, cum supplementis, quae suppeditarunt bini catalogi Episcopi. In: LEIBNIZ (Hrsg.) 1710 (wie Anm. 10), S. 784–806, hier S. 787 („His temporibus – seculum nescierunt") nach der Fundatio, c. 4, S. 944 Z. 23 – S. 945 Z. 7. Markus MÜLLER: Die spätmittelalterliche Bistumsgeschichtsschreibung. Überlieferung und Entwicklung (Beihefte zum AKG 44). Köln / Weimar / Wien, 1998, S. 367, zitierte aus Hildesheim, Stadtarchiv, Best. 52 Nr. 10a, fol. 4rv (= Autograph von Roses Chronik, danach kopiert in Hildesheim, Dombibliothek, Hs 162, fol. 68v und 70r), diese Stelle und machte S. 367 mit Anm. 81 auch darauf aufmerksam, dass Rose sie im Cod. Guelf. 115 Extrav., fol. 189v und fol. 190r, nachtrug, identifizierte aber die Fundatio nicht als Vorlage. Das gilt auch für seinen Verweis auf die Rezeption in Roses Benno-Vita in München, Bayerische Staatsbibliothek, Clm 27045, fol. 7r. – Zur Fundatio und ihrer Überlieferung vgl. zuletzt GIESE 2009 (wie Anm. 29), bes. S. 555. – Siehe zu der mit Rose in Verbindung stehenden Rezeption der Fundatio unten bei Anm. 72 und die Tabelle nach Anm. 68. – Hingewiesen sei bei dieser Gelegenheit darauf, dass der Beginn von Leibniz' Druck der Chronica Episcoporum Hildenshemensium nec non Abbatum Monasterii S. Michaelis, S. 784, so in keiner der angeblich von ihm verwendeten Quellen (vgl. dazu zuletzt Martina GIESE: Vom Hildesheimer Sültestift nach Hamersleben. Addendum zu den Hildesheimer Bischofskatalogen des 11. bis 16. Jahrhunderts. In: Niedersächsisches Jahrbuch für Landesgeschichte 82 [2010], S. 201–220, hier S. 219f.) steht, sondern offenbar direkt entlehnt ist einer Latinisierung der Hildesheimer Bischofschronik von Hans Wildefuer († 1541), die Kaspar Bruschius († 1559) veröffentlichte. Vgl. Kaspar BRUSCHIUS: Magni Operis de omnibus Germaniae episcopatibus epitomes. T. 1: Continens Annales Archiepiscopatus Mogvntini ac duodecim alioru[m] Episcopatuum, qui Moguntio Suffraganeatus titulo subsunt: Item Babenbergensis Episcopatus, ab omni iugo Archiepiscopati exempti. Nürnberg, 1549 [= VD 16 B 8782], S. 197–215 zu Hildesheim, online unter http://diglib.hab.de/wdb.php?dir=drucke/465-5-quod&pointer=205 [Bild 210 bis 229] (24.9.2015), hier c. 12, S. 197f. die Vorrede zum nachfolgenden Bischofskatalog, der bis zum 49. Bischof Valentin von Tetleben reicht. Wildefuers Vorlage war die 1492 von Peter Schöffer in Mainz zuerst gedruckte *Cronecken der Sassen* (GW 4963, vgl. online unter http://www.gesamtkatalogderwiegendrucke.de/ [3.4.2016]), ediert als Chronicon Brunsvicensium Picturatum dialecto Saxonica conscriptum autore Conrado Bothone cive

Vorlage zog Rose das 1496/97 (nach heute verlorenen Vorläufern) angelegte Nekrolog von St. Michael heran, vor allem für die Grabstätten der Äbte. Die nachträglichen Änderungen der Ordnungszahlen der frühen Äbte im Nekrolog dürften ebenfalls auf das Konto von Rose zu buchen sein, der damit offenkundig eine Harmonisierung mit seiner um Benno erweiterten Zählung der Äbte und damit die breitere Absicherung seiner Benno-Fälschungen erreichen wollte.[64]

Die fraglichen Passagen in Roses Chronik (Hildesheim, Stadtarchiv, Best. 52 Nr. 10a) lauten, wobei für die Benno-Passagen synoptisch in der ersten Spalte die von Rose verwendeten, bislang unidentifizierten Vorlagen angegeben sind, und in der vierten Spalte die Parallelen zu der 1512 veröffentlichten *Vita Bennonis* des Hieronymus Emser,[65] die auf den von Rose fabrizierten Quellen fußt, insbesondere auf Roses *Vita Bennonis* der Handschrift, München, Bayerische Staatsbibliothek, Clm 27045,[66] deren Wortlaut in der dritten Spalte

Brunsvicensi. In: Gottfried Wilhelm Leibniz (Hrsg.): Scriptores rerum Brunsvicensium, 3. Hannover, 1711, S. 277–423, hier S. 297. Zum Inhalt dieser alternativen Gründungslegende vgl. Bernhard Gallistl: Erzähltes Welterbe. Zwölf Jahrhunderte Hildesheim. Hildesheim / Zürich / New York, 2015, S. 24 f. (nach Adolf Bertram: Hildesheims Domgruft und die Fundatio ecclesie Hildensemensis. Nebst Beschreibung der neuentdeckten Confessio des Kreuzaltares, der Gräberfunde der Domgruft und des nielloartigen Chorfußbodens. Hildesheim, 1897, S. 11–13).

63 Siehe zu Roses Eingriffen exemplarisch unten Anm. 68 und 76 sowie unten im Exkurs bei Anm. 91. Fol. 192 und 195 sind von Rose in die Papierhandschrift eingefügt worden, nachdem er offenbar an beiden Stellen jeweils mindestens ein Blatt mit dem ursprünglichen Text entfernt hatte. Meine Transkriptionen beruhen auf schwarz-weiß Mikrofiches der Handschrift.

64 Siehe oben Anm. 38 f. sowie unten Anm. 67, 75 und 77 die dort zitierten Verbesserungen im Nekrolog von St. Michael.

65 Hieronymus Emser: Divi Bennonis quondam episcopi vita […]. Leipzig, Melchior Lotter d. Ä., 1512 [ohne durchgehende Paginierung / Foliierung] [= VD 16 E 1117], Digitalisate online unter http://gateway-bayern.de/VD16+E+1117 (12.4.2016). Siehe unten Anm. 69 und vgl. zu den Hintergründen Christoph Volkmar: Reform statt Reformation. Die Kirchenpolitik Herzog Georgs von Sachsen 1488–1525 (Spätmittelalter, Humanismus, Reformation, 41). Tübingen, 2008.

66 München, Bayerische Staatsbibliothek, Clm 27045, enthält fol. 4v–9r von Roses Hand geschrieben eine „Vita divi Bennonis episcopi ecclesie Miscennensis". Sie ist zu identifizieren mit jenem *antiquus vitae suae libellus*, den Rose Emser zur Verfügung stellte und auf welchen sich Emser in seiner 1512 zum Druck gebrachten Vita Bennonis (wie Anm. 65), c. 28, für die Wunder (gemäß Clm 27045, fol. 7v–8v) berief. – Ein vollständiges Farbdigitalisat des Clm 27045 ist online abrufbar unter http://daten.digitale-sammlungen.de/~db/0010/bsb00106175/images/ (13.5.2016). – Die nachfolgenden Textproben nach der Handschrift, da die Edition von David J. Collins, Bursfelders, Humanists, and the Rhetoric of Sainthood: The Late Medieval Vitae of Saint Benno. In: Revue Bénédictine 111 (2001), S. 508–556, hier S. 551–556 (unter dem Titel „Vita prima Bennonis"), fehlerhaft ist. In dieser Edition sind die Vorlagen nur unzureichend aufgeschlüsselt (vgl. hierzu auch S. 534 mit Anm. 80). Zur nachfolgenden Passage vgl. S. 554, wo in Variante x und aa (hier mit fehlerhafter Textwiedergabe) jeweils als Vorlage verwiesen wird auf Leibniz 1711 (wie Anm. 62), S. 787 und 789. Dazu ist zu präzisieren: Der fragliche Text S. 787 stammt aus der Fundatio ecclesiae Hildensemensis, c. 4, und wurde von Rose in Cod. Guelf. 115 Extrav. (der Hauptvorlage von Leibniz' Druck) nachgetragen, siehe dazu oben Anm. 62 und unten die Tabelle nach Anm. 68; der fragliche Text S. 789 stammt letztlich aus Georg Heinrich Pertz (Hrsg.): Chronicon Hildesheimense. In: MGH SS 7. Hannover, 1846, S. 845–873, hier c. 17, S. 854 Z. 3–7 und 23–25. – Eine erneute Auseinandersetzung mit den abwegigen Thesen von Collins zur Datierung der Handschrift auf kurz nach 1461 und zu einem „monachus Spedel" als Autor der Vita Bennonis (die Ders.: Reforming Saints: Saints' Lives and Their Authors in Germany, 1470–1530 [Oxford Studies in Historical Theology]. Oxford, 2008, bes. S. 149 f. Anm. 40, zu retten versucht hat in Abgrenzung zu Christoph Volkmar: Die Heiligenerhebung Bennos von Meißen [1523/24]. Spätmittelalterliche Frömmigkeit, landesherrliche Kirchenpolitik und reformatorische Kritik im albertinischen Sachsen in der frühen Reformzeit [Reformationsgeschichtliche Studien und Texte, 146]. Münster, 2002, S. 129–131), braucht hier nicht erneut geführt zu werden, zumal Collins in dieser Publikation (wiederum) nicht einbezog Rädle 1996 (wie Anm. 56), einen für die

berücksichtigt ist (Fettungen von mir, die Verwendung von c und t in den Handschriften ist von mir der klassischen Schreibweise angeglichen):

„[fol. 4v, am Ende der Seite] Deinde anno domini M°XLIIII abbas Albertus obiit et sepultus est ante altare sancte Crucis, cui Benno successit, qui parvo tempore fuit in regimine, ut et infra.[67]

[fol. 9r] Abbas octavus. Borchardus abbas octavus rexit annis III. [...] Deinde circa idem tempus MCXLIII obiit prefatus abbas Borchardus et sepultus est ante altare sancte Crucis. **Rethmannus** abbas nonus."[68]

Zusammenhänge zentralen Aufsatz, den Collins 2001, zwar S. 546 Anm. 1 nannte, in seiner Argumentation S. 550 aber ignorierte. Vgl. GIESE 2006 (wie Anm. 41), S. 76 f., und THALMANN 2006 (wie Anm. 56). Vgl. zum Clm 27045 künftig die Objektbeschreibung von Martina GIESE in: Uwe MICHEL und Claudia KUNDE (Hrsg.): Ein Schatz nicht von Gold. Benno von Meißen – Sachsens erster Heiliger. Katalog zur Sonderausstellung auf der Albrechtsburg Meißen vom 12. Mai bis 5. November 2017.

67 Der Nebensatz „cui – infra" ist als 27. Zeile offenbar nachgetragen, denn ansonsten beträgt der Zeilenspiegel in dieser Handschrift 26 Zeilen. – Vgl. bereits die Teiltranskriptionen bei GIESE 2006 (wie Anm. 41), S. 85 Anm. 302, die am Ende zu verbessern ist gemäß der hier vorgelegten. Die Passage „Deinde – Crucis" findet eine Parallele im Nekrolog von St. Michael, wo es zum 10. Dezember heißt, Hildesheim, Stadtarchiv, Best 52 Nr. 191a, fol. 200va „IIII. Idus Decembris. Adelbertus, nostre congregationis abbas secundus in ordine, sepultus ante altare sancte Crucis." Dazu ist von späterer, wohl Roses Hand am linken Rand vermerkt „MXXXXIIII". Vgl. LEIBNIZ (Hrsg.) 1710 (wie Anm. 10), S. 109; MOOYER 1842 (wie Anm. 10), S. 78. – Die Parallele zum Nekrolog-Eintrag lautet in Roses Vorlage, abgedruckt von LEIBNIZ (Hrsg.) 1711 (wie Anm. 62), S. 789, nach Wolfenbüttel, Herzog August Bibliothek, Cod. Guelf. 115 Extrav. fol. 190vb, „Eodem tempore moritur Adelbertus secundus Abbas monasterii sancti Michaelis [*sancti Michaelis* am Rand von späterer Hand (Rose?) in der Handschrift nachgetragen], sepultus ante Altare sanctae Crucis, et reeligitur Sichbertus". – In seiner Vita Bennonis, München, Bayerische Staatsbibliothek, Clm 27045, fol. 5v–6r, schrieb Rose „Anno deinde domini M°XLIIII° abbas Adelbertus migravit ad dominum et sepedictus Benno presbiter cum viro valde religioso ac pru/dentissimo Sigeberto in contraversia [!] eligitur." Im Anschluss behauptet Rose dann, Benno habe nach drei Monaten aus Demut auf dieses Amt zugunsten von Segebert verzichtet, schildert danach Bennos weitere Karriere, über die in seiner Chronik, Hildesheim, Stadtarchiv, Best. 52 Nr. 10a, kein Wort verloren wird. Vgl. zum Clm 27045 RÄDLE 1996 (wie Anm. 56), S. 301 f.

68 Zum Eintrag für Burchard im Nekrolog von St. Michael siehe oben mit Anm. 38. Die Parallelen in Roses Vorlage, abgedruckt von LEIBNIZ (Hrsg.) 1711 (wie Anm. 62), S. 791 f., nach Wolfenbüttel, Herzog August Bibliothek, Cod. Guelf. 115 Extrav. fol. 192ra und 192rb (geschrieben von Rose, das von mir Unterstrichene auf Rasur), lauten „Post hunc [scil. Abt Konrad] Borchardus octavus Abbas eligitur [...]. Deinde anno Domini MCXLIII. obiit Borchardus Abbas Monasterii Sancti Michaelis, et sepultus est ante altare Sancte Crucis in Ecclesia sua. [...] Eodem tempore praefuit Monasterio sancti Michaelis <u>Abbas Rethman vel Franco</u>. Rethmannus namque [statt *namque* bietet die Handschrift *quia*] bino<u>mius fuit</u>, qui parvo tempore fuit in regimine, et ideo non computatur inter Abbates; qui multa bona operatus est, et denique post multa virtutum insignia alibi <u>decessit. Sepultus est in remotis partibus circa annos Domini MC</u>LXIII. vel IIII. aut circa. Cui Franco Abbas <u>nonus</u> successit, qui annis praefuit <u>quinque</u>, quem aliqui volunt esse Rethmannum <u>tanquam binomium</u>. Sed non est verisimile, quia <u>iste</u> Franco diu praefuit, ut [et] (apparet) [*apparet* ist ein Zusatz von Leibniz, der das vorausgehende *et* wegließ] ex certis scriptis in copialibus [*copionalibus* in der Handschrift, vgl. zur Wortwahl GIESE 2006 (wie Anm. 41), S. 14 f. Anm. 51]: sed iste [scil. Rethmann] e contrario parvo tempore praefuit, quia ad alium locum translatus fuit. Fuit autem praedictus Franco Prior praecedentis Abbatis, vir Zelosus et bonus; et isto tempore adhuc [*adhuic* in der Handschrift] viguit in Monasterio sancti Michaelis observantia regularis in omnibus, et fratres in magno rigore vixerunt, et multa [statt *mutua*?] caritate. Sepultus est autem et idem Abbas in remotis partibus".

Vorlagen	Rose, Chronik, fol. 9v
	Benno frater noster electus rexit menses tres, qui non successit Borchardo, sed Adelberto, et post eum [scil. Bennonem] Segebertus, secundum aliquos parvo tempore fuit in regimine, et ideo forte non computatur inter abbates.
Vita Ruperti,[69] c. 2 [1] Erat enim mansuetus et castus, simplex et prudens, in laude Dei devotus, plenus Spiritu sancto, providus in consilio, justus[70] in judicio, a dextris et a sinistris virtutum armis munitus, gregi suo forma bene agendi factus,	Fuit enim vir multe prudentie et providus in consiliis, iustus in iudicio a dextris et a sinistris,
quia quod verbis monuit, hoc idem operum praerogativa confirmavit.	quia quod verbis monuit, hoc factis adimplevit.
[3] opus suum misericordia ornabat, qui thesauros dispersit, ut se egente pauperes ditescerent, quia	Non elatus, non pomposus, sed opus suum misericordia ornabat, qui
suum solum hoc esse credidit, quod nudus aut inops accepisset.	suum hoc solum esse credidit, quod nudus aut inops accepisset.
[2] Hinc enim se frequentibus exercebat vigiliis, inde continuatis macerabat inediis;	Hinc frequentibus se macerabat inediis, ut raro cenam cum fratribus caperet.
Fundatio ecclesiae Hildensemensis (wie Anm. 62), c. 4, S. 944 Z. 23 – S. 945 Z. 2 His igitur presidentibus et in hac constructa ab Altfrido ecclesia Hildensemensis clerus tam districta religione et religiosa districtione Dei obsequio se mancipaverat, ut in professione canonica districtione gauderet monachica. Nam – ut taceatur, quam severe animadvertebatur, si quis choro, mensae, dormitorio, non dico deesset, sed vel tardius advenisset, nisi aut gravi	Tempore etiam suo clerus et monachi in divino officio ita districte se mancipaverat, ut in religione gauderent monachica.

69 Daniel PAPEBROCHIUS (Hrsg.): Vita Ruperti episcopi Wormatiensis et Salisburgensis. In: AASS Martii, Tom. III. Paris, 1865, S. 699D–701F [BHL 7392–7394], hier c. 2, S. 699D–E. Die Textreihenfolge in der Vita gebe ich in eckigen Klammern an. Woher Rose diesen Text kannte, bleibt vorerst offen. Dass er sich auch jenseits von Bernward und Benno mit hagiographischen Texten befasste, beweisen beispielsweise seine Abschriften in der Handschrift Hannover, Gottfried Wilhelm Leibniz Bibliothek – Niedersächsische Landesbibliothek, Ms XXI 1234, fol. 2r–4v, die demnach aus St. Michael stammen muss. Vgl. Helmar HÄRTEL und Felix EKOWSKI (Hrsg.): Handschriften der Niedersächsischen Landesbibliothek Hannover, zweiter Teil: Ms I

Rose, Vita Bennonis, Clm 27045, fol. 7r–7v	**Emser, Vita Bennonis** [c. 10]
	Hinc est, qui **in cathalogo Abbatum eiusdem Monasterij** suo ordine et loco ita scribitur, Benno frater ac pater noster Abbas aeligitur: Sed paruo tempore stetit in regimine: tribus scilicet mensibus.
	[c. 16]
Benno vero factus episcopus vir multe prudentie et providus in consiliis fuit,	Et profecto quanta fuerit prudentia beatissimus noster Benno, quantumque prouidus in consilio,
iustus in iudicio a dertris [!] et a sinistris,	quantumque iustus in iudicio, non ante apparuit, quam in tanto fastigio constitutus est. Neque enim a dextris neque a sinistris recedens, omnia
quia quod verbis monuit, hoc factis adimplevit,	quaecunque verbo monuit: factis ipsae adimpleuit.
non elatus, non pomposus, sed opera sua misericordiis pauper[u]m ornabat, qui	Non pomposus, non aelatus. sed opera sua multa erga pauperes pietate ornabat.
suum hoc solum esse credidit, quod nudus aut inops accepisset.	Suum hoc solum esse ratus, quod nudus inopsque in hunc mundum venisset.
Hinc frequentibus se macerabat inediis, ut raro cenam cum fratribus caperet.	[c. 10] [...] Abstinentia autem tanta se inde macerabat: vt raro coenam cum eis sumeret.
Tempore etiam suo clerus et monachi in divino officio ita districte se mancipavera[n]t, ut in religione gauderent monachica.	[c. 7] Quo tempore rigidissima fuit Bennopoli scholastica puerorum disciplina: quibus **(vt in annalibus eorum legitur**)

176a – Ms Noviss. 64 (Mittelalterliche Handschriften in Niedersachsen, 6). Wiesbaden, 1982, S. 237 f., hier 237 der Provenienzhinweis „Nach Hans Jakob Schuffels, Göttingen, ist die Hs in St. Michael / Hildesheim geschrieben." Die Handschrift ist zusammengebunden mit einem Druck von Emsers Vita Bennonis (siehe oben Anm. 65). Vielleicht handelt es sich um eines der drei Exemplare dieses Frühdrucks, welche am 15. Oktober 1512 an Rose geschickt worden waren. Vgl. Doebner 1902 (wie Anm. 58), S. 136 und 138, Nr. I; Giese 2006 (wie Anm. 41), S. 92 Anm. 329.

70 Zum Folgenden vgl. II Cor 6, 7 „in verbo veritatis, in virtute Dei, per arma iustitiae a dextris et a sinistris".

necessitate irretitus aut licentia munitus hoc facere presumpsisset – scholaris disciplinae iugo absoluti strictiori habena in claustro servabantur et cottidianam scripturam decano presentare, evangelium cum lectione, cantum quoque, ipsos etiam psalmos reddere cogebantur, ita ut timidius in claustro quam in scholis ferulae subicerentur.	**Rose, Chronik, fol. 4v** Nam cotidianam scripturam evangelium cum lectione decano presentare cogebantur, ita ut timidius in claustro quam in scholis manum subducere viderentur. Delicicisioris [!] etiam vestitus tunc nulla illis erat cura, ita etiam ut gulas, quibus nunc ardet clerus, nescirent.
	Rose, Chronik, fol. 9v
Delicatioris etiam vestitus tam nulla illis erat cura, ut gulas, quibus nunc clerus ardet, nescirent [...].	Deliciosioris namque vestitus tunc nulla illis erat cura, ita etiam ut gula, quibus nunc ardet clerus, ardere nescirent.
Vita Rudperti (wie Anm. 69), c. 3, S. 699E, [...] ut vel illius sacratissimo alloquio in tristitia cujuslibet anxietatis consolationem susciperent. [...] unde et multi illius benigna devotione a laqueis hostis antiqui liberati sunt, et viam perpetuae vitae ingrediebantur.	Unde factum est, ut illius sacratissimo eloquio in tristitia cuiuslibet anxietatis fratres consolationem reciperent. Unde et multi illius benigna devotione a laqueis hostis antiqui liberati sunt et vias perpetue vite ingrediebantur. Denique post multa virtutum insignia alibi cum honore sublimatus, abbatiam reliquit. Circa annos domini M° et XLIIII [!] sepultus est in remotis partibus.

Im direkten Anschluss schrieb Rose zu Abt Ratmann und Abt Franko (fol. 9v–10v, Fettungen und Unterstreichungen von mir):[71]

> „Post Borchardum successit **Rethmannus** [in Meiboms Druck (wie Anm. 59), S. 519 ‚Katmarius'!], qui etiam parvo tempore prefuit.
> Abbas decimus sequitur. /
> **Franco** abbas decimus [*decimus* korrigiert aus *nonus*] rexit annis XXIII. Iste Franco, ut aliqui asserunt et volunt, quod sit Benno iste precedens, sed non est verisimile, quia iste Franco diu

71 Zu den wörtlichen Parallelen in Leibniz (Hrsg.) 1711 (wie Anm. 62), siehe oben Anm. 68.

non solum choro, mensae, aut dormitorio deesse, verum etiam tardius adesse piaculum erat.

Scripturam quoque quotidie Decano praesentare, et ipsos etiam psalmos reddere cogebantur. Nec timidius in claustro quam in scholis manum ferulae subducere videbantur.

Deliciosioris namque vestitus tunc nulla illis erat cura, ita ut etiam gula, quibus nunc ardet clerus, ardere nescirent.

Unde factum [fol. 7v] est, ut illius sacratissimo eloquio in tristitia cuiuslibet anxietatis fratres consolationem reciperent. Unde et multi illius benigna devotione a laqueis hostis antiqui liberati sunt et vias perpetue vite ingrediebantur.

[c. 9]
Qui (**vt annales eorum docent**) sacratissimo illius aeloquio, in tristicia cuiuslibet anxietatis, consolati: et a laqueis antiqui hostis liberati, perpetuae vitae vias ingrediebantur.

Denique post multarum virtutum insignia etiam miraculis claruit.

prefuit, ut et in quodam [folgt durchgestrichen in] antiquo missali. Sed iste **Benno** e contrario parvo tempore prefuit eo, quia ad alium locum translatus fuit. Fuit autem predictus Franco prior precedentis abbatis, vir bonus et zelosus; et[72] isto tempore adhuc viguit in monasterio sancti Michaelis observantia regularis in omnibus, et fratres in magno rigore vixerunt et multa [irrig statt *mutua*?] caritate. [...]
Abbas Franco moritur.
Deinde anno domini M° CLXVI predictus Franco / migravit ad Christum, sepultus est in remotis partibus."

72 „et – caritate" ist eine Anspielung auf HOFMEISTER (Hrsg.) 1926–34 (wie Anm. 62), c. 4, S. 944 Z. 23 – S. 945 Z. 11. Zur Rezeption dieser Quelle durch Rose siehe bereits oben Anm. 62 und 66.

Der Textvergleich erweist, dass Rose in seiner Chronik den 1143 verstorbenen Burchard als achten, Rethmann als neunten (der jedoch nur kurz amtierte) und Franko (nach 23-jähriger Amtszeit verstorben im Jahr 1166) als zehnten Abt zählte. Benno sei (mit nur dreimonatiger Amtszeit, weshalb er nicht gezählt worden sei innerhalb der Abtsreihe) auf den zweiten Abt Adelbert gefolgt, der 1044 starb. Die spätere Karriere Bennos in Goslar und Meißen ist ausgeblendet, fol. 9v heißt es am Ende nur lakonisch, er sei anderswo ehrenvoll erhoben und circa 1044 [!] fern von Hildesheim begraben worden. Die erfundenen Angaben zu Bennos Hildesheimer Jahren aus der Chronik finden sich auch in Roses *Vita Bennonis* von vor 1512, der zufolge Adelbert ebenfalls 1044 starb, Benno nach ihm die Leitung des Klosters übernahm, allerdings nach nur drei Monaten zugunsten von Segebertus resignierte, und 1050 [!] Bischof von Meißen wurde.[73] Da Emsers 1512 gedruckte *Vita Bennonis* in c. 7 (unter Berufung auf Annalen) textliches Plus (geschöpft letztlich aus der *Fundatio ecclesiae Hildensemensis*) gegenüber Roses Chronik und Roses *Vita Bennonis* aufweist, können beide Werke nicht seine einzigen Quellen gewesen sein. Emser muss hier vielmehr einen weiteren von Rose vermittelten Text ausgeschrieben haben. In Betracht kommt vorrangig eine (Teil-)Kopie der *Chronica Episcoporum Hildenshemensium nec non Abbatum Monasterii S. Michaelis*, worin die fragliche Passage enthalten war.[74] Im älteren Grundbestand dieser Chronik von 1471/86 liest man einerseits (ohne Datierungsangabe), dass Segebert den zweiten Abt Adelbert ablöste, andererseits dass Detmar / Deithmar als 13. Abt gezählt wurde.[75] Erst Rose fügte fol. 192ra – 192va Folgendes ein:[76] Der 1143 verstorbene Burchard sei der achte Abt gewesen, auf den Ratmann folgte (der wegen seiner nur kurzen Amtszeit nicht gezählt werde innerhalb der Abtsreihe und der an einen anderen Ort transferiert auch fern von Hildesheim 1163 oder 1164 begraben worden sei); Franko habe als neunter Abt fünf Jahre regiert. Unsicherheiten bei der Zählung und bei den Namen der Äbte räumt Rose dabei unumwunden ein, behauptet sogar, einige würden für Ratmann einen Doppelnamen „Ratmann-Franko" annehmen, bzw. Ratmann und Franko für dieselbe Person halten. Das sind gewiss auch Verschleierungsbemühungen, um seine Retusche der Abtsreihe abzusichern. Erkennbar ist dies nicht zuletzt daran, dass Rose fol. 192vb über Wichbert / Wichard und Dietrich II. ausführte:

> „Circa illud idem tempus Wychbertus vel Wichardus monasterio nostro prefuit in ordine X., qui annis rexit XII; ex remotis forte partibus oriundus, quondam canonicus maioris ecclesie, sed re-

73 München, Bayerische Staatsbibliothek, Clm 27045, fol. 9r „Anno de hinc domini M°L Thidericus migravit et Benno subintravit". Vgl. Collins 2011 (wie Anm. 66), S. 556.

74 Siehe oben Anm. 62.

75 Siehe oben die Zitate in Anm. 67 und vgl. Leibniz (Hrsg.) 1711 (wie Anm. 62), S. 794, nach Wolfenbüttel, Herzog August Bibliothek, Cod. Guelf. 115 Extrav., fol. 193rb „Item anno Domini MCCXXI. obiit Hugoldus Abbas [folgt in der Handschrift durchgestrichen *noster*, was Leibniz wegließ] Monasterii sancti Michaelis [*monasterii sancti Michaelis* am Rand mit Verweiszeichen (von Rose?) in der Handschrift nachgetragen], et sepultus in Corbeya. Post hunc successit Deithmarus, Abbas praedicti [in der Handschrift (von Rose?) korrigiert aus *nostri*?] Monasterii XIII.". Im Nekrolog von St. Michael, Hildesheim, Stadtarchiv, Best 52 Nr. 191a, wird zum 24. März kommemoriert, fol. 134va „IX. Kalendas Aprilis Dethmarus, nostre congregatonis abbas XIIIus [von späterer (Roses?) Hand verbessert zu XIIIIus], sepultus ante altare sancti Bernwardi [dazu am linken Rand von späterer (Roses?) Hand hinzugesetzt „1241"]; zum Eintrag für Hugold siehe unten Anm. 77. Zu Detmars Eintrag vgl. Leibniz (Hrsg.) 1710 (wie Anm. 10), S. 104; Mooyer 1842 (wie Anm. 10), S. 423.

76 Siehe zum Folgenden oben die Zitate in Anm. 68.

licto seculo ad monasterium se transtulit. Rexit autem fratres cum omni sollicitudine et caritate, sepultus in remotis partibus. Cui Theodericus huius nomine secundus successit, **XI. in ordine, qui tamen in ordine computatur decimus, forte ex negligentia scriptorum et diuturnitate temporis, cum tamen duodecimus comprobatur**, rexit annis XXIV."[77]

Um für Benno einen Platz in der Abtsfolge von St. Michael glaubhaft reklamieren zu können, hat Rose die ältere hauseigene Überlieferung seines Klosters also gezielt verfälscht und seine eigenen Werke entsprechend „frisiert". Opfer dieser Geschichtsklitterung wurde Ratmann, denn ihn klammerte Rose in der Chronica Episcoporum Hildenshemensium nec non Abbatum Monasterii S. Michaelis aus der Liste der mit Ordnungszahlen bedachten Äbte aus.

Henning Roses Erwähnung eines Missale im Abschnitt zu Franko in seiner Chronik ist der entscheidende Hinweis darauf, dass Rose das Ratmann-Sakramentar mit der Franko-Urkunde studiert haben muss.[78] Deren Datierung auf 1159 bezog er bei seinen (demnach wohl zeitlich später erfolgten) Ergänzungen in der Chronica Episcoporum Hildenshemensium nec non Abbatum Monasterii S. Michaelis sogar als Argument dafür ein, dass das Abbatiat Frankos nicht kurz gewesen sein könne, wenngleich er hier nun nicht mehr auf ein Missale, sondern – vielleicht wiederum in der Absicht, Spuren zu verwischen – nur noch auf „gewisse Schriftstücke in Abschriften / Kopialbüchern" verwies. Vor diesem Hintergrund gewinnt die (paläographisch schwerer zu stützende) Behauptung, die Beschriftung der sechs Figurenmedaillons fol. 11v der Handschrift (links untereinander „Brun episcopus, Benno episcopus" und „Franco abbas", rechts untereinander „Bartoldus, Wynnimar" und „Gevehardus") stamme teilweise von Rose,[79] endlich eine solide Basis, weil die für ihn sprechende Indizienkette ebenso lücken- wie alternativlos ist. Hochmittelalterlich ist nur die Beschriftung „Gevehardus" (auf der rechten Seite unten), wobei ein Mönch dieses

77 Vgl. Leibniz (Hrsg.) 1711 (wie Anm. 62), S. 793, nach Wolfenbüttel, Herzog August Bibliothek, Cod. Guelf. 115 Extrav., fol. 192vb. – In seiner Chronik (Hildesheim, Stadtarchiv, Best. 52 Nr. 10a,) zählte Rose fol. 10v *Wichbertus* als 11., fol. 11r Dietrich (*Theodericus*) II. als 12. und fol. 12v *Hugoldus* als 13. Abt. Im Nekrolog von St. Michael, Hildesheim, Stadtarchiv, Best 52 Nr. 191a, ist vermerkt zum 6. Juli, fol. 160va „II. Nonas Iulii. Wichardus, nostre congregationis abbas decimus" [von späterer (Roses?) Hand darüber ergänzt „un", was der Zählung in Roses Chronik entspricht], „sepultus in remotis partibus" [von späterer (Roses?) Hand dazu am Rand notiert „MCLVIII"?], zu Dietrich II. zum 1. Dezember, fol. 198rb „Kalendis Decembris. Thidericus, abbas nostre congregationis, sepultus in choro sancti Iohannis, XIus" [verbessert von späterer (Roses?) Hand zu „XIIus, was der Zählung in Roses Chronik entspricht] in ordine", zu Hugold zum 18. Mai, fol. 148rb „XV. Kalendas Iunii. Hugoldus, nostre congregationis abbas duodecimus" [von späterer (Roses?) Hand verbessert zu „decimustertius", was der Zählung in Roses Chronik entspricht], „sepultus in Corbeya" [von späterer (Roses?) Hand dazu am rechten Rand notiert „1208"]. Vgl. Leibniz (Hrsg.) 1710 (wie Anm. 10), S. 106, 109 und 105; Mooyer 1842 (wie Anm. 10), S. 7, 75 und 446–448.

78 So zuerst Giese 2012 (wie Anm. 59), S. 264 Anm. 55. Siehe zum Folgenden oben die Zitate nach Anm. 71.

79 So (jeweils gestützt auf Hinweise von Hans Jakob Schuffels, aber ohne nähere Beweisführung) bezogen auf Benno zuerst die Vermutung von Wolfgang Petke: Zur Herkunft Bischof Bennos von Meißen, des Patrons Münchens, Altbayerns und des Bistums Meißen. In: Archivalische Zeitschrift 66 (1970), S. 11–20, hier S. 15 mit Anm. 31 und S. 18 Anm. 45; bezogen auf Winnimar von Clus zuerst Goetting 1974 (wie Anm. 32), S. 203 und 261. – Fehlerhaft ist die Transkription von fol. 11v bei Chroust 1916 (wie Anm. 8), Tafel 3, der *Bartoldus* irrig als „Gutolv" wiedergab. – Zu den Beschriftungen der Medaillons fol. 11v vgl. die Transkription von Stähli: Handschriften (wie Anm. 4), S. 119, die allerdings die Ausführungen von Petke und Goetting nicht berücksichtigte.

Namens aus St. Michael sich merkwürdigerweise weder in der Franko-Urkunde findet noch in der sonstigen Überlieferung, sieht man von der Erwähnung eines „Gevehardus presbyter et monachus“ im Stammheimer Missale (Los Angeles, J. Paul Getty Museum, MS 64, fol. 156r) ab.[80] Die restlichen Beschriftungen stammen also höchstwahrscheinlich von Rose, der sich hierbei offenkundig von den Namen in der Franko-Urkunde inspirieren ließ. Durch Eintragung des dort fehlenden Namens „Benno“ avancierte das betreffende Medaillon fol. 111v wohl zu jenem Bild Bennos, dessen Auffindung Rose vermeldet hatte, worauf sich Johannes Hennig in einem Brief an Rose vom 1. April 1515 bezog.[81]

Zusammenfassung

Die fol. 1r im Ratmann-Sakramentar (Hildesheim, Dommuseum, DS 37) eingetragene Urkunde des Abtes Franko von St. Michael enthüllt erstens, dass die Handschrift 1159 fertiggestellt und dem Kloster geschenkt wurde, zweitens dass der Stifter der Handschrift Ratmann / Retmann dem Kirchenschatz noch weitere Kostbarkeiten vermacht haben muss. Wer den Codex geschrieben und illustriert hat, bleibt unerwähnt. Die ausschnitthaft analysierte Liste der 1159 lebenden Angehörigen des Michaelisklosters in der Franko-Urkunde offenbart die beachtliche Zahl von drei Professen, die auswärts Karriere als Abt gemacht hatten. Sie ist ferner ein zentrales Dokument für die personelle Zusammensetzung der Kommunität, das, wie exemplarisch gezeigt wurde, vor allem mit weiteren Memorialquellen abgeglichen werden müsste. Unter den noch lebenden Konventualen von St. Michael sind zwei Mönche namens Retmann / Ratmann in der Urkunde aufgelistet. Der erste ist zweifellos mit dem späteren, urkundlich 1178 und 1180 dokumentierten, Abt zu identifizieren, der zweite wohl mit seinem Namensvetter, der im Nekrolog von St. Michael zum 2. Juli kommemoriert wurde. Einer von beiden war gewiss der Stifter. Da der nachmalige Abt Ratmann im Nekrolog von St. Michael fehlt, und da der Priestermönch Retmann im Nekrolog ohne die Erwähnung einer Schenkung berücksichtigt ist, kommt möglicherweise der spätere Abt eher in Betracht. Er war es vermutlich auch, der nach dem 20. Mai 1164 eine Liste der verstorbenen Konventsangehörigen an das Kloster Rastede übersandte, worin er sich selbst zum Schluss nannte. Abt Ratmann scheint das Kloster zu unbekanntem Zeitpunkt und aus bislang ungeklärten Gründen verlassen zu haben, jedenfalls herrschte schon an der Wende zur Neuzeit diesbezügliche Desorientierung in St. Michael. Das nutzte der Professe Henning Rose bei seinen nicht vor 1510 in Gang

80 Anders als der Titel erwarten lässt, geht Teviotdale 1999 (wie Anm. 6), auf diese Person nur knapp ein S. 86f. Es dürfte in beiden Handschriften derselbe Mönch dieses Namens verewigt worden sein. – Herrn Prof. Thomas Vogtherr (Osnabrück) verdanke ich den Hinweis, dass von der anlegenden Hand im Nekrolog von St. Godehard aus dem 15. Jahrhundert (Hildesheim, Stadtarchiv, Best. 52 Nr. 171, fol. 46v) zum 22. Mai verzeichnet ist „Item Gheuehardus subdiaconus, monachus nostre congregationis“. Wegen seines Weihegrades kann diese Person indes nicht mit dem gesuchten Priester Gevehardus identisch sein. Zum Nekrolog von St. Godehard vgl. Wolfgang Schwarz: Benediktsregel und Nekrologien des Godehardiklosters. In: Michael Brandt (Hrsg.): Der Schatz von St. Godehard. Ausstellung des Diözesan-Museums Hildesheim. Hildesheim, 1988, S. 59f.; Ders.: Auszüge aus dem Nekrolog des St. Godehardiklosters. In: Ebd., S. 174–176 (mit fehlerhafter Teiltranskription); Stahl und Härtel (Hrsg.) 2001 (wie Anm. 10), S. 30f.

81 Siehe oben Anm. 58 und vgl. Petke 1970 (wie Anm. 79), S. 15 Anm. 31 und S. 18 mit Anm. 45.

gekommenen Bemühungen um die Heiligsprechung Bennos von Meißen, indem er Benno in die *series abbatum* aufnahm, Ratmann extrapolierte und die Zählung der Äbte sowohl in historiographischen Werken als auch vermutlich im Nekrolog seines Klosters „anpasste". Diese Eingriffe in die Überlieferung waren folgenreich, denn die verfälschte Abtsliste fand ein breiteres Echo. Bei seinen Recherchen hat Rose auch das Ratmann-Sakramentar zur Hand genommen (auf das er in seiner Chronik explizit verwies) und darin fol. 11v fünf der sechs Porträtmedaillons beschriftet. Vier der von Rose hinzugesetzten Namen hatte er in der Franko-Urkunde gelesen, mit Benno jedoch einen fünften hinzugefügt, um damit im Rahmen des angestrebten Kanonisationsverfahrens auch ein Bild dieses angeblich zeitweiligen Abtes von St. Michael vorweisen zu können.

Exkurs: Zur Einführung der Prioratsverfassung im Hildesheimer Michaeliskloster im 12. Jahrhundert

Kassius Hallinger hat in seiner grundlegenden Studie zu den monastischen Reformen im Hochmittelalter 1948 behauptet, dass 1131 und 1135 in St. Michael die ersten Prioren erscheinen, welche den Dekan als bisherige Spitze des Konvents abgelöst haben, d.h. zu spätestens diesem Zeitpunkt hätte sich St. Michael dem Hirsauer Reformkreis angeschlossen und die Prioratsverfassung übernommen. Das Jahr 1131 als Zeitpunkt einer Einführung der Prioratsverfassung in St. Michael ist seitdem und bis in die neueste Literatur zwar wiederholt worden,[82] hält einer kritischen Überprüfung aber keineswegs stand.[83] Hallinger bezog sich kommentarlos auf zwei „Urkunden".

Die erste ist inzwischen als eine spätmittelalterliche Fälschung auf Bischof Bernhard I. von Hildesheim von vorgeblich 1135 entlarvt worden, durch die ein Patronatsstreit um Wrisbergholzen (*Holthusen*) zugunsten des Michaelisklosters beigelegt, bzw. der Rechtsanspruch des Konvents abgesichert werden sollte.[84] Hallingers zweiter „Beleg" war eine Anmerkung im ersten, 1896 publizierten Band des Urkundenbuches des Hochstifts Hil-

82 Kassius HALLINGER: Gorze – Kluny. Studien zu den monastischen Lebensformen und Gegensätzen im Hochmittelalter, 1–2 (Studia Anselmiana, 22/23 und 24/25). Würzburg, 1948, hier Bd. 2, S. 843 mit Anm. 254 (hier und I, S. 124, ist übrigens das Abbatiat Konrads zeitlich falsch angesetzt); danach Hermann JAKOBS: Die Hirsauer. Ihre Ausbreitung und Rechtsstellung im Zeitalter des Investiturstreits (Kölner historische Abhandlungen, 4). Köln 1961, S. 46f. und 65; FAUST 1979 (wie Anm. 4), S. 223 „1131 ist der Mönch Rudolf [!] als erster Prior bezeugt". – Abwegig ist die Vermutung von Wolfgang HEINEMANN: Das Bistum Hildesheim im Kräftespiel der Reichs- und Territorialpolitik vornehmlich des 12. Jahrhunderts (Quellen und Darstellungen zur Geschichte Niedersachsens, 72). Hildesheim, 1968, S. 112 mit Anm. 245, die Priores von St. Michael seien „zugleich Mitglieder des Domkapitels gewesen", der im Anschluss an Hallinger ebenfalls eine Einführung der Prioratsverfassung in St. Michael 1131 annahm, diesem bezogen auf die Amztszeit Konrads aber widersprach. – ASCHOFF 2012 (wie Anm. 9), erwähnt S. 686 als ersten belegten Prior einen Mönch Rudolf [!] (1131), was (so Aschoff, S. 683) mit der Einführung der Prioratsverfassung in Verbindung gebracht wird.

83 Bedenken meldete bereits an FREISE 1981 (wie Anm. 10), S. 235 Anm. 260, verfolgte diese Spur aber nicht weiter.

84 UBHH I, Nr. 210, S. 192f., hier S. 193 Z. 17 taucht ein *Burchardus prior* von St. Michael auf. Die Nennung eines Burchard scheint inspiriert gewesen zu sein vom Wissen darüber, dass ein Professe dieses Namens auf Dietrich I. († 25. Mai 1149) als Abt von St. Michael folgte. Siehe dazu oben mit Anm. 38f. – Vgl. zur Urkunde GOETTING 1984 (wie Anm. 9), S. 369, wo das Stück ohne weitere Diskussion als Fälschung erwähnt

desheim. Diese Anmerkung gilt einer Urkunde Konrads III. von Ende Juni 1150 (D K. III. 235), worin Ringelheim dem Hildesheimer Bischof Bernhard I. zur Reformierung übertragen wird, und lautet:[85] „In der Abschrift des Ringelheimer Copialbuches [scil. von 1714, heute verschollen[86]] von 1836 im Besitze des historischen Vereins für Niedersachsen wird bemerkt [...] ‚Nach einer in dem Ringelheimischen Archiv aufbewahrten Nachricht hat der Bischof Bernhard von Hildesheim im Jahre 1131 den Abt zu St. Michael in Hildesheim mit der Reformation des Klosters zu Ringelheim beauftragt, der seinen Prior Rudolf zum ersten Abt einsetzte.'". Zu dieser Nachricht ist zunächst festzuhalten, dass weder in D K. III. 235 noch in der Bestätigungsurkunde von Papst Eugen III. vom 2. Januar 1153 das Kloster St. Michael oder ein Rodiger (oder Rudolf) auftauchen.[87] Erst in einer Urkunde Bischof Brunos von Hildesheim vom 22. November 1154 ist von Rodiger als erstem Abt des Benediktinerklosters Ringelheim, nachdem die Kanonissen entfernt worden waren, die Rede, ohne dass hier aber das Hildesheimer Michaeliskloster erwähnt würde.[88] Ich vermute, dass die Angaben in der Kopie des Ringelheimer Copialbuches von 1836 letztlich aus dem auszugsweisen Druck der Chronik von Henning Rose durch Meibom von 1688 geschöpft sind, deren Informationen (einschließlich der Namensvariante „Rudolf") mit den urkundlichen Belegen verknüpft wurden. Dabei bleibt allerdings unklar, woher das faktisch zweifellos unrichtige Datum 1131 stammt, und wann Rodiger (alias Rudolf) erstmals geschichtswidrig zum Prior gemacht wurde.

Henning Rose schrieb in seiner Chronik[89] zum 7. Abt von St. Michael namens Theodericus (Hildesheim, Stadtarchiv, Best. 52 Nr. 10a, fol. 8r, die Fettung von mir):

> „Abbas septimus. Theodericus abbas septimus huius nominis primus, rexit annis XIII. Iste Theodericus eligitur ex conventu, magister artium scientiis et doctrinis optime imbutus, etiam super omnia bene rexit, vir iustus, rectus et providus et in omni loco recollectus et compositus. Episcopus XXprimus. Tempore suo Bernhardus [folgt (von anderer Hand) am Rand mit Verweiszeichen hinzugesetzt „comes de Walshusen"], primo rector scholarium, deinde maioris

ist; grundlegend Hermann Jakobs: Anmerkungen zur Urkunde Benedikts VIII. für Bernward von Hildesheim (JL. 4036) und zu den Anfängen von St. Michael. In: Jahrbuch für Niedersächsische Landesgeschichte 66 (1994), S. 199–214, hier S. 211 und 213; Jakobs 2005 (wie Anm. 32), [St. Michael] Nr. +3, S. 84; Giese 2009 (wie Anm. 9), S. 46, Nr. 12 (Kopie des 18. Jahrhunderts, Hildesheim, Dombibliothek, Hs 124/2, S. 149 f.); unter den frühen Urkundenfälschungen für Hildesheim wird UBHH I, Nr. 210, auch genannt von Hermann Jakobs: Sammlung für eine Urkundenfälscherkartei (Alt-)Sachsen. In: Arend [u. a.] (Hrsg.) 2006 (wie Anm. 56), S. 591–614, hier S. 605.

85 UBHH I, Nr. 264, S. 243 f., hier S. 244. In der MGH Edition ist das Zitat nicht wiederholt. Vgl. Friedrich Hausmann: Die Urkunden Konrads III. und seines Sohnes Heinrich (MGH, Diplomata regum et imperatorum Germaniae, 9). Wien / Köln / Graz, 1969. Vgl. auch J. F. Böhmer: Regesta Imperii IV, 1: Die Regesten des Kaiserreiches unter Lothar III. und Konrad III. 1125–1152, Lfg. 2: Konrad III. 1138 (1093/94) – 1152. Bearb. von Jan Paul Niederkorn unter Mitarbeit von Karel Hruza. Wien / Köln / Weimar, 2008, Nr. 679, S. 291 f., online unter http://www.regesta-imperii.de/fileadmin/user_upload/downloads/RI_IV_1_2_ms.pdf (11.4.2016).

86 Vgl. dazu Petke 2012 (wie Anm. 33), S. 1318.

87 Zur Papsturkunde (JL 9677) vgl. den Abdruck UBHH I, Nr. 281, S. 266 f., und Jakobs 2005 (wie Anm. 32), S. 49 (Nr. 95), S. 71 (Nr. 16), S. 137 und 139 (Nr. 2), dort auch zur Datierung.

88 Siehe bereits oben bei Anm. 34 und vgl. UBHH I, Nr. 289, hier S. 275 Z. 27 f. Zu dieser und den anderen zu Ringelheim genannten Urkunden vgl. Petke 1993/94 (wie Anm. 33), S. 103–105.

89 In derselben Chronik gab Rose als Todesjahr des *Thidericus* (fol. 9r) 1141 an. – Eine Urkunde Bischof Brunos von Hildesheim vom 22. November 1154, nach gedruckter Überlieferung wiedergegeben im UBHH I, Nr. 289, S. 275 f., erwähnt S. 276 Z. 28 als ersten

ecclesie prepositus, pari desiderio cleri et populi supra modum renitens in episcopum eligitur. Abbatiam siquidem Ringelemensem, prius regalem, nunc vero episcopalem, rege Conrado tertio consentiente in perpetuum sibi et successoribus suis obtinuit et moniales ibidem existentes ad aliud monasterium transtulit **et venerabilem virum Rotolphum, de monasterio sancti Michaelis electum, ibidem in abbatem consecravit.**"

In Meiboms Abdruck ist das verkürzt zu (die Fettung von mir):[90] „Hujus tempore monasterium Ringelhemensem translatus alio monialibus, traditur inhabitandum monachis Benedictinis, **misso illuc abbate Rudolfo de monasterio S. Michaelis**".

Henning Rose griff bei der Abfassung seiner Chronik zurück auf die ältere Chronik der Handschrift Wolfenbüttel, Herzog August Bibliothek, Cod. Guelf. 115 Extrav., in die er fol. 192 und 195 einfügte sowie eigenhändig beschrieb (ob bevor, während oder nachdem er seine eigene Chronik niederschrieb / geschrieben hatte, ist zweifelhaft). Auf fol. 192ra findet sich folgender Wortlaut von seiner Hand:

„Hinc Bernhardus episcopus successit [von späterer Hand mit Verweiszeichen nachgetragen „Comes de Walhusen"]. Qui primum magister scholarium, deinde maioris ecclesie prepositus, pari desiderio cleri et populi supra modum renitens in episcopum eligitur. Ipse siquidem abbatiam Ringelemensem, prius regalem, nunc vero episcopalem, rege Conrado 3° consentiente in perpetuum sibi et successoribus suis obtinuit".[91]

Ob in den ursprünglichen, von Rose substituierten Passagen Rodiger erwähnt war, muss offenbleiben, ist aber wenig wahrscheinlich, weil in der chronikalischen Hauptvorlage der Chronik im Cod. Guelf. 115 Extrav., dem Chronicon Hildesheimense, von „Rodiger" nichts verlautet.[92]

Im Zusammenhang mit Rose sei noch angemerkt, dass er in seiner Chronik zwar den späteren Abt Rodiger von Ringelheim nicht als Prior von St. Michael bezeichnete, von Abt Meinward von St. Michael (dessen Todesjahr er mit 1102 angibt) sowie von Abt Franko von St. Michael jedoch behauptet, sie seien jeweils unter ihrem Amtsvorgänger Prior gewesen.[93] Das ist gewiss eine sachlich falsche Rückprojektion späterer Zustände und besitzt für

Abt in Ringelheim (den von Bischof Bernhard I. von Hildesheim eingesetzten) *Rodigerus*, macht über dessen Herkunft aber keine Angaben. Siehe bereits oben Anm. 34. – In dem von Leibniz nach unbekannter Vorlage gedruckten, letztlich hier aber gewiss auf Roses Chronik (Hildesheim, Stadtarchiv, Best. 52 Nr. 10a, fol. 1r–31r) fußenden Chronicon coenobii s. Michaelis in Hildesheim. In: Leibniz (Hrsg.) 1710 (wie Anm. 10), S. 399–403, hier S. 400 (vgl. hierzu Giese 2006 [wie Anm. 41], S. 59 Anm. 215), ist daraus durch einen Lesefehler des Namens geworden [zum 8. Abt Theodericus]: „Tempore ipsius Bernhardus Episcopus Hild. Comes de Walleshusen, cooperante Conrado 3tio Rege, Ringelem Monasterium Regale virginum, fecit Episcopale, et pro primo Abbate consecravit **Ludolphum**, professum ex Monasterio nostro S. Michaelis." Auf diesen Leibniz-Druck bezieht sich Goetting 1984 (wie Anm. 9), S. 362 Anm. 180.

90 Chronica Monasterii S. Michaëlis in Hildesheim (wie Anm. 59), S. 519.

91 Vgl. den ungenügenden Abdruck von Leibniz (Hrsg.) 1711 (wie Anm. 62), S. 791, worin weder die Textgestalt der Chronik erkennbar ist, noch Roses Eingriffe dokumentiert sind. Zum Cod. Guelf. 115 Extrav. siehe bereits oben, bes. bei Anm. 61 f.

92 Pertz (Hrsg.) 1846 (wie Anm. 66), c. 20, S. 855 Z. 18 – S. 856 Z. 17, zu Ringelheim S. 855 Z. 22–24.

93 Hildesheim, Stadtarchiv, Best. 52 Nr. 10a, fol. 6r („Abbas quartus. Meynwardus abbas quartus rexit annis XXI. Iste Meynwardus fuit frater professus monasterii

die Frage nach dem Zeitpunkt einer Einführung der Prioratsverfassung deswegen keinen Zeugniswert.

Die Argumente von Hallinger und damit auch das Datum 1131 haben sich als hinfällig erwiesen. Abschließend ist folglich zu fragen, wann, wenn nicht 1131/35 die Prioratsverfassung tatsächlich eingeführt wurde. Ausweislich der urkundlichen Anhaltspunkte spätestens unter Abt Dietrich II. von St. Michael, der in dieser Funktion erstmals in einer Urkunde Bischof Adelogs von Hildesheim vom 9. Juni 1181 testierte,[94] jedoch bereits 1180 erhoben worden sein dürfte, weil in jener Urkunde, in welcher seine Resignation wegen Krankheit im Jahr 1204 geregelt ist, 24 Amtsjahre angegeben sind.[95] Erst unter Dietrich II. begegnet mit „Heinricus prior" wiederholt ein explizit als Prior bezeichneter Mönch in den Zeugenlisten.[96] Mit ihm lässt sich erstmals ein Prior als Klosteroffizial in St. Michael nachweisen.

sancti Michaelis, prior abbatis Segeberti [...]"), sein Todesjahr ist fol. 6v genannt. Zu Franko siehe das Zitat oben nach Anm. 71. – Bezogen auf Meinward hat ohne Belege die Behauptung, er sei Prior von St. Michael gewesen, übernommen LÜNTZEL 1858 (wie Anm. 9), I, S. 338, auf den sich letztlich die gesamte jüngere Forschungsliteratur stützt. Vgl. deren Zusammenstellung bei J. F. Böhmer: Regesta Imperii III, 2, 3: Die Regesten des Kaiserreichs unter Heinrich IV. 1056 (1050)–1106, Lfg. 2: 1065–1075. Bearb. von Timan Struve unter Mitwirkung von Gerhard Lubich und Dirk Jäckel. Köln / Weimar / Wien, 2010, Nr. 534, S. 83, online unter http://www.regesta-imperii.de/id/1069-11-07_1_0_3_2_3_534_534 (16.5.2016).

94 UBHH I, Nr. 402, S. 391–393, hier S. 392 Z. 26.

95 Die Resignation wurde geregelt in einer Urkunde Bischof Hartberts von Hildesheim von 1204 (UBHH I, Nr. 594, S. 569–571, hier S. 570 Z. 7f. „Thidericus **abbas cenobii sancti Michaelis decimus, huius autem nominis secundus**", welcher (S. 570 Z. 8f.) „idem cenobium annis XXIIIIor venerabiliter [...] rexit", originale Überlieferung (Hildesheim, Bistumsarchiv, Urkunden St. Michael A VII 21/1, online mit Digitalisat [und stellenweise falscher Übersetzung von Uwe Hager] unter http://monasterium.net/mom/DE-BAH/UrkStMi/A_VII_21|1/charter?q=1204 [24.7.2016]). Auf diese Zählung, die Dietrich II. in eigenen Urkunden ebenfalls verwendete (UBHH I, Nr. 480, S. 456 Z. 21f.; Nr. 522, S. 499–501, hier S. 501 Z. 4f.; Nr. 525, S. 504 Z. 21f.; Nr. 526, S. 504f., hier S. 505 Z. 16f.; Nr. 531, S. 508f., hier S. 509 Z. 20f.), legte er offenbar Wert, denn im selben Dokument ließ er sich zusichern, dass nach seinem Tode seine liturgische Memoria feierlich gepflegt werden sollte „sub nomine abbatum et numero" (UBHH I, Nr. 594, S. 569–571, hier S. 570 Z. 32–34 „Post decessum quoque suum sub nomine abbatum et numero celebris eius haberi debet memoria"). Die Datierung von UBHH I, Nr. 531, S. 509 Z. 28–30, lautet „Acta sunt hec anno dominice incarnationis millesimo C°LXXXX°VII°, ordinationis autem domini Theoderici huius cenobii reverentissimi abbatis anno XVII.". Transkription nach dem Digitalisat des Originals (Hildesheim, Bistumsarchiv, Urkunden St. Michael A VII 20, online unter http://monasterium.net/mom/DE-BAH/UrkStMi/A_VII_20/charter [24.7.2016]). – Zum Eintrag für Dietrich II. im Nekrolog von St. Michael siehe oben Anm. 77.

96 Vgl. die folgenden Urkunden Abt Dietrichs II. von St. Michael: UBHH I, Nr. 480, S. 456, hier Z. 32 „Heynricus prior" (Urkunde von 1190/97); UBHH I, Nr. 522, S. 499–501, hier S. 501 Z. 6 „Heinricus prior" (Urkunde von 1196); UBHH I, Nr. 525, S. 504, hier Z. 22 „Heinricus prior" (Urkunde von 1196/97); UBHH I, Nr. 526, S. 504f., hier S. 505 Z. 17f. „Heinricus prior", originale Überlieferung in zwei undatierten Ausfertigungen (von 1196/97?), vgl. die eine, Hildesheim, Bistumsarchiv, Urkunden St. Michael A VII 17, online unter http://monasterium.net/mom/DE-BAH/UrkStMi/A_VII_17/charter (24.7.2016); UBHH I, Nr. 531, S. 508f., hier S. 509 Z. 21 „Heinricus prior", Urkunde von 1197, Digitalisat des Originals (Hildesheim, Bistumsarchiv, Urkunden St. Michael A VII 20), online unter http://monasterium.net/mom/DE-BAH/UrkStMi/A_VII_20/charter (24.7.2016). – Außerdem als Zeuge genannt wird Heinrich in einer Urkunde Bischof Hartberts von Hildesheim vom 11. August 1201, UBHH I, Nr. 564, S. 542f., hier S. 543 Z. 21 „Heinricus prior sancti Michaelis", sowie in einer Urkunde Bischof Siegfrieds I. von Hildesheim von um 1220, UBHH I, Nr. 751, S. 704f., hier S. 705 Z. 10f. „Henricus antiquus prior sancti Michaelis patruus eorum". – In der Liste der Lebenden für St. Michael im Liber vitae von Corvey steht „Henricus" hinter Abt „Hugoldus" an der Spitze des Konvents. Siehe dazu bereits oben mit Anm. 55.

Der Androide des Albertus Magnus – eine Chiffre für die Übertretung der Grenzen des erlaubten Wissens?

Monika E. Müller

Zum Einstieg – Orte des Wissens und Gelehrte in Hildesheim

Als Hort der Bildung, der Bücher und Bibliotheken ist Hildesheim nicht erst bekannt, seit sich dort namhafte Bibliothekare wie Johann Michael Kratz und Adolf Bertram im 19. und frühen 20. Jahrhundert um die Bestände an mittelalterlichen Handschriften und historischen Drucken verdient machten oder Jochen Bepler als Leiter der Dombibliothek[1] von 1993 bis 2015 entscheidend zur Optimierung der Aufbewahrungs- und Forschungsbedingungen beitrug. Vielmehr reichte der Ruhm dieses kulturellen Kapitals[2] bereits im Früh- und Hochmittelalter weit über die Grenzen der Stadt und der Region hinaus. Bekanntlich unterrichtete dort Bischof Bernward (Amtszeit 993–1022) den jungen Kaiser Otto III. (980–1002). Auch dass Heinrich II. (um 973–1024) an der Hildesheimer Domschule seine Erziehung erhielt, die auch im 12. Jahrhundert noch zahlreiche Einheimische und Lernwillige aus dem Ausland, zum Beispiel aus Dänemark, anzog, ist durchaus geläufig.[3]

Weniger publik ist hingegen der Umstand, dass eine Geistesgröße wie Albertus Magnus (um 1200–1280) um 1233 für kurze Zeit und noch am Anfang seiner wissenschaftlichen Laufbahn bei den damals neu in Hildesheim gegründeten Dominikanern lehrte. 1245 schloss er in Paris sein Studium der Theologie und Philosophie ab und nahm in der Folgezeit nicht nur geistliche Ämter in Kirche und Orden ein, sondern wurde zu einem der bedeutendsten Gelehrten der Zeit. Sein Wissen in der Theologie und Philosophie sowie in Naturwissenschaften wie der Biologie, der Mineralogie und der Botanik war enzyklopädisch. Als sein bedeutendstes Verdienst gilt die Aufarbeitung fast der gesamten

1 Vgl. Paul Raabe (Hrsg.): Handbuch der historischen Buchbestände in Deutschland, Bd. 2,2: Niedersachsen. Bearbeitet von Alwin Müller-Jerina. Hildesheim et al., 1998, S. 86–88, mit Literatur.

2 Vgl. den Begriff bei Pierre Bourdieu: Ökonomisches Kapital, kulturelles Kapital, soziales Kapital. In: Reinhard Kreckel (Hrsg.): Soziale Ungleichheiten. Göttingen, 1983, S. 183–198, bes. 185–190.

3 Vgl. Bernhard Gallistl: Bibliothek und Schule am Dom. In: Monika E. Müller (Hrsg.): Schätze im Himmel – Bücher auf Erden. Mittelalterliche Handschriften aus Hildesheim (Ausstellungskatalog Herzog August Bibliothek 93). Wiesbaden, 2010, S. 55–68.

peripatetischen Philosophie, die dadurch dem lateinischsprachigen Kulturraum zugänglich wurde. Die dazu erforderliche umfassende Bildung und die immense intellektuelle Leistung trugen ihm das Epitheton „doctor universalis“ ein.[4]

Dass er in der Kunst seit dem 14., und speziell in der weit verbreiteten Druckgraphik seit dem ausgehenden 15. Jahrhundert vor allem als Magister und Gelehrter, in Pontifikalgewändern, umgeben von Studenten und Büchern, am Katheder dargestellt wurde,[5] verwundert daher kaum. In einem Holzschnitt des frühen 16. Jahrhunderts trägt er während seines Lehramts sogar einen Heiligenschein und wurde nachträglich als „Sanctus“ bezeichnet.[6] Albrecht Dürer schuf für und im Einvernehmen mit dem Humanisten Konrad Celtis 1502 den Buchholzschnitt für dessen *Quatuor libri amorum* und illustrierte damit die immense wissenschaftliche Reputation des Albertus (Abb. 1): Die Personifikation der *Philosophia* ist von vier Weisen verschiedener Entwicklungsstadien der philosophischen Disziplin in Medaillons umgeben, oben Ptolemäus als Repräsentant der Ägypter, rechts Plato für die Griechen, unten die Römer Cicero und Vergil und links Albertus Magnus als ausdrücklicher Vertreter der *sapientes Germanorum*[7] – der zuletzt Genannte formal gleichwertig zu den anderen Geistesgrößen, jedoch auf der heraldisch hochwertigen rechten Seite, die in der damals weithin geläufigen christlichen Ikonographie den Gerechten bzw. den Auserwählten vorbehalten ist.[8]

Neben dieser Wertschätzung für den Universalgelehrten existiert aber auch eine heutzutage kaum präsente, gleichwohl faszinierende Schattenseite: Albertus Magnus wurde mit dem Vorwurf der Magie belegt und verdächtigt, Schöpfer eines sprachbegabten Kunstmenschen gewesen zu sein. Der Forschung ist diese reizvolle Geschichte natürlich nicht entgangen. Allerdings sind es – wie man sich mit Blick auf ihren nachfolgend vorzustellenden fantastischen Inhalt leicht vorstellen kann – in moderner Zeit weniger Philosophiehistoriker und Experten der albertinischen Lehren, als vor allem kulturgeschichtlich orientierte Wissenschaftler, die sich der Erzählung annahmen. Oder – und das lässt die Geschichte noch facettenreicher erscheinen – es waren Theologen und Bibliothekare, die sich bereits im 17. Jahrhundert mit der Frage nach ihrem Wahrheitsgehalt auseinandersetzten. Die hier im Zentrum stehenden Überlegungen zu ihrer übergeordneten Funktion, die weit über ihre narrativen Qualitäten hinausreicht, wurden von der bisherigen Forschung kaum angestellt. Doch zunächst zur Erzählung an sich.

4 Vgl. Ingrid CRAEMER-RUEGENBERG: Albertus Magnus. Hrsg. von Henryk Anzulewicz, völlig überarbeitete Neuauflage, Leipzig, 2005, S. 17–51, 183–186.

5 Einführend Heribert Christian SCHEEBEN, Angelus WALZ: Iconographia Altertina. Der Hl. Albert der Grosse in der Kunst, Freiburg u. a. 1932; S. KIMPEL: Albert der Große. In: Lexikon der christlichen Ikonographie, 5. Freiburg u.a., 1984, Sp. 71–73.

6 Universitätsbibliothek Köln, VD 16 ZV 8718: Commentaria in libri physicorum [...], Köln 1506 (Quentel, Heinrich [Erben]), vgl. die Abb. bei Ingrid CRAEMER-RUEGENBERG 2005 (wie Anm. 4), S. 34. Für die Heiligsprechung des Albertus: Günther BINDING / Peter DILG: A. Magnus. In: Lexikon des Mittelalters, 1. München 1980, Sp. 294–299, bes. 295; eine Auszeichnung *ex ante* ist auch vor der Kanonisierung (1192/93) von Bernward von Hildesheim bekannt, der bereits in dem 1159 ausgeführten Dedikationsbild des Ratmann-Sakramentars (Hildesheim, Dom-Museum, DS 37, fol. 111v) „Sanctus“ genannt wird: Monika E. MÜLLER: Quasi reliquiae. Bücher und Bilder im Dienste des Bernwardkults. In: MÜLLER (Hrsg.) 2010 (wie Anm. 3), S. 139–153, bes. 143–148.

7 Allgemein: Thomas SCHAUERTE: Von der 'Philosophia' zur 'Melencolia I'. Anmerkungen zu Dürers Philosophie-Holzschnitt für Konrad Celtis. Wiesbaden, 2004, S. 117–139, bes. 117–124.

8 Für die rechte Seite als Ehrenseite: Erika DINKLER-VON SCHUBERT: Rechts und Links. In: Lexikon der christlichen Ikonographie, 3, Sp. 511–515.

Abb. 1: Albrecht Dürer, Philosophia. Buchholzschnitt für Konrad Celtis, Quatuor libri amorum, Nürnberg 1502, fol. A 6v.

Der Androide des Albertus Magnus

Einen ehernen Androiden soll Albertus Magnus in jahrelanger Arbeit geschaffen haben. Über Jahre hinweg habe dieser als Türhüter des Gelehrten gedient, Besucher nach ihren Wünschen gefragt und je nach ihrer Antwort entschieden, ob er sie zu seinem Herrn vorlassen solle oder nicht. Aus Metall, Holz, Wachs und Leder sei er angefertigt gewesen. Thomas von Aquin, der berühmte Schüler des großen Meisters, soll ihn zerschlagen haben, sei es aus Schreck oder aus Wut über das nicht enden wollende Geschwätz des Eisenmannes. Hierauf Albertus klagend: „Thomas! Thomas! Die Arbeit von dreißig Jahren hast du mit einem Schlag vernichtet". Nach einer anderen Version war es die Zaubergestalt eines Mädchens, die mit menschlicher Stimme den Gruß „Salve" entbot, vor dem Thomas erschrak.[9]

Dem bedeutenden Bibliothekar Gabriel Naudé[10] (1600–1653) sowie dem Dominikaner und Ordenshistoriker Paulus de Loë (1866–1919)[11] zufolge lässt sich die Anekdote über den Androiden des Albertus Magnus bis ins 14. Jahrhundert zurückverfolgen. Demnach soll Heinrich von Langenstein († 1397), ein rühriger spätmittelalterlicher Gelehrter, diese expressis verbis als „fabula" bezeichnete Anekdote im 14. Jahrhundert erstmals in seinen Kommentaren zur Genesis überliefert haben.[12] Alphonsus Tostatus († 1455), Bischof von Avila und Professor für Theologie, Philosophie und beiderlei Recht, berichtete zudem in seinen Kommentaren zum Pentateuch über den sprechenden ehernen Kopf im Besitz des Albertus, den Thomas von Aquin zerschlug.[13] Mit eigenen Augen hat den Androiden natürlich keiner dieser Autoren gesehen. Einwirkung der Sterne und Nekromantie seien im Spiel gewesen, Wahrsagekunst mithilfe der Totenbeschwörung, um je nach Version einen Androiden aus Eisen oder aus Fleisch, Blut und Knochen zu schaffen. Doch was verbirgt sich hinter dieser Anekdote – Faszination des Unbekannten und des Verbotenen oder Vision vergangener, vergleichsweise technikarmer Zeiten, die auch heute noch beunruhigt?

Androiden in Antike und Mittelalter

Die Idee, einen humanoiden Automaten zu konstruieren, lässt sich in längst vergangene Zeiten zurückverfolgen. Mehr oder weniger komplex gebaute Selbstbeweger (automata) in menschengleicher Gestalt sind bereits in der Antike vorauszusetzen. Sie fanden Eingang

9 Vgl. Helmut Swoboda: Der Künstliche Mensch. München, 1967, S. 46–47.

10 Gabriel Naudé: Apologie pour les grands hommes soupçonnez de Magie, derniere Edition où l'on a ajoûté quelques remarques. Amsterdam, 1712, S. 378–388.

11 Paulus de Loë: De vita et scriptis B. Alberti Magni. In: Analecta bollandiana 19 (1900), S. 266; Jacques Quetif und Jacques Échard: Scriptores Ordinis Praedicatorum, I. Paris, 1719, S. 171.

12 Allgemein: Otto Hartwig: Henricus de Langestein, dictus de Hassia. Zwei Untersuchungen über das Leben und die Schriften Heinrichs von Langenstein. Marburg, 1857, S. 39–40.

13 Alphonsi Tostati Hispani Abulensis Episcopi Opera Omnia. Quotquot in scripture sacrae expositionem et alia, adhuc extare inuenta sunt. T. 1: Commentaria In Genesim. Köln, 1613, S. 610.

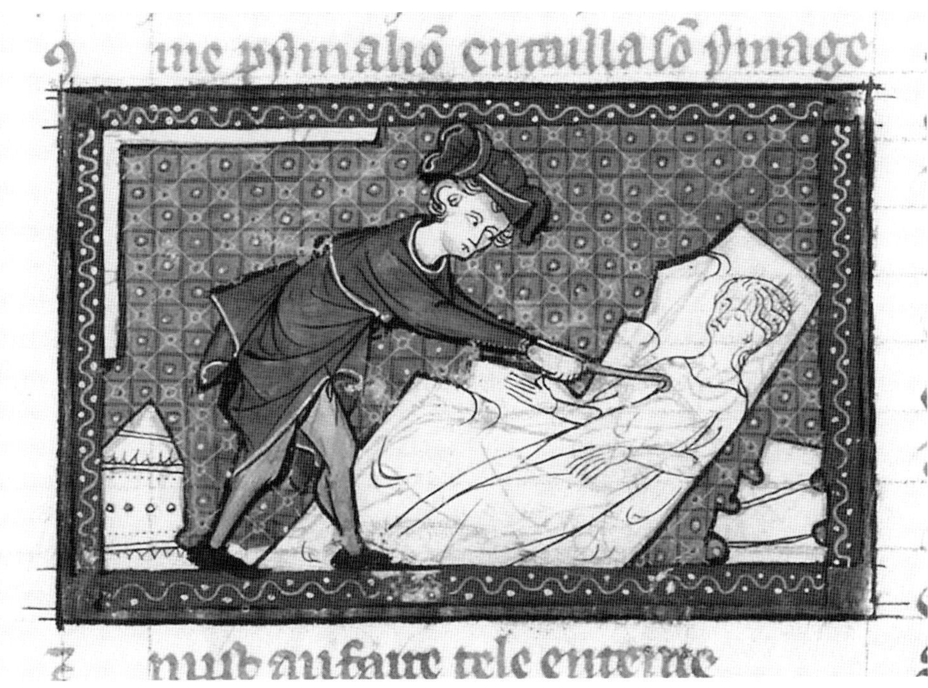

Abb. 2: Pygmalion skulptiert die Statue, Rosenroman (Paris, BN, Ms fr. 19156, fol. 134v)

in Mythologie und Dichtung, in philosophische Werke und technische Traktate.[14] So soll Hephaistos, der hinkende Gott des Feuers, der Schmiede und der Künste, nach Homer (Ilias XVIII, 417 ff.) aus Gold Jungfrauen geschaffen haben, die sich wie lebendige Menschen bewegten, dachten, sprachen und arbeiteten.[15] Verwandt ist das Rahmenthema mit dem Mythos des Künstlers Pygmalion, der sich mit Hilfe der göttlichen Venus eine belebte Gefährtin und Geliebte schuf (Ovid, Metam. X,243–297; Abb. 2).[16] Auch der Titanensohn Prometheus soll Ähnliches getan und aus Wasser und Erde ein menschliches Gebilde geschaffen haben, dem Athene den Atem einhauchte.[17]

Ein sogenanntes Automatentheater – ein bewegliches Bilderbuch mit mythologischen Inhalten – konzipierte Heron von Alexandria im ersten nachchristlichen Jahrhundert und überlieferte es der Nachwelt in seinem Werk über *Pneumatica et Automata*.[18] Staunen sollten

14 Herbert Heckmann: Die andere Schöpfung. Geschichte der frühen Automaten in Wirklichkeit und Dichtung. Frankfurt / Main, 1982; Horst Bredekamp: Überlegungen zur Unausweichlichkeit der Automaten. In: Pia Müller-Tamm und Katharina Sykora (Hrsg.): Phantasmen der Moderne. Düsseldorf, 1999, S. 94–105.

15 Karl Kerényi: Die Mythologie der Griechen, 1. Nördlingen, 1992, S. 59.

16 Mathias Mayer und Gerhard Neumann (Hrsg.): Pygmalion. Die Geschichte eines Mythos in der abendländischen Kultur. Freiburg / Breisgau, 1997.

17 Philipp Theisohn: Prometheus. In: Maria Moog-Grünewald und Hubert Canzik (Hrsg.): Mythenrezeption. Die antike Mythologie in Literatur, Musik und Kunst von den Anfängen bis zur Gegenwart (Der Neue Pauly, Suppl. V). Stuttgart, 2008, Sp. 605–621.

18 Wilhelm Schmidt (Hrsg.): Heronis Alexandrini operae quae supersunt omnia, 1. Pneumatica et Automata. Leipzig, 1899, S. XXIV, 338–405.

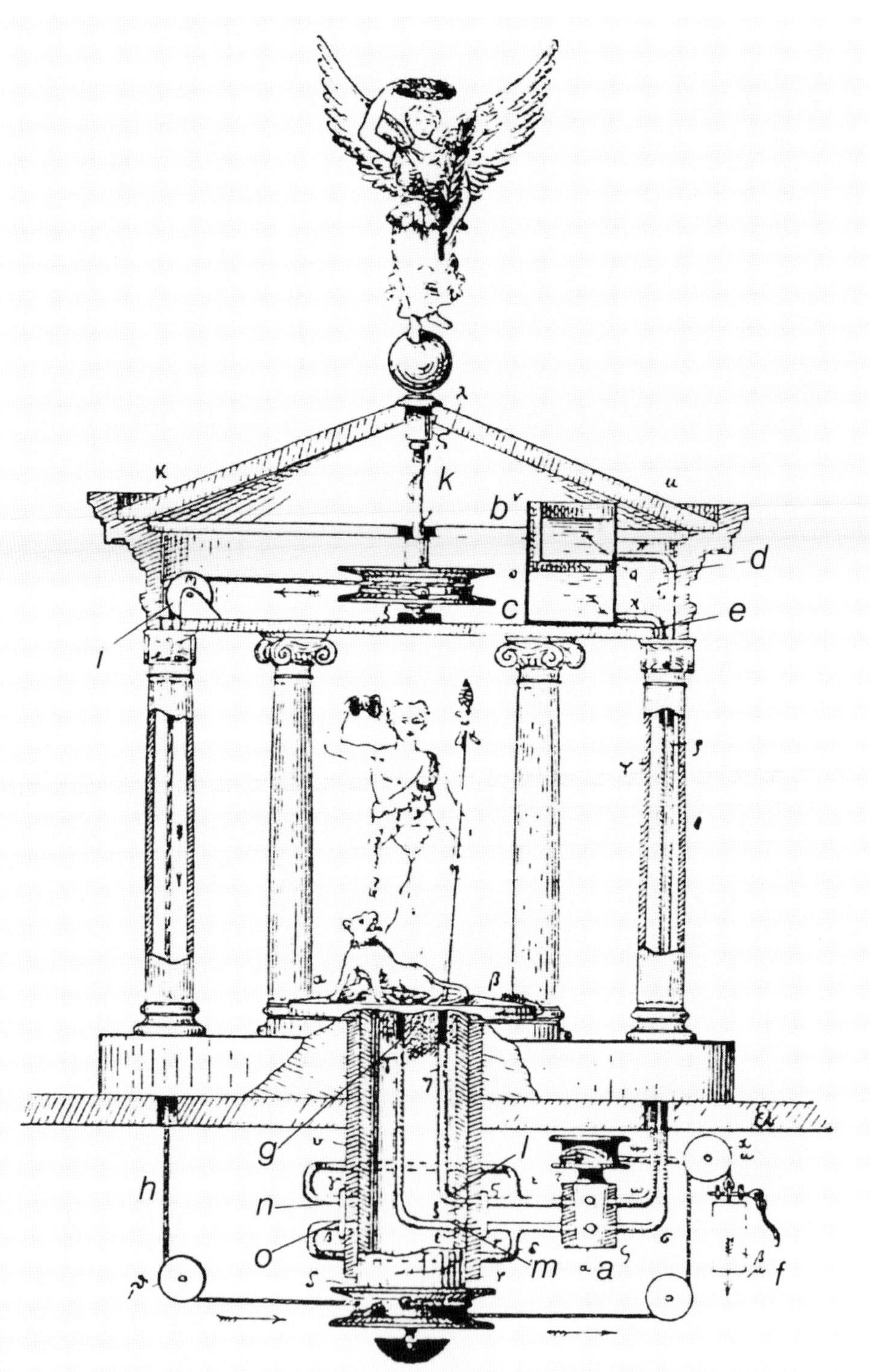

Abb. 3: Herons fahrender Automat mit Apotheose des Bacchus

seine *Mirabilia* auslösen und Bewunderung (Abb. 3).[19] Eine Diskussion über die Natur des Menschen oder gar die Dämonisierung der Technik waren in keiner Weise beabsichtigt. Die Mechanik war etwas außerhalb der Natur, ein Mittel zu ihrer Überlistung.[20]

Aristoteles erwähnt den Mythos im Zusammenhang mit der Frage der Seelenbewegung in *De anima* 406 b18. Als erster Mensch habe Daidalos ohne göttliche Hilfe anthropomorphe Automaten gebaut[21] und eine hölzerne Statue der Aphrodite in Bewegung versetzt, indem er Quecksilber in ihr Inneres goss. Demokrit zufolge zögen sie den ganzen Körper mit sich, wenn sich die unteilbaren Kügelchen bewegten. Gemäß ihrer Natur könnten sie nie zur Ruhe gelangen.[22] Auch dem Philosophen dient der Automat nicht als Kontrastfolie zur Differenzierung zwischen Mensch und Maschine, sondern zur Illustration seiner Überlegungen über das Wesen der Bewegung der menschlichen Seele.

In der Literatur und Chronistik des Mittelalters können Mensch und Maschine terminologisch durchaus vermischt, der menschengestaltige Automat gar zum positiven Gegenbild werden. So spricht Konrad von Querfurt, Reichskanzler Heinrichs VI. und nachmaliger Bischof von Hildesheim (1194–1199), in seinem anekdoten- und mirabilienreichen Bericht über seine Italienreise ohne weiteres von einem ehernen Menschen. Einen „homo (!) aereus" soll Vergil mit einem gespannten Wurfgeschoss in der Hand als „Waffe" gegen den feuerspeienden Vesuv geschaffen haben.[23] Im *Roman de Troie* des 12. Jahrhunderts dienen weibliche und männliche Androiden der Unterhaltung und verkörpern das Ideal eines in seiner höfischen Perfektion automatisierten Menschen.[24]

Kurzum, das Motiv des Androiden war damals im lateinischen Westen bekannt – wohl kaum aus eigener Anschauung, sondern vermittelt durch Schriftquellen aus dem arabisch-byzantinischen Raum. Auch das spezifische Charakteristikum der Anekdote – ein sprechendes künstliches Wesen im Besitz oder Wirkkreis einer Geistesgröße – lässt sich über lange Zeit und bereits vor Albertus Magnus nachweisen. Den Orakelsprüchen eines ehernen Kopfes soll sich Gerbert von Aurillac, der nachmalige Papst Silvester II. (999–1003) anvertraut haben, so erwähnt in den um 1125 verfassten *Gesta regum anglorum* des Wilhelm von Malmesbury.[25] Nach der 1390 vollendeten *Confessio amantis* des John Gower besaß auch Robert Grosseteste, der mit Roger Bacon befreundete Bischof von Lincoln (1175–1253), einen sprechenden Kopf.[26] Roger Bacon – doctor mirabilis und Verfasser einer Liste voll technologischer Träume und Visionen wie Automobile, Flug- und Hebeapparate – wurde Gleiches angedichtet.[27] Der Androide des Albertus Magnus – Legende, Topos oder ein Körnchen Wahrheit?

19 Ibid., S. 339.

20 Frank Wittig: Maschinenmenschen. Zur Geschichte eines literarischen Motivs im Kontext von Philosophie, Naturwissenschaft und Technik. Würzburg, 1997, S. 24; E. J. Dijksterhuis: Die Mechanisierung des Weltbildes. Berlin u. a., 1956, S. 83–84.

21 Heckmann 1982 (wie Anm. 14), S. 18–19.

22 Aristoteles: Über die Seele, übersetzt von Willy Theiler. Darmstadt, 1979, S. 13.

23 Vgl. Gottfried Wilhelm Leibniz: Scriptores rerum Brunsvicensium, 2. Hannover, 1710, S. 698.

24 Susanne Friede: Zur Funktion des Automaten in französischen Texten des 12. Jahrhunderts. In: Cerstin Bauer-Funke und Gisela Febel (Hrsg.): Der automatisierte Körper. Literarische Visionen des künstlichen Menschen vom Mittelalter bis zum 21. Jahrhundert. Berlin, 2005, S. 15–26.

25 William of Malmesbury: Gesta Regum Anglorum. The History of the English Kings. Hg. von R. A. B. Mynors, R. M. Thomson und M. Winterbottom. Oxford, 1998, S. 292–294.

26 John Gower: Confessio Amantis 4, 234–249. Hg. von Russell A. Peck, Toronto u.a., 2. Aufl., 1980, S. 197; Naudé 1712 (wie Anm. 10), S. 353.

27 William Eamon: Technology in the Late Middle Ages and the Renaissance. In: Janus 70 (1983), S. 184.

In den Schriften des großen Scholastikers selbst findet sich kein Hinweis, dass er einen solchen je besessen oder geschaffen habe. Allerdings verhandelt er in *De anima* die Frage nach den räumlichen Bewegungen der Seele und des Körpers wie Aristoteles am Beispiel des eben zitierten Daidalos-Mythos. Diesen übernimmt er in gleicher Funktion, als Teil eines anthropologischen Diskurses, variiert und erweitert ihn jedoch erheblich. An die Stelle einer Statue der Venus, die nach mittelalterlichem Maßstab meist negativ bewertet wird, tritt bei Albertus jedoch Minerva, die Göttin der Weisheit und Hüterin des Wissens. Ihre Statue scheine singen und tanzen zu können, möglich sei dies mit Hilfe Quecksilber gefüllter Organe und einer beweglichen Zunge: „[...] videbatur cantare per motum linguae et tripudiare".[28] Im Kontrast zu der meist kurzen Erwähnung von Androiden in der Dichtung beschreibt er in diesem Zusammenhang auffallend anschaulich einen Rollenmechanismus, welcher der Statue Ortsbewegungen ermögliche.

Sprechende Androiden oder andere aussagekräftige Textquellen darüber haben sich aus jener Zeit nicht erhalten. Unklar ist daher, ob Albertus nur theoretisch darüber abhandelte oder auch experimentierte. Seine Erläuterungen erinnern jedenfalls deutlich an die Sprache und den Stil technischer Traktate.[29] Bekannt sind sein überragendes Wissen und seine Kenntnisse im Bereich der Mechanik. Einer Quelle des 15. Jahrhunderts zufolge soll er ein angeblich bauchredendes Apollon-Orakel zum Anlass genommen haben, diesen Zweig der *scientia* als „garrimantia" beziehungsweise als Geschwätz abzutun.[30]

Bemerkenswerterweise ist es Thomas von Aquin, der als Protagonist der „fabula" und Schüler des Albertus den Androiden zerschlägt. Zuweilen werden darin die Überwindung und der Sieg seiner Lehre über die seines Meisters gesehen.[31] Das durch magische Kunst geschaffene Standbild kannte er jedenfalls nur vom Hörensagen, als Gerücht: „Fieri autem hoc per magicas artes *dicitur*, quod aliqua statua per se moveatur, aut vocem emittat".[32] So verwundert es nicht, dass er sich mit dem Thema in der *Summa contra gentiles* III, 104 anders als Albertus auseinandersetzt und sich kontextbezogen nicht auf Überlegungen über die lokale Bewegung von Körper und Seele beschränkt. Sprechen, Intellekt, Sinneswahrnehmungen und Fähigkeit zur Bewegung waren ihm an dieser Stelle wesentliche Charakteristika des Menschen. Das sprechende und sich bewegende Standbild diente ihm vor allem zur Unterscheidung zwischen der Wirkung der Magie und der Wirkkraft der Himmelskörper. Es sei unmöglich, dass sich irgendetwas Unbeseeltes von selbst bewege oder ein solches Standbild kraft der Himmelskörper ein Lebensprinzip erlange, solches geschehe

28 Albertus MAGNUS: De anima, lib. I, tract. 2, cap. 7, vgl. die Edition von Clemens Stroick, Münster, 1968, S. 32.

29 Vgl. Herons Traktat (wie Anm. 18), von dem die Textpassage Alberts jedoch nicht abhängt.

30 Petrus de PRUSSIA: Legenda Alberti Magni, Köln nach 1483, fol. 83v (GW M32672; HAB: A: 81.2 Quod. [2]).

31 Vgl. Willehad Paul ECKERT: Albert-Legenden. In: Albert ZIMMERMANN (Hrsg.): Albert der Grosse: seine Zeit, sein Werk, seine Wirkung. Berlin, 1981, S. 1–23, bes. 20.

32 Sancti Thomae Aquinatis Doctoris Angelici Opera omnia, Tomus 14. Summa Contra gentiles, Lib. III, cap. 104. Rom, 1926, S. 325–326; die Kursivierung stammt von der Verfasserin.

durch magische Künste. Innerhalb seiner aristotelisch bestimmten Argumentation differenzierte er zwischen Eigenschaften beseelter Wesen und unbeseelter Dinge und nur in diesem Rahmen positionierte er die Distinktionsmerkmale zwischen Mensch und sprachfähigem Artefakt. Der anthropologische Diskurs steht hier im Dienste der Auseinandersetzung mit der Magie.

Der Bau von Androiden und die Wissenschaft – eine Überschreitung der Grenze des Erlaubten?

Magische Handlungen jedweder Art zielen nach Thomas von Aquin darauf ab, durch Überwindung des Naturgemäßen und des Erlaubten Dinge zu erfahren oder zu bewirken.[33] Die Ausübung von Magie war seit Antike und Frühchristentum von Kirche und Staat wiederholt verboten und dennoch immer praktiziert worden.[34] Durch Thomas von Aquin wird außerdem eine Verknüpfung von Inhalten fassbar, die Albertus Magnus involvieren und über Jahrhunderte hinweg in unterschiedlicher Ponderierung kursieren sollte – d. h. die Themenbereiche des Androiden, der Anthropologie und Magie sowie der Transgression der Grenze des Erlaubten.

Auch anderen Naturwissenschaftlern, Theologen und Philosophen – die Rede war bereits davon – sagte man posthum einen sprechenden Androiden oder ein Orakel in Gestalt eines Kopfes nach. Nun galten aber die Neugier und der Wissenserwerb zum Selbstzweck bis weit in die Neuzeit hinein als Sünde, als Gefahr für den Glauben und die von Amtsträgern und spiritueller Obrigkeit erwartete widerspruchslose Anerkennung der geltenden Ordnung und Wertevorstellungen. Nicht nur der Kirchenvater Augustinus beurteilte die Neugierde negativ und verband sie mit dem Laster der *concupiscentia oculorum*. Vielmehr war der lateinische Begriff der *curiositas* seit der Antike von einer Polarität gekennzeichnet, die zwischen dem zweckfreien, nicht an das Kriterium seiner Nutzbarkeit gebundenen Wissensanspruch des Menschen und dem gemäß kirchlich-theologischer Vorstellungen vertretenen Gebot einer selbst verfügten Beschränkung des Wissenswerten auf den Bereich des Relevanten changierte.[35] Fast schon automatisch stellt sich demnach die Frage, ob der Androide nicht auch Topos für die Grenzübertretung in den Wissenschaften an sich und Ausdruck der Hybris ist, die Ergründung des Menschen und seiner Umwelt nicht mehr ausschließlich in den Dienst des eschatologisch definierten Heils zu stellen?

33 Thomas LINSENMANN: Die Magie bei Thomas von Aquin. Berlin, 2000, S. 330.

34 Lynn THORNDIKE: History of magic and experimental Science. During the first thirteen centuries of our Era, 2 Bde. New York / London, 1975.

35 Richard NEWHAUSER: Towards a History of Human Curiosity: A Prolegomenon to its Medieval Phase. In: Deutsche Vierteljahrsschrift für Literaturwissenschaft und Geistesgeschichte 56 (1982), S. 559–575; Klaus KRÜGER: Curiositas. Welterfahrung und ästhetische Neugierde in Mittelalter und früher Neuzeit. Göttingen, 2002, S. 7–18.

Im 15. Jahrhundert gab es offensichtlich auch Kreise, denen zufolge Albertus Magnus mit seiner Wissenschaft die Grenze des Naturgemäßen und Gottgefälligen überschritten hatte. Der Kölner Dominikaner Petrus de Prussia sah sich jedenfalls in den Jahren 1486/87 bei der Niederschrift der Vita genötigt, ihn vom Verdacht der Anwendung magischer Künste und der Verfertigung einer sprechenden Statue reinzuwaschen.[36] Seine profunde Kenntnis der Werke des Albertus Magnus und des Thomas von Aquin nutzte er jedenfalls, um die Konformität mit den Normen und die Heiligmäßigkeit sowie die Exzellenz des Albertus zu unterstreichen. Movens hierfür waren wohl die zeitgenössischen Bemühungen um dessen Kanonisierung. Seine Argumentationsweise wird bereits bei der exemplarischen Betrachtung eines Auszugs von Kapitel 13 der *Legenda Alberti Magni* deutlich: „Quia sculpture lapidum ad aspectus astrorum sunt prohibite et quod ymagines sculpte ad aspectus astrorum non possunt loqui"[37] – Weshalb Skulpturen unter der Einwirkung der Sterne geschaffen, verboten sind und Bilder, unter der Einwirkung der Sterne geschaffen, nicht sprechen können, so lautet die Kapitelüberschrift. Und weiter: Bilder aus Stein seien nicht beseelt und könnten nicht, wie es die Anhänger der Nekromantie behaupteten, „per artem" geschaffen werden oder „voce humana" sprechen. Zwar habe sich Albertus mit magischen Schriften beschäftigt, weshalb sich sein Schüler Ulrich von Straßburg (um 1220–1277) auch äußern konnte: „Dominus Albertus [...] in magicis expertus" – aber nur, um sie umso wirkungsvoller ablehnen zu können: Sich in Dingen der Magie auszukennen sei nicht gleichzusetzen mit ihrer Anwendung.[38]

Der angeblich mit Hilfe magischer Künste geschaffene sprechende Androide war einer der zentralen Angriffspunkte für den Vorwurf der Magie gegen Albertus. Johannes Trithemius (1462–1516), Abt von Sponheim, kannte die Anschuldigung gegenüber Albertus. Als selbst der Ausübung der Nekromantie bezichtigter Autor von Schriften über Magie und Okkultismus lehnte er den Vorwurf entschieden ab. Das Volk sehe in natürlichen Dingen, die es nicht verstehen könne, Werke der Magie.[39] Agrippa von Nettesheim (1486–1535) ging in seiner ablehnenden Haltung weit darüber hinaus. Er wertete den angeblich sprechenden ehernen Kopf im Besitz des Albertus in einer seiner frühen Schriften ebenfalls als Grenzübertretung, als verwerfliches Werk der Magie, und hielt ihn für einen Versuch, „die Schöpfungen des Himmels nachzuahmen und zu Gott und der Natur in Konkurrenz zu treten".[40] Diese Facette der Anekdote scheint nur Agrippa vehement gestört zu haben,[41]

36 Paulus de Loë (wie Anm. 11), S. 268–270; Petrus de Prussia (wie Anm. 30), fol. 79r, 81rv; allgemein Georg Wieland: Zwischen Naturnachahmung und Kreativität. Zum mittelalterlichen Verständnis der Technik. In: Philosophisches Jahrbuch 90 (1983), S. 258–276, bes. 265.

37 Petrus de Prussia (wie Anm. 30), fol. 85v–89v.

38 Ibid., fol. 77r, 79r, 80v.

39 Johannes Trithemius: Cathalogus illustrium virorum germaniam suis ingenijs et lucubrationibus omnifariam exornantium. Mainz, 1495, fol. 37v.

40 Agrippa von Nettesheim: Über die Fragwürdigkeit ja Nichtigkeit der Wissenschaften, Künste und Gewerbe. Hg. von Siegried Wollgast. Übersetzt und kommentiert von Gerhard Güpner. Berlin, 1993, S. 87–88.

41 Vgl. kontrastiv die künstlerische Schöpfungstätigkeit im Rosenroman verhandelt: Christiane Kruse: Menschenbilder und Menschenbildner im Rosenroman: Nature, Art und Pygmalion. In: Kristin Marek, Raphaèle Preisinger u.a. (Hrsg.): Bild und Körper im Mittelalter. Paderborn, 2006, S. 115–133.

für Heinrich von Langenstein und Alphonsus Tostatus waren sie zuvor lediglich lapidarer Anlass, das Thema im Rahmen ihrer Kommentare zur Genesis aufzugreifen.[42]

Nicht ohne Grund charakterisierte Eugenio Garin das 15./16. Jahrhundert als Zeitraum der Neuerungen und Entwicklungen, auf dem Weg „von der Magie zur Wissenschaft".[43] Zur Zeit des bis 1488 bezeugten Petrus de Prussia und bis ins 16. Jahrhundert hinein wurde terminologisch und inhaltlich zwischen Astronomie, Astrologie, Wahrsagerei und Astromedizin, Alchemie und Chemie nicht scharf getrennt. Nekromantiker galten nicht nur als Wahrsager, die mit Hilfe von Toten oder Körperteilen die Zukunft vorhersagen, sondern allgemein als Zauberer.[44] Dies- und jenseits der Alpen setzte man sich vor allem in Humanisten- und Gelehrtenkreisen mit der Neudefinition der Magie auseinander und berief sich dabei auch auf Autoren wie Albertus Magnus und Thomas von Aquin. Zustimmung und heftige Ablehnung charakterisieren die Auseinandersetzung: Einerseits wurde Magie wissenschaftliches Fach an den medizinischen Fakultäten von Bologna, Padua und Montpellier, Fürsten bestellten ihre Hofastrologen. Andererseits gab es verstärkt Verbote von Seiten der Kirche oder Ausweisungen aus der Stadt, so 1528 und 1532 geschehen in Nürnberg und Ingolstadt im Fall des Dr. Faust.[45]

Der Androide und die Magie im Zeitalter von Technisierung und Aufklärung

Mit zunehmender Industrialisierung und Technisierung der menschlichen Umwelt wurde die Verbindung von Magie- und Androidenthematik jedoch keineswegs obsolet – der Androide des Albertus als Gegenstand des Magie-Diskurses verlor kaum an Brisanz. Am ausführlichsten nahm sich Gabriel Naudé in seiner *Apologie pour les grands hommes soupçonnez de Magie* von 1625 der Verteidigung des Albertus Magnus an. Sein Werk über die Geschichte und die Differenzierung der verschiedenen Disziplinen der Magie schrieb er unter dem Eindruck der bereits Jahrzehnte währenden Debatte über die Lehren des Paracelsus und der Diskussion über die Rosenkreuzer.[46] Jeder, der jemals etwas Kluges tat, sei für einen Magier gehalten worden – letztlich eine Vermischung der Bezeichnungen, da Astrologen und Mathematiker Horoskope erstellten. Eifersucht, Unglaube und Boshaftigkeit sieht er – nicht unähnlich der Ursachenforschung über die zeitgenössische Hexenverfolgung – als Hintergründe der Magievorwürfe an. Das ungebildete Volk schreibe ohne Kenntnisse der Mechanik künstliche sprechende Köpfe oder Figuren dem meist ambivalent bewerteten Bereich des Unbekannten und der diabolischen Magie zu.

42 Tostatus 1613 (wie Anm. 13), S. 610.

43 Eugenio Garin: L'opera e il pensiero di Giovanni Pico della Mirandola nella Storia dell'Umanesimo. Florenz, 1965, S. 29.

44 Art. Nekromantie: in: Handwörterbuch des deutschen Aberglaubens, 6.. Berlin / New York, 2000, S. 997–1002.

45 Wolf-Dieter Müller-Jahncke: Astrologisch-magische Theorie und Praxis in der Heilkunde der frühen Neuzeit. Stuttgart, 1985, S. 97; Leander Petzoldt: Magie. Weltbild, Praktiken, Rituale. München, 2011, S. 143.

46 Lauren Kassell: „All was this land full fill'd of Faerie" or Magic and the Past in Early Modern England. In: Journal of the History of Ideas (2006), Heft Januar, S. 107–122, bes. 107.

Mit Akribie und humanistischer Gelehrsamkeit demontierte Naudé die sagenhafte Anekdote über den Androiden des Albertus. Zu den bekannten scholastischen Distinktionsmerkmalen zwischen Mensch und sprechendem Androiden fügt er anatomische Detailkenntnisse hinzu. Weil die ehernen Köpfe und Statuen weder Schallorgane, noch Muskeln, Kehlkopf oder Lungen besäßen, sei auch die Einwirkung der Magie zur Hervorbringung von Tönen unmöglich. Im Kontrast zu seinen Vorgängern sprach Naudé nicht mehr von „imago" oder „statua", sondern von den „automates" des Daidalos und von den „hydrauliques" des Boethius. Für ihn war es die „magie naturelle", die nach den Vorgaben der Mathematik „machines artificielles" produziert. Wenn überhaupt, dann habe Albertus höchstens einen dem ägyptischen Memnonskoloss ähnlichen murmelnden Kopf geschaffen, und zwar ohne Zuhilfenahme des Übernatürlichen.[47] Naudé bündelte die bekannte aristotelisch gestützte anthropologische Argumentation im Dienste der zeitgenössisch aktuellen Magiediskussion. Seine Differenzierung bei der Bezeichnung von Mensch und Technik weist deutliche Züge einer entscheidenden Versachlichung auf.

Weder bei Naudé noch rückblickend bei den Autoren des 12. bis 15. Jahrhunderts liegt eine technikfeindliche Stimmung als Ursache für die Konjunktur und die Verbindung von Magievorwurf und Androidenthematik vor. Errungenschaften der Technik fanden vielmehr Eingang in den liturgischen Ritus und die Sakralarchitektur, in Mechanismen logischer Operationen oder in die Mystik. Bekannt waren Kruzifixe mit beweglichen Armen, handelnde Bildwerke oder Sakralautomaten wie das durch die Skizze des Villard de Honnecourt überlieferte, um 1235 konstruierte Lesepult mit drehbarem Adlerkopf.[48] Raimundus Lullus (1232–1316) konzipierte mit seiner *Ars magna* eine logische Maschine, die durch systematische Kombination von Grundbegriffen wie „veritas, virtus, bonitas, potestas" unfehlbare Lösungen aller erdenklichen wissenschaftlichen Aufgaben bringen sollte, ohne dass dafür Denkleistungen notwendig oder Tatsachen zu sammeln wären.[49] Dem Dominikaner Heinrich Seuse erscheint im Prolog seines „Horologium sapientiae" (1334) in einer Vision die Milde Christi, die ihm im Bild einer wunderschönen Uhr, mit prächtigen Rosen verziert die notwendige Ordnung des Lebens sowie den steten Antrieb zu Glaube, Tugend und Wachsamkeit vor Augen führt.[50] In der berühmten Miniatur der Brüsseler Seuse-Handschrift aus dem 15. Jahrhundert sind es über die lateinische Textvorlage hinaus nun kunstvolle, von Menschenhand geschaffene Räderuhren und Astrolabien, die Seuse meditativ als die gottgewollten Prinzipien von Ordnung, Antrieb und Wachsamkeit wahrnimmt (Abb. 4).[51] Im Grunde durchliefen die Geschichte der Technik und die der Magie im 15./16. Jahrhundert eine ähnliche Entwicklung, d. h. die der Verwissenschaftlichung und Systematisierung des Faches.[52]

47 NAUDÉ 1712 (wie Anm. 10), S. 51–55, 388.

48 Helmut FLACHENECKER: Automaten und lebende Bilder. In: Automaten in Kunst und Literatur des Mittelalters und der frühen Neuzeit. Wiesbaden, 2003, S. 174; Johannes TRIPPS: Das handelnde Bildwerk in der Gotik. Berlin, 1998.

49 John COHEN: Les Robots humains dans le mythe et dans la science. Paris, 1968, S. 29–30.

50 Pius KÜNZLE (Hrsg.): Heinrich Seuses Horologium Sapientiae. Freiburg i. Ü., 1977, S. 364–365.

51 Veronika PIRKER-AURENHAMMER: Modelle der Zeit in symbolischen Darstellungen des Mittelalters. In: Das Münster 53 (2000), S. 98–119.

52 Frank WITTIG: Maschinenmenschen: Zur Geschichte eines literarischen Motivs im Kontext von Philosophie, Naturwissenschaft und Technik, Diss. Würzburg, 1997, S. 26–33.

Abb. 4: Horologium Sapientiae: Heinrich Seuse und die Vision der göttlichen Milde (Brüssel, Bibliothèque Royale, Ms. IV 111, fol. 13v)

Zum Schluss

Der sprechende Androide erregte seit alters her Staunen, in mittelalterlichen Texten kann er Gegenstand einer moralisch aufgeladenen „fabula" sein. Durch Thomas von Aquin wird der künstliche Mensch fassbar als toposartiges Attribut für Philosophen, Mathematiker und andere Gelehrte und Geistesgrößen sowie als Chiffre der Überschreitung von Norm und Gottgefälligkeit. Ähnlich wie Heiligenlegenden und biblische oder apokryphe Exempla, bei denen der Wahrheitsanspruch jenseits der historischen Fakten liegt,[53] ist demnach auch diese Androiden-Erzählung in uneigentlicher, übertragener Funktion zu betrachten. Noch im Zeichen des magischen Diskurses avancierte die Anekdote um den Androiden Alberts Anfang des 17. Jahrhunderts zum Indikator der Technisierung des Menschenbildes – unmittelbar vor Descartes' Beschreibung des Menschen als *Körpermaschine* und William Harveys Publikation über die Entdeckung des Blutkreislaufes (1628) und lange vor La Mettries Mechanizismus (1748).

53 Dorothea Walz-Dietzfelbinger: Legende. II. Rhetorische Praxis und theoretische Aspekte. In: Historisches Wörterbuch der Rhetorik, 5. Tübingen, 2001, Sp. 80–85, bes. 82.

Interessant ist, dass sich erst aus dem 18. Jahrhundert Umsetzungen der Anekdote ins Bildmedium und besonders in die Druckgraphik (Abb. 5) finden.[54] In dem hier gezeigten Kupferstich liegt der Reiz nicht nur in der Darstellung einer zwischen Wunderkammer und Laboratorium changierenden Galerie voller Statuen und technischer Geräte, sondern auch in der im unterlegten Text und im Bild erzeugten Spannung zwischen Albertus *Magnus* und *Magus*. Die eigentliche Schöpfungsszene ist fast ausgeblendet, sieht man einmal von der wie eine Beseelungsdarstellung der biblischen Genesis anmutenden Berührung der Statue durch den Gelehrten sowie der inschriftlich prononciert thematisierten magischen Schöpfung ab – Hinweis auf ein latent immer noch wirksames Unbehagen vor der Magie?

An *magischer* Anziehungskraft, Beunruhigung und *Faszination* – das letzte Wort verstanden als Vokabel, die zu Zeiten des Albertus Magnus vor allem „Behexung/Verhexung“ oder auch „Einwirkung magischer Künste“ bedeutete[55] – hat die Idee vom sprechenden Androiden bis heute nichts eingebüßt. Die Figur des Golem oder die Legenden um Dr. Faust, E.T.A. Hoffmanns *Sandmann* und Jacques Offenbachs *Olympia*, Rudolf Schlichters *manichini* oder Filme wie *Artificial intelligence* von Stanley Kubrick/Steven Spielberg (2001) und *Ex Machina* von Alex Garland (2015) sind nur einige wenige bildmächtige Manifestationsformen, die viele wohl sofort damit assoziieren – vom Entwicklungspotential der Digital Humanities, neuesten Plänen aus Silicon Valley – Google, Facebook und Microsoft wollen ihre Nutzer künftig mit künstlichen Intelligenzen sprechen lassen[56] – und der Digitalisierung oder robotergestützten Automatisierung, welche Industrie und auch Bibliotheken tangiert,[57] ganz zu schweigen.

54 Genoveva Nitz: Albertus Magnus in der Volkskunst. München / Zürich, 1980, S. 9.

55 Vgl. Thomas von Aquin: Summa contra gentiles III, cap. 103–104.

56 http://www.zeit.de/digital/internet/2016-05/silicon-valley-kuenstliche-intelligenz-hype-apple-google-facebook/komplettansicht (Zugriff 01.06.2016).

57 Vgl. hierfür z.B. die Beiträge in: Klaus-Rainer Brintzinger (Hrsg.): Bibliotheken: Wir öffnen Welten: 103. Deutscher Bibliothekartag, Bremen 2014. Münster, 2015.

Abb. 5: Albertus Magnus bei der Anfertigung einer sprechenden Statue. Kupferstich von Johann Melchior Gutwein nach einem Entwurf von Gottfried Rogg, Augsburg um 1730/40

Das Kind schreibt

Bemerkungen zur sog. Tintenfassmadonna im Hildesheimer Dom

Claudia Höhl

Mit der Wiedereröffnung des Hildesheimer Doms 2014 ist die sog. Tintenfassmadonna nach mehrjähriger Restaurierung in die Kathedralkirche zurückgekehrt (Abb. 1).[1] Nach dem Zweiten Weltkrieg hatte Joseph Bohland die Madonnenfigur nicht nur mit Holzschutzmitteln behandelt, sondern auch eine künstliche Patinierung aufgetragen, die die Fassungsschichten unter Spannung setzte. Dies machte die Abnahme dieser jüngsten Fassung erforderlich. Die Entscheidung auf den dritten der nachweisbaren fünf Fassungszustände zurückzugehen, wurde maßgeblich durch die Vorgabe geprägt, die Madonna als hochverehrtes Bild der Dompatronin wiederherzustellen. In der Farbigkeit der barocken Fassung mit rotem Gewand und blauem Mantel nimmt sie im neuen Dom wieder eine exponierte Position ein, jetzt am nördlichen statt am südlichen Vierungspfeiler, Blumenschmuck und Kerzen dokumentieren ihre Bedeutung als zentrales Marienbild im Dom, das die Besucher in besonderer Weise berührt. Die Beliebtheit der Statue hängt nicht nur mit der ansprechenden Gestaltung als „Schöne Madonna“ zusammen, sondern auch mit dem als ungewöhnlich oder sogar rätselhaft wahrgenommenen Bildmotiv des Tintenfasses, das Maria für ihren schreibenden Sohn bereithält und dem die Madonna ihren Namen verdankt. Der Federköcher über dem rechten Arm der Gottesmutter unterstreicht als zusätzliches Accessoire die Bedeutung des Schreibmotivs. Die exakte Deutung wird allerdings dadurch erschwert, dass der Text, den das Christuskind auf seiner Schriftrolle festhält, im heutigen Zustand nicht erhalten ist.

Erstaunlicherweise ist die Madonna in den letzten Jahrzehnten nicht Gegenstand einer eingehenderen kunsthistorischer Untersuchung geworden, es fehlt sogar bislang eine Zusammenfassung des Forschungsstandes. Zuletzt hat Gerhard Lutz im Jahrbuch für

1 Zusammenfassend zur Restaurierung Gerhard LUTZ: Tintenfassmadonna. In: Jahrbuch für Geschichte und Kunst im Bistum Hildesheim 82/83 (2014/15), S. 44–45. Ursprünglich war die Madonna wohl im Sitzungssaal des Domkapitels aufgestellt. Das folgt aus einer Inventarliste der Kunstgegenstände, die sich am Ende des 19. Jahrhunderts im sog. Alten Rittersaal befanden. Diese Liste umfasst Stücke aus der Sammlung Bischof Wedekins, erwähnt aber auch die Tintenfassmadonna und deren früheren Standort. „im Kapitalzimmer“. BAH, D 28-II/1, 5. Bogen, Bl. 12r.

Abb. 1: Sog. Tintenfassmadonna. Hildesheim, um 1430. Hildesheim, Dom

Abb. 2: Madonna vom Haus Korbgasse 5. Mittelrhein, um 1405. Mainz, Landesmuseum

Geschichte und Kunst im Bistum Hildesheim 2014/15 die Tintenfassmadonna kurz behandelt und auf das „ungewöhnliche Motiv des schreibenden Jesuskindes" hingewiesen, das „in der Kunst des ausgehenden 14. und beginnenden 15. Jahrhunderts insbesondere in Frankreich und im Rheinland einige Verbreitung gefunden" habe. Immerhin wird ein Hildesheimer Vergleichsbeispiel genannt, ein aus der Martinikirche stammendes Epitaph, das sich heute in St. Andreas befindet. Einen etwas ausführlicheren Artikel hatte zuvor Andrea Groß im Katalog „Ego sum hildensemensis" (2000) der Madonna gewidmet.[2] Sie konstatierte, das Kind schreibe „die Anfangsworte des Magnificats" und leitete den Bildtyp aus dem „Marienidyll" des späten Mittelalters ab, das sich in vielfältigen genrehaft ausgeschmückten Darstellungen der schreibenden bzw. das Kind unterrichtenden Gottesmutter belegen lässt. Ein anderer Deutungsversuch war bereits 1973/74 in der von Victor H. Elbern, Hermann Engfer und Hans Reuther vorgelegten Publikation zum Hildesheimer

2 Andrea Gross: Die sog. „Tintenfassmadonna". In: Ego sum hildensemensis. Bischof, Domkapitel und Dom in Hildesheim 815–1810, Petersberg, 2000, S. 474–476.

Dom und seiner Ausstattung formuliert worden.[3] Sie verwiesen als Parallelbeispiel auf eine „steinerne Maria in Mainz“ (Abb. 2), wo das Kind mit einem blutigen Nagel die Namen auf ein Schriftband schreibe: „es trägt die Namen einer Bruderschaft ins ‚Buch des Lebens‘ ein. Eine entsprechende bzw. ähnliche Bildabsicht darf auch der Hildesheimer Tintenfaß-madonna zugeschrieben werden“, heißt es abschließend.[4]

Die Suche nach den Quellen für die vorgetragenen widersprüchlichen Thesen führt weiter zurück in die Kunstgeschichte der 1930er und 1940er Jahre, denn so selten und rätselhaft, wie es scheint, ist das Motiv des schreibenden Kindes nicht. Als Erster hat sich bereits 1930 Herbert von Einem mit der Tintenfassmadonna und ihrer Ikonographie beschäftigt.[5] Er verwies bereits auf eine ganze Reihe von Parallelbeispielen mit einer geographischen Streuung von Italien über das Mittelrheingebiet bis ins nördliche Deutschland. Die Madonna der Lüneburger Goldenen Tafel im Landesmuseum in Hannover (Abb. 3) hatte er schon zuvor nicht nur motivisch, sondern auch stilistisch mit der Hildesheimer Statue verknüpft.[6] Von Einem gab bereits an, dass der Beginn des Magnificats als Text auf der Schriftrolle zu lesen sei, hier liegt also die Quelle für die gleichlautende Aussage in dem Beitrag von Andrea Groß. Von Einem bemerkte aber bereits die große Bandbreite der überlieferten Texte, die eine genauere Deutung des Schreib- bzw. Tintenfassmotivs erschweren und kam insgesamt zu dem Schluss, dass es sich bei dem Tintenfass lediglich um ein „Genremotiv“ handele.[7]

Eine umfassende Studie zur „Madonna of the writing Christ Child" legte 1941 Charles P. Parkhurst vor, der für den Zeitraum von 1400 bis 1550 Skulpturen, Tafelbilder, Miniaturen und Druckgraphiken zusammenstellte mit einer Verbreitung von Frankreich über Deutschland bis Italien.[8] Dass Christus den Beginn des Magnificat aufschreibe, lehnte Parkhurst allerdings ab und verband das Motiv mit der Tradition der Maria lactans, denn mehrere Fassungen des Themas in der Buchmalerei vom Ende des 14. Jahrhunderts kombinieren beide Bildtypen, darunter das Brüsseler Stundenbuch des Jean de Berry (Abb. 4), wobei in dieser Gruppe das Motiv des Tintenfasses in der Hand der Mutter fehlt.[9] Außerdem zeigen die Miniaturen die Gottesmutter ausschließlich thronend. Als Ausgangspunkt der skulpturalen Gestaltung des Themas mit der stehenden Maria rückte Parkhust dagegen die Mainzer Madonna aus der Korbgasse in den Fokus.[10] Hier unterscheidet sich die Formulierung des Themas aber deutlich von der Hildesheimer Figur durch das Attribut des gekreuzigten Christus umgeben von Weinranken und Trauben, das der Madonna in die rechte Hand gegeben ist, ein Motiv, das im Mainzer Umkreis mehrfach aufgegriffen

3 Victor H. Elbern, Hermann Engfer und Hans Reuther: Der Hildesheimer Dom. Architektur, Ausstattung, Patrozinien (Die Diözese Hildesheim in Vergangenheit und Gegenwart, 41/42). Hildesheim, 1974 (2. Aufl. 1976), S. 50–51.

4 Dieselbe These wird noch einmal wiederholt in: Victor H. Elbern: Dom und Domschatz in Hildesheim. Königstein i.T., 1979, S. 6.

5 Herbert von Einem: Zur „Tintenfassmadonna“ des Hildesheimer Domes. In: Alt-Hildesheim 10 (1930), S. 16–19.

6 Herbert von Einem: Die Plastik der Lüneburger Goldenen Tafel. Hildesheim, 1929, S. 32.

7 Herbert von Einem 1930 (wie Anm. 5), S. 18–19.

8 Charles P. Parkhurst, The Madonna of the writing Christ Child, in: The Art Bulletin 23 (1941), S. 292–306.

9 Brüssel, Bibliothèque Royale, Ms. 11060-61, S. 10–11. Die Miniatur ist kombiniert mit dem Bild des knienden Stifters, der von Heiligen empfohlen wird.

10 Ebd., S. 293–295, S. 295 auch zur Hildesheimer Tintenfassmadonna.

Abb. 3: Madonna der Lüneburger „Goldenen Tafel“. Norddeutschland, Anfang 15. Jahrhundert. Hannover, Landesmuseum

Abb. 4: Maria mit Kinde. „Très belles heures“ des Duc de Berry, um 1380/90. Brüssel, Bibliothèque Royale, Ms. 11060-61, S. 11

wurde.[11] Die mit diesem Typ verbundene Deutung, dass Christus mit seinem Blut die Namen der Erlösten in das Buch des Lebens einträgt, wurde dann aber trotz der ikonographischen Unterschiede in der Publikation von Elbern, Engfer, Reuther 1974 auf die Hildesheimer Madonna übertragen.

Den direkten Bezug des Bildtyps der Tintenfassmadonna zu Passion und Eucharistie versuchte Wolfgang Beeh 1962 noch einmal ausführlich zu belegen, ausgehend von einer mittelrheinischen Madonna, die sich in Iversheim erhalten hat (Abb. 5).[12] Er deutete das Motiv des Tintenfasses sogar als Kelch mit dem Blut Christi, das dem schreibenden Kind als Tinte dient.[13]

Zuletzt hat 2005 Ewald M. Vetter das Thema „Maria mit dem schreibenden Kind“ behandelt und erneut den Bogen von Stundenbuchillustrationen vom Ende des 14. bis zu

11 Ein weiteres Beispiel befindet sich in der Mainzer Karmeliterkirche.

12 Wolfgang Beeh: Die Iversheimer Muttergottes mit dem schreibenden Christkind. In: Jahrbuch der rheinischen Denkmalpflege 24 (1962), S. 94–119.

13 Ebd., S. 116.

Abb. 5: Maria mit schreibendem Kind. Rheinland, um 1430. Iversheim, Pfarrkirche

Abb. 6: Madonna mit dem Tintenfass. Mittelrheinischer Meister, um 1430. Berlin, Gemäldegalerie SMB

Tafelbildern des 16. Jahrhunderts geschlagen.[14] Die von Beeh formulierte eucharistische Deutung lehnte Vetter ab[15] und kam nach Erörterung unterschiedlichster theologischer Textzeugnisse zu dem Ergebnis, dass letztlich die Deutung des Erlösers als „Liber vitae" die Grundlage der Bilderfindung des schreibenden Kindes sei.[16] Auf die Hildesheimer Madonna ging er nur kurz ein und beschränkte sich auf die Feststellung, dass von Einems Angabe, der Text des Magnificat sei auf dem Schriftband zu lesen, offenbar am Original nicht zu verifizieren sei.[17]

Es stellt sich die Frage, wo in dem bislang vorgetragenen Deutungsspektrum zwischen Christus als Buch des Lebens, Passionsbezug und Marienidyll die Hildesheimer Tintenfassmadonna ihren Platz hat. Auffallend ist zunächst, dass bei allen Untersuchungen des Bildthemas und seiner Verbreitung das „schreibende" Kind im Mittelpunkt steht. Denn das für die Hildesheimer Madonna namensgebende Motiv des Tintenfasses ist zwar wiederholt, aber keineswegs immer zu finden. Gerade die frühen Stundenbuchillustrationen wie das Brüsseler Stundenbuch des Herzogs von Berry zeigen die Maria lactans mit dem schreibenden Kind und eben kein Tintenfass. In diese Bildtradition mit thronender Got-

14 Ewald M. Vetter: Maria mit dem schreibenden Kind. In: Zeitschrift des deutschen Vereins für Kunstwissenschaft 59/60 (2005–2006), S. 111–150.

15 Ebd., S. 149.

16 Ebd., S. 150.

17 Ebd., S. 129.

tesmutter gehört auch das Epitaph aus der Hildesheimer Martinikirche (um 1415), das sich heute in der Andreaskirche befindet.[18] Auch die kniende Figur links schließt an die Gestaltung des Themas in der Buchmalerei an, wo häufig Stifter oder Stifterin in die Darstellung einbezogen sind, und auf dem Schriftband sogar ein „Dialog" zwischen Beter/in und der Gottesmutter mit dem Kind möglich ist.[19] Was das Kind schreibt, ist variabel und auch Erweiterungen sind möglich, etwa zur Anna Selbdritt und ebenso das Einfügen begleitender Engel und Heiligenfiguren.[20]

Besonders häufig finden sich allerdings auf den Schriftbändern oder in den Büchern Selbstaussagen Christi aus den Evangelien.[21] Es kommen unterschiedliche Varianten vor. So ist zum Beispiel der Beginn des „Pater noster" mehrfach belegt: Auf einem römischen Tafelbild um 1450 finden sich die Worte „Ego sum lux mundi et via veritatis" und auf der gemalten Fassung des Themas in der Berliner Gemäldegalerie (um 1430) „Ich bin der Wech und die Warrheit und Leven" (Abb. 6). Mit „Ego sum" beginnt auch der Text bei der Madonnenfigur der Goldenen Tafel in Hannover. Herbert von Einem hatte „alpha et omega" als Vervollständigung vorgeschlagen, jedoch erscheint auch eine andere entsprechende Textstelle möglich. Grundsätzlich bleibt festzuhalten, dass es offenbar zwar keinen exakt festgelegten Text gab, es sich jedoch bei den nachweisbaren Beispielen um Aussagen Christi zu seiner Funktion als Retter und Erlöser handelt oder um das „Vater unser" als Herrengebet. Das für die Hildesheimer Madonna von Herbert von Einem in die Diskussion gebrachte „Magnificat" taucht dagegen ausschließlich im Kontext der selbst schreibenden Maria auf, wie es das berühmte Gemälde Sandro Botticellis in den Florentiner Uffizien zeigt.[22] Ob die entsprechende Angabe von Einems für die Hildesheimer Madonna möglicherweise auf eine jüngere Ergänzung zurückgeht oder ob hier ein Irrtum vorlag, lässt sich nicht mehr klären. Für die ursprüngliche Fassung ist dieser Text weitgehend auszuschließen. Sehr viel wahrscheinlicher ist ein Evangelienzitat, das die Bedeutung Christi als Erlöser der Welt formuliert, wie es die oben genannten Beispiele nahelegen. Ebenso wenig plausibel ist auch die postulierte enge Verbindung mit der Mainzer Madonna aus der Korbgasse. Hier liegt eine sehr spezifische Weiterentwicklung des Bildtyps mit ergänzenden, Opfertod und Erlösung bezogenen Attributen vor, die offenbar lokal begrenzt war. Solche Zutaten wie das Bild des Gekreuzigten in der Rechten Marias fehlen in Hildesheim. In das „Buch des Lebens" schreibt das Kind also offenbar nicht.

Auch Buch und Rotulus werden parallel verwendet. Auffallend ist allerdings, dass die vor 1400 entstandenen Beispiele aus der Buchmalerei Rotuli zeigen, während die späten Beispiele des Typs gegen 1500 und danach das Kind in ein Buch schreiben lassen. Zugleich tritt die Bedeutung des Textes offenbar in den Hintergrund, denn die künstlerische Gestaltung lässt vielfach die Unterbringung eines lesbaren Textes nur noch eingeschränkt oder gar nicht mehr zu.

Als Madonnen- bzw. Christusbild mit Rotulus bzw. Buchattribut in Verbindung mit einer heilsgeschichtlichen Aussage rücken die Darstellungen des schreibenden Kindes in

18 Abbildung in ebd., S. 120, Abb. 8.

19 Z. B. im Stundenbuch für Marie de Berry, Paris, Bibliothèque Nationale, Ms. Fr. 926, fol. 2r.

20 Vetter 2005/2006 (wie Anm. 15), S. 145.

21 Texte zusammengestellt bei Beeh 1962 (wie Anm. 13), S. 114–115.

22 Dazu bereits Parkhurst 1941 (wie Anm. 8), S. 305.

Abb. 7: Madonna aus Heilig Kreuz. Umfeld des Naumburger Meisters, Hildesheim, 3. Viertel 13. Jahrhundert. Hildesheim, Domkreuzgang, Annenkapelle

eine viel weiter zurückreichende Bildtradition. Die enge Verbindung von Christus- und Marienbild mit dem Attribut „Buch" oder „Schriftrolle" reicht bis in die frühchristliche Zeit zurück und spiegelt die vielfältigen theologischen Aussagen, die mit dieser Zutat transportiert werden konnten. Christus als philosophischer Lehrer oder als Richter und ebenso die jungfräuliche Gottesmutter mit den aufgeschlagenen Psalmen bei der Verkündigung gehören in diese weite Tradition. In Hildesheim ist die steinerne Madonna aus Heiligkreuz[23] (Abb. 7), heute in der Annenkapelle auf dem Domfriedhof, ein älteres Beispiel für die großplastische Gestaltung der Gottesmutter mit Kind und Schriftrolle. Herbert von Einem hatte auch bei dieser Muttergottesdarstellung ein Tintenfass in der rechten Hand Mariens rekonstruiert und in ihr ein Vorbild für die spätgotische Fassung des Themas im Dom gesehen.[24] Von der Madonna mit Kind und Schriftband sowie darauf zu lesendem Text zum schreibenden Kind mit der assistierenden Mutter war es in der Tat kein großer Schritt. Allerdings lässt der Erhaltungszustand keine gesicherte Aussage zu, auch wenn es wohl kein Gewandzipfel ist, der hier zu rekonstruieren wäre.

Gerade bei repräsentativen Madonnenbildern wird das Buch- oder Schriftrollenmotiv durch alle Epochen weitertradiert. Auch die gemalten Tintenfassmadonnen in Berlin[25] und Budapest[26] (Abb. 8) zeigen eigentlich die Madonna mit dem Kind, das eine Schriftrolle hält. Erst die in die rechte Hand der Gottesmutter platzierten Zutaten Tintenfass, Feder und Etui machen daraus ein „schreibendes" Kind.

Der Bildtyp der „Tintenfassmadonna" erweitert das Motiv des schreibenden Kindes und wurde seinerseits in vielfältiger Hinsicht variiert und weiterentwickelt. Die ältesten Beispiele in den französischen Stundenbüchern am Ende des 14. Jahrhunderts mit der thronenden Maria lactans und dem des Stifters oder Beters unterscheiden sich deutlich von den nur wenige Jahrzehnte jüngeren gemalten Fassungen mit halbfiguriger Gottesmutter und Tintenfass bzw. Federköcher. Sowohl bei den gemalten als auch bei den plastischen Gestaltungen des Themas sind Positionierung und Haltung der Figuren unterschiedlich. Das Kind kann auf dem rechten oder dem linken Arm Mariens sitzen. Die Gottesmutter wendet sich dem Kind oder aber dem Betrachter zu. Sie hält das Tintenfass, in dem die Feder steckt bereit und das Kind fasst in das Gewand der Mutter und hält lediglich das Schriftband wie in Budapest und Berlin,[27] oder das Kind schreibt gerade mit der Feder wie in Hildesheim. Auch der Beschreibstoff und die Accessoires variieren.

Den Federköcher über dem Arm der Gottesmutter zeigen eher die gemalten Fassungen des Bildthemas. Er fehlt auch bei der Madonna der Goldenen Tafel, die mit der hohen Lilienkrone ansonsten gut mit der Hildesheimer Madonna vergleichbar ist, was die Annahme

23 Zur Madonna aus Heilig Kreuz vgl. zuletzt den Katalogbeitrag von Gerhard LUTZ in: Hartmut KROHM und Holger KUNDE (Hrsg.): Der Naumburger Meister. Bildhauer und Architekt im Europa der Kathedralen, Ausst.-Kat. Naumburg 2011. Petersberg, 2011, Bd. 2, S. 1519–1520, Nr. XIX. 16.

24 VON EINEM 1930 (wie Anm. 5), S. 18.

25 Madonna mit dem Tintenfass, um 1430, Berlin, Staatliche Museen Preußischer Kulturbesitz, Gemäldegalerie.

26 Conrad von Soest zugeschrieben, Muttergottes mit sechs Engeln, um 1420, Budapest, Szépmüvészeti-Museum.

27 Zur Berliner Madonna: Stefan KEMPERDICK: Die Madonna mit dem Tintenfass, http://www.museumsportal-berlin.de/de/magazin/blickfange/die-madonna-mit-dem-tintenfass, zur Budapester Variante, die Conrad von Soest zugeschrieben wird: Frank Günter ZEHNDER (Hrsg.): Stefan Lochner. Meister zu Köln. Herkunft-Werke-Wirkung. Köln, 1993, S. 382.

Abb. 8: Madonna mit Kind und sechs Engeln. Um 1420. Budapest, Museum of Fine Arts

einer norddeutschen, vielleicht Hildesheimer Herkunft der Tintenfassmadonna im Dom zusätzlich stützt.[28]

In der Entwicklung vom „schreibenden Kind" zur Tintenfassmadonna zeigt sich aber auch eine inhaltliche Akzentverschiebung, die weit mehr bedeutet als eine idyllisch-narrative Bereicherung mit dem Ziel, den Betrachter emotional zu berühren. Mit dem Reichen

28 Auf den Zusammenhang hatte bereits Herbert von Einem 1930 (wie Anm. 5), S. 17 hingewiesen.

des Tintenfasses rückt der Anteil der Gottesmutter am Erlösungswerk in den Fokus. Zu der Bildtafel in Berlin hat Stephan Kemperdick formuliert: "Indem Maria nicht allein ihren Sohn trägt, sondern diesem auch durch das Halten der Schreibgeräte assistiert, wird ihre Mitwirkung bei der Erlösungstat in eine bildliche Metapher umgesetzt".[29] Auf der Weltausstellung im japanischen Osaka 1970 war es das Berliner Gemälde mit der Tintenfassmadonna, das in der dortigen Präsentation „heiliger Kunst" aus unterschiedlichsten Religionen Christentum verbildlicht hat. Als Botschafterin christlicher Erlösungshoffnung fungiert auch die Tintenfassmadonna im Hildesheimer Dom nach wie vor. Der heutige Standort an dem Vierungspfeiler, dessen Vorgänger infolge des Bombenangriffs 1945 zerbarst und den nördlichen Teil des Domes zum Einsturz brachte, unterstreicht diese Bedeutung noch und macht das Bild der Dompatronin zum Symbol des Neubeginns, der auch nach unfassbarem Schrecken möglich ist.

29 Stefan KEMPERDICK, Die Madonna mit dem Tintenfass, http://www.museumsportal-berlin.de/de/magazin/blickfange/die-madonna-mit-dem-tintenfass, S. 2.

Eine neu erworbene Handschrift des 15. Jahrhunderts in Paderborn und die Bursfelder Reform im Benediktinerkloster Marienmünster

Hermann-Josef Schmalor

Im September 2014 erwarb das Erzbistum Paderborn eine Handschrift mit der *Historia ecclesiastica tripartita* des Cassiodor,[1] die aus der ehemaligen Benediktinerabtei Marienmünster[2] stammt und bis zum Jahr 1803 zur dortigen Klosterbibliothek gehörte. Die vorläufige Datierung der Handschrift um das Jahr 1465[3] weist in eine Zeit, in der die Klosterreformen von Windesheim und Bursfelde im nördlichen Teil Deutschlands, näherhin vor allem auch in der westfälischen Heimat des Klosters Marienmünster eine außerordentliche Wirkung erzielten.[4]

Dabei spielten die Klosterbibliotheken eine bedeutende Rolle. Sie waren in der Regel auch Indikatoren für die Qualität des geistigen und geistlichen Lebens einer Gemeinschaft. Die Bibliotheken gingen einerseits mit durch alle Höhen und Tiefen in der Entwicklung eines Konvents, andererseits garantierten sie aber auch Tradition und Kontinuität. Nach außen hin dokumentierten sie augenfällig die Bedeutung der Klöster für die Geistes- und Kulturgeschichte eines Landes. Heute erschließt sich uns die klösterliche Bibliothekswelt

1 Die aktuelle Signatur in der Erzbischöflichen Akademischen Bibliothek ist: Pad 650.

2 Zum Benediktinerkloster Marienmünster vgl. Wolfgang Knackstedt: Marienmünster – Benediktiner. In: Karl Hengst (Hrsg.): Westfälisches Klosterbuch. Lexikon der vor 1815 errichteten Stifte und Klöster von ihrer Gründung bis zur Aufhebung, Bd. 1–3 (Veröffentlichungen der Historischen Kommission für Westfalen, XLIV: Quellen und Forschungen zur Kirchen- und Religionsgeschichte, 2). Münster, 1992-2003., hier Bd. 1, S. 568–574; Wolfgang Knackstedt: Marienmünster. In: Rhaban Haacke (Hrsg.): Die Benediktinerklöster in Nordrhein-Westfalen (Germania benedictina, 8). St. Ottilien, 1980, S. 446–467.

3 Nach der Expertise von Hofmann-Kunstmarketing (Tilo Hofmann, Springgasse 12, D-04860 Weidenhain), vgl. auch das Material zu EAB, Pad 650.

4 Zur Windesheimer Kongregation vgl.: Wilhelm Kohl, Ernest Persoons und Anton G. Weiler (Hrsg.): Monasticon Windeshemense, Bd. 2: Deutsches Sprachgebiet (Archives et bibliothèques de Belgique. Archifen Bibliotheekwezen in België, Nr. spécial, 16). Brüssel, 1977. – Zur Bursfelder Kongregation vgl. Walter Ziegler: Die Bursfelder Kongregation. In: Die Reformverbände und Kongregationen der Benediktiner im deutschen Sprachraum. Bearb. von Ulrich Faust und Franz Quarthal (Germania benedictina, 1). St. Ottilien, 1999, S. 315–407.

besonders im westfälischen Umfeld von Marienmünster nur noch durch sehr verstreute Quellen und die noch erhaltenen Reste der früher reichen Bestände.[5]

Von diesen Resten tauchte im Jahr 2014 im Antiquariatshandel eine der vielen verloren geglaubten Handschriften auf als seltenes Zeugnis einer durch die Bursfelder Reform bedeutend gewordenen Klosterbibliothek. Diese Handschrift ist nun nach einem langen Weg mit vielen Stationen wieder zurückgekehrt – zwar nicht in ihre alte klösterliche Heimat Marienmünster, aber doch in ihr Heimatbistum Paderborn, näherhin in die Erzbischöfliche Akademische Bibliothek Paderborn.[6]

Geistes- und theologiegeschichtlicher Hintergrund

Als historischer, geistes- und theologiegeschichtlicher Hintergrund dieser Handschrift ist die spätmittelalterliche Reformbewegung in den Benediktinerklöstern, die Bursfelder Reform, anzusehen, der sich schließlich (um 1530) 95 Klöster angeschlossen hatten. Ein Niedergang der Klosterkultur und damit auch der Benediktinerbibliotheken im Spätmittelalter war spürbar geworden, als seit dem 13. Jahrhundert die führende Stellung in der Wissenschaft von den Mönchs- und Regularklerikern an die soeben entstandenen Mendikanten (Bettelorden) überging und sich die Scholastik herausbildete, der sich die benediktinische Wissenschaft praktisch verschloss. Die Bibliotheken mit ihren alten, zwar prächtigen, aber für die wissenschaftliche Praxis kaum noch brauchbaren Beständen gerieten in Vergessenheit. Erst die Reformbestrebungen der Benediktiner im nördlichen Deutschland führten auch hier die alten Klöster wieder zu einer neuen Blüte. Diese Bestrebungen begannen mit einer Erneuerung im Kloster Bursfelde an der Weser. Nach diesem Kloster benannte sich die Bursfelder Kongregation, die sich 1446 konstituiert hatte und deren Einfluss kaum zu überschätzen ist.[7] Das Reformbemühen setzte um 1430 ein, initiiert von Johann Dederoth, dem Abt des Kloster Clus, der seit 1433 die Reform auch in Bursfelde einführte. Der

5 Zum Verbleib der Handschriften vgl. Sigrid KRÄMER: Handschriftenerbe des deutschen Mittelalters, Teil 1–3 (Mittelalterliche Bibliothekskataloge Deutschlands und der Schweiz, Erg.-Bd. 1). München, 1989–1990. Für den westfälischen Bereich sind die Restbestände der Klosterbibliotheken zusammengetragen bei Hermann-Josef SCHMALOR: Die westfälischen Stifts- und Klosterbibliotheken bis zur Säkularisation. Ergebnisse einer Spurensuche hinsichtlich ihrer Bestände und inhaltlichen Ausrichtung (Veröffentlichungen zur Geschichte der mitteldeutschen Kirchenprovinz, 19; Veröffentlichungen der Historischen Kommission für Westfalen, XLIV: Quellen und Forschungen zur Kirchen- und Religionsgeschichte, 6). Paderborn, 2005, S. 255–263.

6 Die Provenienz der Handschrift ist detailliert beschrieben in der Expertise von Hofmann-Kunstmarketing (wie Anm. 3). – Zur Erzbischöflichen Akademischen Bibliothek Paderborn (EAB) vgl. Karl HENGST: Die Erzbischöfliche Akademische Bibliothek Paderborn. In: Ein Jahrhundert Akademische Bibliothek Paderborn. Zur Geschichte des Buches in der Mitteldeutschen Kirchenprovinz mit einem Verzeichnis der mittelalterlichen Handschriften in Paderborn (Veröffentlichungen zur Geschichte der mitteldeutschen Kirchenprovinz, 10). Paderborn, 1996, S. 11–36; Hermann-Josef SCHMALOR: Die Erzbischöfliche Akademische Bibliothek Paderborn. In: Mitteilungsblatt der Arbeitsgemeinschaft Katholisch-Theologischer Bibliotheken (AKThB) 40 (1993), S. 123–142; Hermann-Josef SKUTNIK: Paderborn, Erzbischöfliche Akademische Bibliothek. In: Bernhard FABIAN (Hrsg.): Handbuch der historischen Buchbestände in Deutschland, Bd. 1–21. Hildesheim / Zürich / New York, 1992–2000, hier Bd. 4,2, S. 259–267.

7 ZIEGLER 1999 (wie Anm. 4). Das Leben und Wirken der Kongregation spiegelt sich in den sogenannten Generalkapitelsrezessen: Paulus VOLK: Die Generalkapitelsrezesse der Bursfelder Kongregation, Bd. 1–4. Siegburg, 1957–1972.

Abb. 1: Aufgeschlagene Handschrift aus Marienmünster

Bursfelder Abt Johann von Hagen wurde nun zum großen Organisator der Reform. Er baute den Zusammenschluss der ersten Klöster, die sich um Einheitlichkeit in der Lebensführung und Gleichförmigkeit des Gottesdienstes bemühten, zu einem Klosterverband aus. Für die Bemühungen um die Institutionalisierung des Zusammenschlusses wurde die Anerkennung der Kongregation durch den Erzbischof von Mainz 1449 bedeutend. 1451 ließ sich die Kongregation ihre Privilegien von dem Kardinallegaten Nikolaus von Kues erneuern. Die Bestätigung durch Papst Pius II. erfolgte 1459. Diese Bursfelder Kongregation betrieb mit aller Energie die Hebung der alten monastischen Tugenden. Sie hatte, anders als die Reformen von Kastl und Melk (in Süddeutschland und Österreich),[8] eine strenge Organisation, hielt regelmäßig Generalkapitel ab und ordnete Visitationen an. Die genaue Befolgung der Regel Benedikts und die Pflege des Gottesdienstes waren den Reformern besonders wichtig.

8 Dazu vgl. die entsprechenden Darstellungen in: Die Reformverbände und Kongregationen der Benediktiner im deutschen Sprachraum, bearb. von Ulrich FAUST und Franz QUARTHAL (Germania benedictina, I). St. Ottilien, 1999.

9 Pius ENGELBERT: Marienmünster und die Bursfelder Kongregation. In: Harald KINDL (Hrsg.): Marienmünster 1128–1978. Beiträge zur Entstehung und Entwicklung der ehemaligen Benediktinerabtei aus Anlaß des 850jährigen Bestehens. Paderborn, 1978, S. 41–50.

In diese Reformkongregation wurde im Jahre 1480 auch das im Bistum Paderborn gelegene Kloster Marienmünster aufgenommen,[9] und im Zuge dieser Reform dürfte auch die Handschrift, die 2014 vom Erzbistum Paderborn erworben wurde, ins Kloster gekommen und in die dortige Bibliothek eingestellt worden sein.

Wenn man das weitere Schicksal der Bibliothek von Marienmünster[10] betrachtet, ist es schon fast erstaunlich, dass heute überhaupt noch spätmittelalterliche Handschriften aus der alten Klosterbibliothek existieren, von denen eine dann auf dem Antiquariatsmarkt auftaucht. Wenn auch die Übernahme der Bursfelder Reform in Marienmünster eine relativ große Zahl von Handschriften, aber sicher auch zahlreiche Drucke in die Bibliothek gebracht hatte[11] und für 1543 die Neueinrichtung einer Bibliothek[12] erwähnt wird, so wissen wir doch aus einem Reisebericht von zwei französischen Benediktinermönchen, Edmond Martène und Ursin Durand, aus dem Jahr 1718, dass es dort kaum noch Dokumente aus dem Mittelalter gegeben habe, da alles während der Reformation und im Dreißigjährigen Krieg dem „fureur des hérétiques" zum Opfer gefallen sei.[13] So gab es auch bei der Aufhebung des Klosters 1803 keine gute Bibliothek.[14] Die Bücher wurden zerstreut. Von den wenigen erhalten gebliebenen mittelalterlichen Handschriften aus Marienmünster findet sich heute jeweils eine in den Staatsbibliotheken Berlin und München, in Kopenhagen, Manchester, Oxford, Philadelphia (USA) und New York vor.[15] Seit 2014 nun auch in Paderborn.

Der Text

Diese hier besprochene Handschrift enthält die *Historia ecclesiastica tripartita* des Cassiodor (* 485, † 580 im Kloster Vivarium), ein spätantiker römischer Staatsmann, Gelehrter und Schriftsteller.[16] Schon ab 507 bekleidete er im italischen Ostgotenreich zahlreiche politische Ämter, um 540 zog er sich von den Staatsgeschäften zurück. Als nahezu Siebzigjähriger gründete er 554 das Kloster Vivarium (Monasterium Vivariense). Bekannt ist, dass er von den Mönchen erwartete, dass sie von ihm gesammelte Handschriften abschrieben, wodurch zahlreiche bedeutende Schriften aus der Antike gerettet wurden. Die Forschung des 20. Jahrhunderts geht davon aus, dass Cassiodor selbst nie Abt oder Mönch gewesen sei.[17] Die Klostergründung orientierte sich an den monastischen Schriften des Johannes

10 Vgl. Schmalor 2005 (wie Anm. 5), S. 172 f.

11 Das lässt sich besonders deutlich noch an der Bibliothek des Paderborner Benediktinerklosters Abdinghof nachvollziehen, das wenige Jahre vor Marienmünster, nämlich 1477, der Bursfelder Kongregation beitrat und seine Bibliothek in dieser Zeit nahezu völlig neu aufbaute. Vgl. Schmalor 2005 (wie Anm. 5), S. 61 f.; 139–144.

12 Vgl. Knackstedt 1980 (wie Anm. 2), S. 462.

13 Edmond Martène, Ursin Durand: Voyage littéraire de deux religieux Bénédictins de la Congregation de St. Maur. Paris, 1724, S. 254. Außer den Plünderungen in den Jahren 1622 und 1623 (vgl. Knackstedt 1992 [wie Anm. 2], S. 571) lassen sich dieser Aussage jedoch keine konkreten Ereignisse zuordnen.

14 Schmalor 2005 (wie Anm. 5), S. 173.

15 Vgl. Krämer 1989-90 (wie Anm. 5), Bd. 2, S. 560.

16 Zu Cassiodor und seiner Historia ecclesiastica tripartita vgl. German Hafner: Cassiodor. Ein Leben für kommende Zeiten. Stuttgart, 2002.

17 André Van de Vyver: Cassiodore et son *œuvre*. In: Speculum 6 (1931), S. 244–292, hier 260–263.

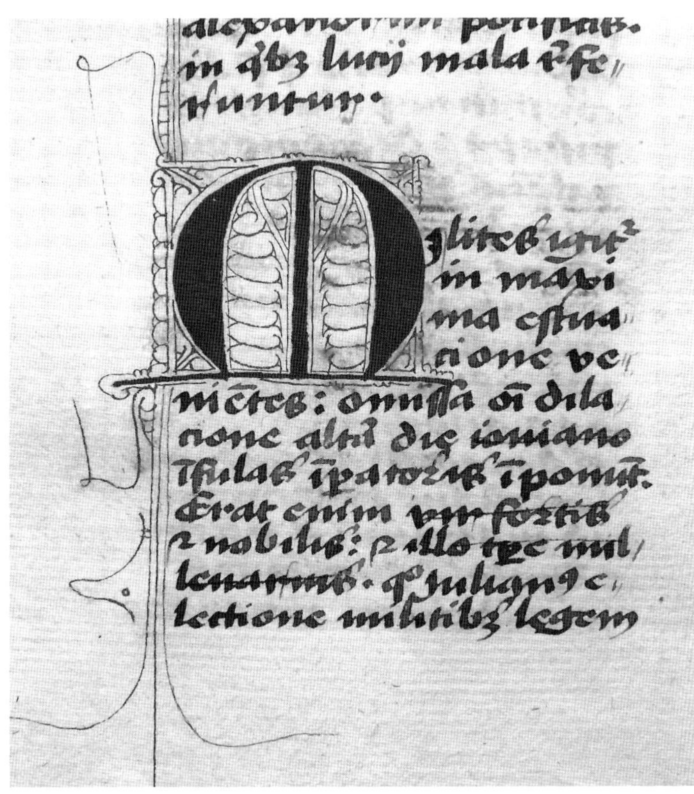

Abb. 2: Initiale „M"

Cassianus.[18] Damit verfolgte Cassiodor das Ziel, die im oströmischen Reich bereits vorhandene theologische Grundlage des Mönchtums auch für den Westen verfügbar zu machen. So entstand auch die *Historia ecclesiastica tripartita*, also eine „dreigeteilte Kirchengeschichte", in der Texte aus den drei griechischen Schriftstellern Sokrates Scholastikos, Sozomenos und Theodoret von Kyrrhos für die Zeit von 324 bis 429 zusammengestellt sind. Die Übersetzung ins Lateinische besorgte Epiphanius Scholasticus, während Cassiodor selbst die Texte zu einem einheitlichen Werk zusammenfügte, das sich in zwölf Abschnitte (Bücher) gliedert.[19] Es fand weite Verbreitung und gehörte auch im Spätmittelalter noch zu den gern und viel gelesenen Schriften. So existieren heute noch rund 130 handschriftliche Textzeugnisse, viele jedoch nur noch als Fragment.[20]

18 Insbesondere sind hier die Collationes Patrum zu nennen: Johannes CASSIANUS: Unterredungen mit den Vätern – Collationes Patrum, Teil 1: Collationes I–X, Teil 2: Collationes XI–XVII. Übersetzt und erläutert von Gabriele ZIEGLER. Münsterschwarzach, 2011–2014.

19 Zum Inhalt dieses Werkes vgl. Historia ecclesiastica tripartita (quam Cassiodorus Epiphanium scholasticum e Socrate, Sozomeno et Theodoreto colligere latineque vertere iussit) (Library of Latin Texts). Turnhout, 2010. Online-Ressource.

20 Walter JACOB: Die handschriftliche Überlieferung der sogenannten Historia tripartita des Epiphanius-Cassiodor (Texte und Untersuchungen zur Geschichte der altchristlichen Literatur, 59 = 5. Reihe, Bd. 4). Berlin, 1954.

In der Expertise von Hofmann Kunstmarketing wird die Handschrift wie folgt beschrieben:

„Textspiegel:
- Zweispaltige, spätgotische Handschrift.
- 36–39 Zeilen.
- Ungewöhnlich gleichmäßige Handschrift in brauner Tinte.
- Diverse Randkommentare der gleichen bzw. einer anderen zeitgenössischen Hand.
- Unauffällige Regulierungen.
- Blattmaße: 29,5 × 21,5 cm.
- Textspiegel: 21,0 × 15,0 cm.
- Spaltenmaße: 21,0 × 7,5 cm.
- Randmaße: Links 5,0 cm; Oben 3,5 cm; Rechts 2,0 cm; Unten 5,0 cm.

Illustrationen
- 13 große, äußerst dekorative Federwerksinitialen in Blau, teils mit Rankenausläufern in Rot.
- Über 500 kleinere Lombarden in Rot.

Kollation:
227 nn. Blatt; Lagenformel: i-xvii^{12}; xix^{11} (ohne das letzte weiße Blatt). Der Text ist vollständig.

Einband:
- Originaler gotischer Einband, wohl Mitteldeutschland.
- Geglättetes Kalbsleder über massiven Holzdeckeln.
- Reiche Blindprägungen im typisch spätgotischem Stil.
- Außen rechteckig verlaufende Streicheisenlinien und Prägedruck „Ihesus“ und „Maria“.
- Im Innenkasten diagonal verlaufende Streicheisenlinien mit Prägestempeln (Tier- und Blumenmuster).
- Vier (von fünf) originalen Messingbuckeln auf dem Hinterdeckel, Buckel vorn fehlen.
- Zwei originale, intakte gotische Schließen.
- Gebunden auf vier Doppelbünden.
- Einband alt restauriert, Originalleder teilweise mit Leder unterlegt.
- Rücken mit blindgeprägter Titelaufschrift.
- Abmessungen: Folio 30,0 × 22,0 × 7,5 cm (H×B×D)“[21]

21 Expertise von Hofmann-Kunstmarketing (wie Anm. 3).

Abb. 3: Besitzvermerk des Leander van Eß

Über den Entstehungsort dieser Handschrift gab es in der Vergangenheit zwei Thesen. Die ältere Auffassung lokalisiert sie in die südlichen Niederlande.[22] Neuerdings hat man den Entstehungsort eher in Westfalen, näherhin in Marienmünster selbst vermutet.[23] Die Einschätzung durch das Antiquariat Hofmann Kunstmarketing geht ebenfalls dahin, dass aus paläographischer Sicht als Entstehungsort der Handschrift eher Westfalen anzunehmen sei.[24] Eine Untersuchung des Wasserzeichens ergab, dass sich eine Zuschreibung auf einen Zeitraum zwischen 1462 und 1477 eingrenzen lässt. In der Wasserzeichensammlung Piccard ist das in unserer Handschrift durchgängig verwendete Wasserzeichen der Buchstabe P, die Nummer 108494 in der Picard-Sammlung. Papier mit diesem Wasserzeichen wurde in Münster (Westfalen) im Jahre 1465 verwendet.[25] Die Datierung um das Jahr 1465 und der Entstehungsort in der Abtei Marienmünster wären also durchaus plausibel.

Betrachtet man allerdings die historischen Umstände in Marienmünster,[26] so tauchen einige Probleme auf. Vor dem Beitritt zur Bursfelder Kongregation im Jahre 1480 dürfte es im Kloster selbst kaum geeignete Bedingungen gegeben haben für die Herstellung von Handschriften hoher Qualität, in unserem Falle einer Handschrift in ungewöhnlich gleichmäßiger Schrift in brauner Tinte und mit den großen, äußerst dekorativen Federwerksinitialen in Blau. Selbst nach dem Beitritt zur Bursfelder Kongregation waren wohl zunächst die wirtschaftlichen Voraussetzungen für ein effizientes Skriptorium nicht gleich gegeben. Es stellt hier sich die Frage, ob es nicht auch möglich sein könnte, dass die Handschrift in einem anderen Kloster geschrieben wurde und erst später nach Marienmünster gelangt ist.

Wenn auch das Skriptorium nicht sicher festzustellen ist, so kann jedoch sicher angenommen werden, dass der Einband der Handschrift nicht in Marienmünster entstanden ist. Er stammt mit großer Wahrscheinlichkeit aus der Werkstatt der Brüder vom gemeinsamen Leben (Fraterherren) in Herford, die in der Mitte des 15. Jahrhunderts nachweislich eine

22 Näherhin Hainaut/Hennegau. Versteigerung bei Christie's London (1.10.1980); Expertise von Hofmann-Kunstmarketing (wie Anm. 3).

23 Sotheby's Western Manuscripts and Miniatures. London, 05 July 2011. Lot 127: Germany, "probably Marienmünster".

24 Expertise von Hofmann-Kunstmarketing (wie Anm. 3).

25 Auch als Wasserzeichendatenbank des Hauptstaatsarchivs Stuttgart einsehbar: http://www.piccard-online.de/?nr=108494 (Aufruf 15.3.2016).

26 Die geistliche, geistige und wirtschaftliche Situation im Marienmünster vor der Übernahme der Bursfelder Reform vgl. bei Engelbert 1978 (wie Anm. 9), S. 43f.

Abb. 4: Einbandstempel IHESUS.

Abb. 5: Einbandstempel MARIA

florierende Buchbinderei betrieben[27] und für eine Reihe von anderen klösterlichen Niederlassungen Bücher gebunden haben, etwa für die Kreuzherren von Falkenhangen, von denen einige Bände in der Erzbischöflichen Akademischen Bibliothek Paderborn liegen und als Vergleichseinbände herangezogen werden können.[28] Die Bände aus der Fraterherrenwerkstatt in Herford sind eingehend untersucht worden von Hellmut Rüter, der das komplette Stempelmaterial aus der Zeit von 1440 bis etwa 1550 zusammengestellt hat. Aus diesem bei Rüter abgebildeten Material finden sich neben verschiedenen kleineren Stempeln auch zwei markante Schriftstempel mit den Namen „ihesus" und „maria" auf dem Einband unserer Handschrift, die also in das Herforder Fraterhaus zu lokalisieren sind.[29] Leider grenzt Rüter den Verwendungszeitraum für diese Stempel nicht ein. Sie sind jedoch auf dem Einband einer Handschrift zu sehen, der sich in der Erzbischöflichen Akademischen Bibliothek Paderborn befindet. Diese Handschrift wurde im Jahre 1468 geschrieben,[30] also in unmittelbarer zeitlicher Nähe zum vermuteten Entstehungsjahr unserer Handschrift.

Der Entstehungsort bleibt weiterhin ungewiss. Wenn Marienmünster selbst, wie oben dargelegt, kaum als Schreibwerkstatt in Frage kommt, wäre es unter Berücksichtigung der Einbände durchaus denkbar, dass die Handschrift von den Brüdern vom gemeinsamen Leben in Herford nicht nur gebunden, sondern auch geschrieben worden ist. Ein Skriptorium bei den Fraterherren in Herford ist nachgewiesen: Es wurde sowohl für den eigenen Bedarf als auch für auswärtige Auftraggeber geschrieben. Wie das Verhältnis zwischen dem Schreiben „pro pretio" und dem „pro domo" tatsächlich gewesen ist, lässt sich für das Herforder Fraterhaus für die Jahre 1446 bis 1525 bestimmen, in denen eine Einnahme aus Buchverkäufen in Höhe von 4.554 Gulden überliefert ist.[31] Vielleicht könnten Schriftvergleiche etwa mit der Handschrift Ba 22 im Bestand der Erzbischöflichen Akademischen Bibliothek Paderborn, ein Sammelband mit theologischen Texten des 15. Jahrhunderts,

27 Hellmut Rüter: Einbände aus der Werkstatt der Herforder Brüder vom gemeinsamen Leben. Mit einem Anhang: Der Bücherbestand der Herforder Fraterhaus-Bibliothek. Köln, 1969 (Maschinenschriftlich).

28 EAB, Depositum Bibliotheca Theodoriana, Ba 5, 7, 8, 9, 10, 14, 15, 18(1), 18 (2), 22; Pa 76 (vgl. im Handschriftenverzeichnis der EAB in: Ulrich Hinz: Handschriftencensus Westfalen [Schriften der Universitäts- und Landesbibliothek Münster, 18]. Wiesbaden, 1999, S. 269–279, 296).

29 Rüter 1969 (wie Anm. 27), Abbildungen I a: Nr. 1 und 2.

30 EAB, Depositum Bibliotheca Theodoriana, Ba 18 (2).

31 Robert Stupperich: Das Fraterhaus zu Herford, Teil II: Statuten, Bekenntnisse, Briefwechsel (Veröffentlichungen der Historischen Kommission für Westfalen,

Abb. 6: Buchmarke (Schablone) mit der Unterschrift „Sir T[homas] P[phillipps], Middle Hill", daneben „MS S Phillipps 595", daneben in Prägeschrift „GEN THEO SEMINARY LIBRARY NEW YORK"

der aus dem Fraterhaus in Herford stammt, später ins Kreuzherrenkloster Falkenhagen kam, hier Klarheit bringen.[32] Der Gedanke, dass die Handschrift komplett, also Text und Einband im Herforder Fraterhaus entstanden ist, dürfte insbesondere nahe liegen, wenn man die Entstehungszeit etwa in das Jahr 1480 verlegen könnte. In diesem Jahr trat, wie schon erwähnt, Marienmünster der Bursfelder Kongregation bei und hatte einen hohen Bedarf an „neuen" Handschriften, die sich inhaltlich an den Reformzielen der Kongregation orientierten. In diesen Zusammenhang gehörte auch die *Historia ecclesiastica tripartita*, die Cassiodor wie oben bereits erwähnt, aus den Übersetzungen dreier griechischer Schriftsteller kompiliert hatte. Bereits im achten und neunten Jahrhundert fand dieses Werk in der westlichen monastischen Welt weite Verbreitung. Bis ins späte Mittelalter war das Werk des Cassiodor das wichtigste historische Hilfsmittel für die Zeit von 324 bis 429, also von Konstantin bis Theodosius II., von Nizäa bis Ephesus. Es war Standardliteratur in den Klöstern des Westens und gehörte somit auch in das Bildungsprogramm der monastischen Erneuerungsbewegungen wie der Bursfelder Kongregation. Das Studium solcher Werke hatte – neben Liturgie und Gebet – eine besondere Bedeutung für die Selbstvergewisserung der Konventsmitglieder, für die Motivation ihres Tuns, im Rückgriff auf die Tradition ih-

35: Quellen zur Geschichte der Devotio moderna in Westfalen, I.2). Münster, 1984, S. 49.

32 Allerdings zeigen sich Unterschiede bei den Schriften in den beiden Handschriften. Ein Schriftvergleich mit Ba 22 ist jedoch insofern wenig aussagefähig, da diese Handschrift nicht exakt zu datieren ist, darüber hinaus aber auch durchaus unterschiedliche Schreiber zu verschiedenen Zeiten eine gewisse Individualität entwickelt haben dürften.

rer Gemeinschaft und der ganzen Kirche bis hin zu deren Ursprüngen. Dazu gehörte auch die Kirchengeschichte des Cassiodor, die in die Zeit der Antike, also zu den Kirchenvätern zurückführt, wobei gerade die griechischen Texte die spirituelle Grundlage des Mönchtums überhaupt darstellen.

Auch in Marienmünster sollte vom Anfang des Reformprozesses an die notwendige Literatur für die geistige und geistliche Erneuerung vorhanden sein. Da es vor Ort jedoch noch nicht die Möglichkeit gab, diese Literatur auch selbst zu produzieren und zumindest die Herstellung einer größeren Zahl von Handschriften in dem alten Skriptorium nicht möglich war – wenn es überhaupt ein solches gab –, war man gezwungen, die gewünschten Handschriften in anderen Skriptorien zu bestellen. In Herford bei den Fraterherren bot es sich an, ein komplettes Buch zu erhalten, bei dem man nicht einmal mehr für den Einband sorgen musste. Demnach wäre die Annahme sicher sinnvoll, dass unsere Handschrift also um 1480 im Fraterherrenhaus in Herford geschrieben, gebunden und nach Marienmünster geliefert worden ist.

Wenn solche Vermutungen auch durchaus naheliegen, lassen sie sich jedoch nicht im Einzelnen nachweisen.

Provenienzen

Sehr konkret und sicher ist jedoch der Weg der Handschrift von Marienmünster in die Erzbischöfliche Akademische Bibliothek Paderborn nachzuvollziehen. Einige markante Stationen sollen genannt werden.

Mit Leander van Eß begann die Wanderung unserer Handschrift aus dem Kloster Marienmünster hinaus in die weite Welt und wieder zurück nach Paderborn. Van Eß[33] wurde 1772 in Warburg geboren und trat 1790 in das Benediktinerkloster Marienmünster ein, wo er den Klosternamen Leander annahm und 1796 die Priesterweihe empfing. Nach der Aufhebung des Klosters 1803 zog er nach Schwalenberg (Lippe) und arbeitete als Pfarrer. Ab 1812 war er Professor an der Universität Marburg sowie Pfarrer der Pfarrei Marburg. Er trat 1822 von allen Ämtern zurück und lebte danach in Darmstadt, ab 1835 in Alzey als Privatgelehrter. Er starb 1847. Leander van Eß sammelte in großem Ausmaß Handschriften und gedruckte alte Bücher. Er widmete sich darüber hinaus insbesondere der Erstellung einer deutschen Bibelübersetzung und der Verbreitung der Bibel unter dem Volk, was ihn zu einem Vorläufer der katholischen Bibelbewegung des 19. Jahrhunderts machte. Das Sammeln von Büchern begleitete ihn sein ganzes Leben lang, bereits als Schüler begann er damit und setzte seine Leidenschaft als Mönch in Marienmünster fort, wo er dem Abt Vorhaltungen machte, weil dieser nichts für die Ausstattung der Klosterbibliothek tat.[34]

33 Zu ihm vgl. Johannes Altenberend: Leander van Eß (1772–1847). Bibelübersetzer und Bibelverbreiter zwischen katholischer Aufklärung und evangelikaler Erweckungsbewegung (Studien und Quellen zur westfälischen Geschichte, 41). Paderborn, 2001; Ders.: Säkularisation und Büchersammeln. Leander van Eß und der Aufbau einer Privatbibliothek. In: Kirchliches Buch- und Bibliothekswesen. Jahrbuch 4 (2003), S. 105–136.

34 Milton McC. Gatch: The book collections and the library of Leander van Ess / Die Büchersammlungen und die Bibliothek von Leander van Eß. In: Milton McC. Gatch und Johannes Altenberend (Hrsg.):

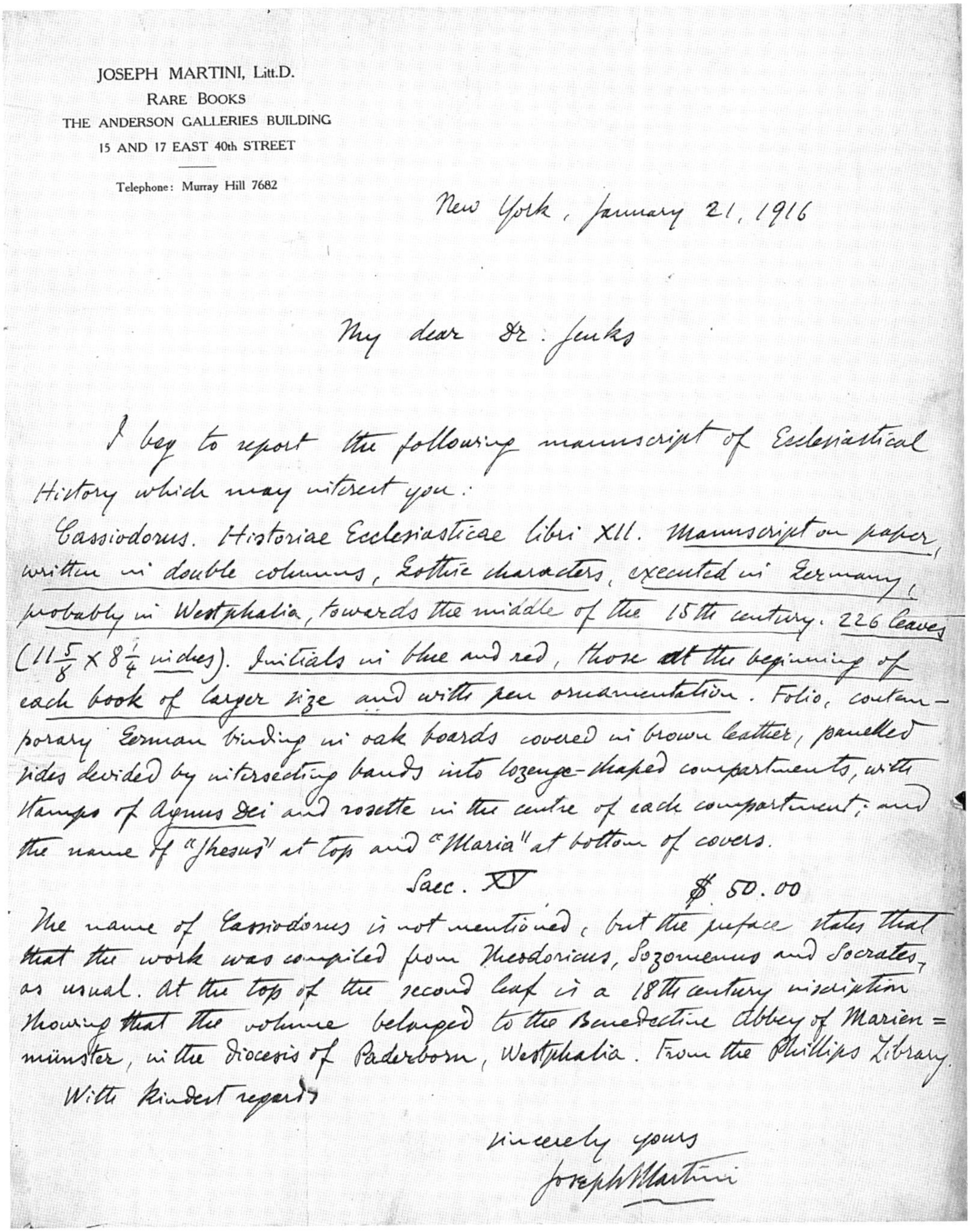

JOSEPH MARTINI, Litt.D.
RARE BOOKS
THE ANDERSON GALLERIES BUILDING
15 AND 17 EAST 40th STREET

Telephone: Murray Hill 7682

New York, January 21, 1916

My dear Dr. Jenks

I beg to report the following manuscript of Ecclesiastical History which may interest you:

Cassiodorus. Historiae Ecclesiasticae libri XII. Manuscript on paper, written in double columns, Gothic characters, executed in Germany, probably in Westphalia, towards the middle of the 15th century. 226 leaves (11 5/8 x 8 1/4 inches). Initials in blue and red, those at the beginning of each book of larger size and with pen ornamentation. Folio, contemporary German binding in oak boards covered in brown leather, panelled sides devided by intersecting bands into lozenge-shaped compartments, with stamps of Agnus Dei and rosette in the centre of each compartment; and the name of "Jhesus" at top and "Maria" at bottom of covers.

Saec. XV $50.00

The name of Cassiodorus is not mentioned, but the preface states that that the work was compiled from Theodoricus, Sozomenus and Socrates, as usual. At the top of the second leaf is a 18th century inscription showing that the volume belonged to the Benedictine Abbey of Marien=münster, in the diocesis of Paderborn, Westphalia. From the Phillips Library.

With kindest regards

sincerely yours
Joseph Martini

Abb. 7: Brief von Joseph Martini (Rare Books, New York) an Arthur Whipple Jenks von 1916

Nach Aufhebung des Klosters besaß van Eß eine Reihe von Handschriften, Inkunabeln und spätere Drucke aus Marienmünster. Zu diesem Bestand seiner Sammlung gehörte auch unsere Cassiodor-Handschrift. Sie trägt den Vermerk: „L. van Eß Marienmünster"[35]. Im Jahre 1823 publizierte er einen Katalog seiner Sammlung, in dem die Handschrift als Nr. 211 verzeichnet ist.[36]

Aus wirtschaftlichen Gründen veräußerte van Eß seine Bibliothek schon zu Lebzeiten in mehreren Transaktionen und musste dabei manche Enttäuschung erleben. 1823/24 gelang es ihm nicht, die Handschriften und Inkunabeln auf dem nationalen Markt geschlossen abzusetzen, weil die öffentlichen Bibliotheken nur gezielt alte Bücher kauften und finanziell schlecht ausgestattet waren. 1824 glückte der Verkauf an den englischen Bibliophilen Sir Thomas Phillipps.[37]

Der Besitzereintrag auf Blatt I der Cassiodor-Handschrift „MS S Phillipps" und daneben eine eingestempelte Buchmarke mit der Unterschrift „Sir T.P. Middle Hill" belegt, dass auch diese Handschrift von Phillipps übernommen wurde (Inventarnummer MS 595).[38] Phillipps lebte bis 1862 in Middle Hill, Broadway, Worcestershire und danach zog er ins Thirlstaine House, Cheltenham, Gloucestershire um. Hier starb er im Jahre 1872 und hinterließ die Sammlung seiner Tochter, die mit John Fenwick verheiratet war. Ab 1886 wurde die Phillipps-Sammlung in verschiedenen Auktionen, die sich bis 1979[39] erstreckten, nach und nach in alle Winde zerstreut. In einer dieser Auktionen bei Sotheby's London, vom 6. Juni 1910 schied sie als Lot 162 aus der Sammlung aus und gelangte in den Antiquariatshandel:[40]

1910–1913 Leighton, New York, Catalogue, Nr. 55.
1913–1916 Joseph Martini Rare Books, New York.

„... Welch kostbarer Grundstock". Die Bibliothek von Leander van Eß in der Burke Library des Union Theological Seminary New York. New York, 1996, S. 55.

35 EAB, Pad 650, Bl. 2a.

36 Leander van Ess: Sammlung und Verzeichniss handscriftlicher [!] Bücher ... nebst einer Sammlung von alten Holzschnitten und kleinen Gemälden ... welche besitzt Leander van Ess. Darmstadt, 1823, Nr. 211, S. 37.

37 Gatch 1996 (wie Anm. 34), S. 47–75, hier 59 f. – Zur Biographie von Sir Thomas Phillipps vgl. Frederic J. Mosher: Phillipps, Sir Thomas. In: Lexikon des gesamten Buchwesens (LGB²), 2., völlig neu bearb. Aufl., Bd. 1–9. Stuttgart, 1987–2015, hier Bd. 5 (1999), S. 632 f. Anthony Noel Latimer Munby: Phillipps Studies. Cambridge, 1951–1960. (No. 1: The Catalogues of Manuscripts & Printed Books of Sir Thomas Phillipps. 1951; No 2: The Family Affairs of Sir Thomas Phillipps. 1952; No. 3: The Formation of the Phillipps Library up to the Year 1840. 1954; No. 4: The Formation of the Phillipps Library from 1841 to 1872. With an Account of The Phillipps Art Collections by A.E. Popham. 1956; No. 5: The Dispersal of the Phillipps Library. 1960.)

38 Ein Katalog der Handschriftensammlung von Phillipps findet sich bei Gustav Friedrich Haenel: Catalogi librorum manuscriptorum qui in bibliothecis Galliae, Helvetiae, Belgii, Britanniae maioris, Hispaniae, Lusitaniae asservantur. Leipzig, 1830 (Nachdruck Hildesheim, 1976), Sp. 803–896 (mit rund 4.000 Titeln von Manuskripten), die Cassiodor-Handschrift unter Nr. 597.

39 Hans Peter Kraus: Catalogue 153: Bibliotheca Philippica. Manuscripts on vellum and paper from 9th to the 18th centuries. From the Celebrated Collection formed by Sir Thomas Phillipps. The Final Selection. New York, 1979.

40 Ausführlich mit den entsprechenden Nachweisen bei Jacob 1954 (wie Anm. 20), S. 32.

Der Handschrift liegt eine auf den 21. Januar 1916 datierte handschriftliche Buchbeschreibung von Joseph Martini Rare Books, New York, bei an Arthur Whipple Jenks. Dieser war von 1910 bis 1922 Professor für Kirchengeschichte am General Theological Seminary in New York City und befugt, für diese Institution einzukaufen. Der Kaufpreis 1916 war 50 US$. Joseph Martini bestätigt in diesem Schreiben auch einige der genannten Provenienzen.[41]

Von 1916 bis 1980 gehörte die Handschrift dann zur St. Mark's Library des General Theological Seminary.[42] Auf dem Vorderspiegel befindet sich das Exlibris "The General Theological Seminary Library, Chelsea Square, New York II, N.Y., Dean Hoffman Fund", mit einem Aufkleber "Rare Book Room". Im Rahmen des General Seminary Sale wurde die Handschrift am 1. Oktober 1980 bei Christie's London, Lot 148, an Alan Thomas, London, versteigert und gelangte wieder in den Antiquariatshandel. 1987 schließlich kam sie an einen amerikanischen Privatsammler, Dr. Eric L. Bandurski, Waldoboro, Lincoln County, Maine, von dort im Jahre 2011 an die Firma Hofmann Kunstmarketing in Weidenhain, Deutschland. [43]

Im Jahr 2014 erwarb das Erzbistum Paderborn die Handschrift,[44] die ein außergewöhnliches historisches Dokument für das Benediktinerkloster Marienmünster im 15. Jahrhundert darstellt und nun im Zusammenhang mit den Klosterreformen in Westfalen, insbesondere der Bursfelder Kongregation, weiter erforscht werden soll.

Für das Erzbistum Paderborn ist diese Handschrift einzigartig, da es hier sonst keine Handschriften mehr aus Marienmünster gibt.

41 Beilage zu EAB, Pad 650.

42 Homepage: https://www.gts.edu/ (Aufruf am 15.3.2016).

43 Expertise von Hofmann-Kunstmarketing (wie Anm. 3).

44 Den Hinweis auf das Angebot verdanken wir Herrn Rechtsanwalt Hans-Georg Tillmann, Neustadt.

Zwischen Tugend und Laster

Ein spätmittelalterlicher *Conflictus animae*

Christian Heitzmann

Tugenden und Laster zu personifizieren und als handelnde Personen agieren zu lassen, ist bereits in der antiken Literatur ein beliebtes Mittel, um abstrakte Begriffe und ihr Verhältnis zueinander anschaulich zu machen. Für die christliche lateinische Literatur des Mittelalters ist für diesen Bereich die *Psychomachie* des Prudentius (um 400) einflussreich gewesen. Zu der Vielzahl von Texten über Tugenden und Laster, die im Mittelalter verfasst wurden, gehört ein bislang unbeachteter lateinischer Prosatext des Spätmittelalters. Er handelt in allegorischer Rede von der menschlichen Seele, die in Gestalt einer vornehmen Königin vorgestellt wird. Ihr Schloss liegt mitten zwischen Jerusalem und Babylon, also zwischen Gut und Böse. In biblisch geprägter Sprache und in Bildern, die vor allem in Anlehnung an den Psalter und das Hohelied die Sehnsucht der Seele nach Gott bzw. dem Bräutigam Christus veranschaulichen, bietet der kurze Traktat die Darstellung des aus Tugenden bestehenden Hofstaats der Königin. Im ersten Teil des Textes geht es um die Bestrafung und Besserung reumütiger Sünder, wobei zwölf Tugenden aus dem Hofstaat der Königin dem Richter als Schöffen zur Seite stehen. Der zweite Teil handelt von der Bedrohung der Seele durch den Herrscher von Babylon, der die Königin in seine Gewalt bringen will. Von ihr abgewiesen, versucht er, ihr Schloss mit Gewalt zu nehmen. Rettung kommt ihr von Christus, dem Sohn des Königs von Jerusalem, dem die ganze Sehnsucht der Königin gilt und dem sie sich schließlich vermählt.

Der Text eines namentlich nicht bekannten Verfassers ist in fünf Papierhandschriften des 15. Jahrhunderts überliefert. Davon stammen vier mit Sicherheit aus Norddeutschland (zwei aus Hildesheim, eine aus Bursfelde und eine aus Bordesholm), eine vermutlich aus Regensburg.

H Hildesheim, Stadtarchiv, Best. 52 Nr. 369, f. 175v-181v (Ende 15. Jh., aus St. Michael Hildesheim)[1]

J Jena, Thüringer Universitäts- und Landesbibliothek, Ms. Sag. o. 10, f. 77r–91v (2. V. 15. Jh., in Nordwestdeutschland geschrieben, Besitzvermerk des Lüchtenhofs in Hildesheim)[2]

K Kiel, Universitätsbibliothek, Ms. Bord. 119, f. 132v–137v (um 1470, aus Bordesholm)[3]

Ma Marburg, Universitätsbibliothek, Mscr. 68, f. 109r–131v (2. Hälfte 15. Jh., aus Bursfelde)[4]

Mü München, Universitätsbibliothek, 2° Cod. ms. 672, 117ra–123vb (1. Drittel 15. Jh., vielleicht aus Regensburg, um 1600 in Ingolstadt)[5]

Wann und wo das Werk entstanden ist, kann kaum näher eingegrenzt werden. Als Entstehungszeit kommen das 13., 14. oder 15. Jahrhundert infrage. Der Titel des Traktats ist in den Handschriften uneinheitlich überliefert. Die aus Bursfelde stammende Marburger Handschrift bietet die Überschrift *Conflictus virtutum et vitiorum animae haesitantis inter Jerusalem et Babylonem*.[6] Dem entspricht in der Jenaer Handschrift die Schlussschrift *Explicit conflictus anime*. Die Hildesheimer Handschrift bietet den ausführlichen Titel *Tractatulus devotus de anima que dicitur regina quomodo sponso suo scilicet Christo post hanc vitam coniungitur* und verweist damit auf den im Traktat nicht ausdrücklich genannten Bezug zum Jenseits. Die Münchner Handschrift bietet das Incipit *Liber de nobilitate animae*. Die Bordesholmer Handschrift schließlich spricht in der Überschrift schlicht von einer *Metaphora* und betont damit den allegorischen Charakter des Werks. Dies entspricht der Formulierung des unbekannten Autors in der Vorrede: *per quasdam comparaciones enarrabo*. Die besondere Hochschätzung, die der Tugend der *discretio* entgegen gebracht wird, lässt auf ein monastisches Umfeld schließen, in dem der Verfasser lebte.[7]

Der hier erstmals zum Druck gebrachte Text beruht auf der Überlieferung in den Handschriften H, J und K. Der Text folgt im Wesentlichen K und H, relevante (sinntragende) Varianten sind in den Fußnoten nachgewiesen.

1 Mittelalterliche Handschriften im Stadtarchiv Hildesheim, beschr. von Irene Stahl (Mittelalterliche Handschriften in Niedersachsen – Kurzkatalog, 4). Wiesbaden, 2001, S. 63–65, hier 65.

2 Die Handschriften der Thüringer Universitäts- und Landesbibliothek, Bd. 2: Die mittelalterlichen lateinischen Handschriften der Signaturreihen außerhalb der Electoralis-Gruppe, beschr. von Bettina Klein-Ilbeck und Joachim Ott. Wiesbaden, 2009, S. 372–379, hier 374. Das Digitalisat dieser Handschrift steht online zur Verfügung: http://archive.thulb.uni-jena.de/hisbest/receive/HisBest_cbu_00030772

3 Ich danke Kerstin Schnabel für den Hinweis auf diese Handschrift. Ihre Beschreibung stellte sie mir freundlicherweise schon vor der Veröffentlichung zur Verfügung.

4 Die mittelalterlichen Handschriften der Universitätsbibliothek Marburg, beschr. von Sirka Heyne. Wiesbaden, 2002, S. 199–201, hier 201.

5 Die lateinischen mittelalterlichen Handschriften der Universitätsbibliothek München, Hälfte 2: Die Handschriften aus der Folioreihe, beschr. von Natalia Daniel, Gerhard Schott, Peter Zahn. Wiesbaden, 1979, S. 150–154, hier 152.

6 Anja FRECKMANN: Die Bibliothek des Klosters Bursfelde im Spätmittelalter. Göttingen, 2006, S. 93. In Anlehung an München bietet der Katalog (vgl. Anm. 5) den Titel *Liber de nobilitate animae*.

7 André CABASSUT: Art. Discrétion. In: Dictionnaire de Spiritualité, Bd. 3. Paris, 1957, Sp. 1311-1330, bes. 1319-1326.

Quedam methaphora[8]

Audite omnes, qui timetis deum, et narrabo, quantas virtutes in presenti et quantas delicias in futuro faciet[9] deus anime mee.[10] Hec omnia et singula et per quasdam comparaciones enarrabo. Animam dico reginam, Deum sponsum, corpus castrum, consciencia domum in qua regina moratur cum sua familia, familiam dico diversas virtutes, quinque sensus quinque plateas, liberum arbitrium duas valvas predicti castri, quarum una respicit ad Iherusalem, altera ad Babilonem.

Erat quedam regina valde nobilis, que habebat castrum inter Iherusalem et Babilonem. Hec erat ita nobilis, quod nichil inveniebatur in terra, quod eius nobilitati comparari posset, quia inicium habet, sed fine caret, et omnia, que sub sole sunt transitoria, sunt ei subiecta. Hec enim supradicta regina erat ditata et ornata multa familia et copiosa nimis. Fueruntque ei octo pedisseque et una matrona. Pedisseque vero Humilitas, Disciplina, Simplicitas, Verecundia, Castitas, Temperancia, Pudicicia, Mundicia et Reverencia. Prime quatuor sequebantur reginam, quando per plateas et alias ire compellebatur. Et unaqueque suum officium ei studiose impendebat. Humilitas fimbriam vestimenti[11] eius levabat, cum per postem vel per alium offendiculum transire necesse erat, et cum vento superbie et flatu elacionis agitarentur vestimenta eius, ne caderet, diligenter componebat, et ne aliquid indecens ei contingeret, quia humilitas numquam passa est ruinam. Disciplina semper eam monebat, ne eius nobilitatem oblivioni traderet, sed semper disciplinate et honeste incederet. Simplicitas vero eam monebat, ut neminem despiceret, sed omnes obviantes sibi reverenter salutaret et simpliciter incederet. Verecundia eam monebat, ut oculos submissos haberet et semper verecundiam servaret, cum colloquium cum viris habere oportebat, quia proprie virgini est trepidare et ad omnes viri ingressus formidare. Et sic predicta regina semper et ubique decenter se habuit propter spem desponsationis nobilis domicelli omni gratia plena.[12] Castitas et Pudicicia eciam suum officium diligenter impleverunt. Harum officium fuit lectum preparare et diversis floribus virtutum ornare et lectisternia ab omni macula custodire. Mundicia et Reverencia similiter suum officium summa devocione frequenter exercebant. Istarum officium fuit mundicias ubique facere, pavimentum domus et angulos purgare, sedilia honeste componere, ut intrantes et exeuntes nichil invenirent, quod eorum aspectus reprehendere posset. Eciam habuit venerabilem matronam nomine Pax.[13] Huius officium fuit ipsam reginam et predictas virgines regere et quicquid facerent[14] semper in pace incederent, quia ubi pax, ibi est tranquillitas et summa quies. Fuerunt eciam dicte regine duo nobiles consiliarii, scilicet Providencia et Sapiencia, duo camerarii, scilicet Honestas et Puritas, marscallus Benivolencia, pincerne quoque Continencia et Moderancia,

8 Überschrift: Tractatulus devotus de anima que dicitur regina quomodo sponso suo scilicet Christo post hanc vitam coniungitur H. Quedam methaphora K. Conflictus virtutum et vitiorum animae haesitantis inter Jerusalem et Babylonem Ma. Liber de nobiliate anime Mü.

9 faciet] fecit H J.

10 PsG 65,16: venite audite et narrabo omnes qui timetis deum quanta fecit animae meae.

11 Mt 9,20 und 14,36: fimbriam vestimenti.

12 propter … plena] *om.* H | omni gratia plena] omni gloria pleno J.

13 erat eciam quedam matrona provida et discreta nomine pax H J.

14 sive in opere cotidiano vel cum aliquando aliquas levitates exercerent *add.* J.

Sobrietas et Temperancia, advocatus Iusticia, prolocutores Misericordia et Veritas. Scabini duodecim, sex a dextris et sex a sinistris. Sex a dextris sunt Intelligencia, Bonitas, Paciencia, Pietas, Obediencia et Fidelitas. In hac parte stetit Misericordia, cum loqueretur cum aliquo deprehenso. Sed Veritas stetit in sinistro cum suis scabinis et sunt isti sex: Racio, Comprehensio, Exhibicio, Demonstracio, Affirmacio et Confirmacio.

Contigit autem sepius, ut Misericordia et Veritas sibi obviarent[15] coram iudice in proloquendo, ita ut, cum aliquis in culpa[16] deprehensus fuisset et Veritas eum ad mortem condempnare vellet, Misericordia eum firmiter cum suis scabinis defendebat. Dixit enim Intelligencia primus scabinus: "O domine iudex, quamvis hic peccavit, tamen intellexi, quod multa bona operatus est prius." Et hoc Bonitas secundus scabinus affirmavit sic esse. Tunc tercia, scilicet Paciencia dixit: "Scio ego, quod hic multas iniurias quandoque pacienter sustinuit propter iusticiam. Ideo nunc merito parcendum est ei." Tunc quartus, scilicet Pietas ait: "Pius semper fuit circa pauperes et indigentes, ideo et nunc pie parcatur." Et quintus ait, scilicet Obediencia: "Quamvis in hac parte inobediens fuerit, tamen diligenter servat mandata dei." Tunc sextus, scilicet Fidelitas ait: "O bone iudex, merito debetis ei parcere, quia semper fidelis fuit in omnibus operibus suis, eciam persecutoribus bene faciens propter deum." Tunc iudex ait: "Impossibile est multorum sanctorum preces non exaudiri, quia nullum bonum manet irremuneratum." Ad hec Veritas ait: "Nec ullum malum erit impunitum." Tunc communi consilio decreverunt, ut reus dignos fructus penitencie ageret et sic graciam inveniret. Et sic iudex tradidit eum in potestatem Misericordie. Quem Misericordia multa gavisa arripuit et tradidit eum Contricioni, et Contricio tradidit eum Confessioni et Confessio Satisfaccioni. Deinde Satisfaccio duxit eum ad domum Penitencie et ibi compedivit eum multos dies. Abstinencia ministravit ei. Tunc Abrenunciacio accessit ad eum dicens: "Si abrenunciare volueris, ego fideliter peragam negocium tuum, ut tibi micius fiat." Qui respondens: "Abrenuncio propriam voluntatem." Tunc Abrenunciacio nunciavit hoc iudici et fideliter intercessit pro eo. Tunc iudex misit ei duos nuncios vel ministros, qui alleviarent penam eius et consolarentur eum, scilicet Compassionem vel Compacionem et Consolacionem. Tunc venit et[17] Paciencia et Obediencia et consolabantur eum et provocabant ad satisfaccionem. Tunc et predicti consiliarii, scilicet Sapiencia et Prudencia, miserunt ei occulte duas consolatores habiles et subtiles ad provocandum eum ad gaudium et leticiam, scilicet Iubilacionem et Contemplacionem, ut luderent et gauderent coram eo, ne nimia tristicia absorberetur. Qui cum venissent et ludum suum dulciter exercerent et suavissime coram eo gauderent, captivus extra se pre dulcedine rapitur, ita ut non sentiret vincula nec penitenciam sibi inflictam, et omnes alii[18] consolatores tractarent coram eo de sua liberacione. Ille ait: "Ego malo sic semper esse in vinculis et tali ludo frui, quam sine vinculis tali ludo carere." Vere felix est talis penitencia, que tam delectabile ludum habere meruit. Eya quam beatus est iste, qui tali ludo semper fruitur! Vere iste dicere potest illud propheticum: Auditui meo da[bis gaudium] etc.[19]

15 PsG 84,11: misericordia et veritas obviaverunt sibi.

16 in culpa] in venialibus vel aliquando incaute vel per ignoranciam vel per decepcionem in gravibus culpis J.

17 tunc venit et] et aliquando predicti scabini veniebant ad eum et maxime J.

18 alii homines H.

19 PsG 50,9: auditui meo dabis gaudium et laetitiam.

Interea fit clamor, quod iterum quidam deprehensus sit in multis et gravibus criminibus et peccatis. Statim affuit Veritas cum suis scabinis coram iudice. Et iudex: "Quid vobis videtur de illo criminoso?" Primus scabinus, scilicet Ratio dixit: "Loquatur Veritas de eo, quicquid ei constet." Tunc Veritas multa enormia mala protulit adversus eum et iudicat illum dignum esse morte eterna. Tunc precepit iudex secundo et tercio scabinis, scilicet Comprehensioni et Exhibicioni, ut mitterent precones, qui comprehenderent eum et exhiberent eum iudicio. Quod cum factum fuisset, iudex inquisivit que esset causa mortis. Statim quartus scabinus, scilicet Demonstratio, prodidit multa furta et alia scelera, in quibus fuerat deprehensus. Tunc quintus scabinus, scilicet Affirmacio, testificabatur omnia esse vera, et sic ille convincitur. Tunc sextus scabinus, scilicet Confirmatio, confirmavit sentenciam dampnacionis sue. Audiens hec Misericordia cum suis scabinis tacuit, quia non habebat viam, per quam ei posset subvenire. Videns igitur iudex, quod nullus pro eo intervenire vellet, iussit eum tradi tortoribus iuxta peccata[20] in quibus delectabatur in hac vita. Tunc mox rapuerunt eum Superbia et Elacio cum suis ministris et precipitaverunt eum de excelso monte. Tunc iam Odium et Invidia rapuerunt eum unguibus suis et dentibus acutissimis laceraverunt. Post hec Luxuria, Immundicia, Gula et Ebrietas cum sociis suis proiecerunt eum in puteum immundissimum, ubi rapuerunt eum principes tenebrarum et tradiderunt eum ministris, scilicet Vexacioni et Desperacioni, ad puniendum, qui rapientes duxerunt eum ad loca infernalia. Isti duo ministri magis cruciabantur eum quam omnes alii. Desperacio cantabat ei canticum mortis, scilicet hic ignis non extinguitur nec vermis moritur,[21] hic finis semper incipit et defectus deficere nescit.[22] Sicque consolantur hic rei, qui proiecti sunt a facie dei. Peracto igitur iudicio Misericordia cum suis scabinis geniculavit se coram iudice et petivit indulgenciam predicto captivo, quam iudex hilariter exaudivit, et statim misit quatuor ministros, qui eum arriperent et misericordie presentarent, scilicet Indulgenciam et Remissionem, Absolucionem et Liberacionem. Primi duo nunciaverunt ei relaxacionem omnium peccatorum. Absolucio absolvit eum et Liberacio dirupit vincula eius totaliter et presentavit Misericordie. Quem Misericordia restituit in gradum pristinum et ampliori gracia ditatus est quam ante casum erat, quia ubi habundavit delictum, superhabundavit et gracia.[23]

Hiis omnibus peractis regina fecit vocari transgressorem, qui liberatus fuerat et inquisivit ab eo causam transgressionis sue. Qui respondit: "O domina, cum vice quadam ambularem per plateas, scilicet per visum et auditum, vidi quendam de Babilonia, quem recepi hospitio et per illum deceptus transgressor effectus sum cadens in peccata. Ille autem mox fugit, cum cecidissem, et prodidit me gloriatus de casu meo. Sicque Veritas deprehendit me. Et nisi Misericordia adiuvisset[24] me, paulo minus habitasset in inferno anima mea." Audiens hec regina dixit ei: "Vide, ne deterius aliquid tibi contingat. Vade nunc in pace!" Tunc regina precepit convocari omnem familiam suam et portarios suos, scilicet Perseveranciam et Diligentiam. Perseverancia erat senior, cuius maturitas non permisit eum multum vagari.

20 tradi ... peccata] traditoribus et propriis peccatis J.

21 Mc 9,45/47: ubi vermis eorum non moritur et ignis non extinguitur.

22 Gregorius Magnus, *Moralia in Iob* 9,66: finis semper incipit et deficere defectus nescit.

23 Rm 5,20: ubi autem abundavit delictum superabundavit gratia.

24 adiuvabit J.

Diligencia erat iunior, qui mox ut audivit pauperem clamantem, deum benedixit et cucurrit ad portam et elemosinam tribuit et quicquid agendum erat circa pauperes, fideliter peregit, quia iuvenis fortis et abilis ad expedienda negocia pauperum.[25]

Habuit insuper regina hec duos cursores, scilicet Meditacionem et Cogitacionem. Cogitacio terrena negocia peregit, Meditacio vero celestia. Habuit eciam quinque vigiles, quatuor in castro et unum in turri. Quatuor in castro sunt Fides, Spes, Firmitas et Circumspectio. Sed Fortitudo turrim fideliter custodivit. Cum igitur tota familia congregata fuisset coram regina, ipsa verecundabatur loqui coram tanta multitudine. Sapiencia, sciens eius voluntatem et sciens omnia bene disponere, loquebatur pro ea dicens: "Domina nostra regina sub virtute obediencie precepit omnibus vobis, ut nullus vestrum aliquem de Babilonia recipiat hospicio nec portarii intromittant nec ullum servicium ei exhibeatur, sed totaliter despiciatur et cum indignacione repellatur. Sed advenientes de Iherusalem honorifice suscipiantur et benigne tractentur. Maxime autem rogo vigiles, ut omnium adveniencium adventum pronuncient. Fides sedeat ad orientem, Spes ad austrum et custodiat valvam que respicit Ierusalem. Firmitas sedeat ad aquilonem, unde tempestates et venti validi oriri solent. Circumspectio sedeat ad occidentem, unde tenebre et nebule pluviarum venire solent et diligenter custodiat valvam, que respicit Babilonem. Et magnopere moneo Fortitudinem, ut firmiter resistat cum necessitas incubuerit." Qui omnes responderunt se libenter obedire et omnia precepta regine servare. Tunc dimisit eos regina, et unusquisque remeavit ad propria.

Cum autem rex Babilonis intellexisset, quod sic despecti essent sui et cum indignacione repellerentur a castro regine, iratus est valde et congregavit exercitum grandem et fortem nimis et circumvallavit castrum eius, volens illud subvertere et reginam cum sua familia captivam ducere. Quod intelligens, qui erant in castro, firmiter se defendebant. Hoc cum vidisset rex, precepit sagitariis, ut cum ignitis iaculis iacerent in castrum, ut sic territi castrum darent, nec tamen sic prevaluit. Videns igitur rex, quod per expugnacionem non posset prevalere, tandem per murum loquebatur cum consiliariis regine et ad omnes defensores murorum sic ait: "Rogo, ut consilium detis regine vestre, ut desponsetur filio meo et dabo ei et vobis magnos honores et infinitas divicias. Et si renuerit, non recedam hinc, donec vos omnes et castrum istud subvertam." Responderunt consiliarii dicentes: "Etatem habet regina, de se loquatur. Insuper non decet nos tale consilium dare, ut nobilis ignobili coniungatur et pia impio confirmetur, tamen revelabimus ei, et quicquid facere voluerit, vobis renunciabimus."

Cum autem ista proponerent regine, regina multum perterrita flere cepit nimis perturbata dixitque: "Malo mori quam tam vili stercori coniungi." Hec cum renunciata fuissent regi, rex magis ac magis furore incenditur et totis viribus iterum temptabat expugnare castrum, sed nichil profecit. Tunc rex precepit exercitui suo, ut summa diligencia caveretur, ne aliqua bona adducerentur ad dictum castrum, ut ita fame morerentur. Sed Sapiencia, que omnia bene disposuit et in sui disposicione non fallitur, occulte omnia necessaria procuravit, quousque eligeretur magister militum et caput tocius familie. Videns regina se sic circum-

25 quia iuvenis et habilis erat ad annunciandum negocia hominum J.

vallatam, cogitabat desponsari cuidam potenti domicello[26] virginis filio, qui eam posset liberare de manu regis Babilonis. Unde dicebat intra se: "Audivi bonam famam eius, qui ideo vocatur Ihesus, id est Salvator, quia salvat omnes sperantes in se, et quod delectabile et dulce sit conversari cum eo." Hec et similia revolvens in corde suo tantum in amore eius fervebat, quod decumberet. Cuius debilitatem Sapiencia cum intellexisset, intravit ad eam requirens ab ea causam languoris. Que diu tacuit et pre verecundia respondere non valebat. Tandem Sapiencia provocante ait: "Amore langueo.[27] En, inquit, vides qualiter circumvallata sum et timore perterrita. Ideo libenter coniungerer cuidam potenti domicello, qui me et vos omnes liberaret." Tunc ait Sapiencia: "Vocetur cursor, scilicet Cogitacio, et mittatur ad querendum talem domicellum." Cogitacio mittitur per universum mundum et tandem revertitur et stetit coram regina. Cui regina dixit: "Unde venis?" At ille: "Circuivi terram et perambulavi eam."[28] Et regina: "Numquid invenisti, quem diligit anima mea?"[29] At cursor: "Vanitas vanitatum et omnia vanitas[30] et omne, quod vidi in mundo, aut est concupiscencia oculorum aut concupiscencia carnis aut superbia vite.[31] Sed audivi, quod in Iherusalem, que sursum est, sit nobilis filius regis Iherusalem, de cuius probitate et gloria totus mundus loquitur." Quod audiens regina magis ac magis inflammatur in eius amorem. Tunc iterum Sapiencia dixit: "Vocetur alius cursor, scilicet Meditacio sancta, et assumat oracionem, que celos scit penetrare." Oratio respondit: "Scitis, o domina, quod via, que sursum tendit ad Iherusalem, arta et angusta[32] est et multe insidie inimicorum iuxta illam viam sunt. Et nullus potest illac pervenire, nisi per violenciam et pugnam, quia regnum celorum vim patitur et violenti rapiunt illud.[33] Insuper nullus permittitur intrare ad regem vacua manu. Ideo necesse habeo, ut comitetur me Devocio cum lagena aque, id est cum lacrimis ad refocillandum spiritum in pugnam. Et ad flectendum domicelli animam oportet me habere duo clenodia, in quibus maxime delectatur, que ex parte vestra ei dabo, scilicet bonam voluntatem et perfectam caritatem. Nam ipse dicit: 'Non apparebis in conspectu meo vacuus.'[34] Insuper necesse habeo in testimonium, ut ei mittatis litteram vestram caritate sigillatam, in qua sit scriptum desiderium vestrum. Tunc prosperabitur iter meum et desiderium vestrum adimplebitur." Regina respondit: "Hec omnia procurabo vobis, et cum inveneritis dilectum meum, nunciate ei diligenter, quam valde eum diligo et amore eius langueo."[35]

Cum igitur profecti essent nuncii iter arripientes, statim invenerunt secus viam duos deceptiones in habitu peregrinorum, qui deceperant multos, qui eorum consilia sequebantur. Vocabantur autem Astucia et Versucia diabolice fraudis, qui coniungebant se nunciis regine, quasi cum eis vellent ambulare. Et cum venissent ad bivium, dicebant: "Ambulemus per hanc viam latam et pulchram, que delectabilis est ad ambulandum." Sciebant[36] ibi la-

26 Für ‚domicellus' als Bezeichnung für Christus liegt im Mittellateinischen Wörterbuch, Bd. 3, Sp. 944 nur ein Beleg aus der Mitte des 13. Jahrhunderts aus der *Vita beatae Mariae virginis et Salvatoris rhythmica* vor.

27 Ct 2,5 und 5,8: amore langueo.

28 Hiob 1,7 und 2,2: circuivi terram et perambulavi eam.

29 Ct 3,4: inveni quem diligit anima mea.

30 Ecl 1,2: vanitas vanitatum omnia vanitas.

31 I Io 2,16: omne quod est in mundo concupiscentia carnis et concupiscentia oculorum est et superbia vitae.

32 Mt 7,14: angusta porta et arta via.

33 Mt 11,12: regnum caelorum vim patitur et violenti rapiunt illud.

34 Ex 23,15: non apparebis in conspectu meo vacuus.

35 Ct 5,8: si inveneritis dilectum meum ut nuntietis ei quia amore langueo.

36 sciebant quod H K.

tere latrones,[37] qui eos exspoliarent ambulantes per illam. Unde et multi decepti sunt per pulchritudinem illius vie, sicut scriptum est: 'Sunt vie, que videntur hominibus pulchre, sed finis illorum ad inferos ducit.'[38] Tunc responderunt nuncii dicentes: "In mandatis habemus hanc viam ambulare et illam obmittere. Si autem nobis vim facere volueritis, defendemus nos." At illi: "Non possumus vobis vim facere, sed si consiliis nostris acquiescere nolueritis, liberi discedite." Sic quoque sunt separati. Et cum procederent, iterum obviam habuerunt aliam societatem, scilicet Pigriciam, Negligenciam, Sompnolenciam, Invidiam, Nequiciam, Levitatem et Vanitatem. Hii omnes temptabant nuncios impedire, sed non poterant, quia firmiter se defendebant. Non valet autem lingua proferre, quantas iniurias et quanta adversa sustinuerunt in via, antequam pervenirent in Iherusalem.

Tandem cum pervenissent cum magno labore ad preurbium Iherusalem, acceperunt lagenam aque, quam secum apportaverant, et refocillabant spiritum deficientem. Et si hanc aquam non habuissent, utique in via defecissent. Tunc viderunt duos ministros regis ante fores stantes, scilicet Caritatem Benefacientem et Veritati Congaudentem, quos interrogaverunt, qualiter fama ibi sonaret. Benefaciens respondit: "Rex Abbatheos[39] intellexit, quod quedam nobilis domicella et regina in terra vestra, de qua venitis, in amore filii sui totis viribus suis languet et ob hoc castrum suum obsessum sit a rege Babilonis. Quare omnem potestatem dedit filio suo, ut, si voluerit, poterit eam liberare et eam sibi desponsare. Et modo filius assumpsit sibi regnum et imperium et omnem potestatem. Et iam premittit duos visitatores, scilicet Divinam Visitacionem et Spiritualem Delectationem. Hii debent visitare reginam et explorare castrum et statum regine et tocius eius familie." Responderunt illi: "Nos nuncii regine sumus et venimus cum litteris et muneribus adorare domicellum vestrum et negocium regine nostre fideliter peragere." Tunc Congaudens Veritati dixit: "Consilium meum est, ut sustineatis negocium vestrum et maneatis in preurbio in domo Benefacientis, donec visitatores redeant. Et si bene eis successerit, tunc simul intrabitis cum illis ad negocium vestrum peragendum. Et cito remittite cursorem vestrum Meditacionem, ut nunciet regine visitatorum adventum, ut benigne suscipiantur et honorifice tractentur." Placuit eis consilium et cursor remittitur regine. Cumque venisset et stetisset coram regina, ait: "Prosperum iter fecit nobis deus salutarium nostrum."[40] Et ei narravit omnia, que eis acciderunt, et adventum visitatorum regis indicavit.

Tunc regina precepit vocari consiliarios suos cum marscalco, quibus precepit, ut honeste nuncios summi regis reciperent et laute procurarent. Quod ita factum est. Tunc Divina Visitacio fecit, sicut ei imperatum fuerat. Visitabat omnes officinas et tandem ipsam reginam cum sua familia visitabat. Tunc venit et secundus visitator, scilicet Spiritualis Delectatio, et colloquium habebat ita dulce cum regina et familia eius, quod supra modum delectabatur audire. Dicebant enim eis de magnitudine potentis regis Iherusalem et habitancium in ea,

37 latrones] raptores J.

38 Cf. Prv 14,12: est via quae videtur homini iusta novissima autem eius deducunt ad mortem. Abgewandelt und unserer Stelle ähnlicher bei Balduin von Canterbury (Migne PL 204, 466D): sunt viae quae videntur hominibus rectae, quarum finis ad inferna deducit.

39 Rex pater J. – Zum seltenen Ausdruck ‚Abbatheos' vgl. Christine Modesto: Studien zur Cena Cypriani und zu deren Rezeption. Tübingen, 1992, S. 134: rex habitans in partibus orientis nomine Abbatheos habensque unicum filium.

40 PsG 67,20: prosperum iter faciet nobis deus salutarium nostrorum.

ita quod rapiebatur regina ex se et dixerat: "Quam dulcia faucibus meis eloquia tua et dulcia super mel ori meo."[41] Tandem regina reversa ad se inquisivit de statu filii regis Iherusalem. Primo interrogavit, si esset pulcher. At illi: "Pulchritudinem eius sol et luna mirantur." – Et illa: "Est dives?" "Gloria et divicie in domo eius."[42] – "Est iustus?" "Iustus dominus in omnibus viis suis et sanctus in operibus suis."[43] – "Est misericors?" "Misericors et miserator et iustus dominus paciens et multum misericors et miseraciones eius super omnia opera eius."[44] – "Est sapiens?" "Sapiencie eius non est numerus."[45] – "Est pius?" "Aperit manum suam et implet omne animal benediccione."[46] – "Est potens?" "Potestas eius a mari usque ad mare et a flumine usque ad terminos orbis terrarum."[47] – "Est nobilis?" "Omnes reges terre adorabunt eum et omnes gentes servient ei, cui servire regnare est."[48]

Audiens hec regina magis ac magis inflammatur in amore dilecti sui. Interea cum visitator visitasset omnem familiam et vidisset, quod unusquisque per viam suam ambularet[49] et faceret, quod volebat, et non haberent rectorem super se, displicuit ei et iratus est valde et volebat cum socio suo recedere cum indignacione. Quod intelligens regina misit matronam suam cum Intervencione et Reconsiliacione ad eos. Et statim Intervencio petivit veniam coram eis et rogavit diligentissime, ut saltem manerent per diem. Tunc Pax et Reconsiliacio coegerunt eos, ut averterent iram et indignacionem eorum, et sic in tempore iracundie facta est reconsiliacio.[50] Et manserunt donec rector et caput omnium electus esset.

Tunc regina precepit vocari omnem familiam suam, ut eligerent rectorem, cui omnes obedirent. Cumque convocati simul stetissent coram regina, ipsa dixit: "Si placet, eligatis Sapienciam, que ex ore altissimi prodiit[51] et bene scit omnia disponere." Sapiencia respondit: "O domina, cum pueris minus bene scio conversari. Ideo nec eos regere possum. Expedit autem vobis, ut eligatur, que cum omnibus scit conversari." Tunc quidam dixit: "Eligatur Humilitas, que numquam passa est ruinam." Que respondit: "Nescio superbos et elatos et protervos compescere." Tunc alius dixit: "Eligatur Pax." Que respondit: "Nescio inter discordantes habitare." Et alter ait: "Eligatur Puritas camerarius vester." At illa: "Non possum esse in brax[at]orio[52] propter denigrationem, que ibi fit propter caldaria et diversas ollas." Et sic omnes se excusabant. Tandem dixit Sapiencia: "O domina, scio adhuc virtutem, qua omnes virtutes condiuntur, sine qua nulla virtus efficax est, hec vocatur Discrecio." Tunc regina et omnes communi consilio elegerunt Discrecionem, quia omnis virtus, que fit sine discrecione, fit vicium. Et clamaverunt omnes: "Vivat Discrecio et habeat potestatem super nos et super omne regnum!"

41 PsG 118,103: quam dulcia faucibus meis eloquia tua super mel ori meo.

42 PsG 111,3: gloria et divitiae in domo eius.

43 PsG 144,17: iustus dominus in omnibus viis suis et sanctus in omnibus operibus suis.

44 PsG 144,8: miserator et misericors dominus patiens et multum misericors.

45 PsG 146,5: sapientiae eius non est numerus.

46 PsG 144,16.

47 PsG 71,8: et dominabitur a mari usque ad mare et a flumine usque ad terminos orbis terrarum.

48 PsG 71,11: adorabunt eum omnes reges omnes gentes servient ei. Sacramentarium Gelasianum (Migne PL 74, 1217): Deus auctor pacis et amator quem nosse, vivere, cui servire, regnare est.

49 Is 53,6: unusquisque in viam suam declinavit.

50 Sir 45,7m17: in tempore iracundiae factus est reconciliatio.

51 Sir 24,5: ego ex ore altissimi prodivi.

52 Braxatorium (braciatorium): Brauhaus.

Tunc omnes accesserunt et fecerunt ei obedienciam. Videns autem Discrecio, quod potestatem haberet super omnes, statim ordinavit magistrum militum, scilicet Providenciam, et fecit duos milites, scilicet Potenciam et Dignitatem, que semper aput Providenciam essent. Et Discrecio assumpsit sibi in ministerium Continenciam, Benignitatem et Disposicionem. Et factum est in illa die gaudium magnum per totam familiam propter confirmacionem Discrecionis. Videntes igitur nunc visitatores, quod domus regine sapienter a sapientibus disposita fuisset, placuit eis bene et gracias agentes volebant recedere. Tunc regina misit ad eos marscalcum suum Benivolenciam, ut instantissime rogaret, quod eos reciperet hospicio, ut manerent adhuc per aliquot dies, ut colloquio Spiritualis Delectationis aliquantulum adhuc frueretur. Qui exaudierunt eam et manserunt.

Tunc Spiritualis Delectatio intrabat ad reginam et colloquium salubre et iocundum habebat cum ea de gloria et pietate dilecti sui. Contigit autem quadam vice, ut regina tantum accenderetur in amore dilecti sui, ut extra se raperetur et amens fieret et more amentium occulte cucurrit extra castrum vagabunda et ullulans dicens: "O si haberem dilectum meum, ubi queram eum, ut inveniam?" Et casu arripiebat iter arduum, quod sursum tendebat ad Iherusalem, et cum nocte appropiaret muris Iherusalem et sic ullulans incederet, invenerunt eam vigiles et custodes murorum.[53] Percusserunt eam et vulneraverunt tuleruntque pallium eius.[54] Mane autem facto aliquantulum ad se reversa cognovit Ierusalem esse, in qua dilectus eius moraretur, et videns filias Iherusalem per cancellos respicientes clamabat dicens: "O filie Ierusalem, nunciate dilecto meo, quod amore langueo propter eum,[55] percussa sum, vulnerata sum, spoliata sum, laboremque magnum sustinui, scilicet labor meus vix est unius hore et si plus est, non sencio pre amore."

Oracio et Devocio audientes hec cognoverunt vocem esse regine et statim cucurrerunt ammirantes, quid ei accidisset, et interrogaverunt eam quomodo illic pervenisset. Que ait: "Anima mea liquefacta est ut dilectus meus locutus est."[56] Tunc duxerunt eam in domum Benefacientis et rogaverunt hospitem, ut intraret civitatem et rogaret paraclitum spiritum sanctum, quatenus reginam consolaretur ac reduceret ad castrum. Quod fecit Benefaciens et intimavit paraclito eventum rei et statim paraclitus hilariter exaudivit eum et misit ei spiritum revelacionis, qui eam reduceret, ut revelaret ei directam viam cum illuminatione, ne in tenebris erroris et miserie ambularet. Et sic in spiritu reducta est regina ad castrum suum.

Interea cum familia reginam non inveniret, mirabatur quid ei accidisset, et perturbabantur omnes valde. Tunc visitatores dicebant: "Sepe contigit nobis in visitacione, cum nos faceremus sermonem de gloria Iherusalem, quod multi raperentur extra se et quasi amentes vagarentur. Ita forte et hic contigit." Interim nunciatum est familie reginam esse reversam et sic ei contigisse sicut visitatores dixerunt. Tunc visitatores intrabant cum familia ad reginam et interrogaverunt eam ubi fuisset. Illa respondit: "Post dilectum meum abii, quesivi illum." Et ab alto trahens suspiria dixit: "Incolatus meus, heu, prolongatus est, modo inveni illum."[57] Visitatores dixerunt: "In proximo est, ut a deo cureris. Sustine adhuc modi-

53 Ct 3,3: invenerunt me vigiles qui custodiunt civitatem.

54 Ct 5,7: invenerunt me custodes qui circumeunt civitatem percusserunt me vulneraverunt me tulerunt pallium meum mihi custodes murorum.

55 Ct 5,8: adiuro vos filiae Hierusalem si inveneritis dilectum meum ut nuntietis ei quia amore langueo.

56 Ct 5,6: anima mea liquefacta est ut locutus est.

57 PsG 119,5: heu mihi quia incolatus meus prolongatus est.

cum tempus et mitte pro Iubilacione et Contemplacione, ut ludant coram te, donec reversi fuerimus Iherusalem. Tunc nos simul cum nunciis tuis exspectantibus nos intrabimus ad dilectum tuum ad negocium tuum fideliter peragendum et desiderium tuum adimplebitur."

Regina cum magno desiderio et magna exultacione clamabat dicens: "Fiat mihi secundum verbum tuum[58] et quanto cicius tanto carius." Tunc visitatores reverentissime gracias agentes accepta licencia redierunt in Iherusalem, unde missi fuerunt. Cum adhuc ante fores Iherusalem essent et postularent nuncios regine, mox Congaudens Veritati celeriter nunciavit eis, ut cito venirent et intrarent cum visitatoribus et negocium regine modo terminarent. Qui statim venerunt, et cum vidissent visitatores, salutabant se invicem et intraverunt cum eis, ubi domicellus dulciter hilari vultu statimque interrogabat visitatores de statu regine et familie eius. Et responderunt dicentes: "Regina omni laude dignissima, et quod[59] domus eius a sapientibus bene sit disposita, quoniam Discrecio totam familiam regit."[60] Tunc inquisivit domicellus, si regina humilis esset, casta et pudica, stabilis et quieta, obediens et pacifica, simplex et disciplinata. Visitatores respondentes affirmabant omnes has virtutes in se habere et multo plures. Hec affirmacio multum beneplacuit domicello. Et dum medium silencium tenerent omnia, videntes Oratio et Devocio, quod nullum impedimentum haberent, adoraverunt domicellum sedentem in throno, viventem in secula seculorum. Et apertis thesauris suis obtulerunt ei preciosa munera, scilicet bonam voluntatem et perfectam caritatem. Et statim presentaverunt ei litteram a regina missam dicentes: "Salutat te regina nostra, o nobilissime domicelle." Qui statim aperuit litteram et legit eam sic: "Dilecto amatori suo domino Ihesu Christo ancilla humilis et dicta regina, licet indigna, in terra miserie et valle lacrimarum posita obedienciam et quicquid ex se dulcius poterit cogitari. Regnum mundi et omnem ornatum seculi contempsi propter te, in quem credidi, quem dilexi, quem semper optavi et totis viribus concupivi.[61] Nichil enim in hoc mundo desidero, sed omnes delicias mundi quasi stercora arbitror, sed cupio dissolvi et esse cum dilecto meo domino Ihesu Christo." Perlecta littera, que caritate fuit sigillata, legit et sigillum in quo scriptum erat: "Pone signaculum hoc super cor tuum."[62] Quod cum fecisset, domicellus mox clamavit dicens: "Vulnerasti cor meum, soror mea sponsa.[63] Accepta sunt michi munera tua valde. Et ecce ego cito veniam et liberabo te de manu regis Babilonis et desiderium tuum adimplebo.[64] Et quem sepius optasti, secundum voluntatem tuam perfrueris." Et dixit domicellus nunciis regine: "Cito recedite in pace et nunciate, quod libenter venturus sim cum potestate magna."

Qui cum reversi fuissent, Oracio intravit ad reginam dicens: "Annuncio vobis gaudium magnum,[65] quia salvator venturus est liberare vos ab omnibus inimicis vestris." Tunc dixerunt consiliarii regine: "Consilium nostrum est et videtur esse salubre, ut intres ecclesiam tuam et capellani tui cum suis ministris celebrent ibi divina, ut cum venerit dilectus tuus, inveniat te in divinis laudibus vacantem." Ecclesia est protectio dei, capellani gracia dei,

58 Lc 1,38: fiat mihi secundum verbum tuum.

59 quod *om.* H J.

60 quoniam … regit] et quomodo discrecio tantam familiam eius regeret K.

61 Responsorium aus dem Commune virginum: Regnum mundi et omnem ornatum saeculi contempsi propter amorem domini mei Jesu Christi quem vidi quem amavi in quem credidi quem dilexi (http://cantusindex.org/id/007524).

62 Ct 8,6: pone me ut signaculum super cor tuum.

63 Ct 4,9: vulnerasti cor meum soror mea sponsa.

64 In K Lücke im Text. Der untere Teil (etwa sieben Zeilen) von f. 137 wurde abgeschnitten.

65 Lc 2,10: evangelizo vobis gaudium magnum.

communicacio spiritus sancti. Ministri divinitatis cogitacio sancta, inspiracio salutaris, intercessio celestis, benedictio, cantores sunt concordancia dulcis, elevacio devota intencio et perfecta consolacio. Isti ita dulciter cantabant, quod vox cordi semper concordabat. Interea cum regina in divinis esset cum sua familia et cum iubilacione et contemplacione, clamaverunt vigiles: "Estote parati! Ecce dominus cum potestate magna et maiestate et ecce in acie belli divinum auxilium et victoria." Et qui precedebant, pugnabant cum rege Babilonis et refulsit sol in clipeos aureos et resplenduerunt montes ab eis et fortitudo regis Babilonis dissipata est et ceciderunt multi in ore gladii[66] et interierunt. Et fecit victoriam in illis domicellus noster gloriosus et omnipotens et facta est leticia magna in castro.

Tunc aperuerunt portam, que respiciebat ad Iherusalem, et intromittebant domicellum cum exercitu suo in iocunditate et exultacione. Et cum introductus fuisset, statim cucurrit ad ecclesiam, ubi audivit dulcem melodiam, et ibi invenit reginam in suis laudibus vacantem, que assurrexit ei et humili vultu eum respexit et cantabat cum cantoribus suis antiphonam: "Clamavit dilectus vulnerasti cor meum soror mea sponsa in ictu oculi tui."[67] Et duxit eam in cubiculum eius et ordinavit in eam caritatem. Et cantavit dulciter: "Surge, propera, amica mea,[68] veni de Libano, veni coronaberis."[69] Tunc domicellus assumpsit eam et duxit eam sursum in civitatem suam Iherusalem et iussit precones precedere et clamare: "Sic honorabitur, quam rex vult honorare."[70] Et sic cum magno comitatu angelorum et sanctorum assumpta est in gloriam sempiternam, ubi ei dedit tria clenodia pro dote, scilicet congaudium omnium sanctorum, visionem ipsius divinitatis facie ad faciem sicut est et securam fruicionem ipsius sancte trinitatis. Que clenodia nobis conferat post hanc vitam Ihesus Christus dominus noster in secula benedictus amen. Explicit conflictus anime.

66 Sir 28,22: multi ceciderunt in ore gladii.

67 Ct 4,9: vulnerasti cor meum soror mea sponsa vulnerasti cor meum in uno oculorum tuorum.

68 Ct 2,10: surge propera amica mea.

69 Ct 4,8: veni de Libano veni coronaberis.

70 Est 6,9: sic honorabitur quemcumque rex voluerit honorare.

Ein spätmittelalterlicher Samthülleneinband im Hildesheimer Domschatz

Regula Schorta

Jochen Bepler hat meine Begeisterung für unscheinbare textile Überreste immer mit Wohlwollen, wahrscheinlich hin und wieder mit Verwunderung, und lange Jahre – im Wortsinne – etwas von oben herab beobachtet. Zu seinem „Hochsitz" im Büro der alten Dombibliothek am Pfaffenstieg führten zwei Stufen, die sich ideal als Sitzgelegenheit anboten. Davor konnte man alte und weniger alte Stoffe auf dem Fußboden ausbreiten, und dann wurde darüber, und über Gott und die Welt, diskutiert und philosophiert. Auch dieses Buch und seine textile Hülle möchte ich Jochen Bepler symbolisch zu Füßen legen. Vielleicht, ich hoffe es, hätte er seine Freude daran gehabt.

Nicht im Bestand der Dombibliothek, sondern im Hildesheimer Domschatz ist ein Epistolar/Evangelistar für die Festtage erhalten, das an mehreren Stellen auf das Jahr 1520 datiert ist.[1] Die Handschrift besteht aus 40 Pergamentblättern und misst 27 mal 20 cm. Der Text ist schlicht gehalten und mit einfachen Lombarden in Rot und Blau geschmückt, der Holzdeckeleinband mit weißem Leder[2] bezogen. Die Handschrift an sich ist unspektakulär, bemerkenswert ist allerdings ihr Samtüberzug (Abb. 1, 6).

Dieser besteht in erster Linie aus einem großen Stück eines ungemusterten, heute braunen Samtgewebes, das in voller Webbreite verarbeitet wurde.[3] Die Kettfäden verlaufen quer zum Buchrücken, so dass die Hülle an ihrem oberen und unteren Rand mit der Webkante

Für vielfältige Hilfe beim Verfassen dieses Textes danke ich Gerhard Lutz, Dommuseum Hildesheim, und Michael Peter, Abegg-Stiftung, Riggisberg.

1 Marlis STÄHLI: Die Handschriften im Domschatz zu Hildesheim. Wiesbaden, 1984 (Mittelalterliche Handschriften in Niedersachsen, 7), S. 167–169; Marlis STÄHLI: Die Handschriften des Hildesheimer Domschatzes. In: Die Diözese Hildesheim in Vergangenheit und Gegenwart. Zeitschrift des Vereins für Heimatkunde im Bistum Hildesheim 50 (1982), S. 83–94, bes. S. 91, 93 und 94; Victor H. ELBERN und Hans REUTHER: Der Hildesheimer Domschatz. Hildesheim, 1969, S. 67 Nr. 67 (die Hinweise auf die ältere Literatur sind ein Versehen und beziehen sich auf das Antependium DS 66).

2 Wahrscheinlich Schweinsleder.

3 Ungefähre Maße des Gewebeabschnittes H. 52 cm, B. 56 cm (Webbreite). Ungemusterter, geschnittener Samt mit Grund in abgewandeltem Köper 3/1 über 1 und 2 Schusseinträge. – Kette: 3 Hauptkettfäden zu 1 Florkettfaden; Hauptkette Seide, wohl Z-Drehung, dunkelbraun; Florkette Seide, wohl Zwirn S aus 2 Fäden Z-Drehung, dunkelrot (zu braun verfärbt); ca. 90 Haupt- und 30 Florkettfäden/cm. – Schuss: 3 Schusseinträge auf 1 Samtrute; Seide, ohne erkennbare Drehung, altrosa; ca. 60 Schusseinträge und 20 Samtruten/cm. – Webkanten an beiden Seiten erhalten, 10 mm breit. Material: von außen nach innen 0,5 cm Seide, ohne erkennbare Drehung, grün, doppelt; 0,5 cm Seide, ohne erkennbare Drehung, altrosa, doppelt. Bindung: Köper 3/1 S-Grat über abwechselnd 1 bzw. 2 Schusseinträge.

Abb. 1: Hildesheim, Dommuseum, Inv.-Nr. DS 67, Evangeliar/Evangelistar für die Festtage mit Hülleneinband; aufgeschlagen sind fol. 19v–20r mit der Prozession am Freitag nach Corpus Christi.

abschließt (Abb. 2, 3). Das Stoffstück wurde links und rechts um je ein paar Zentimeter eingeschlagen und die Innenfläche dann mit drei verschiedenen Geweben gefüttert: Ein blass rosafarbenes Leinengewebe bedeckt die Innenseiten der Buchdeckel,[4] ein hellroter gemusterter Seidendamast den oben über das Buch hinausragenden Teil des Samtes[5] und ein blauer Halbseidenatlas den unteren Überstand.[6] Dieser ist mit 20 cm rund dreimal so lang wie der obere. Fadenreste, die sich in regelmäßigen Abständen entlang der Unterkante und entlang der einen vertikalen Kante erhalten haben, lassen vermuten, dass der untere Überstand einst mit einem Schmuck versehen war. In Leinengewebe und Halbseidenatlas ist eine Aussparung für den Buchrücken eingearbeitet, so dass die beiden Buchdeckel in die Hülle eingeschoben werden konnten. Oberstoff und Futter der Hülle wurden anschließend parallel zur oberen und unteren Kante des Buches mit Hinterstichen abgenäht und das Buch so fixiert.[7] Schließlich sind zwei durchbrochene Silberschließen durch die Samthülle hindurch auf die Buchdeckel aufgenietet worden.

Eine Kategorisierung solcher und ähnlicher Buchhüllen ist bereits mehrfach unternommen worden, allgemein anerkannte Begriffsdefinitionen haben sich aber bisher nicht durchgesetzt.[8] Einerseits lag der Fokus immer wieder auf den Beutelbüchern oder engl. *girdle books*, jenen Einbänden also, deren am unteren Schnitt lang überstehende Enden zum Tragen in der Hand oder am Gürtel ausgebildet sind. Andererseits ist die Zahl der erhaltenen Bücher mit textilen Hülleneinbänden relativ gering und zudem variieren diese beträchtlich in ihren Einzelheiten. Auch wenn im Hildesheimer Fall der Überstand der Einbandhülle am unteren Schnitt erheblich länger ist als am oberen, gibt es keine Hinweise – zum Beispiel Falten oder Abnützungsspuren – darauf, dass er tatsächlich zum Tragen des Buches verwendet worden wäre. Es scheint deshalb richtig, von einem Hülleneinband[9] zu sprechen.

Hülleneinbände haben zunächst schützende, wenn sie aus kostbarem Material gefertigt worden sind, aber vor allem schmückende Funktion. Dies dürfte auch beim Hildesheimer Lektionar der Fall gewesen sein. Der heute braune Samt war ursprünglich von leuchtend dunkelroter Farbe, wie die auf die Buchdeckelinnenseite umgeschlagenen und dort vor Licht geschützten Streifen noch zu erkennen geben (Abb. 1, 2). Eine solche Veränderung von Rot zu Braun ist nicht ungewöhnlich [10] und liegt im verwendeten Farbstoff, offen-

4 Leinwandbindung. – Kette und Schuss nicht unterscheidbar, beide Leinen, Z-Drehung, gelblich-rosa; 16–17 Kettfäden und 16–17 Schusseinträge/cm.

5 Seidendamast in 5-bindigem Kett- und Schussatlas mit Steigungszahl 2. – Kette: Seide, schwache Z(?)-Drehung, rot; ca. 85 Kettfäden/cm. – Schuss: Seide, ohne erkennbare Drehung, rot; ca. 45 Schusseinträge/cm.

6 7-bindiger Kettatlas mit Steigungszahl 4. – Kette: Seide, Zwirn S aus 2 Fäden Z-Drehung, blaugrün (vereinzelt altrosa); ca. 90 Kettfäden/cm. – Schuss: Leinen, Z-Drehung, blau; ca. 35 Schusseinträge/cm. – Webkante an einer Seite erhalten, ca. 6 mm breit. Material: von außen nach innen 36 Kettfäden gelb, 2 rosa, 1 blau, 2 rosa, 1 blau, ca. 40 gelb, alle Zwirn S aus 2 Fäden Z-Drehung. Bindung: 7-bindiger Kettatlas mit Steigungszahl 4.

7 Nähfaden für alle Nähte: Seide, Zwirn S aus 2 Fäden S-Drehung, rot und grün, oft doppelt verwendet.

8 Dies gilt nicht zuletzt für die deutsche Terminologie, vgl. János A. Szirmai: The Archaeology of Medieval Bookbinding. Aldershot u.a., 1999, S. 234 mit Anm. 39 auf S. 280–281.

9 Vgl. die Definition bei Ursula Bruckner: Über das Beutelbuch und seine Verwandten – der Hülleneinband, das Faltbuch und der Buchbeutel. In: Gutenberg-Jahrbuch 72 (1997), S. 307–324, bes. S. 308. Im Englischen ist *chemise binding* der am häufigsten verwendete Begriff.

10 Vgl. Judith H. Hofenk de Graaff: The Colourful Past. Origins, Chemistry and Identification of Natural Dyestuffs. Riggisberg und London, 2004, S. 141–154, bes. 147.

Abb. 2: Innenseite des Vorderdeckels

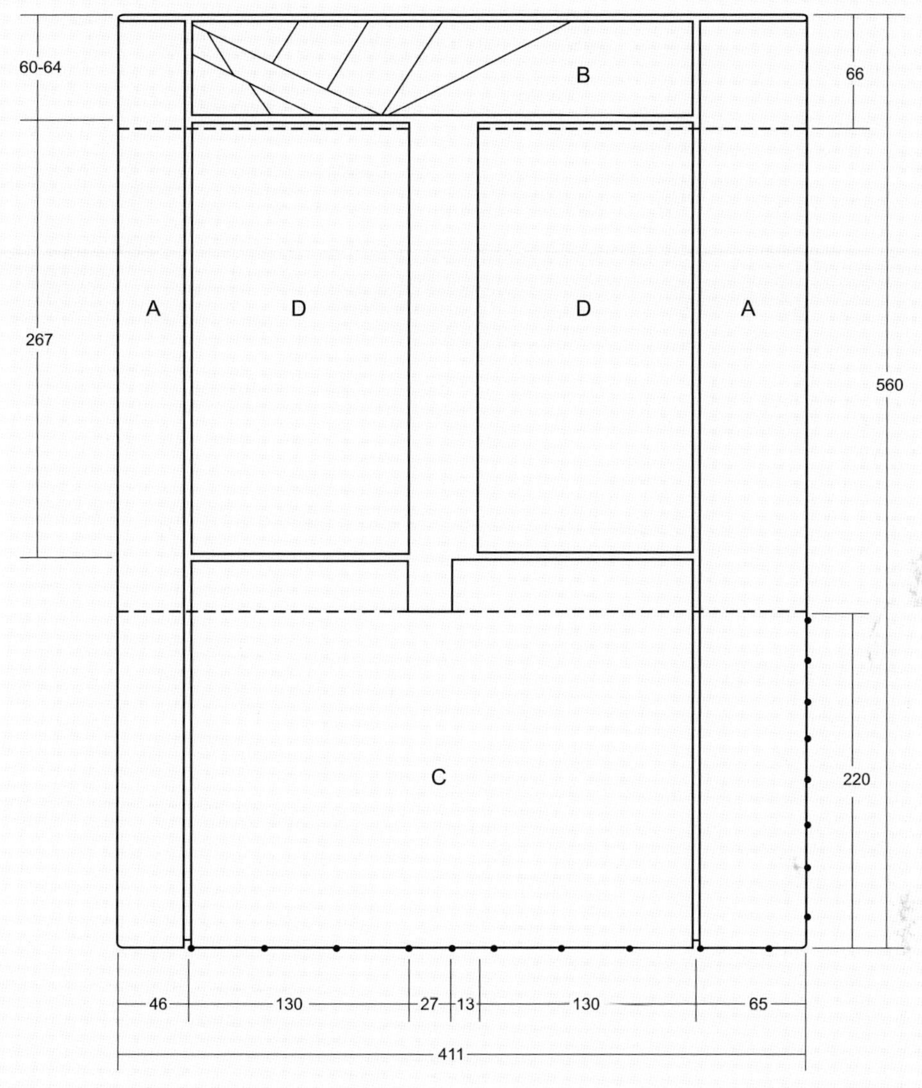

Abb. 3: Hülleneinband; Schemazeichnung der Innenseite, mit Maßangaben (in mm); A Samt; B Damast; C Halbseidenatlas; D Leinen

sichtlich einem Rotholz, begründet. Denn während Insektenfarbstoffe wie Kermes sehr dauerhaft und nicht zuletzt deswegen auch teuer sind, entfärbt sich rotholzgefärbte Seide unter Einfluss von Licht und Sauerstoff verhältnismäßig rasch, weg vom bläulich-roten Ausgangston hin zu einem gelblichen Braun- oder gar Beigeton.

Die dunkelrote Samthülle muss, zusammen mit den silbernen, wahrscheinlich ehemals vergoldeten Ganzmetallschließen (Abb. 4), eine prächtige Wirkung gehabt haben. Letztere sind mit einfachem, mehrfach profiliertem Maßwerk durchbrochen gearbeitet. Scharnier-

Abb. 4: Silbervergoldete, durchbrochene Schließen, mit je vier Nieten an den Buchdeckeln befestigt

platte und Stiftlager sind gleich ausgebildet und mit je vier in das Maßwerk eingepassten Nieten an den Buchdeckeln befestigt. Die Haften sind mittig mit je einem viereckig gefassten Halbedelstein oder Glasfluss besetzt; derjenige an der oberen Schließe ist von blauer, derjenige an der unteren von roter Farbe. Ergänzt wurde die Schmuckausstattung der Hülle durch einen heute verlorenen dekorativen Besatz der Kanten des unteren Überstandes. Davon sind nur noch Fadenreste erhalten, die aber immerhin noch erschließen lassen, dass in Abständen von 2,2–4,5 cm am unteren Rand zehn, am seitlichen hinteren acht Mal etwas angenäht gewesen sein muss – zum Beispiel Zierknöpfe, Troddeln oder vielleicht auch Metallelemente.[11] Ringe für eine Schnur zum Zusammenziehen des Überstandes können demgegenüber ausgeschlossen werden – oder sie wären nie benutzt worden – denn wie bereits festgestellt weisen weder der Samt noch das blaue Halbseidenfutter Spuren einer Faltung auf.

Das blaue Futter des unteren Überstandes ist ungemustert und in Atlasbindung gewebt, seine breite gelbe Webkante mit blau-rosa Streifen bildet den dekorativen unteren Abschluss. Die seidenen Kettfäden verleihen dem Stoff eine glänzende und glatte Oberfläche. Die leinenen Schussfäden bleiben unsichtbar, geben dem Gewebe aber eine gewisse Stabilität und – vor allem – reduzieren seinen Materialwert und damit seinen Preis. Ähnlich anspruchsvoll, aber beschränkt in Bezug auf die eingesetzten Mittel ist der obere Überstand gefüttert. Neun Abschnitte eines rosafarbenen, gemusterten Seidendamastes sind, offensichtlich aus einem ungünstig geformten Stoffrest genommen, so zu einem Rechteck zusammengesetzt, dass die unregelmäßig verteilten Verbindungsnähte fast stärker hervortreten als das Muster (Abb. 3, 5). Dieses besteht aus geschweiften, reihenweise nebeneinander angeordneten Kielbogenrosetten, die ein Mittelmotiv umschließen, das von radial gestellten Blüten umrahmt wird. Zwischen den Rosetten stehen ebenfalls vegetabile

11 Zierknoten sind zum Beispiel an den vier Ecken eines Hülleneinbandes in Den Haag (Koninklijke Bibliotheek, Ms. 135 J 55; Stundenbuch, Valencia, um 1460), erhalten; vgl. Jan Storm van Leeuwen: The Well-shirted Bookbinding. On chemise bindings and Hülleneinbände. In: Ton Croiset van Uchelen, Koert van der Horst und Günter Schilder (Hrsg.): Theatrum Orbis Librorum. Liber Amicorum presented to Nico Israel on the occasion of his seventieth birthday. Utrecht, 1989, S. 277–305, hier Abb. 2 auf S. 279.

Abb. 5: Gemusterter Seidendamast, Futter des oberen Überstandes

Formen, erkennbar sind wieder radial gestellte Blättchen und eine horizontalsymmetrische Nelkenblüte.[12] Es handelt sich also um einen der damals weit verbreiteten, in der Forschung oft mit dem Begriff „Granatapfelmuster" bezeichneten Dekore. Das Muster gibt den Damast als charakteristisches Erzeugnis der norditalienischen Seidenweberei der zweiten Hälfte des 15. Jahrhunderts zu erkennen, es ist der einzige der am Hülleneinband verwendeten Stoffe, der zeitlich genauer eingeordnet werden kann. Gut vergleichbar sind beispielsweise die von Albrecht von Brandenburg für den Halberstädter Dom gestifteten liturgischen Gewänder. Sie datieren aus dem frühen 16. Jahrhundert, bestehen aber aus Seidendamasten, deren Musterung zu jener Zeit bereits altertümlich oder zumindest sehr traditionell war.[13]

Weder von den verwendeten Geweben noch von der Art der Verarbeitung her gibt es also Hinweise darauf, dass der Hülleneinband nicht, wie die Handschrift auch, aus dem ersten Viertel des 16. Jahrhunderts stammen könnte (Abb. 1). Im Gegenteil, Handschrift und Hülleneinband dürften gleichzeitig entstanden sein, die Samthülle also zur Originalausstattung des Lektionars gehört haben.[14] Auch Veränderungen am Einband sind keine festzustellen; das Schadensbild vor der Konservierung 1988 umfasste nur typische Gebrauchsspuren.[15]

Nur 13 noch im weitesten Sinne als mittelalterlich zu bezeichnende Hülleneinbände aus textilem Material sind bisher publiziert worden.[16] Bis auf einen, den ältesten, der in

12 Horizontalsymmetrie ist bei solchen Mustern so ungewöhnlich, dass vielleicht an einen Webfehler (Wechsel der Leserichtung des Musters) gedacht werden muss.

13 Barbara PREGLA: Blauer Ornat, gestiftet von Albrecht von Brandenburg. In: Harald MELLER, Ingo MUNDT und Boje E. Hans SCHMUHL (Hrsg.): Der Heilige Schatz im Dom zu Halberstadt. Regensburg, 2008, S. 278–281 mit Klapptafel 2.

14 STÄHLI 1984 (wie Anm. 1) vermutet, dass die Hülle im 17. Jahrhundert hinzugefügt worden ist.

15 Die Konservierungsarbeiten beschränkten sich auf eine Trockenreinigung und eine nähtechnische Sicherung der Risse und Fehlstellen (Konservierungsbericht, Archiv des Dommuseums Hildesheim).

16 Zählung nach STORM VAN LEEUWEN 1989 (wie Anm. 11), S. 287–295, Frederick BEARMAN: The Origins and Significance of Two Late Medieval Textile Chemise Bookbindings in the Walters Art Gallery. In: The Journal of the Walters Art Gallery 54 (1996), S. 163–187, hier S. 166 und Appendix I, S. 183–184, sowie nach SZIRMAI 1999 (wie Anm. 8), S. 234–235, wobei der Einband in Princeton (Princeton University Library, Robert Garrett Collection MS 141) aufgrund seiner Stickerei später zu datieren sein dürfte.

Abb. 6: Hülleneinband aus heute braunem, ehemals dunkelrotem Samt; Vorderseite

blauem Atlas und mit goldgestickten Fleurs-de-Lis das französische Wappen aufnimmt,[17] sind sie alle aus rotem oder purpurfarbenem Samt gearbeitet, und es handelt sich fast immer um ausgesprochen anspruchsvolle Handschriften, die zusätzlich zu ihrem Einband so geschmückt sind. Illuminierte Stunden- und Gebetbücher, in zumindest drei Fällen aus königlichem Besitz, zählen dazu, eine reich illustrierte Handschrift zur königlichen Regierungskunst[18] oder prunkvolle, im Doppel und in der Art von Chirographen ausgefertigte Urkundenschriften von Henry VII. von England.[19] Dass gerade diese kostbaren und hochgeschätzten Handschriften ihre ebenfalls kostbaren textilen Hüllen über die Jahrhunderte haben bewahren können, ist nicht verwunderlich. Im normalen Bücheralltag dagegen dürfen die Überlieferungschancen eines so unpraktischen und allein aufgrund seines Materials

17 Paris, Bibliothèque Nationale, Arsenal, ms. 1186 Rés. (sog. Psalter der Blanche von Kastilien; Paris, 1. Viertel 13. Jahrhundert); Buchhülle um 1377; Sabine Coron und Martine Lefèvre: Livres en broderie. Reliures françaises du Moyen Âge à nos jours. Paris, 1995, S. 48–49 Kat. Nr. 3.

18 Oxford, Christ Church College, MS 92 (Walter de Milimete, *De nobilitatibus, sapientiis, et prudentiis regum*; London, 1326), Hülleneinband aus gemustertem, goldbroschiertem Samt, um 1430–1440; Giles Barber: Textile and Embroidered Bindings (Bodleian Picture Books, Special Series, 2). Oxford, 1971, S. 4 und Pl. 1. Farbabbildung des Samtes bei Justin Reay: Boy's Toys and the Castle of Love. Ideas for a Young Prince in MS 92. In: Christ Church Library Newsletter 6/2 (2010), S. 5–11, hier S. 9. – Für Hilfe bei der Datierung des Samtes danke ich Michael Peter, Riggisberg.

19 Foundation Indentures für die Kapelle Heinrichs VII. in Westminster Abbey, 1504. London, The National Archives, Exchequer E 33/1, mit Gegenstück in London, British Library, Harley MS 1498 bzw. London, The National Archives, Exchequer E 33/2, mit Gegenstück in London, St. Paul's Cathedral Library; alle vier mit den gleichen Hülleneinbänden aus ungemustertem Samt mit Futter aus rosafarbenem Seidendamast. Vgl. Bearman 1996 (wie Anm. 16), Abb. 7 auf S. 169.

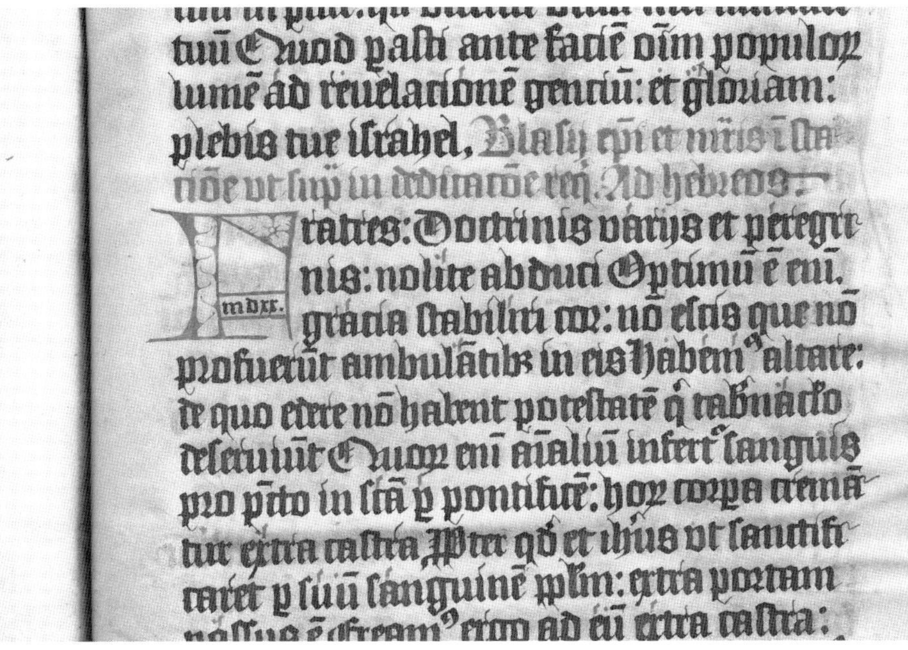

Abb. 7: Initiale und Textanfang zu Blasius (fol. 38r), mit Datierung *mdxx*

verschleißanfälligen Einbandes nicht allzu hoch eingeschätzt werden. Zudem besitzen die Bücher unter ihren Hüllen in aller Regel normale und sauber ausgearbeitete Einbände, so dass ein Verlust des Überzuges keineswegs einer Nutzungseinschränkung gleichkam.[20] Sehr selten waren textile Hülleneinbände im ausgehenden Mittelalter wohl nicht, denn in schriftlichen Quellen wie Nachlassinventaren oder Bibliothekskatalogen sind sie häufig identifizierbar, und auch auf spätmittelalterlichen Miniaturen und Tafelbildern findet man sie öfter dargestellt.[21]

Bisher nicht beschrieben wurde ein textiler Hülleneinband für eine liturgische Handschrift wie das Lektionar in Hildesheim, und an dieser Stelle muss offen bleiben, ob es sich in der Tat um einen Einzelfall handelt oder ob Belege für derart gebundene Epistolare/Evangelistare sehr wohl zu finden wären. Man kann die Hülle jedenfalls als Ersatz für einen Schmuckeinband verstehen, wobei im konkreten Fall die zwar einen gehobenen Anspruch bezeugende, aber nicht erstklassige Materialwahl für die Hülle – ein Samt, der nicht farbecht ist, ein zweitverwendeter Damast und ein Halbseidenatlas, dazu noch die nicht übermäßig sorgfältige Näharbeit – der unprätentiösen Handschrift zu entsprechen scheint.

20 Vgl. z.B. London, British Library, Add MS 49999 (Stundenbuch des William de Brailes; Oxford, um 1240), mit Einband des 15. Jahrhunderts, auf dem sich der Abdruck einer textilen Hülle erhalten hat. Szirmai 1999 (wie Anm. 8), Anm. 12 auf S. 278, und für weitere Beispiele Storm van Leeuwen 1989 (wie Anm. 11), Anm. 12 auf S. 303.

21 Vgl. Szirmai 1999 (wie Anm. 8), S. 235, und die Auflistung bei Storm van Leeuwen 1989 (wie Anm. 11), S. 281–284.

Im 17. Jahrhundert lag das Buch in St. Michael in Hildesheim, wie ein Besitzvermerk und ein Nachtrag, beide von der Hand des Abtes Johannes Jacke (reg. 1614–1668), belegen. Dass die Handschrift aber tatsächlich für das Kloster geschrieben worden ist, ist kaum anzunehmen, werden doch die beiden Märtyrerheiligen Abdon und Sennen als Patrone bezeichnet (fol. 25r) und ist – neben *Dedicatio ecclesiae* – nur für Blasius eine *statio* erwähnt (fol. 38r, Abb. 7), während Michael keine entsprechende Benennung erfährt und zum Beispiel Bernward nicht einmal erwähnt wird.[22] Abdon und Sennen ist ein seltenes Patrozinium im deutschen Sprachraum, jedoch war ihnen neben Maria und dem Hauptpatron Blasius die Kirche des Benediktinerklosters in Northeim geweiht.[23] Zum mitten in der Stadt Northeim gelegenen Kloster passt auch, dass die Prozession am Freitag nach Fronleichnam als *circuitus civitatis* bezeichnet wird (fol. 19v, Abb. 1). Das Kloster Northeim, das zur Bursfelder Kongregation gehörte, geriet rasch in den Strudel der Reformation, so dass die noch Ende des 15. Jahrhunderts begonnene neue Klosterkirche nicht mehr vollendet werden konnte und bald nach der Mitte des 16. Jahrhunderts keine Mönche mehr dauerhaft in Northeim wohnten.[24] Der letzte Northeimer Professe, der 1572 ins Amt gewählte Abt Jakob Bruns, verstarb zwischen 1617 und 1619 in St. Michael in Hildesheim,[25] so dass sich auch der Weg der Handschrift dorthin zwanglos erklären lässt.[26] Nach der Säkularisation muss sie, wie so viele andere Schätze aus St. Michael auch, im Verlauf des 19. Jahrhunderts in den Domschatz gelangt sein.[27]

Mit dem Festtagslektionar ist also eine Handschrift des frühen 16. Jahrhunderts, mitsamt ihrem textilen Hülleneinband, intakt erhalten geblieben. Ihre Herkunft aus Northeim wird von berufenerer Seite noch zu verifizieren sein. Der Charakter einer unprätentiösen, aber immerhin auf Pergament geschriebenen liturgischen Gebrauchshandschrift, die mit der dunkelroten Samthülle, den silbervergoldeten Schließen und den verlorenen Quasten (?) eine sorgfältige, wenn auch nicht übermäßig luxuriöse Ausstattung erhalten hat, passt in die Bemühungen um eine angemessene Pflege der althergebrachten Traditionen noch am Vorabend der Reformation. Vielleicht weil kaum mehr Zeit blieb, die Handschrift auch wirklich in Gebrauch zu nehmen, hat ihr Hülleneinband überleben können, so dass er heute zu einem isolierten und deshalb umso wichtigeren Zeugnis für eine einst nicht nur im fürstlichen Umfeld verbreitete Form des Einbandschmuckes geworden ist.

22 Stähli 1984 (wie Anm. 1), S. 167 und 168.

23 Jürgen Asch: Northeim, St. Blasius. In: Ulrich Faust (Hrsg.): Die Benediktinerklöster in Niedersachen, Schleswig-Holstein und Bremen (Germania Benedictina, 6), St. Ottilien, 1979, S. 363–385, hier S. 363.

24 Christof Römer: Der retardierte Untergang der Calenberger Benediktinerklöster und Bursfeldes Weg zu einem evangelischen Kloster 1542–1602. In: Hans Otte (Hrsg.): Evangelisches Klosterleben. Studien zur Geschichte der evangelischen Klöster und Stifte in Niedersachsen (Studien zur Kirchengeschichte Niedersachsens, 46). Göttingen, 2013, S. 119–152, hier S. 132–138.

25 Ebd., S. 148.

26 Das Northeimer Bücherverzeichnis von 1592 (Hermann Herbst: Zur Geschichte der Bibliothek des St. Blasiusklosters zu Northeim. In: Braunschweigisches Magazin 233 [1927], S. 65–72) listet keine liturgischen Bücher sondern ausschließlich Bibliothekshandschriften und –drucke auf.

27 In Johann Michael Kratz: Der Dom zu Hildesheim, seine Kostbarkeiten, Kunstschätze und sonstige Merkwürdigkeiten (Der Dom zu Hildesheim, 2). Hildesheim, 1840 ist die Handschrift noch nicht verzeichnet; auf fol. 1r und 40r trägt sie allerdings Vermerke von seiner Hand. Vgl. auch oben Anm. 1 die Bemerkung zu Elbern/Reuther 1969.

Der „Fuldaer" Georg Witzel

Prolegomena zu einer Erschließung der in Fuldaer Bibliotheken vorhandenen Drucke eines Theologen der Kircheneinheit aus dem 16. Jahrhundert

Berthold Jäger

Georg Witzel (1501–1573) gehört zu den produktivsten „Vermittlungstheologen"[1] des 16. Jahrhunderts, „konnte" aber auch Kontroverstheologie und Polemik. Gregor Richter (1874–1945), 40 Jahre lang die prägende Gestalt der Fuldaer Lokalgeschichtsforschung,[2] listet in seiner grundlegenden Bibliographie aus dem Jahre 1913 138 Titel auf, die z.T. in mehreren Auflagen erschienen.[3] Barbara Henze, von der die maßgebliche neuere Untersuchung zur irenischen Theologie Witzels stammt, verzeichnet 122 Schriften in 350 Drucken, davon 223 zu Witzels Lebzeiten; sie kann neben neuen Funden auch einige von Richter separat erfasste Titel als zusammengehörige Werke bzw. als Übersetzungen oder Neuauflagen unter neuem Titel klassifizieren.[4] Richter wie Henze geben in ihren Verzeichnissen Fundorte an, nennen u. a. die Hessische Hochschul- und Landesbibliothek Fulda und die Bibliothek des Bischöflichen Priesterseminars Fulda als Sammelstätten von

1 Zum Begriff: Barbara HENZE: Aus Liebe zur Kirche Reform. Die Bemühungen Georg Witzels (1501–1573) um die Kircheneinheit (RST, 133). Münster, 1995, S. 75–80.
Im Folgenden verwendete Abkürzungen:
AmrhKG = Archiv für mittelrheinische Kirchengeschichte, FuGbll = Fuldaer Geschichtsblätter, HLB = Hessische Hochschul- und Landesbibliothek Fulda, KFB = Bibliothek des Klosters Frauenberg, Fulda, KLK = Katholisches Leben und Kämpfen im Zeitalter der Glaubensspaltung bzw. = Katholisches Leben und Kirchenreform im Zeitalter der Glaubensspaltung, PSB = Bibliothek des Bischöflichen Priesterseminars Fulda, QAAF = Quellen und Abhandlungen zur Geschichte der Abtei und der Diözese Fulda, RST = Reformationsgeschichtliche Studien und Texte, SFGWF = Schriften zur Förderung der Georg-Witzel-Forschung, StAF = Stadtarchiv Fulda, VD16 = Verzeichnis der im deutschen Sprachbereich erschienenen Drucke des 16. Jahrhunderts, VFGV = Veröffentlichung(en) des Fuldaer Geschichtsvereins

2 Stephan HILPISCH: Domkapitular Prof. Dr. Gregor Richter, Schriftleiter der Fuldaer Geschichtsblätter (1904–1938). In: FuGbll 36 (1960), S. 129–135; Ludwig PRALLE: Professor Dr. Dr. Gregor Richter [Bedeutende Persönlichkeiten aus Rasdorf]. In: Rasdorf. Beiträge zur Geschichte einer 1200jährigen Gemeinde. Historische Festgabe zur 1200-Jahr-Feier. Rasdorf, 1980, S. 133 f.; Berthold JÄGER: Große Kirchenmänner und Historiker. Die Domkapitulare Richter, Pralle und Leinweber. In: Fuldaer Zeitung vom 20. Sept. 1996, S. 35 [Sonderbeilage zum 100jährigen Jubiläum des Fuldaer Geschichtsvereins].

3 Gregor RICHTER: Die Schriften Georg Witzels. Bibliographisch bearbeitet. Nebst einigen bisher ungedruckten Reformationsgutachten und Briefen Witzels (VFGV, 10). Fulda 1913.

4 HENZE 1995 (wie Anm. 1), S. 306–411, 56–68.

Witzel-Drucken. Und in der Tat verwahren die beiden Fuldaer Bibliotheken (als „virtuelle Einheit" und ergänzt durch kleinere Bestände in der Bibliothek des Klosters Frauenberg in Fulda und der Bibliothek des Stadtarchivs Fulda) eine der umfangreichsten Sammlungen an Witzel-Drucken in Deutschland. Der Sammelschwerpunkt hat seinen Ursprung in den Beziehungen Witzels zu Fulda. Er geht aber über diesen engen Rahmen hinaus und deckt fast das ganze Spektrum der literarisch-wissenschaftlichen Produktivität einer faszinierenden, gleichwohl unter Zeitgenossen wie unter späteren Generationen umstrittenen Persönlichkeit ab. Zu deren Einschätzung soll zunächst ein kurzer biographischer Abriss unter Einbeziehung grundlegender, vor allem neuerer Literatur gegeben werden. Sodann sollen einige Beobachtungen mitgeteilt werden, die im Zusammenhang mit einer anstehenden Erschließung der in Fulda vorhandenen Witzel-Drucke gemacht werden konnten und die zu einer weiteren Erhellung der komplizierten Fuldaer Bibliotheksverhältnisse beizutragen vermögen. Endgültige Ergebnisse sollen in absehbarer Zeit veröffentlicht werden.

I. Georg Witzel: Kirchenreform zur Bewahrung der Kircheneinheit (Biographische Skizze)[5]

1. Familie, Ausbildung, Hinwendung zum Luthertum, Heirat, Rückkehr zur katholischen Kirche (bis 1533)

Georg Witzel stammte aus Vacha, das damals zum Stift (Reichsabtei) Fulda gehörte und 1648 an die Landgrafschaft Hessen-Kassel fiel; die Familie seines als Gastwirt und Stadtschöffe tätigen Vaters Michael kam aus Fulda, seine Mutter Agnes, geb. Landau aus dem fuldischen Landstädtchen Hünfeld.[6] Witzel spielt in der Religionsgeschichte Fuldas zu Beginn

5 Eine „erschöpfende" Biographie Witzels wird seit über einem Jahrhundert angemahnt: F(ranz) FALK: Zu Witzel's Monographie. In: Der Katholik 71 (1891), S. 129–138, hier S. 129; Nachdruck in: SFGWF 4 (1978), S. 23–32; Digitalisat: http://www.digizeitschriften.de/dms/resolveppn/?PID=urn:nbn:de:bsz:21-dt-6059|log00014 (16.05.2016). Ausführlichere biographische Skizzen bei HENZE 1995 (wie Anm. 1), S. 15–56 (Forschungsüberblick: S. 1–15); Winfried TRUSEN: Um die Reform und Einheit der Kirche. Zum Leben und Werk Georg Witzels (KLK, 14). Münster, 1957, S. 8–39 [dazu, z.T. kritisch: Paul Ludwig SAUER: Antiquitas – Reformatio – Concordia; Winfried TRUSEN „Georg Witzel, Studien zu seinem Leben und Werk". In: Buchenblätter 29 (1956), S. 70-72]; vgl. auch Winfried TRUSEN: Georg Witzel (1501–1573). Zur 400. Wiederkehr seines Todestages. In: FuGbll 50 (1974), S. 50–65; Thomas WITZEL: Studien zum Wirken Georg Witzels in Würzburg und Fulda (1540–1554). Magisterarbeit Würzburg 1986, S. 7–20 (für die Jahre bis 1540). Klaus ROHMANN: Georg Witzel, ein Altkatholik des sechzehnten Jahrhunderts. Wirken und Werk eines (fast) vergessenen Reformtheologen. In: Internationale kirchliche Zeitschrift N.F. 99 (2009), S. 209–239, hier S. 212–225, stützt sich dagegen weitgehend auf G(ustav) L(eberecht) SCHMIDT: Georg Witzel. Ein Altkatholik des XVI. Jahrhunderts. Wien, 1876. Von Handbuch-Artikeln sei nur genannt: Remigius BÄUMER, Georg Witzel. In: Erwin ISERLOH (Hrsg.): Katholische Theologen der Reformationszeit, Bd. 1 (KLK, 44). Münster, 1991, S. 125-132.

6 Gregor RICHTER: Die Verwandtschaft Georg Witzels. In: FuGbll 8 (1909), S. 113–126, 129–144, 155–160, Nachdruck in: SFGWF 1 (1975), S. 48–82 (Richter gibt S. 117–123 wörtliche Auszüge aus Witzels vierseitiger, in deutscher Sprache verfassten Schrift *Genealogion quoddam Georgii Wicelii* [Genealogion qVod=| | dam Georgii VVicelii, AD PRO=| | pulsandam Jnuidorum de Secta Sycophanticen, qua non sa=| | tis habent, Religionem antiquioris Ecclesiae sacrosan=| | ctam in eo condemnasse, nisi omnem quoq; pro=| | geniem huius virulenter | | arripiant. | | M.D.LVII.| |] [Richter 130 = Henze 51] wider); Helmut ROSENKRANZ: Georg Witzel als Verwandter und Ahnherr. In: SFGWF 8 (1982), S. 13–36; Olaf DITZEL: Georg Witzels Vorfahren in Vacha. In: FuGbll 74 (1998), S. 77–104, mit einem Stammbaum als Beilage.

der 1520er Jahre und Mitte des 16. Jahrhunderts eine wichtige Rolle – und zwar in zweierlei Hinsicht. Zum einen trat er als Vikar in seiner Heimatstadt 1523 offen zur Reformation über und wirkte so als Vorbild für etliche Gläubige.[7] Zum anderen war er nach seiner Rückkehr zur „Alten Kirche" der geistige Vater einer in der Theorie auf Vermittlung zwischen den sich ausbildenden Konfessionen zielenden, in der Praxis aber die religiösen Verhältnisse in der Schwebe lassenden Kirchenordnung für das geistliche Fürstentum Fulda 1542.

Georg Witzel genoss eine außergewöhnlich qualifizierte schulische Ausbildung, zunächst in Vacha, ab 1513 in Schmalkalden, Eisenach und Halle an der Saale. Ab dem Wintersemester 1516 studierte er in Erfurt, erwarb 1518 den Grad eines Baccalaureus, kam aber vor allem mit Vertretern des dortigen Humanistenkreises in Berührung und sympathisierte mit den Reformvorstellungen Martin Luthers.[8] Konsequenterweise wechselte er 1520, nach einem kurzen Intermezzo als Pfarrschulmeister in Vacha (1519), für ein gutes halbes Jahr an die Universität in Wittenberg, um bei Luther, Andreas Bodenstein gen. Karlstadt und Philipp Melanchthon zu hören; den angestrebten Grad eines Magisters erwarb er aber nicht, weil der dem Wunsch des streng altgläubigen Vaters entsprechend das Studium abbrechen musste, um sich – vom Merseburger Bischof – zum Priester weihen zu lassen.

Als eher formaler Angehöriger der „alten Religion" bekleidete er eine – vom Magistrat der Stadt vergebene – Stelle als Vikar in Vacha und übte zudem das Amt des Stadtschreibers aus. 1522/1523 predigte er in seiner Heimatstadt zusammen mit dem wohl aus Fulda gebürtigen Balthasar Raid (Raidt, Reith; 1495–1565) im Sinne Luthers; Raid wirkte 1523/24 als Vikar in seiner Heimatstadt unter dem ebenfalls aus Fulda stammenden späteren ersten hessischen „Landesbischof" Adam Krafft (1493–1558),[9] war ab 1525 in

7 Zu den Anfängen der reformatorischen Bewegung im Stift Fulda siehe Wolfgang BREUL-KUNKEL: Herrschaftskrise und Reformation. Die Reichsabteien Fulda und Hersfeld ca. 1500–1525 (Quellen und Forschungen zur Reformationsgeschichte, 71). Gütersloh, 2000, S. 209–247; siehe auch Wolfgang BREUL: Das Evangelium klar, lauter und rein. Die Anfänge des Protestantismus in der Reichsabtei Fulda. In: 200 Jahre evangelische Gemeinde in Fulda. Fulda, 2003, S. 15–26; Wolfgang BREUL: Herrschaftskrise, Reformation und Bauernaufstand – die Stadt Fulda unter der Regentschaft des Johann von Henneberg (1516/21–1541). In: Geschichte der Stadt Fulda, Bd. 1: Von den Anfängen bis zum Ende des Alten Reiches. Fulda, 2009, S. 244–272, hier S. 251–262; Johannes MERZ: Georg Horn (1542–1603) und seine Historia über die Reformation in Hammelburg. Studien zu Leben, Werk und Umwelt des Autors und Edition der Historia (Veröffentlichungen der Gesellschaft für fränkische Geschichte, 1. Reihe, 5). Neustadt an der Aisch, 1992, S. 55–67; Johannes MERZ, Fulda. In: Anton SCHINDLING und Walter ZIEGLER (Hrsg): Die Territorien des Reiches im Zeitalter der Reformation und Konfessionalisierung. Land und Konfession 1500–1650, Bd. 4 (KLK, 52). Münster, 1992, S. 129–145, hier S. 132–135.

8 Zur Bedeutung des Erfurter Humanistenkreises für die Frühgeschichte der Reformation siehe Wolfgang BREUL-KUNKEL: Fulda und Erfurt. Der Einfluß des Humanismus auf die Reichsabtei Fulda am Vorabend der Reformation. In: FuGbll 75 (1999), S. 69–132. Zur literarischen und editorischen Produktion der Erfurter Humanisten vgl. den Überblick in: Christoph FASBENDER (Hrsg.): Conradus Mutianus Rufus und der Humanismus in Erfurt. Katalog zur Ausstellung der Forschungsbibliothek Gotha auf Schloss Friedenstein, 21. August bis 1. November 2009. Gotha, 2009.

9 Friedrich Wilhelm SCHAEFER: Adam Krafft, der Reformator Hessens. Bildungsgang und Wirksamkeit bis zum Jahre 1530. Darmstadt, 1911 (Diss. Theol. Marburg 1911); Wiederabdruck in: Archiv für hessische Geschichte NF 8 (1912), S. 1–46, 67–110; Walter SCHÄFER: Adam Krafft. Landgräfliche Ordnung und bischöfliches Amt (Monographia Hassiae, 4). Kassel, 1976; Johannes SCHILLING: Adam Krafft, der erste hessische Landesbischof. In: FuGbll 70 (1994), S. 87–100; Paul Ludwig SAUER: Adam Krafft, der hessische Reformator aus Fulda. Ein Beitrag zur Geschichte der Reformation im Hochstift Fulda. In: Buchenblätter 26 (1953), S. 1; Frank RUDOLPH: Krafft, Adam. In: Biographisch-Bibliographisches Kirchenlexikon, Bd. 31, Nordhausen,

Hersfeld als Kaplan, seit 1538 als Pfarrer tätig und gilt als Organisator der Reformation in dieser Stadt.[10] Wie Witzel hatten auch Krafft und Raid in Erfurt studiert; vor allem mit Raid sollte er sich später überwerfen – worauf noch kurz zurückzukommen sein wird. 1524 heiratete Georg Witzel Elisabeth Kraus aus Eisenach, nachdem er auf ein zuvor an den Landesherrn, den Fuldaer Koadjutor und späteren Fürstabt Johann von Henneberg (1516/21–1541),[11] gerichtetes Heiratsgenehmigungsgesuch keine Antwort erhalten hatte.[12] Vom religiös eher indifferenten und sich erst ab 1526 explizit auf die Alte Kirche festlegenden Koadjutor wurde er daraufhin – ebenso wie Krafft und Raid – abgesetzt, verließ das Stift Fulda in Richtung Eisenach und erhielt eine Predigerstelle im nahegelegenen Wenigenlupitz. Als Mitarbeiter des aus Basel stammenden, nach Predigttätigkeiten in Berchtesgaden, Schwaz, Hall in Tirol und in der Grafschaft Wertheim nun in Eisenach wirkenden Jacob Strauß (um 1480 – vor 1530)[13] nahm er an der ersten evangelischen Visitation in Thüringen und an der Einsetzung lutherischer Prediger im April 1525 teil, u. a. auch im Amt Vacha. Anlässlich der zur gleichen Zeit stattfindenden Erhebung der Bauern in der Grundherrschaft der Niederadligen von Völkershausen, die den Auftakt zum Bauernkrieg im Werratal bildete,[14] geriet Witzel in den Verdacht, ein Aufrührer zu sein. In Wahrheit suchte er mäßigend auf Thomas Müntzer einzuwirken und verfasste einen entsprechenden Brief an diesen. Seine Pfarrstelle in Wenigenlupnitz musste er trotzdem aufgeben. Auf Empfehlung Martin Luthers wechselte er ins Kurfürstentum Sachsen und wurde Pfarrer in Niemegk im Fläming (1525–1531).

Theologisch orientierte er sich in den folgenden Jahren allerdings weniger an Luther als an Erasmus von Rotterdam (1466/69–1536) und dessen Lehre vom freien Willen, welcher es dem Menschen erlaube, zwischen Gutem und Bösem zu wählen – freilich nur mit Gottes Gnade.[15] Für Luther hingegen war in Anbetracht der Erbsünde und der Allmacht Gottes jede menschliche Tat vorausbestimmt. Witzels Hauptanliegen war neben der sittlichen

2010, Sp. 747–760; Wolfgang Breul: Adam Krafft und die Reformation in der Landgrafschaft Hessen. In: Geschichte der Stadt Fulda, Bd. 1 (wie Anm. 7), S. 256 f.

10 Zu Raids Bedeutung für die Reformationsgeschichte Hersfelds: Horst Dickel: Balthasar Raid und die Reformation in Hersfeld. In: Horst Dickel (Hrsg.): Balthasar Raid: Wider das Läster- und Lügenbüchlein des Agricola Phagus, genannt Georg Witzel. Bad Hersfeld, 1986, S. 3–18; Horst Dickel: Luther und die Folgen für Hersfeld – Balthasar Raid. In: Hessische Heimat 36 (1986), S. 33–38.

11 Wolfgang Breul: Abt wider Willen. Johann III. von Henneberg (1503–1541) in der Reichsabtei Fulda. In: AmrhKG 55 (2003), S. 227–258; Wolfgang Breul: Johann von Henneberg – Abt im religiösen Zwiespalt. In: Geschichte der Stadt Fulda. Bd. 1 (wie Anm. 7), S. 248–250.

12 Witzel 1986 (wie Anm. 5), S. 66-68.

13 Joachim Rogge: Der Beitrag des Predigers Jacob Strauß zur frühen Reformationsgeschichte (Theologische Arbeiten, 6). Berlin, 1957.

14 (Georg Franz) Büff: Der Bauernaufruhr im Jahre 1525 im Werrathale, insbesondere im Gericht Vach und der Umgegend. In: Zeitschrift des Vereins für Hessische Geschichte und Landeskunde 9 (1862), S. 327–360.

15 Zum Verhältnis Erasmus – Witzel siehe John Patrick Dolan: Witzel et Erasme à propos des sacrements. In: Revue d'histoire ecclésiastique 54 (1959), S. 129–142; Johannes Beumer: Erasmus von Rotterdam und Georg Witzel. Ihr gegenseitiges Verhältnis und ihre Stellungnahme zur Reformation. In: Catholica 22 (1968), S. 41-67. Witzel übersetzte Erasmus' Einheitsschrift *De amabili ecclesiae Concordia liber* auszugsweise ins Deutsche: Uon der ei=| |nigkeyt der kirchen/| | Durch Erasmum von Rote=| |rodam/ ytzt new ausgan=| |gen.| | 1534 | | (Kolophon: Gedruckt zu Erffordt bey Matthes Maler.| |) [VD16 E 3632]; Digitalisat: http://digital.staatsbibliothek-berlin.de/werkansicht?PPN=PPN797898409&PHYSID=PHYS_0001&DMDID=DMDLOG_0001; Permalink: http://gateway-bayern.de/VD16+E+3632 (16.05.2016).

Besserung des Menschen durch „gute Werke" – was er 1532 in dem unter dem Pseudonym Agricola Phagus veröffentlichten und Crotus Rubeanus, dem ehemaligen Leiter der Fuldaer Klosterschule (1510) und Mitglied des Erfurter Humanistenkreises[16] gewidmeten Werk *Pro defensione bonorum operum*[17] zum Ausdruck brachte – die Rückbesinnung der Kirche auf ihre (freilich idealisierten) Anfänge und die Wahrung der kirchlichen Einheit unter der Führung des Papsttums. Witzels Irenik legitimierte sich wie die von Erasmus und Georg Cassander (1513–1566) durch „Traditionsstiftung".[18] Er war überzeugt, dass es gelehrter

16 Crotus Rubeanus kehrte zur katholischen Kirche zurück (und wurde damit wohl auch ein Vorbild für Georg Witzel), er war Verfasser eines Teils der berüchtigten „Dunkelmännerbriefe". Vgl. Eckhard BERNSTEIN: Der Erfurter Humanistenkreis am Schnittpunkt von Humanismus und Reformation. Das Rektoratsblatt des Crotus Rubianus. In: Stephan FÜSSEL und JAN PIROŻYŃSKI (Hrsg.): Der polnische Humanismus und die europäischen Sodalitäten: Akten des polnisch-deutschen Symposions vom 15.–19. Mai 1996 im Collegium Maius der Universität Krakau (Pirckheimer-Jahrbuch für Renaissance- und Humanismusforschung, 12). Wiesbaden, 1997, S. 137–165; Johann Jäger, wilkommen daheim in Dornheim! Städte – Stationen – Personen aus dem Leben des grossen Humanisten Crotus Rubianus [Nebentitel: Johann Jäger – Crotus Rubianus. Vom Ziegenhirten zum Rektor]. Dornheim, 2005; Reinhard HAHN: Huttens Anteil an den „Epistolae obscurorum virorum". In: Stephan FÜSSEL (Hrsg.): Ulrich von Hutten 1488–1988. Akten des Internationalen Ulrich-von-Hutten-Symposions 15.–17. Juli 1988 in Schlüchtern (Pirckheimer-Jahrbuch 4, 1988). München, 1989, S. 79–111; Winfried FREY: Multum teneo de tali libro. Die Epistolae obscurorum virorum. In: Peter LAUB (Bearb.): Ulrich von Hutten. Ritter – Humanist – Publizist 1488–1523. Katalog zur Ausstellung des Landes Hessen anläßlich des 500. Geburtstages. Melsungen, 1988, S. 197–209; Alexander THUMFART: Ulrich von Hutten (1488–1523) und Crotus Rubianus (ca. 1480–1545). Die Verfasser der Dunkelmännerbriefe. In: Dietmar VON DER PFORDTEN (Hrsg.): Große Denker Erfurts und der Erfurter Universität. Göttingen, 2002, S. 184–220; Michael SHIELDS: Klischees und ihre Schatten. Zur Darstellung von Dunkelmännern und zu den implizierten Bildern von Humanisten bei Erasmus, Crotus Rubeanus und Michael Lindner. In: Nicola MCLELLAND, Hans-Jochen SCHIEWER und Stefanie SCHMITT (Hrsg.): Humanismus in der deutschen Literatur des Mittelalters und der Frühen Neuzeit. XVIII. Anglo-German Colloquium Hofgeismar 2003. Tübingen, 2008, S. 199–213; Arnold BECKER: Die humanistische Lachgemeinschaft und ihre Grenzen. Hutten, Erasmus und ihr Streit über die „Epistolae obscurorum virorum". In: Christian KUHN und Stefan BIESSENECKER (Hrsg.): Valenzen des Lachens in der Vormoderne (1250–1750) (Bamberger historische Studien, 8). Bamberg, 2012, S. 165–186 (Online-Version: urn:nbn:de:bvb:473-opus4-5637 [16.05.2016]); Wolfgang BREUL: Die „Dunkelmännerbriefe" in Fulda verfasst? In: Geschichte der Stadt Fulda, Bd. 1 (wie Anm. 7), S. 253.

17 PRO De= fensione Bonorvm || opervm, Adver= || SVS NOVOS || EVANGE= || STAS. || AVCTORE AGRICOLA || PHAGO. || Hoc libello inuenies prostratum, || Lutheranissimum amice lector. || (Kolophon: Excudit Lipsiae Michael Blum, || Anno à Christo nato || M.D.XXXII.) [Richter 2,1 = Henze 83,1 = VD16 W 4003], Digitalisate: http://www.mdz-nbn-resolving.de/urn/resolver.pl?urn=urn:nbn:de:bvb:12-bsb11285678-8 (16.05.2016); http://ub-goobi-pr2.ub.uni-greifswald.de/viewer/resolver?urn=urn:nbn:de:gbv:9-g-3526488 (16.05.2016). Eine 2. Auflage erschien 1549 in Köln unter dem Autorennamen, Witzel bezeichnet sich dabei als „Zelot": Defensio || doctrinae de || bonis operibvs, con|| tra sectam Martini || Luteri. || Tyrocinium GEORGII VI-|| CELII Zelotae. || Coloniae ex officina Ioannis Quentel, || Anno M.D.XLIX. [Richter 2,2 = Henze 83,2 = VD16 W 4004]. Die Titelbeschreibungen der Witzel-Drucke (ohne die Verweise auf Digitalisate) stellte Frau Dr. Barbara Henze (Universität Freiburg i. Br., Theologische Fakultät) bereits 1998 dem Autor in machinenlesbarer Form zu Verfügung; hierfür sei ihr auch an dieser Stelle ganz herzlich gedankt.

18 Dazu Mona GARLOFF: Irenik, Gelehrsamkeit und Politik. Jean Hotman und der europäische Religionskonflikt um 1600 (Schriften zur politischen Kommunikation, 18). Göttingen, 2014, S. 223–238. Zu Gemeinsamkeiten von Witzel und Cassander siehe: Irena BACKUS: The Early Church as a Model of Religious Unity in the Seventeenth Century. Georg Cassander and Georg Witzel. In: Howard P. LOUTHAN and Randall C. ZACHMAN (Eds.): Conciliation and Confession: The Struggle for Unity in the Age of Reform, 1415–1648. Notre Dame, Indiana, 2004, S. 106–133; Friedrich Wilhelm KANTZENBACH: Das Ringen um die Einheit der Kirche im Jahrhundert der Reformation. Vertreter, Quellen und Motive des „ökumenischen" Gedankens von Erasmus von Rotterdam bis Georg Calixt. Stuttgart, 1957, S. 176–229; Daniel GASCHICK: Witzelt Cassander? Der Briefwechsel zwischen Georg Cassander (1513–1566)

Forschung bedürfe, um (historische) Wahrheiten zu erkennen und diese als Forderungen an die Gegenwart heranzutragen. Nur dadurch, so brachte er es später gegenüber dem Meißener Domdechanten und nachmaligen (letzten katholischen) Naumburger Bischof Julius von Pflug/Pflugk (1499–1564) zum Ausdruck, könne man dem Verfall der Kirche entgegenarbeiten.[19] Aufgrund eines intensiven Studiums der Heiligen Schrift und der Lehren der Kirchenväter (wofür ihm in der Niemegker Bibliothek die entsprechenden Werke zur Verfügung standen) wurde für ihn immer klarer, dass die Kirche Martin Luthers nicht die „wahre Kirche" verkörperte und Luthers moralische Lehren nicht zur Besserung der Menschen führen würden.[20] Er hatte freilich auch Kontakt mit dem Schwärmer und Lutherkritiker Johann Campanus (1500 – um 1574), der sich damals in Kursachsen aufhielt und wenig später einer der Wortführer des „Täuferreiches" in Münster (1536) werden sollte.[21] Durch seine eigene Kritik an Luther und durch die Kommunikation mit Campanus geriet Witzel in das Visier der kurfürstlichen Behörden. Dies veranlasste ihn 1531 dazu, ein offenes Zeichen seiner neuen Überzeugung zu geben und auf sein Pfarramt zu verzichten.

Er zog mit seiner Familie in seine Heimatstadt Vacha und verbrachte dort zwei Jahre in bitterer Armut, startete aber gleichzeitig seine publizistische Tätigkeit und kehrte auch offiziell zur „Alten Kirche" zurück. Die Gründe für den Konfessionswechsel legte er in seiner 1533 erschienenen *Apologia* dar.[22] Diese Schrift war es vor allem, die seinen ehemaligen Weggefährten Balthasar Raid gegen ihn aufbrachte.[23] Aber auch auf katholischer Seite

und Georg Witzel (1501–1573). In: Joachim Faller (Hrsg.): Kirchengeschichte – Frömmigkeitsgeschichte – Landesgeschichte. Eine Festschrift für Barbara Henze. Remscheid, 2008, S. 97–114. Vgl. auch Barbara Henze: Georg Cassander. In: Heribert Smolinsky und Peter Walter (Hrsg.): Katholische Theologen der Reformationszeit, Bd. 6 (KLK, 64). Münster, 2004, S. 50–68.

19 Julius Pflug: Correspondance. Rec. et éd. avec introd. et notes par J(acques) V. Pollet, 5 Vols. Leiden, 1969–1982, hier Vol. 1: 1510–1539, 1969, S. 428; Äußerung vom 2. Januar 1538. Zu Pflug, einem der wichtigen Briefpartner Witzels, siehe Jacques V. Pollet: Julius Pflug (1499–1564) et la crise religieuse dans l'Allemagne du XVIe siècle. Essai de synthèse biographique et théologique (Studies in Medieval and Reformation Thought, 45). Leiden / New York / København / Köln, 1990; Elmar Neuss und Jacques V. Pollet (Hrsg.): Pflugiana. Studien über Julius Pflug (1499–1564). Ein internationales Symposium (RST, 129). Münster, 1990.

20 Zum Gegensatz zwischen Witzel und Luther wenig tiefschürfend: Christiane Pleuger: Der humanistische Reformkatholizismus am Beispiel der Auseinandersetzung zwischen Martin Luther und Georg Witzel (Sonderdruck. Sekundärliteratur des Georg-Witzel-Archivs-Hagen, 1). Hagen, 1980.

21 Horst Weigelt: Campanus, Johannes. In: Theologische Realenzyklopädie (TRE), Bd. 7. Berlin / New York 1981, S. 601–604.

22 Apologia: das ist: ein || vertedigsrede Geor= || gij Wicelij widder || seine affterreder die Lu= || teristen / mit sampt kurtzer abcon= || terfeyung Luterischer secten / || vnd preis alter Roemischen || Kirchen / nuetzlich zu || lesen. || Auch wie er von der Kirchen ynn die secten ko= || men / vnd von den selbigen widderumb zu der || Kirchen geflohen ist. || (Kolophon: Gedruckt zu Leiptzig/ durch || Nickel Schmidt. || M.D.XXXIII). Vorrede datiert Jacobi 1532. [Richter 4,1 = Henze 8,1 = VD16 W 3856], Digitalisat: http://www.mdz-nbn-resolving.de/urn/resolver.pl?urn=urn:nbn:de:bvb:12-bsb11227552-1 (16.05.2016). Eine zweite Auflge erschien 1535. Einige Schmähworte in dieser Schrift Witzels gegen die Neugläubigen sind möglicherweise eigenmächtig von Crotus Rubeanus in das Manuskripte eingefügt worden. Zu den Motiven für Witzels Rekonversion vgl. auch Albrecht Ritschl: Georg Witzels Abkehr vom Luthertum. In: Zeitschrift für Kirchengeschichte 2 (1877/78), S. 386–417.

23 Widder das le= || ster und luegen büchlin || Agricole Phagj/ genant Georg || Witzel. Antwort/ Baltha= || ssar Raida pfarrherr || zu Hirsfeld. || Vorrede D. Martinj || Lutherj, Wittemberg || M D XXXIII. (Kolophon: Gedruckt zu Wittemberg || durch Nickel Schir= || lentz.) [VD16 R 125], Digitalisate: http://www.mdz-nbn-resolving.de/urn/resolver.pl?urn=urn:nbn:de:bvb:12-bsb11006976-6 (16.05.2016); http://nbn-resolving.de/urn/resolver.pl?urn=urn:nbn:de:bvb:12-bsb00030029-3

stießen sich manche an dem Rückkehrer; vor allem durch seine Ehe geriet er in die Kritik.[24] Witzel selbst verleugnete seine Ehefrau und seine Kinder (im Laufe der Jahre wurden es acht in zwei Ehen) nicht – er orientierte sich in dieser wie in anderen Fragen am Vorbild der alten Kirche, die keinen Zölibat gekannt hatte, hielt das Gebot priesterlicher Ehelosigkeit für ein „ius positivum", also für ein von Menschen „gesatztes Recht". Der Fuldaer Fürstabt Johann von Henneberg hingegen, der Georg Witzel 1524 wegen seiner Heirat als Vikar in Vacha abgesetzt hatte, reagierte auf ein Rechtfertigungsschreiben Witzels vom 13. April 1533 – das auch mit dem Hintergedanken, vielleicht wieder in fuldische Dienste treten zu können, abgefasst war – mit demonstrativer Nichtbeachtung.[25]

2. „Wanderjahre": Eisleben, Dresden, Berlin, Würzburg, Schlüchtern (1533–1540)

Witzels geradezu verzweifelte Bemühungen, eine Anstellung zu finden, waren schließlich erfolgreich. Graf Hoyer IV. von Mansfeld berief den Revertiten an die St. Andreas-Kirche nach Eisleben mit dem Auftrag, die alten Zeremonien wieder einzuführen – was angesichts der bereits im lutherischen Sinne verfestigten Strukturen allerdings ein aussichtsloses Unterfangen war und sich in Debatten und Streitschriften mit dortigen lutherischen Theologen Caspar Güttel/Güthel (1471–1542),[26] Johann Agricola (1494–1566)[27] und Michael

(16.05.2016); Nachdrucke: SFGWF 2 (1976), S. 19-64 sowie Balthasar RAID: Wider das Läster- und Lügenbüchlein des Agricola Phagus, genannt Georg Witzel, hrsg. von Horst DICKEL. Bad Hersfeld, 1986. Siehe dazu: Paul Ludwig SAUER: Die Streitschrift des Balthasar Raid wider Georg Witzel. Entschiedenes Luthertum gegen humanistischen Reformkatholizismus. In: Buchenblätter 27 (1954), S. 43 f., 55 f., 67 f., Nachdruck in: SFGWF 2 (1976), S. 4–18.

24 Zu Witzels Äußerungen über die Konsequenzen für einen verheirateten Priester vgl. Marjorie Elizabeth PLUMMER: From Priest's Whore to Pastor's Wife: Clerical Marriage and the Process of Reform in the Early German Reformation (St Andrews Studies in Reformation History). Farnham, 2012, S. 259–261, 264, 270, 290f. Vgl. allgemein: Barbara HENZE: Kontinuität und Wandel des Eheverständnisses im Gefolge von Reformation und katholischer Reform. In: Anne CONRAD (Hrsg.): „In Christo ist weder man noch weyb". Frauen in der Zeit der Reformation und der katholischen Reform (KLK, 59). Münster, 1999, S. 129–151.

25 Das Schreiben ist überliefert in Witzels Briefsammlung *Epistolae*: Epistola= || rVm, Qvae inter aliqvot || Centurias uidebantur partim profuturae || Theologicaum literarum studiosis, || partim innocentis famam ad= || uersus Sycophantiam de || fensurae, Libri || Quatuor. || Georgii vvicelii. || Lipsiae, || Excudebat Nicolaus Vuolrab. || An. M.D.XXXVII. || [Richter 37 = Henze 41 = VD16 W 3918], Bl. Cciij–Ee; Digitalisate: http://www.mdz-nbn-resolving.de/urn/resolver.pl?urn=urn:nbn:de:bvb:12-bsb10169048-0 (20.05.2016); http://www.mdz-nbn-resolving.de/urn/resolver.pl?urn=urn:nbn:de:bvb:12-bsb10168879-4 (20.05.2016). Siehe dazu WITZEL 1986 (wie Anm. 5), S. 70 f.

26 Enno BÜNZ: Kaspar Güttel. Geistlicher an der Zeitenwende von Spätmittelalter und Reformation. In: Michael BEYER, Jonas FLÖTER und Markus HEIN (Hrsg.): Christlicher Glaube und weltliche Herrschaft. Zum Gedenken an Günther Wartenberg (Arbeiten zur Kirchen- und Theologiegeschichte, 24). Leipzig, 2008, S. 167–178; Enno BÜNZ: Kaspar Güttels Lebensbericht. Mit einem Editionsanhang. In: Armin KOHNLE und Siegfried BRÄUER (Hrsg.): Von Grafen und Predigern. Zur Reformationsgeschichte des Mansfelder Landes (Schriften der Stiftung Luthergedenkstätten in Sachsen-Anhalt, 17). Leipzig, 2014, S. 245–291; Gustav KAWERAU: Caspar Güttel. Ein Lebensbild aus Luthers Freundeskreise. Halle a. d. Saale, 1882 [Separat-Abdruck aus: Zeitschrift des Harz-Vereins für Geschichte und Altertumskunde 14 (1882), S. 33–132]; Ergänzungen von Otto CLEMEN. In: Zeitschrift des Harz-Vereins für Geschichte und Altertumskunde 31 (1898), S. 316–322.

27 Steffen KJELDGAARD-PEDERSEN: Gesetz, Evangelium und Buße. Theologiegeschichtliche Studien zum Verhältnis zwischen dem jungen Johann Agricola (Eisleben) und Martin Luther (Acta Theologica Danica, 16). Leiden, 1983; Joachim ROGGE: Johann Agricolas Lutherverständnis. Unter besonderer Berücksichtigung des Antinomismus (Theologische Arbeiten, 14). Berlin, 1960; Gustav KAWERAU: Johann Agricola von Eisleben. Ein Beitrag zur Reformationsgeschichte. Berlin, 1881 (Nachdr. Hildesheim 1977), zum Streit zwischen Wit-

Coelius/Caelius (1492–1559)[28] sowie Justus Jonas aus Nordhausen (1493–1555), einem weiteren ehemaligen Vertreter des Erfurter Humanistenkreises, jetzt Professor an der Wittenberger Universität,[29] ein Ventil suchen musste. Auch Martin Luther selbst wurde ein Opfer (überzogener) Witzel'scher Polemik, etwa im *Evangelion* (1533 und 1536), wo u. a. die (vermeintliche) lutherische Ehelehre lächerlich gemacht wurde.[30]

Gerade in den Auseinandersetzungen mit evangelischen Theologen entwickelte Witzel nach Auffassung von Michael Baird Lukens die Grundzüge seiner eigenen Konzeptionen, dokumentierte er seine Beeinflussung durch Desiderius Erasmus.[31] Wohl schon 1533 hatte er seine erste „Einheitsschrift" (*Methodus Concordiae*), im Wesentlichen „ausformuliert", in der er die Grundkonstanten seiner Theologie im Rückgriff auf die „Alte Kirche" darlegte; sie wurde erst 1537 gedruckt.[32] Impulse aus der frühen Kirchengeschichte gingen auch in sein liturgiewissenschaftliches Werk *Von der heiligen Eucharistie oder Messe* (1534) ein.[33] Und

zel und Agricola S. 152–164; vgl. auch HENZE 1995 (wie Anm. 1), S. 122–125.

28 Hartmut KÜHNE: Lehrer – Priester – Prediger. Michael Coelius' Weg in die Reformation (1492–1530). In: Von Grafen und Predigern (wie Anm. 26), S. 155–195. (Herzlicher Dank gilt H. Kühne für die Verfügbarmachung des Textes via Academia.edu.)

29 Irene DINGEL (Hrsg.): Justus Jonas (1493–1555) und seine Bedeutung für die Wittenberger Reformation (Leucorea-Studien zur Geschichte der Reformation und der Lutherischen Orthodoxie, 11). Leipzig, 2009; Otto CLEMEN: Georg Witzel und Justus Jonas. In: Archiv für Reformationsgeschichte 17 (1920), S. 132–152.

30 Euange= || lion Martini || Luters. Welchs da lange || zeyt vnterm banck gele= || gen/ Sampt seyner || kyrchen Historia.|| 1.5.33.|| (Kolophon: Gedruckt zu Leyptzig || durch Michael Blum/ || und volendet am XXI. || tag des Augstmon= || des/ als man zalt || der mindern zal || ym XXXIII Jar. ||) [Richter 24,1 = Henze 44,1 = VD16 W 3924]; Digitalisat: http://www.mdz-nbn-resolving.de/urn/resolver.pl?urn=urn:nbn:de:bvb:12-bsb10168881-2 (16.052016); Neuausgabe: EUangelionn Martini || Luters: welchs da || lange zeit vnderm || banck gelegen: || Sampt seiner || kirchen Hi= || storia.|| (Kolophon: Gedruckt zů Frayburg im Breyßgauw/ durch || Joannem Fabrum Emmeum Ju=|| liacensem/ Anno domini/ || M.D.XXXVj.) [Richter 24,2 = Henze 44,2 = VD16 W 3925]; Digitalisate: http://www.mdz-nbn-resolving.de/urn/resolver.pl?urn=urn:nbn:de:bvb:12-bsb10992817-0 (16.05.2016); http://www.mdz-nbn-resolving.de/urn/resolver.pl?urn=urn:nbn:de:bvb:12-bsb10992827-5 (16.05.2016). Zu Witzels Darstellung der lutherischen Ehe- und Familienlehre siehe: Albrecht CLASSEN: Der Liebes- und Ehediskurs vom hohen Mittelalter bis zum frühen 17. Jahrhundert (Volksliedstudien, 5). Münster / New York / München / Berlin, 2005, S. 146–148.

31 Michael Baird LUKENS: Georg Witzel and Sixteenth Century Catholic Reform: A Study in the Development of a Pretridentine Theology, Diss. Phil. Providence, RI: Brown University; Ann Arbor, Mich.: University Microfilms 1980. Vgl. auch Michael Baird LUKENS: Witzel and Erasmian Irenicism in the 1530s. In: The Journal of Theologian Studies N.S. 39 (1988), S. 134–136; Barbara HENZE: Erasmianisch: Die „Methode", Konflikte zu lösen? Das Wirken Witzels und Cassanders. In: Marianne E. H. N. MOUT, Heribert SMOLINSKY, Jan TRAPMAN (Eds.): Erasmianism: Idea and Reality. [Proceedings of the Colloquium, Amsterdam, 19 – 21 September 1996] (Verhandelingen der Koninklijke Nederlandse Akademie van Wetenschappen. Afdeling Letterkunde, Nieuwe Reeks, 174). Amsterdam / Oxford / New York / Tokyo, 1997, S. 155–168.

32 Metho= || dvs concordiae eccle= || siasticę, post omnium sen= || tentias, a minimo fra= || tre monstrata, || non pręscri= || pta. || LIPSIAE, || NICOLAVS VVOLRAB. || M.D.XXXVII. || [Richter 35 = Henze 69,1 = VD16 W 3978]; Digitalisat: http://www.mdz-nbn-resolving.de/urn/resolver.pl?urn=urn:nbn:de:bvb:12-bsb10979892-5 (16.05.2016). Vgl. dazu HENZE 1995 (wie Anm. 1), S. 100–106; Barbara HENZE: Witzel, Georg: Methodus Concordiae Ecclesiasticae. In: Michael ECKERT, Eilert HERMS, Bernd Jochen HILBERATH und Eberhard JÜNGEL (Hrsg.): Lexikon der theologischen Werke. Stuttgart, 2003 (Lizenzausg. Darmstadt 2004), S. 503.

33 Von der heiligen || Eucharisty odder Mess, nach an=|| weisunge der Schrifft/ vnd der Eltisten schrifft= || uerstendigen heiligen Lerer. || Durch Georgium Wicelium. || M.D.XXXIIII. || (Kolophon: Gedruckt zu Leyptzig durch || Valten Schuman. || M.D.xxxiiij. ||) [Richter 16,1 = Henze 118,1 = VD16 W 4067]; Nachdruck als Sonderdruck I der SFGWF. Hagen 1975; Digitalisate: http://www.mdz-nbn-resolving.de/urn/

zu einem seiner wichtigsten Themen, der Rechtfertigungslehre, verfasste Witzel bis 1536 allein neun Monographien,[34] darunter als vielleicht aussagekräftigste *Ein unüberwindlicher gründlicher Bericht, was die Rechtfertigung in Paulo sei.*[35] Daneben galt sein Hauptinteresse der praktischen Theologie, worauf aber erst unten im Zusammenhang mit Witzels Tätigkeit in Fulda näher eingegangen werden soll. Den Abschluss der Eislebener Streitschriften bildete die im Sommer 1538 verfasste erste Ausgabe seiner gegen Luthers *Schmalkaldische Artikel* von 1537 gerichteten *Antwort auf Martin Luthers letzt bekennete Artikel,*[36] zu der auch sein „alter" Kontrahent Balthasar Raid – mit dem „Segen" Martin Luthers – in *Concordia und Vergleichung der Papisten, Wiedertäufer-Rotten, Witzelianer und Lutheraner* Stellung beziehen sollte.[37] Für wie einflussreich (und wie gefährlich für die »Zeloten« auf neu- wie auf altgläubiger Seite!) einige Zeitgenossen die erasmianisch-witzelische Mittelstellung hielten, zeigt eine Stellungnahme des aus Fulda stammenden Wittenberger Theologen Johannes Kymeus (1498–1552). In seiner Schrift *Des Babsts Hercules wider die Deudschen* (1538),[38] in der er Ni-

resolver.pl?urn=urn:nbn:de:bvb:12-bsb10982581-5 (16.05.2016); http://www.mdz-nbn-resolving.de/urn/resolver.pl?urn=urn:nbn:de:bvb:12-bsb10992828-1 (16.05.2016). Neuausgaben der Schrift erfolgten 1534?/1536?, 1539 und 1546, Übersetzungen ins Lateinische 1539 und 1546. Zum Werk siehe Cornelius Roth: „Von der heiligen Eucharisty" – Georg Witzels Stellung im Streit um das Meßopfer und das Abendmahl. In: Zum Leben und Werk Georg Witzels (Fuldaer Hochschulschriften, 43). Frankfurt am Main, 2003, S. 111–137.

34 Vgl. Henze 1995 (wie Anm. 1), S. 110f.

35 Ein vnüberwindlicher || gründtlicher bericht/ was die || Rechtfertigung inn Paulo || sey/ zu nutz vnd trost der gemeynen || Kirchen. || Durch Georgium Wicelium. || (Kolophon: Gedruckt zu Leiptzig/ durch || Nickel Schmidt:|| M.D.XXXIII.||) [Richter 6,1 = Henze 107,1 = VD16 W 4048]; Nachdruck in: SFGWF 6 (1980), S. 23–68; Digitalisate: http://www.mdz-nbn-resolving.de/urn/resolver.pl?urn=urn:nbn:de:bvb:12-bsb10992824-9 (16.05.2016); http://daten.digitale-sammlungen.de/~db/0001/bsb00018907/images/ (16.05.2016). Siehe dazu Henze 1995 (wie Anm. 1), S. 111–128 (mit Ausblicken auf die späteren Schriften Witzels zur Rechtfertigung).

36 Añtwort auff Martiñ || Luthers letzt bekennete Artickel/ || vnsere gantze Religion vnd || das Concili be= || langend || Georgij Wicelij. || ANNO M.D.XXXVIII. || XXX. AVGVSTI.|| (Kolophon: Gedruckt zu Leipzig durch || Nicolaum Wolrab.||) [Richter 48,1 = Henze 6,1 = VD 16 W 3853]; Digitalisate: http://www.mdz-nbn-resolving.de/urn/resolver.pl?urn=urn:nbn:de:bvb:12-bsb10985747-2 (16.05.2016); http://www.mdz-nbn-resolving.de/urn/resolver.pl?urn=urn:nbn:de:bvb:12-bsb10992812-2 (16.05.2016). Eine zweite Ausgabe der Schrift erschien 1547.

37 [Balthasar Raida:] Concordia || vnnd vergleichung || der Papisten/ Widderteuffer/|| Rotten/ Witzelianer vñ Luthe=||raner jnn vnnd mit der heiligen || catholischen Christlichen kir=||chen/ an die zween Ept zu || Fulda vnd Herssfelt.|| Mit Doct. Mart. Luther vor=||rede auff den Witzel.|| [...] 1539.|| (Kolophon: Gedruckt zu Erffurdt durch Chri=||stoffel Golthammer.||) [VD16 R 23 und R 24]; Digitalisate: http://www.mdz-nbn-resolving.de/urn/resolver.pl?urn=urn:nbn:de:bvb:12-bsb10167368-8 (16.05.2016); http://daten.digitale-sammlungen.de/~db/0006/bsb00061494/images/ (16.05.2016). Etwa gleichzeitig mit dieser Schrift verfasste Raid auch ein Gutachten über Witzel für Landgraf Philipp den Großmütigen von Hessen; siehe dazu: Günther Franz: Ein Gutachten über Georg Witzel und seine Lehre. In: Otto Perst (Hrsg.): Festschrift zum 60. Geburtstag von Karl August Eckhardt (Beiträge zur Geschichte der Werralandschaft und ihrer Nachbargebiete, 12). Marburg / Witzenhausen, 1961, S. 155–168 (Edition des Gutachtens: S. 159–167); Nachdruck in: SFGWF 4 (1978), S. 35–48 (Edition: S. 39–47).

38 Des Babsts Hercules/|| wider die Deudschen.|| Die auch vor dieser zeit/ nicht haben wollen dem || Babst/ beide die Christlichen/ vnd des heiligen || Roemischen Reichs freiheit vnd dignitet/|| vbergeben.|| Durch || Johannem Kymeum.|| (Kolophon: (Gedruckt zu Wittemberg || durch Georgen || Rhaw.·|| MDXXXVIII.||) [VD16 K 2868]; Digitalisate: http://www.mdz-nbn-resolving.de/urn/resolver.pl?urn=urn:nbn:de:bvb:12-bsb10909967-9 (16.05.2016); http://www.mdz-nbn-resolving.de/urn/resolver.pl?urn=urn:nbn:de:bvb:12-bsb11071845-2 (16.05.2016); Edition: Johannes Kymeus: Des Babsts Hercules wider die Deudschen. Wittenberg 1538. Als Beitrag zum Nachleben des Nicolaus von Cues im 16. Jahrhundert, eingel. u. hrsg. von Ottokar Menzel (Cusanus-Studien, 6; Sitzungsberichte der Heidelber-

kolaus von Kues (1401–1464) als Vorläufer Luthers reklamierte, der vom Papst mit dem Kardinalat für den Verrat an seinen eigenen Überzeugungen »belohnt« worden sei und danach in einer Mittelstellung verharrt habe, vergleicht er die Position Witzels mit der des Cusanus: Auch Witzel versuche, »ein new mittel religion zwischen den Evangelicis und Papisticis aufzurichten«. Und Kymeus warnt: »Geschihet solchs, so werdens warlich die Papisten so wenig lachen als wir.«[39]

Aber Witzel blieb in Eisleben auch Zeit zur polemisch-kritischen Beschäftigung mit Martin Luthers Bibelübersetzung[40] – die sich mit seinen eigenen Bemühungen um die »Reinheit« der deutschen Sprache berührte,[41] auch mit seiner eigenen Übersetzungsmethode, d.h. sich an den Sprachgewohnheiten der Zielgruppe zu orientieren und eher eine verständliche, sinngemäße als eine wort- und grammatikgetreue Übertragung der Vorlage (sei sie lateinisch oder griechisch) zu liefern, was er anhand seiner Basilius-Übersetzungen auch zu demonstrieren vermochte.[42] Witzel, der beider klassischen antiken Sprachen mäch-

ger Akademie der Wissenschaften, Philosophisch-Historische Klasse 1940/41, 6). Heidelberg, 1941.

39 Kymeus 1538 (wie Anm. 38), Bl. (Liijb); vgl. Paul Ludwig Sauer: Nikolaus von Cues und Johannes Kymeus Fuldensis. Der ehemalige Fuldaer Franziskaner als Interpret der Cusanischen Philosophie und Theologie. In: Buchenblätter 27 (1954), 73f., 83f.; 28 (1955), S. 6f. (einschlägig vor allem der letzte Teil).

40 Das Erste Teil. Annotationes / das sind kurtze ver= || zeichnus/ inn die Wittembergi= || schen newen Dolmetschung der || gantzen Heiligen Bibel/ al= || ler Christenheit zu lesen || vnd hoeren sehr nott || vnnd nuetz. || Durch Georgium || Vuicelium. || Anno 1536 || (Kolophon: Gedruckt zu Leiptzigk Melchior || Lotther. 1536. ||) [Richter 28(.1) = Henze 4,1-1 = VD16 W 3846]; Digitalisate: http://www.mdz-nbn-resolving.de/urn/resolver.pl?urn=urn:nbn:de:bvb:12-bsb10984872-1 (16.05.2016); http://www.mdz-nbn-resolving.de/urn/resolver.pl?urn=urn:nbn:de:bvb:12-bsb10984874-2 (16.05.2016); Das Ander Teil. Annotationes / das sind kurtze ver= || zeichnus/ in die Wittembergi= || sche[n] newen Dolmedtschung aller || heiligen Propheten/ ytzt am || ersten aussgangen. || Durch Georgium || Vuicelium. || Anno M.D.XXXvi. || Eissleben || (Kolophon: Gedruckt zu Leiptzigk Melchior || Lotther. 1536.) [Richter 28(.2) = Henze 4,1-2 = VD16 W 3847]; Digitalisat: http://www.mdz-nbn-resolving.de/urn/resolver.pl?urn=urn:nbn:de:bvb:12-bsb10984873-6 (16.05.2016). Neuausgaben dieser Schriften erschienen als *Annotationes in sacras litteras* (Köln: Quentel, 1557) und *Tomus tertius der Bücher Georgii Wicelii des Älteren* (Mainz: Behem, 1562). Zur Kritik Witzels an Luthers Bibelübersetzungen: Hermann Gelhaus: Der Streit um Luthers Bibelverdeutschung im 16. und 17. Jahrhundert, 2 Teile (Reihe Germanistische Linguistik, 89; 100). Tübingen, 1989–1990, Teil 1: Mit der Identifizierung Friedrich Traubs, S. 57–97 („Witzels Kritik an Luthers Altem Testament"), 158–167 („Georg Witzel: Humanismus und Orthodoxie"); Teil 2: Textband, S. 93–146 (mit fast vollständiger Wiedergabe der „Annotationes in die Wittenbergische neue Dolmetschung").

41 Vgl. Wilhelm Abraham Teller: Von den Verdiensten einiger mit Luthern gleichzeitigen Theologischen Schriftsteller, besonders des Georg Wicel, um die Deutsche Sprache. In: Beiträge zur deutschen Sprachkunde. Vorgelesen in der Königlichen Akademie der Wissenschaften zu Berlin. Zweyte Sammlung. Berlin 1796, bey Friedrich Maurer, S. 217–252; Faksimile-Nachdruck in: SFGWF 10 (1984), S. 3–40.

42 Regina Toepfer: Pädagogik, Polemik, Paränese. Die deutsche Rezeption des Basilius Magnus im Humanismus und in der Reformationszeit (Frühe Neuzeit, 123). Tübingen, 2007, S. 392–395. Witzel fertigte sowohl eine Übersetzung eines Werkes von Basilius dem Großen ins Lateinische (*Liturgia S. Basilii*, Mainz: Schöffer 1546 [Richter 68 = Henze 67,1 = VD16 B 709]) wie von zwei Werken des gleichen Kirchenvaters ins Deutsche (*Wider den unchristlichen Wucher*, Leipzig: Wolrab 1539 [Richter 107/108 = Henze 121 = VD16 B 694]; *Eine Christenliche und schöne Predig S. Basilij Magni ... wider das verfluchte Sauffen und Tantzen der Christen*, Dillingen: Mayer 1559 [Richter 133 = Henze 22 = VD16 ZV 29134]) an. Im Gegensatz zu vielen anderen Kontroverstheologen überwiegt bei den Erstausgaben von Witzels Publikationen die deutsche Sprache gegenüber der lateinischen (rund 53% zu rund 47% bei Witzel, 39,5% Deutsch zu 60,5% Latein bei den Kontroverstheologen) und unterstreicht sein Bemühen, „Volks- und Gelehrtensprache in gleicher Weise zu nutzen". Vgl. Mark U. Edwards Jr: Catholic Controversial Literature, 1518–1555: Some Statistics. In: Archiv für Reformationsgeschichte 79 (1988), S. 185–209, hier S. 190; Henze 1995 (wie Anm. 1), S. 64; Toepfer (wie oben), S. 376, Zitat ebd.

tig war, verfasste zudem ein Loblied auf die hebräische Sprache und ihre didaktisch-methodische Vermittlung, so etwas wie seine „heimliche Liebe“[43] – hatte er doch, bevor er nach Eisleben ging, mit einer Hebräisch-Professur in Erfurt geliebäugelt, was wohl auch durch Luthers Vorbehalte gegenüber dem „Renegaten“ verhindert worden war. 1538 wechselte Witzel, „abgeworben“ vom katholischen Herzog Georg von Sachsen (1471–1539),[44] nach Dresden; kurz vor seiner Abreise äußerte er sich resignativ über Stand und Perspektiven des Katholizismus in Eisleben – er predigte demzufolge in der Regel vor nicht mehr als zehn Gläubigen, fühlte sich auf verlorenem Posten.[45] Doch trotz allem Ärger war es eine ausgesprochen produktive Lebensspanne für ihn.

Wichtigstes Ereignis in seiner Dredner Zeit war die Teilnahme an dem Leipziger Religionsgespräch Anfang Januar 1539 zwecks Regelung der religiösen Frage im albertinischen Sachsen. Teilnehmer waren Vertreter der beiden wichtigsten protestantischen Landesherren im Reich, des ernestinischen Kurfürsten Johann Friedrich I. (des Großmütigen) von Sachsen (1503–1554)[46] und des Landgrafen Philipp I. (des Großmütigen) von Hessen (1504–1567)[47] – für Kursachsen Philipp Melanchthon (1497–1560)[48] und Kanzler Gre-

43 Oratio in || laVdem hebraicae lin= || gVae. || Praeterea leges || Scholae puerilis. || Autore Georgio Vuicelio, || M.D.XXXIIII. || (Die Schrift *Leges scholae puerilis* als Anhang.) [Richter 9 = Henze 76,1 = VD16 W 3988]. Witzel veröffentlichte die beiden Schriften 1538 erneut in dem Band *Homiliae duae de ecclesiae mysteriis*. Vgl. Adalbert BÖNING: Georg Witzel als Hebraist und seine Lobrede auf die Hebräische Sprache (Katholische Akademie Schwerte. Texte und Thesen, 35). Schwerte, 2004; Adalbert BÖNING: Georg Witzel (1501–1573) als Pädagoge. Dargestellt am Beispiel der Leges scholares, Lipsiae MDXXXVIII, Leipzig 1538 [Georgius Wicelius: Leges scholares, Lipsiae MDXXXVIII. Georg Witzel: Schulregeln oder „Über die beste Methode, Lateinisch, Griechisch und Hebräisch zu lernen“], eingeleitet, übers. und erl. von Adalbert Böning, hrsg. von Bernhard Johannes Witzel (Sonderdruck der „SFGWF“). Hagen, 1994.

44 Christoph VOLKMAR: Reform statt Reformation. Die Kirchenpolitik Herzog Georgs von Sachsen, 1488–1525 (Spätmittelalter, Humanismus, Reformation, 41). Tübingen, 2009.

45 Hauptquelle für Witzels fünfjährigen Aufenthalt in Eisleben sind seine *Epistolae, quae inter aliquot centurias videbantur partim profuturae theologicarum literarum studiosis, partim innocentis famam adversus sycophantiam defensurae* (Leipzig, 1537); aus diesen zitiert – in deutscher Übersetzung – ausgiebig: Karl KRUMHAAR: Die Grafschaft Mansfeld im Reformationszeitalter. Mit besonderer Rücksicht auf die Reformationsgeschichte aus den Quellen dargestellt. Eisleben, 1855, S.179–188; einige dieser Zitate auch bei Robert J. CHRISTMAN: Doctrinal Controversy and Lay Religiosity in Late Reformation Germany: The Case of Mansfeld (Studies in Medieval and Reformation Thought, 157). Leiden / Boston, 2012, S. 29; vgl. auch Hellmut WAUER: Bemerkungen zu der Situation von Georg Witzel in Eisleben. In: SFGWF I (1975), S. 8–12, 21–32. Zu den Briefen (und Widmungsvorreden) Witzels als Quelle zur Erhellung seiner Biographie: HENZE 1995 (wie Anm. 1), S. 27–56, Chronologische Liste der „Kontakte“: S. 290–301; vgl. auch Johannes BEUMER: Studien zur Literargeschichte der Reformation I. Die Adressaten der Briefe Georg Witzels. In: Theologie und Philosophie 43 (1968), S. 81–90.

46 Volker LEPPIN, Georg SCHMIDT und Sabine WEFERS (Hrsg.): Johann Friedrich I. – der lutherische Kurfürst (Schriften des Vereins für Reformationsgeschichte, 204). Gütersloh, 2006.

47 Ursula BRAASCH-SCHWERSMANN, Hans SCHNEIDER und Wilhelm Ernst WINTERHAGER (Hrsg.): Landgraf Philipp der Großmütige 1504–1567. Hessen im Zentrum der Reform. Begleitband zu einer Ausstellung des Landes Hessen. Marburg / Neustadt an der Aisch, 2004; Inge AUERBACH (Hrsg.): Reformation und Landesherrschaft. Vorträge des Kongresses anlässlich des 500. Geburtstages des Landgrafen Philipp des Großmütigen von Hessen vom 10. bis 13. November 2004 in Marburg (Veröffentlichungen der Historischen Kommission für Hessen, 24.9: Quellen und Darstellungen zur Geschichte des Landgrafen Philipp des Großmütigen, 9). Marburg, 2005.

48 Martin GRESCHAT: Philipp Melanchthon, Theologe, Pädagoge und Humanist. Gütersloh 2010; Michael FRICKE und Matthias HEESCH (Hrsg.): Der Humanist als Reformator. Über Leben, Werk und Wirkung Philipp Melanchthons. Leipzig, 2011. Vgl. auch Johannes BEUMER, Zwei „Vermittlungstheologen“ der Reforma-

gor Brück (1484–1557),[49] für Hessen Martin Bucer (1491–1551)[50] und Kanzler Johann Feige (1482–1543)[51] sowie für das noch katholische Herzogtum Sachsen Hofrat Georg von Carlowitz/Karlowitz (um 1471–1550),[52] der Professor und Bürgermeister in Leipzig Ludwig Fachs (1497–1554)[53] und der erst am zweiten Tag als „Experte" für die Geschichte der frühen Kirche hinzugezogene Georg Witzel. Mit dem Leipziger Kolloquium wurde die „Ära der (vortridentinischen) Religionsgespräche" eingeleitet – auch wenn „Leipzig" inhaltlich nicht wegweisend werden sollte und spätere Disputationen vom „Wormser" und vom „Regensburger Buch", die die Verhandlungsergebnisse des Wormser Religionsgesprächs (1540/41) bzw. des Regensburger Religionsgesprächs (im Zusammenhang mit dem Reichstag 1541) festhielten und an deren Formulierungen Witzel keinen Anteil hatte,[54] als Diskussionsgrundlage ausgingen. Bucer und Witzel hatten ein gemeinsames Ziel: Sie waren „auf der Suche nach Wiederherstellung der Einheit".[55] Und sie sahen in

tionszeit. Philipp Melanchthon und Georg Witzel. In: Theologie und Philosophie 43 (1968), S. 502–522; auch in: Theologisches Jahrbuch 1971, S. 427–457.

49 Gregor von Brück (1484–1557). Der vergessene Jurist der Reformation, Protokollband anlässlich des wissenschaftlichen Kolloquiums über das Leben und Wirken des kursächsischen Kanzlers und Hofrats in der St.-Lambertus-Kirche in Brück/Brandenburg vom 30. September bis 1. Oktober 2011 (Beiträge zur Landesgeschichte Sachsen-Anhalts, 2). Halle, 2012.

50 Martin GRESCHAT: Martin Bucer. Ein Reformator und seine Zeit (1491–1551). München, 1990 (2. überarb. und erw. Aufl. Münster, 2009); Matthieu ARNOLD und Berndt HAMM (Hrsg.): Martin Bucer zwischen Luther und Zwingli (Spätmittelalter und Reformation, N.R. 23). Tübingen, 2003; Nicolas THOMPSON: Eucharistic Sacrifice and Patristic Tradition in the Theology of Martin Bucer, 1534–1546 (Studies in the History of Christian Traditions, 119). Leiden / Boston, 2005; Volkmar ORTMANN: Martin Bucer als Kirchenvater Hessens. Seine Bedeutung für das kirchliche Leben. In: Die Homberger Synode von 1526. Homberg, 2001, S. 76-85.

51 Walter HEINEMEYER: Johann Feige von Lichtenau. Kanzler des Landgrafen Philipp; Kanzler der Philipps-Universität Marburg (Marburger Universitätsreden, N.F. 4). Marburg, 1982; Nachdrucke in: Zeitschrift des Vereins für Hessische Geschichte und Landeskunde 97 (1992), S. 25–39 und in: Walter HEINEMEYER: Philipp der Großmütige und die Reformation in Hessen. Gesammelte Aufsätze zur hessischen Reformationsgeschichte. Als Festgabe zum 85. Geburtstag hrsg. von Hans-Peter LACHMANN, Hans SCHNEIDER und Fritz WOLFF (Veröffentlichungen der Historischen Kommission für Hessen, 24,7; Quellen und Darstellungen zur Geschichte des Landgrafen Philipp des Großmütigen, 7). Marburg, 1997, S. 138–153; B(enno) LIEBERS, Johannes Feige. Der große Sohn der Stadt Hessisch Lichtenau. Biographie. Hessisch Lichtenau, 1960.

52 Elisabeth WERL: Carlowitz, Georg von. In: Neue Deutsche Biographie (NDB), Bd. 3. Berlin, 1957, S. 146 f.; Onlinefassung URL: https://www.deutsche-biographie.de/gnd135708028.html#ndbcontent (16.05.2016).

53 Günther WARTENBERG: Landesherrschaft und Reformation. Moritz von Sachsen und die albertinische Kirchenpolitik bis 1546. Weimar, 1988, S. 82–85.

54 Editionen: Martin BUCER: Opera omnia. Ser. I. Deutsche Schriften. Bd. 9.1. Religionsgespräche (1539–1541), bearb. von Cornelis Augustijn. Gütersloh, 1995, S. 328–483; Das Wormser Buch. Der letzte ökumenische Konsensversuch vom Dezember 1540 in der deutschen Fassung von Martin Bucer. Hrsg. von Richard ZIEGERT. Bearb. von Cornelis AUGUSTIJN. Frankfurt am Main, 1995; Georg PFEILSCHIFTER (Hrsg.): Acta reformationis catholicae ecclesiam Germaniae concernantia saeculi XVI. Die Reformverhandlungen des deutschen Episkopats von 1520 bis 1570, Bd. 6: 1538-1548, 3. Teil, 2. Hälfte. Regensburg, 1974, Nr. 2, S. 21–88. Vgl. Cornelis AUGUSTIJN: Das Wormser Buch. Der letzte ökumenische Konsensversuch Dezember 1540. In: Blätter für pfälzische Kirchengeschichte und religiöse Volkskunde 62 (1995), S. 7–46; Volkmar ORTMANN: Reformation und Einheit der Kirche. Martin Bucers Einigungsbemühungen bei den Religionsgesprächen in Leipzig, Hagenau, Worms und Regensburg 1539–1541 (Veröffentlichungen des Instituts für Europäische Geschichte Mainz, 185. Abteilung für abendländische Religionsgeschichte). Mainz, 2001, S. 191–265.

55 So der Untertitel einer Bucer gewidmeten Heidelberger Ausstellung: Martin Bucer (1491–1551). Auf der Suche nach Wiederherstellung der Einheit. Begleitbuch zur Ausstellung im Universitätsmuseum Heidelberg, 9. November 2001 – 24. Januar 2002, erarb. von Albert DE LANGE unter Mitarb. von Thomas WILHELMI (Archiv und Museum der Universität Heidelberg. Schriften, 5). Ubstadt-Weiher, 2001.

der Rückbesinnung auf die frühen Jahrhunderte des Christentums und die Lehren der Kirchenväter Möglichkeiten zur Reform der Kirche – Bucer freilich im neugläubigen, Witzel hingegen im altgläubigen Sinn. Allerdings waren Bucer und Witzel uneinig über die Dauer des (zusätzlich zur Heiligen Schrift) einzubeziehenden Zeitraums, schwankten zwischen den ersten 400 (Bucer) oder den ersten 1000 Jahren (Witzel) der Kirchengeschichte; Bucer zeigte hier Entgegenkommen, während die kursächsischen Vertreter dazu nicht bereit waren und den Gesprächskreis verließen. Am Ende formulierte Bucer einen 15 Punkte umfassenden, (mit Ausnahme der Rechtfertigungslehre und der Lehre vom freien Willen) wenig doktrinär gehaltenen und auf praktische Regelungen abzielenden „Leipziger Reformationsentwurf", in dem u. a. Priesterehe und Laienkelch bewilligt wurden. Die „Artikel belangende dy religion" wurden – von Witzel „abgesegnet" – erst sechs Jahre später (!) veröffentlicht; unter den Teilnehmern nachfolgender Religionsgepräche kursierten allerdings handschriftliche Fassungen. Witzel selbst hat sich von der Druckfassung später vorsichtig distanziert.[56]

Daneben erstellte er bereits 1538 ein Gutachten zwecks Einführung einer neuen Kirchenordnung „auf erasmianisch-humanistischer Grundlage […], die keine polemisch-abgrenzende Antwort auf die Reformation sein sollte, sondern bei Erhalt katholischer Substanz so weit gespannt war, daß sie den Anliegen der Evangelischen entgegenkam."[57] Namentlich galt das für den Gebrauch der Muttersprache im Gottesdienst, den Kommunionempfang unter beiderlei Gestalt und den Verzicht auf den Klerikerzölibat;[58] letztere Punkte für Witzel ja

56 Martin BUCER: Ein christlich ohngefaehrlich bedencken/ Wie ein leidlicher anefang Christlicher vergleichung in der Religion zů machen sein moechte. Zu Leypsig Anno MDXXXIX zůsammen getragen/ Dabey Georg Vicel auch gewesen/ und in alles verwilliget hat […] [Straßburg: Müller] Anno MDXLV; Digitalisat: http://www.mdz-nbn-resolving.de/urn/resolver.pl?urn=urn:nbn:de:bvb:12-bsb10987130-8 (26.4.2016); Editionen: BUCER: Deutsche Schriften. Bd. 9.1 (wie Anm. 54), S. 13–51; Acta reformationis catholicae (wie Anm. 54), Bd. 6, Nr. 1, S. 1–17; [Georg WITZEL:] Warer Bericht von || den Acten der Leipsischen und Spei=|| rischen Collocution zwischen || Mar. Bucern und Georg. || Wicelien || An den erbarn Herren Georg/ Ilsung Röm. || Keis. Maiest. Besondern Rhat/ und Land=|| uogt in Schwaben etc. || Zu Cöln Anno MDLXII || [Johann Quentel und Gerwin Calenius] [Richter 136 = Henze 120 = VD16 W 4073]; Digitalisat: http://www.mdz-nbn-resolving.de/urn/resolver.pl? urn=urn:nbn:de:bvb:12-bsb10986042-3 (16.05.2016); Ludwig CARDAUNS: Zur Geschichte der kirchlichen Unions- und Reformbestrebungen 1538–1542 (Bibliothek des Kgl. Preußischen Historischen Instituts in Rom, 5). Rom, 1910 (Nachdr. Torino, 1972), S. 85–108. Vgl. Pierre FRAENKEL: Einigungsbestrebungen in der Reformationszeit. Zwei Wege – zwei Motive (Institut für Europäische Geschichte Mainz. Vorträge, 41). Wiesbaden, 1965, S. 6–36; Günther WARTENBERG: Die Leipziger Religionsgespräche von 1534 und 1539. Ihre Bedeutung für die sächsisch-albertinische Innenpolitik und für das Wirken Georgs von Karlowitz. In: Gerhard MÜLLER (Hrsg.): Die Religionsgespräche der Reformationszeit (Schriften des Vereins für Reformationsgeschichte, 191). Gütersloh, 1980, S. 35–41; Heribert SMOLINSKY: Aspekte altgläubiger Theologie im albertinischen Sachsen. In: Herbergen der Christenheit 18 (1993/94), S. 29–43, hier S. 36–41; Thomas FUCHS: Konfession und Gespräch. Typologie und Funktion der Religionsgespräche in der Reformationszeit (Norm und Struktur, 4). Köln / Weimar / Wien, 1995, S. 395–409; HENZE 1995 (wie Anm. 1), S. 152–208; zuletzt vor allem ORTMANN 2001 (wie Anm. 54), S. 47–78; Brian LUGIOYO: Martin Bucer's Doctrine of Justification. Reformation Theology and Early Modern Irenicism (Oxford Studies in Histrorical Theology). New York, N.Y., 2010, S. 137–146.

57 Heribert SMOLINSKY: Albertinisches Sachsen. In: Die Territorien des Reiches (wie Anm. 7), Bd. 2: Der Nordosten, 1990, S. 9–32, hier S. 17.

58 Edition durch Werner KATHREIN: Ein Reformgutachten Georg Witzels (1501–1573) für Herzog Georg den Bärtigen von Sachsen aus dem Jahr 1538 und seine Beziehung zu dem Gutachten Witzels für den Fuldaer Abt Philipp Schenck zu Schweinsberg 1542. In: AmrhKG 44 (1992), S. 343–379. Vgl. dazu HENZE 1995 (wie Anm. 1), S. 162–165.

im Einklang mit der Praxis der Alten Kirche. Auch stellte er in Leipzig die *Dialogorum libri tres* fertig[59] und erarbeitete weite Teile seiner später gedruckten einflussreichen Schrift *Typus ecclesiae prioris* (1540),[60] auf die er sich auch beim Leipziger Religionsgespräch bezog. Nach dem Ableben Herzog Georgs 1539 und dem darauf folgenden Übergang des albertinischen Sachsen zur Reformation aber war Witzel neuerlich zur unfreiwilligen Flucht gezwungen; seine vom neuen Herzog Heinrich („der Fromme", 1473–1541)[61] als „gotteslästerlich" und „ärgerlich" eingestuften Bücher sollten in Leipzig, dem bevorzugten Verlagsort seiner Druckerzeugnisse 1532–1539,[62] nicht mehr erscheinen dürfen.[63]

Aufnahme fand Witzel bei Kurfürst Joachim II. Hector von Brandenburg (1505–1571, Kurfürst seit 1535) in Berlin – er wechselte allerdings von einer Abhängigkeit in eine andere, lieferte sein Schicksal erneut einem Landesherrn aus. Joachim, der die konfessionelle Spaltung in seiner Familie hautnah erlebte – Vater Joachim I. und Erzbischof Albrecht von Brandenburg katholisch, Mutter Elisabeth von Dänemark, Norwegen und Schweden sowie ein weiterer Onkel, Albrecht von Brandenburg-Ansbach, lutherisch – und deswegen anfangs ein einheitliches Vorgehen im Reich anstrebte, berief einen Kreis von auswärtigen Theologen um sich, die ihn bei seinem Verhalten gegenüber dem Luthertum und bei der Einführung einer neuen Kirchenordnung beraten sollten. Unter diesen war Witzel allerdings der einzige Vertreter eines gemäßigten Katholizismus; sein (nur fragmentarisch

59 DialogorVm || Libri Tres. || Drey Gesprechbüchlin || von der Religion sachen/ in itzigem || ferlichem zweispalt/ auffs kuer= || tzist vnd artigst gefer= || tiget/|| GEORGII VVICELII THEOLOG. || ANNO || M.D.XXXIX.|| (Gedrückt zu Leiptzigk/ durch || Nicolaum Wolrab.||) [Richter 49,1 = Henze 31,1 = VD16 W 3907]. Dazu Paul Ludwig SAUER: Der Dialog bei Georg Witzel in seiner zeitgeschichtlichen und entwicklungsgeschichtlichen Bedeutung. Dissertation (1956) mit einem neuen Geleitwort (Sonderdruck. Sekundärliteratur des Georg-Witzel-Archivs-Hagen, 2). Hagen, 1981, S. 25–71, zum Dialog als literarischer Form: S. 72–165, 210–224; Georg KUHAUPT: Veröffentlichte Kirchenpolitik. Kirche im publizistischen Streit zur Zeit der Religionsgespräche (1538–1541) (Forschungen zur Kirchen- und Dogmengeschichte, 69). Göttingen, 1998, S. 69–77.

60 [Georg WITZEL:] TypVs Eccle= || siae prio= || ris. || Anzeigung/ wie die heilig Kyrche || Gottes/ inwendig siben vnd mehr hun= || dert jaren/ nach vnsers Her= || ren Auffart/ gestalt || gewesen sey. || [Mainz: Ivo Schöffer] M.D.XL.||. Widmungsvorrede an den Fuldaer Fürstabt Johann von Henneberg [Richter 52,1 = Henze 106,1 = VD16 W 4039]; Digitalisate: http://www.mdz-nbn-resolving.de/urn/resolver.pl?urn=urn:nbn:de:bvb:12-bsb11227769-8 (16.05.2016); http://www.mdz-nbn-resolving.de/urn/resolver.pl?urn=urn:nbn:de:bvb:12-bsb10168880-6 (16.05.2016). Drei weitere Auflagen erschienen 1541, 1546, 1559. Zur Entstehungsgeschichte des Werkes: HENZE 1995 (wie Anm. 1), S. 165–169; KUHAUPT 1998 (wie Anm. 59), S. 248–253. Vgl. auch Barbara HENZE: Witzel, Georg: Typus Ecclesiae Prioris, in: Lexikon der theologischen Werke (wie Anm. 32), S. 756f.

61 Yves HOFFMANN und Uwe RICHTER (Hrsg.): Herzog Heinrich der Fromme (1473–1541). Beucha, 2007.

62 Allein 22 Drucke erschienen im Zeitraum von 1537–1539 bei Nicolaus Wolrab, davon 18 Erstausgaben; vgl. Helmut CLAUSS: Das Leipziger Druckschaffen der Jahre 1518–1539. Kurztitelverzeichnis (Veröffentlichungen der Forschungsbibliothek Gotha, 26). Gotha, 1987, S. 186–190, Nr. 15–22, 26, 46–54, 69–72; HENZE 1995 (wie Anm. 1), S. 303f. Ingesamt lassen sich bei den Druckern und Druckorten der Schriften Witzels – bezogen auf Erstausgaben – zwei Phasen festmachen: 1. 1532–1539: Leipzig, Drucker neben dem genannten Wolrab vor allem Nickel Schmidt, Valentin Schumann, Melchior Lotter; 2. 1540–1566: Mainz: Franz Behm; Köln: Johann Quentel bzw. dessen Erben. Nur veinzelt kommen daneben andere Drucker in anderen Druckorten zum Zuge: HENZE 1995 (wie Anm. 1), S. 302–305. Zu Witzels in Köln erschienenen bzw. für Quentel von Behem in Mainz gedruckten Schriften vgl. Wolfgang SCHMITZ: Die Überlieferung deutscher Texte im Kölner Buchdruck des 15. und 16. Jahrhunderts. Habil.-Schrift Köln 1990 (Digitalisat: http://www1.uni-hamburg.de/disticha-catonis/pdf/schmitz_1990.pdf [16.05.2016]), S. 140–142, 153–155, 168–173, 193–195, 259f., 445, 451, 456.

63 Paul VETTER: Witzel's Flucht aus dem albertinischen Sachsen. In: Zeitschrift für Kirchengeschichte 13 (1892), S. 282–304, hier S. 290–292.

64 Kurze Wiedergabe bei Michael HÖHLE: Universität und Reformation. Die Universität Frankfurt (Oder) von

überliefertes) Gutachten[64] und eine schon vorher unter dem Tenor „media concordiae" erstellte Stellungnahme[65] schlugen sich in der endgültigen Gestalt der Kirchenordnung (1540) kaum nieder – wofür auch die „Einflüsterungen" Wittenberger Theologen um Melanchthon sorgten. Michael Höhle konstatiert daher: „Der ›Vermittlungstheologe‹ hat sich gegenüber der lutherischen Richtung nicht durchsetzen können."[66] Konsequenterweise entschied sich Joachim II. dann auch, entgegen dem Testament seines Vaters, das lutherische Abendmahl in beiderlei Gestalt am 1. und 2. November 1539 in den Nikolaikirchen in Spandau bzw. in Berlin reichen zu lassen und damit der Reformation in der Mark Brandenburg zum Durchbruch zu verhelfen.

Witzel verließ Berlin im Frühjahr 1540 enttäuscht – auch eine in Aussicht gestellte Professur an der Universität Frankfurt an der Oder[67] war nicht zustande gekommen. Witzel hatte einflussreiche Gegner – nicht nur im neugläubigen Lager, sondern auch unter Altgläubigen, die nach wie vor seine Rückkehr zur katholischen Kirche und seine Ehe argwöhnisch betrachteten, wie etwa der als entschiedener Widersacher Luthers bekannte Johannes Eck (1486–1543).[68] Unter den Humanisten erasmianischer, vermittelnder Prägung aber genoss er Ansehen, so dass sich einige für ihn verwendeten und seinen weiteren Lebensweg mitbestimmten. Letzteres gilt für die kurzfristigen Stationen Würzburg und Schlüchtern ebenso wie für das längerfristige Wirken in Fulda.

Aufnahme fand er 1540 in Würzburg auf Vermittlung des Domherrn Daniel Stiebar von Buttenheim (1503–1555), der wiederum sein Kanonikat einer Empfehlung von Erasmus verdankte, auch engen Kontakt mit Philipp Melanchthon hatte und im Mittelpunkt eines Kreises Würzburger Humanisten stand,[69] zu dem der damalige Bischof Konrad von Thüngen und der Domherr (und nachmalige Bischof) Melchior Zobel von Giebelstadt (1505–1558)[70] gehörten. Stiebar und Zobel hatten schon Witzels Bemühungen um eine Anstellung in Würzburg 1532 unterstützt und auch eine erneute Einladung Witzels 1534 mitveranlasst, die dieser allerdings zugunsten der Stelle in Eisleben abgesagt hatte. Und

1506 bis 1550 (Bonner Beiträge zur Kirchengeschichte, 25). Köln, 2002, S. 402. Ausführlich: Michael Höhle: Ein „vermittlungstheologischer" Entwurf Georg Witzels für die kurmärkische Kirchenordnung von 1540. In: Wichmann-Jahrbuch des Diözesangeschichtsvereins Berlin NF 7 (2002/03), S. 101–119.

65 Überliefert im zweiten Teil der Schrift *Inspectio ecclesiarum* von 1564 (fol. 14–21v) und mit vielen Parallelen zu den Gutachten für Herzog Georg von Sachsen 1538 und für den Fuldaer Fürstabt Philipp Schenck zu Schweinsberg 1542; Inhaltswiedergabe bei Höhle 2002 (wie Anm. 64), S. 401 f.

66 Höhle 2002 (wie Anm. 64), S. 402.

67 Vetter 1892 (wie Anm. 63), S. 303 f.

68 Erwin Iserloh: Johannes Eck (1486–1543): Scholastiker, Humanist, Kontroverstheologe (KLK, 41). Münster, 1981; Erwin Iserloh (Hrsg.): Johannes Eck (1486–1543) im Streit der Jahrhunderte. Internationales Symposion der Gesellschaft zur Herausgabe des Corpus Catholicorum aus Anlaß des 500. Geburtstages des Johannes Eck vom 13.–16. November 1986 in Ingolstadt und Eichstätt (RST, 127). Münster, 1988; Jürgen Bärsch und Konstantin Maier (Hrsg.): Johannes Eck (1486–1543). Scholastiker – Humanist – Kontroverstheologe (Eichstätter Studien, N.F. 70). Regensburg, 2014.

69 Eva Mayer: Daniel Stibar von Buttenheim und Joachim Camerarius. In: Würzburger Diözesangeschichtsblätter 14/15 (1952/53), S. 485–499; Alfred Wendehorst: Das Stift Neumünster in Würzburg (Germania Sacra, N.F. 26 = Bistum Würzburg, 4). Berlin / New York, 1989, S. 316 f.; Gisela Schmitt: Alte und neue Welt: Die Beziehungen des Joachim Camerarius zum Konquistador Philipp von Hutten. In: Rainer Kössling und Günter Wartenberg (Hrsg.): Joachim Camerarius (Leipziger Studien zur klassischen Philologie, 1). Tübingen, 2003, S. 303–335, hier S. 305–308.

70 Christoph Bauer: Melchior Zobel von Giebelstadt, Fürstbischof von Würzburg (1544–1558). Diözese und Hochstift Würzburg in der Krise (RST, 139). Münster, 1998.

noch 1539 hatte Witzel der Berufung nach Berlin den Vorzug vor Würzburg gegeben, obwohl man würzburgischerseits ein Haupthindernis für eine Anstellung Witzels, seinen Ehestand, durch einen stillschweigenden päpstlichen Ehedispens beseitigt hatte.[71] Jetzt, 1540, wiederum zerschlug sich eine geplante Anstellung Witzels als würzburgischer Rat durch den plötzlichen Tod Thüngens 1540 und das Desinteresse seines Nachfolgers Konrad von Bibra (1490–1544) – wohl aber auch wegen der Einflüsterungen Ecks. Letzterer hatte vor der Wahl des neuen Bischofs gegen den Witzel-„Freund" Zobel agitiert.[72] Ein kleiner „Trost" für die entgangene Anstellung mag es für Witzel gewesen sein, dass er jetzt Zeit fand, die Würzburger Dombibliothek zu benutzen.[73] Trotzdem konnte sein Aufenthalt in Würzburg ohne wirtschaftliche Absicherung nicht von Dauer sein.

Da traf es sich gut, dass Stiebar von Bubenheim mit dem humanistischen Reformabt Petrus Lotichius (1501–1567) in Schlüchtern befreundet war, in dessen weit über die Grenzen der Region hinaus bekannten Klosterschule mehrere Verwandte Würzburger Humanisten ihre Ausbildung genossen hatten. Lotichius sollte 1543 die Reformation in seinem Kloster einführen und selbst Priester ausbilden und weihen.[74] Vielleicht kannte Witzel Lotichius bereits, für seinen Aufenthalt in Schlüchtern war aber wohl die „Würzburg-Schlüchtern-Connection" ausschlaggebend. Auch die „Schlüchterner Zeit" Witzels war kurz; er sollte Lotichius jedoch durch Beratertätigkeit verbunden bleiben.

3. Fuldaer Jahre (1540–1552)

Lotichius unterhielt ausgezeichnete Beziehungen zum damaligen Fuldaer Stiftsdechanten Philipp Schenck zu Schweinsberg, der „Grauen Eminenz" im geistlichen Fürstentum.[75] Witzel selbst hatte sich von der fordauernden Reserviertheit Fürstabt Johanns von Henneberg gegenüber seiner Person nicht beirren lassen, trotz des vielsagenden Schweigens Johanns zu Witzels Rechtfertigungsbrief (1533) angesichts der Rückkehr zur katholischen Kirche dem Abt 1536 seine Schrift *Conciones triginta orthodoxae ecclesiastis Christianae evangeli-*

71 Einzelheiten bei Witzel 1986 (wie Anm. 5), S. 27–31; Richter 1909 (wie Anm. 6), S. 143.

72 Witzel 1986 (wie Anm. 5), S. 40–43.

73 Ebd., S. 38 f.

74 Werner Kathrein: Die Bemühungen des Abtes Petrus Lotichius (1501–1567) um die Erneuerung des kirchlichen Lebens und die Erhaltung des Klosters Schlüchtern im Zeitalter der Reformation (QAAF, 24). Fulda, 1984, zur Klosterschule: S. 52–60, zum Schlüchtern-Aufenthalt Witzels: S. 129–132; Werner Kathrein: Die Schlüchterner Klosterschule unter Abt Petrus Lotichius (1534–1567). In: Walter Heinemeyer (Hrsg.): Hundert Jahre Historische Kommission für Hessen 1897–1997. Festgabe dargebracht von Autorinnen und Autoren der Historischen Kommission, Bd. I (Veröffentlichungen der Historischen Kommission für Hessen, 61.1). Marburg, 1997, S. 401–425; Werner Kathrein: Anmaßung bischöflicher Gewalt? Die Ordinationen des Abtes Petrus Lotichius (1501–1567) in den Auseinandersetzungen der Reformationszeit. In: Hartmut Zapp, Andreas Weiss und Stefan Korta (Hrsg.): Ius Canonicum in Oriente et Occidente. Festschrift für Carl Gerold Fürst zum 70. Geburtstag (Adnotationes in ius canonicum, 25). Frankfurt am Main / Berlin / Bern / Bruxelles / New York / Oxford / Wien, 2003, S. 239–258.

75 Werner Kathrein: Alte Beziehungen zwischen der Reichsabtei Fulda und dem Kloster Schlüchtern. In: Fuldaer Geschichtblätter 61 (1985), S. 29–42, hier S. 34-39.

76 Conci= | | ones triginta or= | | thodoxae, Ecclesiastis Chri= | | stiane Euangelizanti= | | bus, non adeo fu | | tur[a]e inutiles. | | GEORGII VVI= | | celij Presbyteri. | | ANNO, | | M.D.XXXVI. [Leipzig: Nickel Schmidt] [Richter 25,1 = Henze 26,1 = VD16 W 3898]; Digitalisat: http://www.mdz-nbn-resolving.de/urn/resolver.pl?urn=urn:nbn:de:bvb:12-bsb10180435-6 (20.05.2016); Zweitausgabe: Homiliae | | aliqvot ab adventV | | usq; in Quadragesimam, & | | praeterea à Dominica | | XIII. usque ad | | Aduen= | | tum. | | Adiecta est com= | | prehensio locorvm vtrivsqve | | Testamenti de Necessitate piè

Abb. 1: Georg Witzel im Alter von 42 Jahren. Kupferstich von Theodor de Bry oder Robert Boissard 1599, nach einem Kupferstich von Hans Brosamer aus dem Jahre 1542. Vgl. Anm. 138. Österreichische Nationalbibliothek Wien, Porträtsammlung

factorum || eius qui fidem habet || Epistola de libero arb. || Dissertatio item de arbore bo=|| na, de Antichristo, de intercessione diuorum || &c. Pleraq; ab authore locupletata. || GEORGII VVICELII. || LIPSIAE, In officina NICOL. VVOLRAB. || AN. M.D.XXXVIII. [Richter 25,2 = Henze 26,2 = VD16 W 3900]; Digitalisat: http://www.mdz-nbn-resolving.de/urn/resolver.pl?urn=urn:nbn:de:bvb:12-bsb10161867-8 (20.05.2016). Die Vorrede datiert vom 27. Januar 1536.

zantibus gewidmet, sie ihm zugesandt und dann auch die zweite Auflage 1538 dediziert[76] – war aber immer wieder mit Missachtung bestraft worden. Seiner Bitte in der Vorrede von *Typis ecclesiae prioris* vom 7. Juni 1540, die „weitberümete Liberey" des Fuldaer Klosters benutzen zu dürfen,[77] entsprach der Fürstabt, eine Anstellung verweigerte er ihm nach wie vor. Witzel blieb damit zunächst auf seine Bibliotheksforschungen beschränkt. Erst von Johanns Nachfolger Philipp Schenck zu Schweinsberg,[78] dessen Wahl vom protestantischen Landgraf Philipp von Hessen massiv unterstützt wurde, weil der sich von dem Angehörigen einer der wichtigsten hessischen Adelsfamilien eine Säkularisierung des Stifts erhoffte, erhielt Georg Witzel eine feste Anstellung. Zwar ist die erste Bestallungsurkunde nicht mehr erhalten; doch dürfte deren Wortlaut nicht sehr von der am 28. Februar 1549 ausgestellten Urkunde abgewichen sein: Demnach hatte der Fürstabt Witzel angenommen und nahm ihn weiterhin an

> „unter der Bedingung, daß er unser geheimer Rat[79] und auch zu jeder Zeit treuer Diener in allen möglichen geistlichen Angelegenheiten sei, die die heilige Religion unseres Stifts und Fürstentums betreffen, [...] (und) sich unermüdlich damit beschäftige, unsere geeigneten Aufträge zu jeder beliebigen Sache zu erörtern, vorzutragen und zu schreiben, und dies sehr rasch liefere".[80]

Als „theologischer Berater" der Fürstäbte Philipp Schenck und Wolfgang Dietrich von Ussigheim/Eussigheim (1550–1558) sollte Georg Witzel in den Jahren 1541–1554 die religionspolitische Lage im Stift Fulda mitbestimmen.[81]

Im Regensburger Reichstagsabschied 1541 war festgelegt worden, dass die Reichsstände in ihren Territorien eine „Kirchenreformation" als Überbrückung bis zur Regelung der religiösen Fragen durch ein Konzil, eine Nationalversammlung oder einen künftigen Reichstag veranlassen sollten. Auf die Erstellung einer solchen Ordnung war Witzel vorbereitet. Von Würzburg aus hatte er 1540 die erste Auflage des in wesentlichen Teilen 1538 fertiggestellten ersten Teiles seiner Apologie der Alten Kirche, *Typus ecclesiae prioris*, zum Druck gebracht. Eine erweiterte zweite Auflage, mit zusätzlichen Belegen aus Handschriften, die

77 Typus ecclesiae prioris, 1540 (wie Anm. 60), Bl. Aiijr.

78 Hans Georg SCHENCK ZU SCHWEINSBERG: Philipp Schenck zu Schweinsberg, Fürstabt von Fulda 1541–1550. Zugleich eine familiengeschichtliche Studie über die Beziehungen der Schencken zu Schweinsberg zum Hochstift Fulda im 16. Jahrhundert (Beiträge zur Geschichte der Freiherrn Schenck zu Schweinsberg). Dransfeld, 1986 [Selbstverl.].

79 Die Bezeichnung „Geheimer Rat" bedeutet nicht, dass zu dieser Zeit ein Gremium von Geheimen Räten bestanden hat, schon gar nicht für geistliche Angelegenheiten; sie steht nur für das besonders vertrauensvolle Verhältnis zwischen Herrscher und Berater. Ein Geheimes Rats-Kollegium wurde in Fulda erst im ausgehenden 17. Jahrhundert installiert. Siehe dazu Berthold JÄGER: Das geistliche Fürstentum Fulda in der Frühen Neuzeit: Landesherrschaft, Landstände und fürstliche Verwaltung. Ein Beitrag zur Verfassungs- und Verwaltungsgeschichte kleiner Territorien des Alten Reiches (Schriften des Hessischen Landesamtes für geschichtliche Landeskunde, 39). Marburg, 1986, S. 301–305.

80 Hessisches Staatsarchiv Marburg, Bestand 96/1026, Bl. 414r–415r; zitiert nach WITZEL 1986 (wie Anm. 5), S. 77.

81 WITZEL 1986 (wie Anm. 5), S. 49–139; Werner KATHREIN: Georg Witzel (1501–1573) und das Hochstift Fulda. In: FuGbll 77 (2001) S. 29–56, hier S. 39–53; Werner KATHREIN: Georg Witzel (1501–1573) und das Hochstift Fulda. In: KATHREIN u. a. 2003 (wie Anm. 33), S. 15–35, hier 22–33.

82 Nachweise bei HENZE 1995 (wie Anm. 1), S. 168 Anm. 86.

83 TypVs Ec= || clesiae prio= || ris. || Anzeigung/ wie die heilige || Kyrche Gottes/ inwendig || siben vnd mehr hundert jaren/|| nach vnsers Herrn Auffart/ || gestalt gewesen || sey. || Durch GEOR-

er in der Fuldaer Klosterbibliothek exzerpiert hatte,[82] erschien 1541.[83] In dieser Schrift, die nach dem Urteil von Barbara Henze wenig systematisch angelegt und keinesfalls „programmatisch“ ist, eher einem „Zettelkasten“ mit „Regesten oder Zitaten der patristischen Literatur“ gleicht,[84] hatte er auch den aktuellen Reformbedarf thematisiert – und die zur „Abarbeitung“ der Mängel unumgängliche Annäherung an Ideen der Reformatoren. Diese Auffassung schlug sich, wie zuvor in den Gutachten für Herzog Georg von Sachsen (1538) und Kurfürst Joachim II. Hector von Brandenburg (1539), in den Vorschlägen für eine Fuldaer Kirchenreformordnung nieder,[85] die von Fürstabt Philipp aufgegriffen und Grundlage der Reformordnung von 1542 wurden.[86]

Witzels Reformvorstellungen wurden damit in Fulda „offizielle“ Kirchenpolitik, wenngleich sie nach der Absicht Schencks und seiner unmittelbaren Nachfolger weniger auf eine endgültige Regelung als vielmehr auf eine Offenhaltung der religiösen Lage im Stift zielten und so das Vordringen des Protestantismus – bis zur Einsetzung der Gegenreformation nach 1570 – zwar nicht verhindern konnten, aber wohl abzumildern vermochten. Deutsche Sprache im Gottesdienst bei der Spendung der Sakramente und beim Gesang, Kommunion unter beiderlei Gestalt, Reduzierung der Vielzahl der oft nur der Versorgung von Benefiziaten dienenden Messen waren für den „einfachen Gläubigen“ attraktiv, Verzicht auf die Durchsetzung des Zölibats für die Priester. Viele Geistliche nutzten die Duldung der Priesterehe und ließen sich von Mitbrüdern ganz offiziell „einsegnen“. Entsprechend groß war die Enttäuschung (auch der Ehefrauen und Kinder), wenn sie ausgangs des 16. und zu Beginn des 17. Jahrhunderts im Zuge der rigorosen Durchsetzung Trienter Konzilsbeschlüsse zur Trennung gezwungen wurden.[87] Andere Vorschläge Witzels hingegen, wie das Predigen unter Rückgriff auf die Bibel und die Kirchenväter sowie die sonntägliche Unterweisung der Jugend oder die Beibehaltung der alten Zeremonien und Riten, legten den Pfarrern die Besinnung auf ihre pastoral-katechetischen und liturgischen Aufgaben nahe.

GIVM || VVICELIVM ORTHODOX. || Reichlich gemehret/ vnd || von newem ge= || drückt. || M.D.XLI. || [Mainz: Franz Behem]. Titelbordüre: Holzschnitt von Hans Brosamer (HBF) mit dem Wappen des Fuldaer Fürstabts Johann von Henneberg; Widmungsvorrede an Johann von Henneberg [Richter 52,2 = Henze 106,4 = VD16 W 4040]; Digitalisate: http://www.mdz-nbn-resolving.de/urn/resolver.pl?urn=urn:nbn:de:bvb:12-bsb10160057-7 (16.05.2016); http://www.mdz-nbn-resolving.de/urn/resolver.pl?urn=urn:nbn:de:bvb:12-bsb10482607-8 (16.05.2016).

84 Henze 1995 (wie Anm. 1), S. 169 gegen Kathrein, Reformgutachten, 1992 (wie Anm. 58), S. 345 Anm. 13.

85 Reformatiuncula ecclesiae Fuldensis iussu revd. Antistis Philippi a Georgio Wicelio scripta 1542; gedruckt in: Richter 1913 (wie Anm. 3), S. 134–152 ("Fuldaer Handschrift") bzw. Acta reformationis catholicae (wie Anm. 54), Bd. 4: 1538–1548, 2. Teil. Regensburg, 1971, S. 243–257 ("Würzburger Handschrift").

86 Acta reformationis catholicae (wie Anm. 54/85), Bd. 4, S. 229–243 (deutsche und lateinische Version). Zusammenfassend: Werner Kathrein: „Das die christenheit keynen größeren schaden habe“. Vor 450 Jahren erließ Abt Philipp Schenk zu Schweinsberg eine bemerkenswerte Kirchenordnung. In: Bonifatiusbote. Kirchenzeitung für das Bistum Fulda 107 (1992), Nr. 47, 22. November 1992, S. 21; Paul Ludwig Sauer: Georg Witzel und die deutsche Predigt. Zur Predigtgeschichte des 16. Jahrhunderts und zu Witzels Fuldaer Reformationsgutachten. In: Buchenblätter 28 (1955), S. 23 f., 36, 48, 51 f.; Werner Kathrein: Zwischen Reform und Reformation. Zur Geschichte der Fuldaer Stadtpfarrei im 16. Jahrhundert. In: Walter Heinemeyer und Berthold Jäger (Hrsg.): Fulda in seiner Geschichte. Landschaft, Reichsabtei, Stadt (Veröffentlichungen der Historischen Kommission für Hessen, 57). Fulda / Marburg, 1995, S. 439–459, hier S. 446–448.

87 Vgl. Berthold Jäger: Dr. Balthasar Wiegand (ca. 1545–1610), fuldischer Generalvikar und Kanzler. In: AmrhKG 45 (1993), S. 141–211, hier S. 158 f. mit Anm. 101.

Zwar kann man der Fuldaer Reformordnung einen gewissen „Modell"-Charakter zugestehen, die Fürstabtei Fulda als „Versuchsfeld für Witzels reformkatholische Ideen" sehen,[88] darüber hinausgehende Wirkung – vor allem in räumlicher Hinsicht – entfaltete sie nicht. Dennoch scheint es in Fulda ein weitgehend konfliktfreies Zusammenleben zwischen überzeugten Altgläubigen, Neugläubigen und Anhängern der Schenck/Witzel'schen Lösung gegeben zu haben – ohne dass man die Anteile der einzelnen Gruppen quantifizieren könnte. Auf längere Sicht ausschlaggebend war aber, dass sich ein evangelisches Kirchenwesen in der Residenzstadt Fulda trotz aller Sympathien in der Bevölkerung Fuldas – im Gegensatz zur fuldischen Landstadt Hammelburg[89] – nicht institutionalisieren konnte (was sich etwa an den Geistlichen an der Stadtpfarrkirche veranschaulichen lässt).[90] Das ermöglichte die Durchsetzung der seit 1570 mit der Wahl des neuen Fürstabts Balthasar von Dernbach und der „Anwerbung" von Mitgliedern des papsttreuen Jesuitenordens einsetzenden Gegenreformation im Sinne des 1563 abgeschlossenen Konzils von Trient.[91] Die Jesuiten nahmen das seit 30 Jahren leerstehende Barfüßerkloster in der Innenstadt in Besitz und richteten eine Schule ein, in der sie ihren Zöglingen die streng katholische Glaubensrichtung vermittelten, und erzielten auch bei der erwachsenen Bevölkerung Er-

88 Witzel 1986 (wie Anm. 5), S. 96.

89 Merz, Horn, 1992 (wie Anm. 7), S. 68–91.

90 So wirkte 1532–1537 der vom Humanismus geprägte, anfangs Luthers Lehre zuneigende, dann aber sich an Erasmus orientierende und am alten Glauben festhaltende Johannes Femel aus Erfurt als Prediger. Er führte 1532 ein Religionsgespräch mit dem jetzt in Hersfeld wirkenden Balthasar Raid und dem Fuldaer Vikar Heinrich Michelmann, für das als Quelle nur Raids (oben Anm. 23 angeführte) Streitschrift gegen Witzel zur Verfügung steht. Femel, der während seiner „Fuldaer Zeit" auch an der Klosterschule in Schlüchtern lehrte, 1538 nach Erfurt an die Universität zurückkehrte und als deren Rektor 1555 starb, kann nach Kathrein als ein Vorläufer von Witzel in Fulda gelten. Mit Holger Bruckmann „Pontanus" (1542–1548) und Dr. Jakob Oethe (1548–1567) wurden zwei auf die Kirchenordnung von 1542 festgelegte (verheiratete) Pfarrer berufen, ehe mit Martin Göbel (1568–1587) ein entschieden tridentinisch-katholisch orientierter Geistlicher das Amt des Stadtpfarrers ausübte, der sich vielfach Anfechtungen und Klagen durch Rat und Bürgerschaft der Stadt Fulda ausgesetzt sah. Im gleichen Geiste amtierte Göbels Nachfolger Dr. Johannes Kolhus (1587–1603). Vgl. Kathrein 1995 (wie Anm. 86); Werner Kathrein: Der Streit um die Messe in der Reformationszeit und seine Auswirkungen im Hochstift Fulda. In: FuGbll 82 (2006), S. 60–86, hier S. 69–86. Zu Femel, der selbst einen *Sermo die Heiligen belangend* verfasst (Eyn kurcz Sermon szo die hey| |ligen Gottes belangen/ An alle doctores tzu | | Erffurdt/ sie seynt jung ad[er]/ alt/ man ad[er]/ frawe | | Joannes Femelius | | … | [Erfurt: Hans Knappe d.Ä., 1522], VD16 F 713; Digitalisate: http://www.mdz-nbn-resolving.de/urn/resolver.pl?urn=urn:nbn:de:bvb:12-bsb11071841-0 (16.05.2016); http://www.mdz-nbn-resolving.de/urn/resolver.pl?urn=urn:nbn:de:bvb:12-bsb10167621-5 (16.05.2016)), zum Erfurter Druck des Briefes von Erasmus an den Mainzer Bischof in der Lutherfrage (Desiderij Eras- | |mi. ad Reuere(n)dissimum | | Moguntinensiu(m) praesule(m): atq(ue) illu- | |strissimu(m) principem. epistola: | | non nihil D. Martini Lu- | |theri negotiu(m) attinge(n)s | |… | | [Erfurt: Matthes Maler, 1520], VD 16 E 1888) „empfehlende Verse" beigesteuert und auch an den oben erwähnten „Dunkelmännerbriefen" mitgewirkt hat (siehe Anm. 16), siehe Erich Kleineidam: Universitas Studii Erfordensis. Überblick über die Geschichte der Universität Erfurt im Mittelalter, Bd. 2 (Erfurter Theologische Studien, 22). Leipzig, 1969 (2. erw. Aufl. 1992), passim; Bd. 3, 1980 (2. Aufl. 1983; Erfurter Theologische Studien, 42), passim; Kathrein 1984 (wie Anm. 74), S. 55–58. Femel erwarb 1532 ein Haus in Fulda, vgl. Breul-Kunkel 1999 (wie Anm. 8), S. 103 Anm. 118. Biogramme von Bruckmann, Oethe, Göbel und Kolhus in: Dominikus Heller: Aus den Pfarreien des Fürstbistums Fulda, 5 Hefte. Fulda, 1956–1958, hier Heft 1, S. 103–107. Die Bestallungsurkunden für Bruckmann, Oethe und Kolhus sind abgedruckt bei Ludwig Pralle, Gregor Richter: Die Fuldaer Stadtpfarrei. I. Pfarrei und Archidiakonat Fulda im Mittelalter, II. Urkunden der Fuldaer Stadtpfarrei (VFGV 32). Fulda, 1952, Urkunden Nr. 46–48, S. 113–117.

91 Zu den Trienter Konzilsbeschlüssen, die „wesentlich offener formuliert waren als sie nach dem Konzil rezipiert wurden", vgl. jetzt: Peter Walter und Günther Wassilowsky (Hrsg.): Das Konzil von Trient und die katholische Konfessionskultur (1563–2013). Wissen-

folge durch Predigt und katechetische Unterweisung.[92] Für Dernbach und die Jesuiten unterschieden sich die „Wicelianer" kaum von den Lutheranern – beide galt es entschieden zurückzudrängen. Georg Witzel erlebte die Anfänge der Rekatholisierung aus der Ferne, aus Mainz; Fulda hatte er schon 1552 verlassen. Dass ein Verwandter von ihm, der Rat Dr. Friedrich Landau, nach dem Urteil Gerrit Walthers „der erste fuldische Rat, der nicht nur altgläubig war [...], sondern katholisch im neuen, tridentinischen Sinn",[93] Fürstabt Dernbach darin bestärkt hatte, die Jesuiten nach Fulda zu holen, die tatkräftig daran arbeiteten, Witzel'sches Gedankengut zurückzudrängen, mag ihm wohl noch bewusst geworden sein.

Doch noch einmal zurück in die 1540er Jahre. Als Rat des Fürstabts war Georg Witzel immer nur temporär gefordert; in das kirchliche Leben in Fulda griff er öffentlich kaum ein, trat weder als Pfarrer noch als Prediger auf – was ihm die Kirchenordnung von 1542 ja ermöglicht hätte. Er betätigte sich vielmehr als fleißig publizierender „Privatgelehrter", der in seinen „Fuldaer Jahren" (1540–1552) über 60 Druckwerke vorlegte. Häufiger, um nicht zu sagen täglicher, Gast war er in der damals noch weitgehend intakten, für ihren reichhaltigen Handschriftenbestand berühmten und auch von ihm gerühmten[94] Klosterbibliothek. An vielen Stellen zitiert er aus den (handschriftlichen) Büchern in der Bibliotheca Fuldensis, der „Bibliotheca S. Bonifatii". Schon zu Beginn seines Fulda-Aufenthaltes hatte er für sich ein umfangreiches Programm formuliert – das er auch zum Teil bewältigen konnte. So entstanden hier zwei große Heiligen-Werke, das *Hagiologium, seu de Sanctis ecclesiae*[95] und der in deutscher Sprache verfasste *Chorus Sanctorum omnium*.[96] Einen Schwerpunkt in Wit-

schaftliches Symposium aus Anlass des 450. Jahrestages des Abschlusses des Konzils von Trient, Freiburg i. Br. 18. – 21. September 2013 (RST, 163). Münster, 2016. Zitat aus einem Tagungsbericht von Mathias Mütel: „Nachlese zur Freiburger Tagung über das Konzil von Trient": http://www.goerres-gesellschaft-rom.de/jobs-a-jewels/15-allgemein/462-nachlese-zur-freiburger-tagung-ueber-das-konzil-von-trient (16.05.2016).

92 Zur religiösen Entwicklung im Stift Fulda von den 30er Jahren bis zum Ende des 16. Jahrhunderts siehe die Überblicke bei MERZ, Fulda, 1992 (wie Anm. 7), S. 135–142; Berthold JÄGER: Zwischen Reformation und Gegenreformation. Das Stift Fulda in der Mitte des 16. Jahrhunderts. In: AmrhKG 60 (2008), S. 133–171; Berthold JÄGER: Zwischen Restauration, Reformation und Vermittlungstheologie. Die religiöse Situation in der Fürstabtei Fulda in der ersten Hälfte des 16. Jahrhunderts. In: 500 Jahre Reformation in Hessen und Thüringen. Hessische Heimat 60. 2010 und Heimat Thüringen 17. 2010 [gemeinsame Ausgabe], S. 53–56; als Monographie zu Voraussetzungen und Durchführung der Gegenreformation unverzichtbar: Gerrit WALTHER: Abt Balthasars Mission. Politische Mentalitäten, Gegenreformation und eine Adelsverschwörung im Hochstift Fulda (Schriftenreihe der Historischen Kommission bei der Bayerischen Akademie der Wissenschaften, 67). Göttingen, 2002.

93 WALTHER 2002 (wie Anm. 92), S. 225.

94 Etwa in *Chorographia Buchoniae/ Von der Statt Fuld in der Buchen gelegen* (wie Anm. 142). Der dort beigegebene Holzschnitt einer Bibliothek zeigt allerdings keineswegs die Fuldaer Bibliothek, sondern ist die „Standardausführung" für Bibliotheken im Münster'schen Werk.

95 Hagiologivm, | | sev de sanctis ec= | | cleSiae. | | Historiae | | divorvm toto | | terrarvm orbe cele= | | berrimorum, è sacris Scriptoribus, | | summa fide ac studio conge= | | stae, et nunc primum, | | iuuando pari= | | ter atq; | | ornando Christianismo, in Presbytero= | | rum piè doctorum manus | | emissae. | | PER GEORG. VI= | | CELIVM. | | CVM PRIVILEGIO CAESAREO. | | MOGVNTIAE | | Ad diuum Victorem excudebat | | Franciscus Behem. | | M.D.XLI. | | [Richter 53,1 = Henze 54,1 = VD16 W 3930]; Digitalisate: http://www.mdz-nbn-resolving.de/urn/resolver.pl?urn=urn:nbn:de:bvb:12-bsb10150215-1 (16.05.2016); http://www.mdz-nbn-resolving.de/urn/resolver.pl?urn=urn:nbn:de:bvb:12-bsb10150216-6 (16.05.2016). Spätere Auflagen erschienen als *Vitae Patrum, per Romanam eandemque catholicam ecclesiam* (Mainz: Behem, 1546) [Richter 53,2 = Henze 54,2 = VD16 W 3931] bzw. *Historiae de divis tam Veteris quam Novi Testamenti tempore celeberrimis* (Basel: Kündig - Oporinus 1557) [Richter 53,3 = Henze 54,3 = VD16 W 3932].

96 ChorVs | | SanctorVm OmniVm | | Zwelff Buecher Historien Aller | | Heiligen Gottes/ <on alle die ausserweleten/ wel= | | cher Namen allein im

zels literarischer Produktion bildete, wie oben erwähnt, die praktische Theologie. „Für eine gediegene Wortverkündigung" wollte er den Seelsorgern Material bereitstellen und verfasste deshalb eine Reihe homiletischer Werke, die „Postillen": über Episteln und Evangelien des Kirchenjahres, zu Heiligenfesten, zur Fastenzeit, zur Passionsgeschichte, die hier wegen ihres Umfangs nicht einzeln aufgeführt werden können; diese Predigtsammlungen zeichnen sich durch enge Anlehnung an die Bibeltexte und durch historisch-philologische Exegese aus.[97] Den Predigtbeispielen zur Seite traten Katechismen. Auf diesem Feld hatte sich Witzel mit der Erstausgabe des „Catechismus Ecclesiae" (1535) bereits bewegt und damit auf die ersten neugläubigen Katechismen von Andreas Althammer (1528) und Martin Luther (1529) geantwortet; jetzt kamen mehrere Neuauflagen seines Katechismus und weitere katechetische Werke hinzu,[98] weitete sich der Ansatz von der „Kirchenreform" zur

Hymel angeschrieben sind> || aus den alten/ guten/ vnd bewereten Schrifften || vnserer Gottseligen Vorfaren/ mit trew || vnd vleis beschrieben durch || GEORGIVM WICELIVM. || Cum Registro seu Indice gemino, Nominum Sanctis peculiarium || altero, altero Titulorum siue Rubricarum. || Zu Cölln am Rhein/ durch die Erben des Erbarn Johan Quentels S.G. im Augstmond || des iars nach Christi Jesu vnsers Herren Gepurt/ 1554. || [Richter 95,1 = Henze 21,1 = VD 16 W 3890]; Digitalisate: http://www.mdz-nbn-resolving.de/urn/resolver.pl?urn=urn:nbn:de:bvb:12-bsb10150213-0 (16.05.2016); http://www.mdz-nbn-resolving.de/urn/resolver.pl?urn=urn:nbn:de:bvb:12-bsb10150212-5 (16.05.2016).

97 Sauer 1955 (wie Anm. 86); Rudolf Padberg, Georg Witzel der Ältere, ein Pastoraltheologe des 16. Jahrhunderts. In: Theologische Quartalschrift 135 (1955), S. 385–409, hier 390–394; Nachdruck in: SFGWF 2 (1976), S. 68–92, hier S. 73–77. Vgl. auch Manuel Neumann: Predigt im Spannungsfeld von Reform und Reformation. Die Predigtpostille für das Kirchenjahr von Georg Witzel (1501-1573) im Spiegel des Reformationszeitalters. Diplomarbeit Theologische Fakultät Fulda, WS 2001/2002.

98 Vom *Catechismus Ecclesiae* erschienen bis 1557 insgesamt 14 Ausgaben in deutscher oder lateinischer Sprache, teilweise unter den Titeln *Der gros Catechismus* oder *Catechismus Maior* in Witzels Fuldaer Zeit etwa die 6. Ausgabe: CatechismVs || Ecclesiae. || Lere vnd Han= || delunge des heiligen Chri= || stenthumbs / aus der Warheit || Goettlichs worts / kurtz vnd lieblich be= || schrieben / reichlich gemehret/ vnd || durchaus gebessert. Auch ge|| zieret mit schoenen || Figuren. || Durch GEORG. VVI= || CELIVM. || Gedruckt zu S. Victor bey Mentz || durch Franciscum Behem. || M.D.XLII. || [Richter 20,4 = Henze 16,6 = VD16 W 3879]; Digitalisat: http://www.mdz-nbn-resolving.de/urn/resolver.pl?urn=urn:nbn:de:bvb:12-bsb10174460-0 (16.05.2016). 1541 und 1542 legte Witzel zwei Kinder-Katechismen vor: Catechi= || sticVm Examen || CHRI=stiani pveri, ad || pedes catholici Prae= || sulis: || AVTHORE GEORGIO || VVICELIO. || MOGVNTIAE EX OFFI= || cina Iuonis Schoeffer. || ANNO M.D.XLII. || [Richter 51,1 = Henze 18,1 = VD16 W 3888]; Digitalisat: http://nbn-resolving.de/urn/resolver.pl?urn=urn:nbn:de:bvb:12-bsb00010837-4 (16.05.2016) (eine 2. Ausgabe erfolgte im gleichen Jahr, eine dritte 1545) bzw. Catechismvs || instrv= || ctio pverorvm ecclesiae, || non minus sana, quàm || succincta. || Per Georgivm VVi= || celivm. || MOGVNTIAE. || Ad Diuum Victorem excudebat || Franciscus Behem. || ANNO M.D.XLII. || [Richter 54,1 = Henze 17 = VD16 W 3836]; Digitalisate: http://www.mdz-nbn-resolving.de/urn/resolver.pl?urn=urn:nbn:de:bvb:12-bsb10174457-2 (16.05.2016); http://www.mdz-nbn-resolving.de/urn/resolver.pl?urn=urn:nbn:de:bvb:12-bsb10180443-1 (16.05.2016). Ein weiteres katechetisches Werk legte er mit *Ordinandorum Examinatio* (Mainz: Behem, 1543) vor, das im 16. Jahrhundert insgesamt zehn Ausgaben erfuhr. Zum „Katecheten" Witzel vgl. Rudolf Padberg: Zum katechetischen Anliegen Georg Witzels (1501–1573). In: Theologie und Glaube 43 (1953), S. 192–200; Padberg 1955 (wie Anm. 97), S. 394–398 (Nachdruck: S. 77–81); Sauer 1981 (wie Anm. 59), S. 166–209; Christine Reents: Bibelgebrauch für Kinder und Laien. Ein Vergleich von Martin Luthers „Passional" (1529) und Georg Witzels „Catechismus ecclesiae" (1535) und seiner „Instructio puerorum" (1542). In: Volker Elsenbast, Rainer Lachmann, Robert Schelander (Hrsg.): Die Bibel als Buch der Bildung. Festschrift für Gottfried Adam zum 65. Geburtstag (Forum Theologie und Pädagogik, 12). Wien, 2004, S. 307–329; Christoph Melchior: Altes und Neues Testament „kurtz begriffen". Biblisches Grundwissen für ein christliches Leben in Georg Witzels ersten beiden Katechismen. In: Patrik Mähling (Hrsg.): Orientierung für das Leben. Kirchliche

„Bildungsreform".[99] Bezeichnenderweise veröffentlichte Witzel 1541 sein 1529 verfasstes, ganz im Banne von Erasmus stehendes Erstlingswerk als *Fragmentum paedagogiae christianae*, in dem er das „Programm seelsorglich-erziehlicher Erneuerung" unter die Leitbegriffe „Antiquitas", „Humanitas", „Christianitas" stellte.[100] Einen weiteren Schwerpunkt bildeten liturgische Werke: Editionen und Übersetzungen liturgischer Texte und eigene liturgische Abhandlungen, Letztere nicht selten mit Polemik durchzogen.[101] Ein Kontrastprogramm zu Psalterübersetzung lieferte Witzel mit der *Vespertina Psalmodia* (1549, Fürstabt Philipp Schenck zu Schweinsberg gewidmet)[102] und den *Annotaten [...] in die ersten XXXIII Psalmen*

Bildung und Politik in Spätmittelalter, Reformation und Neuzeit. Festschrift für Manfred Schulze zum 65. Geburtstag (Arbeiten zur historischen und systematischen Theologie, 13). Berlin / Münster, 2010, S. 186–200; Christine REENTS, Christoph MELCHIOR: Die Geschichte der Kinder- und Schulbibel. Evangelisch – katholisch – jüdisch (Arbeiten zur Religionspädagogik, 48). Göttingen, 2011, S. 63–69: „Altes und Neues Testament ‚kurtz begriffen'. Witzels katholische Bibelkatechismen (1535 und 1542) im Vergleich mit Luthers Passional"; Werner SIMON: ‚Catechismus' im Medium Buchdruck. Mainzer Katechismusdrucke der Reformationszeit. In: Gutenberg-Jahrbuch 75 (2000), S. 160–180; Nachdruck in Werner SIMON: Im Horizont der Geschichte. Religionspädagogische Studien zur Geschichte der religiösen Bildung und Erziehung (Forum Theologie und Pädagogik, 2). Münster / Hamburg / London, 2001, S. 19–47, hier S. 28–35; Elisabeth REIL: Religionsbuch, katholisch. In: Das Wissenschaftlich-Religionspädagogische [Online-]Lexikon: https://www.bibelwissenschaft.de/stichwort/100031/ (erstellt Jan. 2015), Abschnitt „Katechismen im Umfeld der Gegenreformation", mit einer äußerst positiven Bewertung von Witzels Ansatz, „weniger auf die Dogmatik, sondern vielmehr auf die Begegnung der Schülerinnen und Schüler mit der Bibel" zu setzen. „Mit seinem Katechismus hätte ein Weg beschritten werden können, der auf weniger langen Umwegen zu einem schülergemäßen Unterrichtsbuch geführt hätte, das letztlich erst im 20. Jahrhundert ein didaktisch befriedigendes Ergebnis brachte. Seinem Katechismus war jedoch keine Nachhaltigkeit beschieden, zum einen, weil Witzel einer zu großen Nähe zum reformatorischen Gedankengut verdächtigt wurde, zum anderen, weil sein Interesse an der Bibel nicht den gegenreformatorischen Bestrebungen entsprach, den Glauben im Volk durch eine autoritativ vorgetragene Lehre zu festigen ...".

99 Vgl. Heribert SMOLINSKY: Kirchenreform als Bildungsreform im Spätmittelalter und in der frühen Neuzeit. In: Harald DICKERHOF (Hrsg.): Bildungs- und schulgeschichtliche Studien zu Spätmittelalter, Reformation und konfessionellem Zeitalter (Wissensliteratur im Mittelalter, 19). Wiesbaden, 1994, S. 35–51, hier S. 44–47, 50; Nachdruck in: Heribert SMOLINSKY: Im Zeichen von Kirchenreform und Reformation. Gesammelte Studien zur Kirchengeschichte in Spätmittelalter und früher Neuzeit. Hrsg. von Karl-Heinz BRAUN, Barbara HENZE und Bernhard SCHNEIDER (RST, Supplementbd. 5). Münster, 2005, S. 44–61.

100 FRAGMEN= || TVM PAEDAGO= || GIAE CHRISTIA= || NAE, || GEORG. WICELII. || Excusum Moguntiae, ad diuum || Victorem, in officina ty= || pographica || Francisci Behem. || 1541. || [Richter, 43 = Henze 50.1 = VD16 W 3928]; Digitalisate: http://www.mdz-nbn-resolving.de/urn/resolver.pl?urn=urn:nbn:de:bvb:12-bsb10998203-2 (16.05.2016); http://daten.digitale-sammlungen.de/~db/0001/bsb00019120/images/ (16.05.2016). Siehe dazu PADBERG 1955 (wie Anm. 97), S. 402–406 (Nachdruck: S. 85–89).

101 Dazu eingehend: Ludwig PRALLE: Georg Witzel (1501–1573), seine Stellung in der Geschichte der liturgischen Wissenschaft und der liturgischen Reformbestrebungen. Dissertation Freiburg i.Br. 1940; S. 134–175; vgl. auch Ludwig PRALLE: Die volksliturgischen Bestrebungen des Georg Witzel. In: Jahrbuch für das Bistum Mainz 3 (1948), S. 224–242, Nachdruck in: SFGWF 4 (1978), S. 4–22; John Patrick DOLAN: Georg Witzel – Liturgiker und Kirchenreformer. In: Una Sancta 11 (1956), S. 196-204; PADBERG 1955 (wie Anm. 97), S. 398–402 (Nachdruck: S. 81–85); zuletzt: Karlheinz DIEZ: Reform der Kirche – Georg Witzels Vorschläge für Erneuerung des Gottesdienstes, der Predigt und der Katechese. In: KATHREIN u.a. 2003 (wie Anm. 33), S. 41–81.

102 Vespertina Psalmodia. || Die Funffzig Ves= || perpsalmē/ so die Heilige Kyrche || Gottes/ alle tage durch die wochen/ offent= || lich zu singen vnd lesen pflegt/ Gedeudschet || vnd darzu Ausgelegt/ dem Christ= || lichen Priester vnd Kyrchi= || schen Bürger zu liebe || vnd dienst/|| Durch Georgium Wicelium. || Gedruckt zu Coeln in kosten Johan || Quentels/ Jm Jar 1549. [Richter 89 = Henze 110,1]; Digitalisat: http://www.mdz-nbn-resolving.de/urn/resolver.pl?urn=urn:nbn:de:bvb:12-bsb11116111-9 (16.05.2016).

(1552/55, Fürstabt Wolf Dietrich von Ussigheim/Eussigheim gewidmet).[103] Mit diesen Schriften knüpfte er an die Bibelexegesen seiner Eislebener Jahre an.[104] Ein heute noch zitiertes Werk ist schließlich das Taufnamenbüchlein *Onomasticon Ecclesiae*.[105]

Witzels Wirken als Rat bezog sich vordergründig auf Fulda, aber durch seine Publikationen zielte er reichsweit auf ein Publikum von Theologen und Politikern, brachte sich als Berater ins Spiel. Ob er wirklich an der Ausarbeitung einer Kirchenreform für das Herzogtum Jülich-Kleve-Berg 1545 beteiligt war, ist unsicher.[106] Witzel war auch von Fulda aus häufig Gast auf Reichstagen, seinen erhaltenen Briefen zufolge auf denen zu Speyer 1542 und 1544, Regensburg 1546 und Augsburg 1548. Letzterer Reichstag wurde durch das als Reichsgesetz erlassene „Interim", mit dem Kaiser Karl V. (1500–1558)[107] die kirchlichen Verhältnisse im katholischen Sinne bis zur endgültigen Entscheidung eines Konzils über die Wiedereingliederung der Protestanten in die katholische Kirche regeln wollte, bedeutsam.[108]

An dieser für die protestantischen Reichsstände geltenden Interimsformel hat Witzel „wahrscheinlich nicht mitgearbeitet",[109] vielleicht jedoch an der „Formula Reformationis"

103 Annotaten || Georgij Wicelii in || die ersten XX-XIII Psalmen des || Propheten Dauids/ darin[n] die Wittenberg= || ische Teütsche dolmetschung || etlicher massen auff die prüfe gefü= || ret wirt. || Gedruckt zů S. Victor bey Mentz, durch Franciscum Behem, Jm Jar M.D.LII; Widmungsvorrede an Wolfgang Dietrich von Eussigheim vom 24. Juni 1551 [Richter 92,1 = Henze 3,1 = VD16 W 3844]; Christliche gute An= || notaten in Mar. Luthers Deut= || schen Psalter darin̄ derselbig eins theyls/ || auß warheyt Hebreischer Sprachen / jderman zů || nutz Corrigirt vnd verbessert wirt / sehr || heylsam zů leßen vnnd Pre= || digen: Durch || Georgium Wicelium || Ecclesiasticum. || Gedruckt zu Mentz/ durch Fran= || ciscum Behem / Jm || Jar. || M.D.LV. [Richter 92,2 = Henze 3,2 = VD 16 W 3845].

104 Siegfried RISSE: Georg Witzel als Psalmenexeget. In: AmrhKG 54 (2002), S. 435–476.

105 Onomasti || con Eccle= || siae. || Die Tauffnamen der || Christen/ deudsch vn[d] || Christlich aus= || gelegt/ || Durch GEORGIVM || VVICELIVM. || M.D.XLI. [Richter, 57 = Henze 74,1 = VD16 W 3984]; Digitalisate: http://www.mdz-nbn-resolving.de/urn/resolver.pl?urn=urn:nbn:de:bvb:12-bsb10164365-7 (16.05.2016); http://www.mdz-nbn-resolving.de/urn/resolver.pl?urn=urn:nbn:de:bvb:12-bsb10164366-2 (16.05.2016). Siehe dazu: Paul Ludwig SAUER: Was sind „christliche" und „feine" Namen? Über Georg Witzels „Taufnamenbüchlein", seine Konkurrenten und Widersacher. In: SFGWF 8 (1982), S. 88–111; Peter O. MÜLLER: Deutsche Lexikographie des 16. Jahrhunderts. Konzeptionen und Funktionen frühneuzeitlicher Wörterbücher (Texte und Textgeschichte, 49). Tübingen, 2001, S. 506-510.

106 Anders: John Patrick DOLAN: The Influence of Erasmus, Witzel, and Cassander in the Church Ordinances and Reform Proposals of the United Duchees of Cleve during the middle Decades of the 16th Century (RST, 83). Münster, 1957.

107 Alfred KOHLER: Karl V. 1500–1558. Eine Biographie. München, 1999 (3. Aufl. 2014); Alfred KOHLER, Barbara HAIDER und Christine OTTNER (Hrsg.): Karl V. 1500–1558. Neue Perspektiven seiner Herrschaft in Europa und Übersee (Zentraleuropa-Studien, 6). Wien, 2002, darin u. a. Albrecht P. LUTTENBERGER: Die Religionspolitik Karls V. im Reich, S. 293–344.

108 Joachim MEHLHAUSEN (Hrsg.): Das Augsburger Interim von 1548. Nach den Reichstagsakten deutsch und lateinisch (Texte zur Geschichte der evangelischen Theologie, 3). 2., erw. Aufl. Neunkirchen-Vluyn, 1996. Siehe dazu: Luise SCHORN-SCHÜTTE (Hrsg.): Das Interim 1548/50. Herrschaftskrise und Glaubenskonflikt (Schriften des Vereins für Reformationsgeschichte, 203). Gütersloh, 2005.

109 HENZE 1995 (wie Anm. 1), S. 26. Für diese Auffassung spricht auch Witzels kritische Stellungnahme zum Interim in seiner Denkschrift *Aulae Caesarianae consideranda hoc tempore* vom Juli 1549, zuerst abgedruckt in: Joh(ann) Jos(eph) Ign(az) v(on) DÖLLINGER (Hrsg.): Beiträge zur politischen, kirchlichen und Cultur-Geschichte der sechs letzten Jahrhunderte, 3. Bd. Wien, 1882, S. 167–170 (Nachdruck in SFGWF 9 [1983], S. 38–41), sodann von Fritz HERRMANN: Das Interim in Hessen. Ein Beitrag zur Reformationsgeschichte. Marburg, 1901, S. 185–189. Zur Überlieferung des Textes siehe RICHTER 1913 (wie Anm. 3), S. 133 f.

vom 14. Juni 1548, die für die katholischen Reichsstände erlassen wurde.[110] Das „Interim“ war ein Ergebnis des Schmalkaldischen Krieges 1546/47 zwischen Kaiser Karl V. und den protestantischen Reichsständen, der mit dem Sieg des Kaisers und der Gefangennahme der Anführer des Schmalkaldischen Bundes, Kurfürst Johann Friedrich von Sachsen und Landgraf Philipp von Hessen, geendet hatte. In Anbetracht der Tatsache, dass es in der Stadt Fulda einen starken Anteil protestantischer Bürger gab und in Hammelburg ein ausgebildetes evangelisches Kirchenwesen, ließ Fürstabt Schenck Schweinsberg das Interim in beiden Städten verkünden – in Fulda in der Stadtpfarrkirche und in Hammelburg vor dem Rathaus.[111] Witzel selbst hat das Interim in einem für die kaiserliche Regierung bestimmten Gutachten aus dem Jahre 1548[112] und in seiner Schrift *Beständige Antwort wider der Lutherischen Theologen Bedenken* von 1549[113] verteidigt – und sah sich deswegen wohl auch Anfeindungen ausgesetzt; Fürstabt Schenck aber, der seine eigene Kirchenordnung wohl fast ausschließlich unter pragmatischen Gesichtspunkten betrachtet hat, dürfte sich in seinem Bestreben, die religiöse Situation offenzuhalten und sich je nach Lage mehr der katholischen oder mehr der protestantischen Seite zuzuneigen, bestätigt gesehen haben. Mit dem Ausgang des Krieges und der Gefangennahme des Kurfürsten von Sachsen und des Landgrafen von Hessen hatte sich die außenpolitische Lage für Fulda zudem kurzfristig entzerrt.

1548/49 waren für Witzel aber auch die Jahre, in denen er seine Theologie der Rückbesinnung auf die „Alte Kirche“ (vergeblich) zu konkretisieren suchte und in denen er die Rolle der kaiserlichen Macht für eine Wiederherstellung der Religionseinheit herausstellte. In *De Traditione Apostolica*[114] betont er, dass es nicht allein auf den Text der Heiligen Schrift ankomme, sondern auf die Tradition, „gibt aber weder an, welcher Kirchenvater oder welches Konzil die Tradition repräsentiert, geschweige denn, daß er ein genaues Schriftcorpus oder ein anderes Kriterium benennt, das ‚Tradition‘ ausmacht.“[115] In der Schrift *Epistel und Evangelium von der Römischen Kaiserlichen Oberhait* (1548)[116] unternimmt es Witzel, die vor und nach dem Interim von Papst Paul III. bzw. von papsttreuen Theologen geäußerte

110 Acta reformationis catholicae (wie Anm. 54/85), Bd. 4, S. 348–380.

111 Merz, Horn, 1992 (wie Anm. 7), S. 88 f.

112 *Bedencken G. Vuicelii, wie die christliche ordenunge, so man itzt Interim nennet, überall yns werck und bestand ordenlicher weise zu bringen sey.* Handschrift im Haus-, Hof- und Staatsarchiv Wien, ediert in Richter 1913 (wie Anm. 3), S. 153–156.

113 Bestendige Ant=|| wort wider der Luterischen || Theologen Bedencken/ ||, welchs sie widers || Interim geschrie= ||ben/ || GEOR. VICELII FACCHENSIS. || Gedrueckt zu Coeln durch Johann Quentel/ || im Mertz des Jars 1549 [Richter 86 = Henze 12 = VD16 W 3869]; Digitalisat: http://www.mdz-nbn-resolving.de/urn/resolver.pl?urn=urn:nbn:de:bvb:12-bsb11227771-6 (16.05.2016). Vgl. dazu Henze 1995 (wie Anm. 1), S. 211–218.

114 De Traditione Apo=|| stolica et Ecclesiastica. || Das die Catholische Kyrche Christi/ nicht allein || was in der Heiligen Schrifft steht/ sondern || auch was sie bey den Heiligen Ve=||tern vnd eltisten Concilien Goett=||lichs vnd loeblichs funden/|| zu Gottesdienst vnd || Ere/ Ordenlich || brauchen/|| vnd bestendiglich behal=||ten moege. || Durch Georgium Wicelium. || Zu Coeln durch Johan Quentel/|| Anno M.D.XLIX. [Richter 87 = Henze 103,1 = VD16 ZV 17853]; Digitalisate: http://www.mdz-nbn-resolving.de/urn/resolver.pl?urn=urn:nbn:de:bvb:12-bsb11070749-8 (16.05.2016); http://www.mdz-nbn-resolving.de/urn/resolver.pl?urn=urn:nbn:de:bvb:12-bsb10167161-0 (16.05.2016). Vgl. dazu Henze 1995 (wie Anm. 1), S. 218–222.

115 Henze 1995 (wie Anm. 1), S. 219.

116 Epistel und Evangeli=|| um von der Roemischen Kayserlichen O= || berkait. Naemlich/ ausz Roma.Cap. || XIII. Vnd ausz Math Cap. XXII. || Auszgelegt durch Georgi= || um Wicelium. || Getruckt zu Jngolstat/ durch Ale= || xander Weissenhorn. || M.D.XLVIII. || [Richter 79 = Henze 38 = VD16 W 3916]; Digita-

Kritik an den Bemühungen Kaiser Karls V., kirchliche Streitfragen zu lösen, dadurch seine Befugnisse als „Arm der Kirche" zu überschreiten und die Autorität von Papst und Konzil zu untergraben, zurückzuweisen. Er betont vielmehr die kaiserliche Souveränität und unterstreicht die „religiöse Bedeutung" des Kaisers durch die Bezeichnungen „Vizeregent" bzw. „Diakon" Gottes.[117] Dieser Einstellung Witzels entspricht eine Wandlung in seiner Beurteilung der Rolle eines Konzils. Hatte er sich in frühen Schriften begeistert über die Chancen eines (von päpstlichen Einflüssen weitgehend freien!) Konzils geäußert – etwa in den *Adortatiuncula ut vocetur Concilium* (1532 verfasst, 1534 publiziert),[118] im *Dialogus … von dem Concilio* (1535)[119] und in *Positiones de Concilio* (1533 verfasst, 1536 innerhalb von *Praeconium Evangelicae Gratiae* veröffentlicht)[120] –, so war er über das permanente Hinauszögern des päpstlicherseits zugesagten Konzils enttäuscht und verfolgte desillusioniert die ersten Sitzungsperioden in Trient (ab 1545). Konsequenterweise betonte er daher die Fürsorgepflicht des Kaisers für die Kirche.

4. Mainzer Jahre (1553–1573)

Der Schmalkaldische Krieg hatte für Fulda zur Folge gehabt, dass es 1546 besetzt worden war – was Georg Witzel zur Flucht zwang. Ein zweites Mal fliehen musste er 1552.[121] Dies bildete für ihn den Auftakt zu einem „Weggang in Stufen": Zunächst in Worms bei dem Domscholaster Daniel Mauch (1504–1567)[122] untergekommen, dem er später zum Dank

lisate: http://www.mdz-nbn-resolving.de/urn/resolver.pl?urn=urn:nbn:de:bvb:12-bsb10986947-4 (16.05.2016); http://www.mdz-nbn-resolving.de/urn/resolver.pl?urn=urn:nbn:de:bvb:12-bsb10986948-0 (16.05.2016). Siehe dazu Henze 1995 (wie Anm. 1), S. 222–234.

117 Henze 1995 (wie Anm. 1), S. 234.

118 Adhorta= || tiVncVla, Vt vocetVr || Concilium, ad Archiepiscopum Mogun= || tinen. &c. priuatim scripta a Ge= || orgio Vuicelio. || (Kolophon: Lipsiae, ex officina Ni= || colai Fabri M.D.XXXIIII.) [Richter 3 = Henze 2,1 = VD16 W 3842]; Nachdruck in: SFGWF 1 (1975), S. (13–19); Übersetzung von Siegfried Lenz, in: SFGWF 3 (1978), S. 96–103; Digitalisat: http://resolver.staatsbibliothek-berlin.de/SBB0000CEB800000000 (16.05.2016). Zu dieser und den beiden nachgenannten „frühen" Konzilsschriften siehe Henze 1995 (wie Anm. 1), S. 234–242; vgl. auch Heribert Smolinsky: Albrecht von Brandenburg und die Reformtheologen. In: Friedhelm Jürgensmeier (Hrsg.): Erzbischof Albrecht von Brandenburg (1490–1545). Ein Kirchen- und Reichsfürst der frühen Neuzeit (Beiträge zur Mainzer Kirchengeschichte, 3). Frankfurt am Main, 1991, S. 117–131, hier S. 123 f.; Nachdruck in: Smolinsky 2005 (wie Anm. 99), S. 105–123.

119 Dialogus/ das ist/ ein lu= || stigs vnd nuetzbarlichs Gesprech || buechlin von dem Concilio. || Zwischen zwayen strittigen Partheyen || wirt daneben eingefuert die Person ains Christen, der trewlich wider die strittigen zuo dem Concilio radt || Mense Julio. || Anno 1535. || [Nürnberg: Johann Petreius.] [Richter 21,1 = Henze 32,1 = VD 16,5 Nr. D 1317]. Siehe hierzu neben Henze 1995 (wie Anm. 1), S. 234-242 auch Johannes Beumer: Die Wirren der frühen Reformationszeit. Dargestellt anhand von: Georg Witzel, De Concilio. In: Münchener Theologische Zeitschrift 26 (1975), S. 38–55; Digitalisat: https://ojs.ub.uni-muenchen.de/index.php/MThZ/article/viewFile/2526/2705 (16.05.2016).

120 POSITIO= || NES DE CONCILIO || Theobaldo a Baumbach ex= || hibitae. Anno. 1.5.33. In: PRAECO= || NIVM EVANGELI= || cae Gratiae, ab Autho= || re recognitum. || Geor. Vuice. || (Kolophon: LIPSIAE APVD NICOLAVM || FABRVM, ANNO || M.D.XXXVI.) [Richter 7,1 = Henze 96 A1,1 = VD16 ZV 15580]; Digitalisat: http://resolver.staatsbibliothek-berlin.de/SBB000189F900000000 (16.05.2016).

121 Zu den Ereignissen, ohne Bezug auf Witzel: Otto Schaffrath: Fulda in den Kriegswirren der Jahre 1545 bis 1554. In: FuGbll 47 (1971), S. 196–214; A. M.: Böse Zeit im Fuldaer Lande. Wie der Landsknecht-Oberst von Oldenburg 1552 das Hochstift brandschatzte. In: Buchenblätter 16 (1935), S. 160.

122 Anton Nägele: Aus dem Leben eines schwäbischen fahrenden Scholaren im Zeitalter des Humanismus und der Reformation. Briefe und Akten zur Biographie des Dr. Daniel Mauch aus Ulm, Domscholastikus in Worms. Rom, 1911 (Separatabdruck aus Rö-

den fünften Band der Neuauflage von *Typus ecclesiae prioris* (1558) widmete;[123] seit 1553 in Mainz, wo sich der auf einen von den Reichsständen – unter Eindämmung des kaiserlichen Einflusses – auszuhandelnden Religionsvergleich hinarbeitende Bischof Sebastian von Heusenstamm (1508–1555)[124] bemühte, Witzel als Berater anzustellen, dann eine Erkrankung Witzels, die die Ehefrau veranlasste, aus Fulda anzureisen und den Gemahl zu pflegen, Tod der Ehefrau, 1554 Verkauf des Hauses in Fulda und dauerhafte Niederlassung in Mainz – wohl unter anfänglicher Beibehaltung einer Ratsbestallung „von Haus aus" von Fulda.[125]

Witzels Leben in Mainz[126] verlief prinzipiell in den gleichen Bahnen wie in Fulda: Bibliotheksstudien (Dombibliothek, Bibliotheken der Klöster St. Alban und St. Jakob) sowie Lehrtätigkeit, d. h. Erteilung von Privatunterricht, gutachterliche Tätigkeit, Teilnahme an Reichstagen und auch an Religionsgesprächen. Der Augsburger Religionsfrieden 1555 hatte zwar einen „politischen" Friedenszweck erfüllt, die Lösung des Glaubenskonfliktes aber den durch ihn reichsrechtlich gleichgestellten beiden Konfessionen auf friedlichem Wege auferlegt.[127] Ferdinand I. (1503–1564, römischer König seit 1531, Kaiser seit 1558)[128] brachte daher neue Religionsverhandlungen ins Gespräch, um die Kircheneinheit wiederherzustellen, und lud Witzel – der ihm die Erstauflage von seiner umfangreichen

mische Quartalschrift 25 [1911], S. 3–26, 83–109, 139–161, 203–226). Mit Mauch diskutierte Witzel 1552 das Bildprogramm des Wormser Domes, was er in seinen *Exercitamenta sincerae pietatis* (Mainz 1555) im Abschnitt „Mysterium Sanctissimae Triados seu Trinitatis, ac simul Monados, hoc est, Unitatis, ad eundem Danielem Mauch", Bl. Xiij–(Xiiijb) selbst beschreibt. Vgl. F(ranz) Falk: Der Wormser Domscholaster Dr. D. Mauch († 1567). In: Der Katholik. Zeitschrift für katholische Wissenschaft und kirchliches Leben 74 [10, 3. Folge] (1894), S. 27–44; 78 [14, 3. Folge] (1898), S. 45–55, hier 1894, S. 36 f.; Digitalisate: http://idb.ub.uni-tuebingen.de/diglit/kath_1894_010/0003 (16.05.2016); http://idb.ub.uni-tuebingen.de/diglit/kath_1898_018/0051 (16.05.2016); Aloys Schmidt: Die allegorischen Bildwerke am Südportal des Wormser Domes. In: Der Wormsgau 11 (1974/75), S. 69–73.

123 Pars Quinta || TYPI ECCLESIASTICI. || Fuenffte Teil deß || Forms/ wie es vor alten Jaren || in Catholischer Kyrchen || gehalten wor= || den sey. || Durch Georgium Vuicelium || Seniorem. || Gedruckt zu Meintz bey Frantz Behem. || Jn kosten Johan Quentels seligen Erben. || ANNO M.D.Lviij; Widmungsvorrede Bl. Aij–bij [Richter 52,6 = Henze 106,9]; Digitalisate: http://www.mdz-nbn-resolving.de/urn/resolver.pl?urn=urn:nbn:de:bvb:12-bsb10199909-5 (16.05.2016); http://www.mdz-nbn-resolving.de/urn/resolver.pl?urn=urn:nbn:de:bvb:12-bsb10164371-1 (16.05.2016). Zum Inhalt: Henze 1995 (wie Anm. 1), S. 271–285.

124 Rolf Decot: Religionsfrieden und Kirchenreform. Der Mainzer Kurfürst und Erzbischof Sebastian von Heusenstamm 1545–1555 (Veröffentlichungen des Instituts für Europäische Geschichte Mainz, 100. Abteilung für Abendländische Religionsgeschichte). Wiesbaden, 1980.

125 Witzel 1986 (wie Anm. 5), S. 129–139.

126 Ebd., S. 140–146.

127 Axel Gotthard: Der Augsburger Religionsfrieden (RST, 148). Münster, 2004; Martin Heckel: Der Augsburger Religionsfriede. Sein Sinnwandel vom provisorischen Notstands-Instrument zum sakrosankten Reichsfundamentalgesetz religiöser Freiheit und Gleichheit. In: Juristenzeitung 60 (2005), S. 961–970; Nachdruck in: Heckel, Gesammelte Schriften. Bd. 6, hrsg. von Klaus Schlaich. Tübingen, 2013, S. 174–198. Vgl. auch: Heinz Schilling und Heribert Smolinsky (Hrsg.): Der Augsburger Religionsfrieden 1555. Wissenschaftliches Symposium aus Anlass des 450. Jahrestages des Friedensschlusses, Augsburg 21. bis 25. September 2005 (RST, 150). Münster, 2007; Gerhard Graf, Günther Wartenberg und Christian Winter (Hrsg.): Der Augsburger Religionsfrieden. Seine Rezeption in den Territorien des Reiches (Herbergen der Christenheit, Sonderbd. 11), Leipzig, 2006; Wolfgang Wüst, Georg Kreuzer, Nicola Schümann (Hrsg.): Der Augsburger Religionsfriede 1555. Ein Epochenereignis und seine regionale Verankerung (Zeitschrift des Historischen Vereins für Schwaben, 98). Augsburg, 2005.

128 Alfred Kohler: Ferdinand I. 1503–1564. Fürst, König und Kaiser. München, 2003.

Schrift *Chorus sanctorum omnium* (1554) gewidmet hatte,[129] zur Teilnahme am Reichstag 1556 in Regensburg und dem daran anschließenden Religionsgespräch in Worms 1557 ein. Witzel, der angesichts der sich zwischen Alt- und Neugläubigen immer mehr verfestigenden und immer heftiger vertretenen konträren Ansichten nicht nur gegenüber Konzilien, sondern inzwischen auch gegenüber Religionsgesprächen äußerst skeptisch eingestellt war,[130] lieferte Ferdinand gleichwohl die von diesem gewünschte Vorlage für das Religionsgespräch, die Handschrift *Diaphora*,[131] und erstellte später (1564) das gemäß kaiserlichem Willen auf eine Kirchenreform – unter Anerkennung von Laienkelch und Priesterehe – abzielende handschriftliche Gutachten *Via regia*.[132] Den kaiserlichen Einfluss auf inner- bzw. interreligiöse Fragen wollte er dennoch begrenzt wissen: Die Bischöfe sollten sich auf National- oder Provinzialsynoden über die notwendigen Reformen und die unumgänglichen Zugeständnisse an die protestantische Seite in bezug auf Lehre, Kultus und kirchliches Leben verständigen und erst danach die weltliche Macht als Schutz „bemühen".[133] Den Abschluss seiner drei unter der Thematik „Ohne Reform keine Kircheneinheit"[134] stehenden gedruckten Spätschriften bildete die Publikation des bereits erwähnten fünften, Daniel Mauch gewidmeten Bandes von *Typus ecclesiae prioris* von 1558. Ein Zeichen kaiserlicher Wertschätzung war die Daniel Mauch erteilte Genehmigung, Witzel 1561 zum Doktor der Theologie promovieren zu dürfen – eine Lehrtätigkeit an der Universität Mainz dürfte damit nicht verbunden gewesen sein. Aber Witzel kämpfte letztlich vergeblich für eine Kirchenreform in seinem Sinne. Die Teilnahme an der dritten Tagungsperiode des Konzils von Trient 1562 wurde Witzel aufgrund von Interventionen von Kardinal Stanislaus Hosius (1504–1579)[135] verwehrt. Nachhaltig wirkte er hingegen in Mainz durch seine katechetischen Werke.[136] Aus seinen letzten Lebensjahren sind keine publizistischen Aktivitäten

129 ChorVs SanctorVm (wie Anm. 96), Vorrede an König Ferdinand vom 24. Mai 1554: Bl. A2–(B4b).

130 Dies kommt in einigen Denkschriften der Jahre 1556/57 sehr deutlich zum Ausdruck. Vgl. *De concilio postulato. Consilia ... super Concilio, Colloquio et Conventu episcopali Ratisponae*; *De Colloquio postulato* (verfasst am 22. Dezember 1556 und 8. Januar 1557); *Consilium ... de habendis episcoporum conventibus, a quibus excludantur schismatici*; abgedruckt bei DÖLLINGER 1882, Bd. 3 (wie Anm. 109), S. 170–174 (Nachdruck in: SFGWF 9 [1983], S. 41–46).

131 Diaphora: | | Das ist/ Unterschiedt | | zwischen den Unein= | | igen Parteien der | | streittigen Reli= | | gions Sachen | | dieser bösen | | Zeyt. | | Geschrieben durch D. Georgium | | Vicelium den Eltern etc. | | aus Befhelch der Röm. | | König. May. | | 1536. Manuskript in der Universitätsbibliothek Uppsala, weitere Exemplare u. a. in der Österreichischen Nationalbibliothek, Wien; Widmungsschreiben an König Ferdinand vom 25. Februar 1556 (nach dem Wiener Manuskript), gedruckt bei RICHTER 1913 (wie Anm. 3), S. 159–162. Zum Inhalt des Gutachtens: HENZE 1995 (wie Anm. 1), S. 243–253, zum Wormser Religionsgespräch: Benno von BUNDSCHUH: Das Wormser Religionsgespräch von 1557 unter besonderer Berücksichtigung der kaiserlichen Religionspolitik (RST, 124). Münster, 1988.

132 Via regia: | | Compendium de semitis antiquis, apud Hieremiam Pro= | | phetam, Ecclesiae refor= | | mandae aut restituendae | | potius et concordiae | | sarciendae, proque salu= | | te Christi Iesu Evan= | | gelio recte creden= | | tium populorum | | necessario ac summa cum fi= | | de praemon=stratum | | [...] G.V.S. Manuskript in der Universitätsbibliothek Uppsala; Drucke: 1600, 1650, 1659, 1671, 1690 [Richter, Nr. 139 und S. 195 f. = Henze 111], Zum Inhalt: HENZE 1995 (wie Anm. 1), S. 253–273.

133 Vgl. die Denkschriften *De libro religionis* und *Sereniss. Regiae Majest. Seorsim, ubi vacabit, perlegenda. Ratisbonae in comitiis anno 1557*; abgedruckt bei DÖLLINGER 1882, Bd. 3 (wie Anm. 109), S. 175–179 (Nachdruck in: SFGWF 9 [1983], S. 46–52).

134 HENZE 1995 (wie Anm. 1), S. 243.

135 Henryk Damian WOJTYSKA: Stanislaus Hosius (1504–1579). In: Erwin ISERLOH (Hrsg.): Katholische Theologen der Reformationszeit, Bd. 5 (KLK, 58). Münster, 1988, S. 137–152.

136 Vgl. Christoph MOUFANG: Die Mainzer Katechismen von Erfindung der Buchdruckerkunst bis zum Ende des 18. Jahrhunderts. In: Der Katholik. Zeitschrift für

mehr bekannt. Georg Witzel starb in Mainz am 16. Februar 1573; die Beisetzung erfolgte in der Kirche St. Ignatius.

5. Nochmals: Witzel und Fulda

Über Witzels Aussehen in seiner „Fuldaer Zeit" informiert ein Kupferstich von Hans Brosamer (signiert: HB) aus dem Jahre 1542, das den damals 42-jährigen Theologen mit Vollbart und ernstem, forschenden Blick zeigt.[137] Dieser Kupferstich diente als Vorlage für einen weiteren (seitenverkehrten) Stich von Theodor de Bry bzw. Robert Boissard[138] 1599 und – Letzterem folgend – einen Stich im *Theatrum virorum* von 1688.[139] Brosamer, wohl aus Erfurt gebürtig (um 1500), hatte seine Ausbildung vielleicht in der Wittenberger Werkstatt von Lucas Cranach dem Älteren erhalten (1515–1520) und anschließend in Nürnberg (bis 1529) als Maler, Kupferstecher und Formschneider gearbeitet; dadurch war er auch von Albrecht Dürer beeinflusst. Einen Namen machte er sich vor allem als Buchillustrator mit

katholische Wissenschaft und kirchliches Leben 57 (1877) [N.F. 38], I, S. 613–634; II, S. 66–89, 159–184, 255–281, 369–388; Nachträge dazu im Katholik 1878, II, S. 309–314 und 1882, I, S. 427–433) II, hier S. 159–176; Nachdruck der letztgenannten Seiten in: SFGWF 2 (1976), S. 96–113; Separatabdruck: Mainz, 1877, hier S. 46–56; SIMON 2000 (wie Anm. 98).

137 Friedrich W. H. HOLLSTEIN: German Engravings, Etchings and Woodcuts ca. 1400–1700, Vol. 4. Amsterdam, 1957, S. 37.

138 ICONES || QVINQVAGINTA VIRORVM || illustrium doctrina & erudi=|| tione præstantium ad vivum || effictæ [Icones quinquaginta virorum illustrium doctrina et eruditione praestantium ad vivum effictae], cum eorum vitis || descriptis || a || Ian. Iac. Boissardo [Jean Jacques BOISSARD] Vesunti: / Omnia recens in aes artificiose || incisa, et demum foras data || per || Theodorum de Bry [Theodor DE BRY] Leodiens=|| civem francfurti || Anno M. D. XCVII [– M.D. XIC]. [Tom. 1–4. Francofordii Ad Moenvm Typis Matthæi Beckeri: impensis hæredum Theodori de Bry 1597–1599], hier Tom. 4: IV pars Iconvm viros virtvte atqve ervditione, illvstres repræsentantium, quorum alij inter vivos esse jam olim desierunt, alij vero nunc quoq[ue] vitali lumine honorum et dignitatum suarum perfruuntur gloria[.], Nr. L, S. 330, Text S. 331–333. Es ist unklar, ob Theodor de Bry oder Robert Boissard, ein vermeintlicher Verwandter des Herausgebers und Zeichners Jean Jacques Boissard, für den Stich verantwortlich zeichnet. An dem Porträtwerk waren „höchst wahrscheinlich [!] mindestens 3 Künstler wesentlich beteiligt [...], nämlich der Herausgeber und gleichzeitig Zeichner Jean Jacques Boissard, dessen Verwandter Robert Boissard mit den verschlungenen Initialen B und R und dann vor allem Theodor de Bry, der allerdings bereits während der Erstellung des Werkes 1598 starb und dessen Arbeit wahrscheinlich von seinen Söhnen weitergeführt wurde." (http://www.portraitindex.de/documents/obj/33700388 Germanisches Nationalmuseum Nürnberg [15.05.2016]). Siehe Abb. 1, S. 161.

139 D. Pauli Freheri Med. Norib. [Paul FREHER:] Theatrum Virorum Eruditione Clarorum In quo Vitæ & Scripta Theologorum, Iureconsultorum, Medicorum & Philosophorum, Tam in Germania Superiore & Inferiore, quam in aliis Europæ Regionibus, Græcia nempe, Hispania, Italia, Gallia, Anglia, Polonia, Hungaria, Bohemia, Dania & Suecia A Seculis Aliquot, Ad Hæc Usque Tempora, Florentium, Secundum Annorum Emortalium Seriem, Tanquam Variis In Scenis Repræsentantur; Opus omnibus Eruditis Lectu iucundissimum in quatuor partes divisum, quarum I. Theologos varios II. Magnates, Iurisconsultos & Politicos. III. Medicos, Chymicos, Botanicos, Anatomicos &c. IV. Philosophos, Philologos, Historicos, Mathematicos, Poetas &c. Complectitur [...]. Noribergæ. Impensis Johannis Hofmanni, & Typis Hæredum Andreæ Knorzii. M. DC. LXXXVIII. [Nürnberg, 1688], hier Bd. 1, Taf. zwischen S. 190 und S. 191 (als „Georgius Wicklius. Cincionat[or] Lips[iensis]"); Digitalisat: http://digital.staatsbibliothek-berlin.de/werkansicht/?PPN=PPN636751465&PHYSID=PHYS_0221 (15.05.2016), Text: S. 194. Zu diesem Werk allgemein: Peter BERGHAUS: Paulus Frehers „Theatrum Virorum Eruditione Clarorum" (Nürnberg, 1688). In: Peter BERGHAUS (Hrsg.): Graphische Porträts in Büchern des 15. bis 19. Jahrhunderts (Wolfenbütteler Forschungen, 63). Wiesbaden, 1995, S. 129–138; Steffen SIEGEL: Bildnisordnungen. Visuelle Pragmatik in Paul Frehers Gelehrtenlexikon „Theatrum virorum eruditione clarorum" (Nürnberg, 1688). In: Archiv für Kulturgeschichte 90 (2008), S. 79–108.

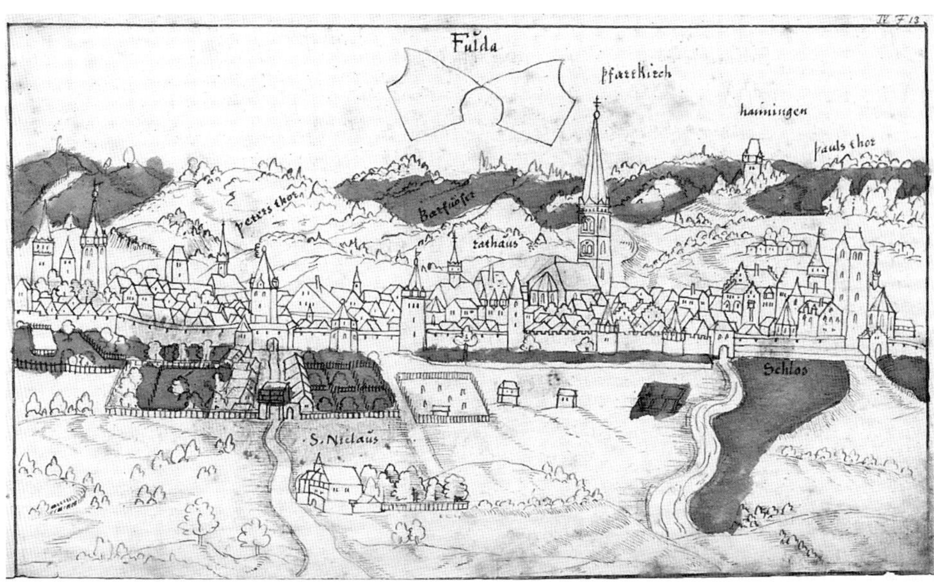

Abb. 2: Ansicht Fuldas von Osten, um 1549, vgl. Anm. 141. Hess. Staatsarchiv Marburg

seinen Holzschnitten.[140] Zwischen 1536 und 1545 wirkte er in Fulda; bekannt sind seine zeichnerische Vorlage[141] für die 1550 von Sebastian Münster zusammen mit einem kurzen historischen Text von Georg Witzel („Chorographia Buchoniae") publizierte Stadtansicht Fuldas,[142] sein „Kunstbüchlein"[143], seine Porträts von Georg Witzel (1542), Fürstabt Johann von Henneberg (1536 und 1541) und Kanzler Dr. Johann von Otthera (1536, heute

140 Bodo GOTZKOWSKY: Die Buchholzschnitte Hans Brosamers zu den Frankfurter „Volksbuch"-Ausgaben und ihre Wiederverwendungen (Studien zur deutschen Kunstgeschichte, 361). Baden-Baden, 2002; Bodo GOTZKOWSKY: Die Buchholzschnitte Hans Brosamers in Werken Martin Luthers und anderen religiösen Drucken des 16. Jahrhunderts. Ein bibliographisches Verzeichnis ihrer Verwendungen (Studien zur deutschen Kunstgeschichte, 363). Baden-Baden, 2009; Bodo GOTZKOWSKY: Die Buchholzschnitte Hans Brosamers in naturwissenschaftlichen, humanistischen und satirischen Drucken des 16. Jahrhunderts. Ein bibliographisches Verzeichnis ihrer Verwendungen (Studien zur deutschen Kunstgeschichte, 364). Baden-Baden, 2012; Bodo GOTZKOWSKY: Zur Überlieferungsgeschichte der Holzschnitte Hans Brosamers in den Frankfurter „Melusine"-Drucken des 16. Jahrhunderts. In: Ursula RAUTENBERG, Hans-Jörg KÜNAST, Mechthild HABERMANN, Heidrun STEIN-KECKS (Hrsg.): Zeichensprachen des literarischen Buchs in der frühen Neuzeit: Die „Melusine" des Thüring von Ringoltingen. Berlin / Boston, 2013, S. 377–394; The New Hollstein. German Engravings, Etchings and Woodcuts 1400–1700. [11.] Hans and Martin Brosamer, Parts 1-3, compiled by Martin KNAUER, edited by Hans-Martin KAULBACH. Ouderkerk aan den Ijssel 2015; zum Leben und Werk Brosamers: Part I, S. XXI–XXXI.

141 Ansicht Fuldas von Osten: Stadt und Schloss, um 1549 [Hessisches Staatsarchiv Marburg, Slg. 7/c 357]. In: Historische Ortsansichten <http://www.lagis-hessen.de/de/subjects/idrec/sn/oa/id/1463> (Stand: 14.10.2008). Vgl. Gregor Karl STASCH: Erinnerung an Fulda. Das Bild der Stadt in der Druckgraphik, 16. bis 19. Jahrhundert, [Ausstellung:] Vonderau-Museum Fulda, 27.3.–26.4.1987. Fulda, 1987, Nr. 16z S. 28 (hier Erstpublikation der Zeichnung).

142 Sebastian MÜNSTER: Cosmographiae uniuersalis Lib. VI. [Cosmographia universalis], Basileæ apvd Henrichvm Petri M.D.L., S. 710/11 (Zeichner: Hans Rudolf Manuel gen. Deutsch, Stecher: Christoph Stimmer), S. 705–707: Chorographia Buchoniæ per Georgium Wicelium; Georg WITZEL, Das Buchenland und seine Hauptstadt Fulda. Faksimile-Druck

im Museum Schloss Fasanerie) sowie ein im Vonderau Museum Fulda aufbewahrtes Kreuzigungsgemälde von 1548.[144] Brosamer hat Witzel in Fulda sicherlich kennengelernt; sein Porträt des Theologen darf daher hohe Authentizität beanspruchen.

Witzel lebte mit seiner Familie in Fulda wohl in der Krätzmühle.[145] Auch sein Neffe Johannes Witzel, ein Sohn seines Bruders Johannes, dem Georg Witzel in den Jahren des Aufenthaltes in seiner Heimatstadt Vacha Privatunterricht erteilt und der in Erfurt und Leipzig studiert, in Leipzig 1538 auch den Magistergrad erworben hatte, wurde in Fulda ansässig, vielleicht auf Fürsprache seines Onkels. Er bekleidete seit 1541 die Stelle eines Stiftsschulmeisters, ist in diesem Amt 1559 und 1585 nachgewiesen. 1559 musste er sich gegen verschiedene Vorwürfe aus städtischen Kreisen wehren – u. a. dass er persönlich zu viel lese (!), dass er den Schülern zu schwere lateinische Texte zumute und dass er viele Texte nur in Auszügen lesen lasse. Dagegen verteidigte sich Witzel mit Hinweis darauf, dass für eine „funfklassige Schule nicht einerley, sondern mancherley Bucher“ nötig seien und dass es am Geschick bzw. Ungeschick der Schüler liege, ob sie damit gefordert/gefördert oder überfordert würden. Zudem beklagte er sich darüber, dass er mit nur zwei Kollegen zusammen den Schulbetrieb meistern müsse.[146] Dass Georg Witzel einer dieser

des Titelblatts und der S. 705–711 der Cosmographia universalis von Sebastian Münster, erschienen in Basel bei Heinrich Petri 1550. Übersetzung, Erläuterungen [von Ludwig PRALLE]. Fulda, [1979]; Nachdruck: Beschreibung des Buchenlandes und seiner Hauptstadt Fulda, übersetzt und erläutert von Ludwig PRALLE. In: Schriften zur Förderung der Georg Witzel-Forschung 8 (1982), S. 56–67; deutschsprachige Ausgabe: Sebastian MÜNSTER: Cosmographei oder beschreibung aller laen= | | der / herschafften/ fürnemsten | | stetten/ geschichten/ gebreuche/ hantierungen etc./ ietz | | zum drittem mal trefflich sere durch Sebastianum | | Munsteru[m] gemeret und gebessert [...]. Basel: Heinrich Petri, 1550, S. dcccxliiii/dcccxlv, kurzer Text Witzels: S. dcccxlvj. Siehe auch STASCH 1987 (wie Anm. 141), Nr. 12, 15 S. 27 f. Zu Münster vgl.: Karl Heinz BURMEISTER: Sebastian Münster. Versuch eines biographischen Gesamtbildes (Basler Beiträge zur Geschichtswissenschaft, 91). Basel / Stuttgart, 1963 (2. Aufl. 1969); Sebastian Münster (1488–1552). Universalgelehrter und Weinfachmann aus Ingelheim. Katalog zur Ausstellung im Alten Rathaus Nieder-Ingelheim, 12. Oktober bis 10. November 2002. [Ausstellung zum 450. Todestag Sebastian Münsters, 2 Bde. (Beiträge zur Ingelheimer Geschichte, 46). Ingelheim, 2002; Günther WESSEL: Von einem, der daheim blieb, die Welt zu entdecken. Die Cosmographia des Sebastian Münster oder wie man sich vor 500 Jahren die Welt vorstellte. Frankfurt am Main / New York, 2004; Matthew MCLEAN: The Cosmographia of Sebastian Münster: Describing the World in the Reformation (St. Andrews Studies in Reformation History). Aldershot, Hampshire / Burlington, Vt., 2007.

143 Hans BROSAMER: Ein new kunstbüchlein/ von | | mancherley schönen Trinckgeschiren/ zu gut der ye= | | benden jugend der Goldschmidt / Durch Hansen Brösa= | | mer, Maler zu Fuld/ an tag gegeben. [Nürnberg: Jobst Gutknecht, um 1538] [VD16 B 8391]; Das Kunstbüchlein des Hans Brosamer von Fulda. Nach den alten Ausgaben in Lichtdruck nachgebildet, [Einl. von Friedrich LIPPMANN]. Berlin, 1882.

144 Vgl. Günther FRANZ: Ein Bildnis Dr. von Ottheras. In: Mühlhäuser Geschichtsblätter 33-35 (1936), S. 25–28; Irene KÜHNEL-KUNZE: Hans Brosamer und der Meister HB mit dem Greifenkopf. In: Zeitschrift für Kunstwissenschaft 14 (1960), 57–80; Fritz DREIHELLER: Ein Bild kehrt heim (Hans Brosamer). In: Hessische Heimat 20 (1970), H. 4, S. 114–116; Olga KOTKOVÁ: Zwischen Invention und Eklektismus: Hans Brosamers Kreuzigung aus dem Jahr 1548. In: Acta Historiae Artium Academiae Scientiarum Hungariae 44 (2003), S. 183–189; Olga KOTKOVÁ: Brosamer's Crucifixion from the Collections of the Vonderau Museum in Fulda. In: Alessandra SORBELLO STAUB, Berthold JÄGER, Thomas HEILER und Michael IMHOF (Hrsg.): Fulda in den Künsten. Festgabe für Gregor K. Stasch zum 65. Geburtstag. Petersberg, 2015, S. 81–87. Teilweise überholt: Ferdinand LAMMEYER: „Hans Brosamer, Maler zu Fuld“. In: Buchenblätter 10 (1929), S. 149 f.

145 RICHTER 1909 (wie Anm. 6), S. 115 Anm. 2.

146 G(regor) RICHTER: Zur Fuldaer Schulgeschichte des 16. Jahrhunderts. In: FuGbll 20 (1927), S. 75–80; vgl. auch Berthold JÄGER: Klosterbibliothek – Seminarbibliothek – Landesbibliothek. Zur Geschichte der Fuldaer Bibliotheken in der Frühen Neuzeit.

beiden Kollegen gewesen ist, wie Thomas Witzel spekuliert, ist nicht sehr wahrscheinlich. Georg Witzels Lehrtätigkeit wird sich auf Privatunterricht beschränkt haben. Nach 1570 hatte sich die „höhere" Stiftsschule (es gab auch eine „niedere") der Konkurrenz der Schule des Jesuitenkollegs zu erwehren; den vom Fürstabt und von der 1577 kaiserlicherseits eingesetzten Zwischenregierung unterstützten Jesuiten, die zudem mit der „Ratio studiorum" eine überlegene Didaktik und Methodik vorweisen konnten, konnte die Stiftsschule wenig entgegensetzen – Johannes Witzel musste den Niedergang der zeitweilig so berühmten Klosterschule verkraften. 1567 wird er als Verwalter der Propstei Petersberg genannt, 1579–1588 ist er als Schöffe Mitglied des Ratskollegiums der Stadt Fulda. Er stirbt 1588.[147]

Georg Witzel muss eine engere Beziehung zu seinem Neffen gehabt haben. Ein Exemplar der seinem Vetter („fratuelus") Johann Witzel, Apotheker („myropola") zu Eisleben,[148] gewidmeten Schrift *Epitome Romanorum pontificum*[149] trägt Richter zufolge am Schluss den Besitzeintrag „Sum M. Johannis Vicelii et suorum haeredum, 1567. in monte s. Petri agentis", war also im Besitz des Neffen und befand sich Anfang des 20. Jahrhunderts in der Landesbibliothek Fulda.[150] Dieses Exemplar ist seit längerer Zeit nicht auffindbar. Das stattdessen vorhandene „Exemplar" von *Epitome* stammt aus dem Besitz des Fuldaer Stadtpfarrers Johann Meykranz, der es 1650 der Bibliothek des Jesuitenkollegs vermachte – auf die letztgenannte Bibliothek wird noch zurückzukommen sein. Vollends verwirrend wird es, wenn Richter an anderer Stelle den Besitzeintrag des Schulmeisters Johann Witzel von 1567 in einem kleinen Sammelbändchen Witzelischer Schriften ausfindig macht, „das offenbar vom Verfasser selbst jenem Johannes Witzel dediziert wurde". Und hinzufügt: „Einige wenige kurze Randglossen von Georg Witzels eigener Hand deuten darauf hin, daß derjenige, dem er dieses Buch widmete, in einem ganz besonderen Vertrauensverhältnis zu ihm stand. Dies trifft aber zu bei seinem Neffen Johann Witzel aus Vacha."[151] Bei dem von Richter aus welchen Gründen auch immer so kryptisch beschriebenen Büchlein muss es sich um *Formulae precationum* aus dem gleichen Jahr 1549 handeln, denn hierin finden

In: Johannes MERZ und Nikola WILLNER (Hrsg.): Kirchliche Buchbestände als Quelle der Kulturgeschichte (Veröffentlichungen der Arbeitsgemeinschaft Katholisch-Theologischer Bibliotheken, 5). Würzburg, 2010, S. 57–76 [Text], 136–152 [Materialien], 171–194 [Anmerkungen], hier S. 177 Anm. 29.

147 RICHTER 1909 (wie Anm. 6), S. 125 f.; Wilhelm HELMER: Fuldaer Bürgerwappen. In: Buchenblätter 37 (1964), S. 77.

148 Zu dessen Person – er befand sich u. a. am Sterbebett Martin Luthers 1546 und verfasste einen Bericht über Luthers Sterben, den er an Georg Witzel sandte – siehe RICHTER 1909 (wie Anm. 6), S. 131–135; Michael Baird LUKENS: Luther's Death and the Secret Catholic Report. In: The Journal of Theologian Studies N.S. 41 (1990), S. 545–553.

149 Epitome || RomanorVm Pontifi-|| cum, à sanctissimo Petro, || vsque ad Paulum eius || nominis Tertium, || PER GEORG. VICELIVM. || APOSTOLVS PAVLVS AD || Titum capite primo: || Huius rei gratia reliqui te in Creta, || vt quae desunt, corrigas, & con|| stituas oppidatim pre-|| sbyteros &c. || Coloniæ ex officina Ioannis Quentel, An-|| no M.D.XLIX; S. 3–7: Epistola dedicatoria: *Integerrimo viro Ioanni Landavo Myropolae, fratrueli charissimo suo s. p. d.* (mit Nachrichten über die Familie Landau), [Richter 34 = Henze 42 = VD16 W 3919]; Digitalisate: http://www.mdz-nbn-resolving.de/urn/resolver.pl?urn=urn:nbn:de:bvb:12-bsb10208996-7 (16.05.2016); http://www.mdz-nbn-resolving.de/urn/resolver.pl?urn=urn:nbn:de:bvb:12-bsb10206606-2 (16.05.2016).

150 RICHTER 1913 (wie Anm. 3), S. 68 (zu Nr. 83).

151 RICHTER 1909 (wie Anm. 6), S. 126.

152 FORMV || LAE PRECATIONVM || aliquot Euangelicarum: Authore || GEORGIO VVICE= || LIO. || M.D.LXI. [Richter 34 = Henze 49].

153 Michael EMBACH: Christoph Brower (1559–1617).

sich „Praetiunculae, quibus assuescat pius puer, per G. VV. Anno 1529. I. VV. [= Ioanni Wicelio] nepoti suo".[152] Das bezieht sich auf den Privatunterricht, den Georg Witzel dem jungen Neffen in Vacha erteilt hat. Ein Exemplar der *Formulae* aber lässt sich derzeit in der Hochschul- und Landesbibliothek Fulda nicht auffinden.

6. Fuldaer Witzelforschung

Für die Witzelforschung gingen, das ist bisher in Ansätzen deutlich geworden, zum Teil bedeutsame Anstöße von Fulda aus – anfangs auch in negativer Hinsicht. Für Letzteres steht der zeitweilige Rektor des Jesuitenkollegs in Fulda, Christoph Brower (Brouwer, 1559–1617),[153] der auch Verfasser der ersten im Druck erschienen *Geschichte Fuldas* ist.[154] In seinen *Antiquitates* zeichnet Brower – dem als erstem (und letztem) Quellenmaterial aus Witzels Nachlass zur Verfügung stand – ein überwiegend negatives und lange Zeit eine gerechte Bewertung unterdrückendes Bild von Witzel.[155] In diesem Bild spiegelte sich die Einstellung seines Ordens gegenüber der „religiösen" Mischform im geistlichen Fürstentum Fulda in der Mitte und im dritten Viertel des 16. Jahrhunderts wider – sie wurde von den Protagonisten der Gegenreformation mit dem Protestantismus in einen Topf geworfen. Erst Gregor Richter hat dem zu Beginn des 20. Jahrhunderts entschieden widersprochen. Neben Richter ist sein Schüler Ludwig Pralle[156] zu nennen, der in Witzel den Vertreter eines „humanistischen Reformkatholizismus" gesehen, Witzels liturgische Anschauungen durchleuchtet und die Fulda-Beziehungen in Witzels Schriften und Manuskripten herausgearbeitet hat.[157] Auch der gebürtige Fuldaer Paul Ludwig Sauer, Germanist und Pädagoge, sieht in Witzel einen Vertreter der vermittelnden „Dritten Kraft" im konfessionellen Zeitalter und würdigt ihn als „praktischen Theologen und Prediger". Diese vor allem von Erasmus geprägten „Vermittler" seien aufgrund der politischen Entwicklung im Reich nicht nur in dem Bestreben, die Trennung der Christenheit abzuwenden, gescheitert, sondern auch in ihrem Bemühen um Reformen innerhalb der Alten Kirche; ihr Reformansatz aber biete eine Grundlage für die Ökumene-Bestrebungen der Gegenwart.[158] Der Pralle-

In: Fur Gott und die Menschen. Die Gesellschaft Jesu und ihr Wirken im Erzbistum Trier. Katalog-Handbuch zur Ausstellung im Bischöflichen Dom- und Diözesanmuseum Trier, 11. September – 21. Oktober 1991 (Quellen und Abhandlungen zur mittelrheinischen Kirchengeschichte, 66). Trier, 1991, S. 303–307.

154 Fvldensivm Antiquitatvm libri IIII. Avctore Christophoro Brovvero. Antverpiæ. Ex Officina Plantiniana Apud Viduam & Filios Ioannis Moreti M.DC. XII; Digitalisat: http://fuldig.hs-fulda.de/viewer/resolver?urn=urn:nbn:de:hebis:66:fuldig-794659 (15.05.2016).

155 Ebd., S. 337–342, 353–357, 360–362; Nachdruck der S. 336-342, 351-357 in: SFGWF 8 (1982), S. 70–83. Die von Brower benutzten zeitgenössischen Quellen sind aufgeführt bei HENZE 1995 (wie Anm. 1), S. 3 f. Anm. 10.

156 Robert PESSENLEHNER: Ludwig Pralle 60 Jahre alt. In: FuGbll 48 (1972), S. 101–119; JÄGER 1996 (wie Anm. 2).

157 PRALLE 1940 (wie Anm. 101); Ludwig PRALLE: Die handschriftlichen Quellen des Liturgikers Georg Witzel (1501 bis 1573). Teilausgabe der Dissertation Freiburg i.Br., 1940; PRALLE 1948 (wie Anm. 101); Ludwig PRALLE: Ein keltisches Missale in der Fulder Klosterbibliothek. In: FuGbll 31 (1955), S. 8–21; Ludwig PRALLE: Eine Mitteilung Georg Witzels über Kunstwerke der Fuldaer Stiftskirche. In: FuGbll 46 (1970), S. 1–6; WITZEL, Buchenland (wie Anm. 142), darin: Übersetzung, Erläuterungen von Ludwig PRALLE, Fulda [1979], S. 15–26. Zu den Begriffen „Humanismus", „Reformkatholizismus", „humanistischer Reformkatholizismus" vgl. Henze 1995 (wie Anm. 1), S. 83–87.

158 SAUER 1954 (wie Anm. 23); SAUER 1981 (wie Anm. 59); SAUER 1955 (wie Anm. 86); SAUER 1954/55 (wie Anm. 39); Paul Ludwig SAUER: Ge-

Schüler Werner Kathrein hat unter Beibehaltung Pralle'scher Begriffsbildungen nochmals die Gutachterrolle Witzels im Zusammenhang mit einer geplanten sächsischen und mit der verwirklichten Fuldaer Kirchenordnung (1538 bzw. 1542) betont und zudem die engen Beziehungen zwischen Fulda und Schlüchtern herausgearbeitet, die auch dem Wirken von Georg Witzel zu verdanken sind.[159] Leider hat sich Thomas Witzel nach seiner Magisterarbeit (1986) aus beruflichen Gründen nicht mehr mit Georg Witzel beschäftigen können.[160] 2001 war Fulda neben Witzels Heimatstadt Vacha[161] einer der wenigen Orte, an denen des 500. Geburtstages des engagierten „Vermittlungstheologen" gedacht wurde. Neben Werner Kathrein trugen dabei die Fuldaer Theologen Karlheinz Diez und Cornelius Roth wichtige Beobachtungen zu Witzels Reformvorschlägen in bezug auf Gottesdienst, Predigt und Katechese bzw. Messopfer und Abendmahl vor, während die Freiburger Witzel-Expertin Barbara Henze Witzels „Überlegungen zu den theologischen Voraussetzungen Kircheneinheit" auch im Hinblick auf Folgerungen für die Gegenwart thematisierte.[162] In jüngerer Zeit ging Michael Müller auf die Bedeutung von Witzels Liturgiereform und seiner Liederbücher für die Kirchenreform in Fulda ein.[163]

org Witzels Leben und Werk. Ein noch uneingelöstes Versprechen. In: Buchenblätter 53 (1980), S. 85–87, Nachdruck in: SFGWF 6 (1980), S. 11–20; SAUER 1982 (wie Anm. 105); Paul Ludwig SAUER: Die alte Kirche ist die wahre – die wahre Kirche ist die alte. Georg Witzels ökumenische Wegweisung. In: Internationale kirchliche Zeitschrift N.F. 99 (2009), S. 240–260.

159 KATHREIN, Reformgutachten, 1992 (wie Anm. 58); KATHREIN, „Christenheit", 1992 (wie Anm. 86); KATHREIN, Witzel, 2001 (wie Anm. 81); KATHREIN, Witzel, 2003 (wie Anm. 81); Werner KATHREIN: Eine Auslegung von Lk 2,1-14 durch den Fuldaer Theologen Georg Witzel (1501–1573). In: Christoph Gregor MÜLLER (Hrsg.): Licht zur Erleuchtung der Heiden und Herrlichkeit für dein Volk Israel. Studien zum lukanischen Doppelwerk. [Josef Zmijewski zur Vollendung seines 65. Lebensjahres am 23. Dezember 2005] (Bonner Biblische Beiträge, 151). Berlin, 2005, S. 307-319; KATHREIN 1984 (wie Anm. 74); KATHREIN 1985 (wie Anm. 75).

160 WITZEL 1986 (wie Anm. 5); Thomas WITZEL: Das Wirken Georg Witzels für die Einheit der Kirche. In: SFGWF 10 (1984), S. 119–144; Thomas WITZEL: Georg Witzel und seine Bemühungen um die Einheit der Kirche. In: FuGbll 62 (1986), S. 39–52.

161 Ein Höhepunkt mehrtägiger Feierlichkeiten war hier der Festvortrag des verdienstvollen Witzelforschers Paul Ludwig Sauer: „Das Vermächtnis Georg Witzels für das ökumenische Geprách der Gegenwart". Vgl. SAUER, 2009 (wie Anm. 158), S. 240.

162 Aus einer Vortragsreihe der Theologischen Fakultät Fulda ging der Sammelband von KATHREIN u. a. 2003 (wie Anm. 33) hervor. Darin: Karlheinz DIEZ: Reform der Kirche – Georg Witzels Vorschläge für Erneuerung des Gottesdienstes, der Predigt und der Katechese, S. 41–81; Cornelius ROTH: „Von der heiligen Eucharisty" – Georg Witzels Stellung im Streit um das Meßopfer und das Abendmahl, S. 111–137; Barbara HENZE: Der gute Wille genügt nicht – Georg Witzels Überlegungen zu den kirchentheologischen Voraussetzungen der Kircheneinheit, S. 83–108.

163 Michael MÜLLER: Volksgesang und Kirchenlied im Dienst der Kirchenreform im Hochstift Fulda. In: Kirchenmusikalisches Jahrbuch 91 (2007), S. 25–34.

II. Niederschlag von Witzels Oeuvre in Fuldaer Büchersammlungen

1. Witzels publizistische Produktivität und Absatzstrategie

Georg Witzel war ein Mann mit vielfältigen Interessen, vielfältigen Begabungen und ausgeprägtem Wissensdrang. Bibliotheken waren für ihn ein bevorzugter Aufenthaltsort – hier konnte er lesen, exzerpieren und reflektieren. Sein literarisch-wissenschaftliches Oeuvre ist von großer Bandbreite. Barbara Henze hat den Versuch unternommen, die von ihr nachgewiesenen 122 von Witzel verfassten bzw. herausgegebenen Schriften als „Orientierungshilfe" in Gattungen einzuteilen, und ist zu folgendem Ergebnis gekommen:[164]

Schriftauslegungen incl. Predigthilfen:	19 (21, mit Herausgeberschaften)
Schriften zu „dogmatischen" Themen	14 (17)
Liturgische Bücher:	12 (15)
Schriften zum Thema „Christliches Leben":	10 (15)
Kontroversschriften:	12 (13)
Katechetische Handreichungen:	6
Schriften zur Verteidigung kaiserlicher Politik:	6
Betrachtungen über die gegenwärtige Welt:	5
Schriften zur Kirchenreform:	3
Schriften zur Kircheneinheit:	2 (3)
Schriften zum Konzil:	3
Geschichtliche Werke:	3
Sonstige:	9 (12)

Dass Witzel mit seinen Publikationen Geld verdienen konnte, ist kaum vorstellbar, wenn man sich den Aufwand und die Kosten für einen Druck vor Augen hält. Die Widmungsvorreden in seinen Schriften – insgesamt 53 dedizierte er namentlich benannten Personen, 44 bedachte er mit einem eigenen Dedikationstext – legen es nahe, dass Witzel sich nicht nur ein „Netzwerk" von Freunden und „Verbündeten", sondern auch von finanziellen Unterstützern bzw. Käufern seiner Werke schaffen wollte.[165] Aber Witzel verfolgte in seinen Widmungsvorreden auch „politische" Ziele, erwartete Unterstützung seiner theologischen Positionen durch die (landesherrliche, landesherrlich-geistliche oder auch königliche) Obrigkeit und durch ihre Ratgeber/Mitarbeiter.[166] Damit suchte er deren Gestaltungswillen in kirchlichen Fragen anzustacheln – und zwar ohne einem „konfessionellen Katholizismus" das Wort zu reden, ohne kritiklos das Papsttum zu unterstützen (das eben prinzipiell nicht vom Reformzwang ausgenommen war). Er unterschätzte zum Teil aber die Bereitschaft oder auch die tatsächlichen Möglichkeiten der Adressaten. Doch es ging ihm hin und wieder auch um ganz praktische Vorteile für sich, für seine wissenschaftliche Arbeit.

164 Henze 1995 (wie Anm. 1), S. 67 f.

165 Liste des Briefwechsels und der Widmungsvorreden bei Henze 1995 (wie Anm. 1), S. 290–305.

166 Barbara Henze: Erwartungen eines Theologen an die Obrigkeit. Der „Fuldaer" Georg Witzel († 1573) in seinen Widmungsvorreden. In: AmrhKG 49 (1997), S. 79–97.

2. Georg Witzel als Benutzer der Fuldaer Klosterbibliothek und als aufmerksamer Beobachter ihrer Umgebung

Es wurde bereits erwähnt, dass Witzel Fürstabt Johann von Henneberg in der (vom 7. Juni 1540 datierten) Widmungsvorrede zum *Typus Ecclesiae prioris* direkt um eine Benutzungserlaubnis für die Fuldaer Klosterbibliothek ansprach. Er hatte die Hoffnung, in dieser

> „weitberümeten Liberey zu Fulda [...] on zweivel noch vil zu finden / und ich nichts so sehr klage / als den mangel alter und guter bücher. [...] Aber die teffliche Bibliotheca des sehr alten Stiffts Fuld / ist bey aller Welt in solchem geschrey / das sie E. F. G. noch in mehr Lobs bringt.“[167]

Auch wurde schon hervorgehoben, wie wichtig historische Forschung für Witzel gerade im Zusammenhang mit den unübersehbaren Krisenerscheinungen in der Kirche seiner Gegenwart und seinem „Heilrezept“, der Rückkehr zur Alten Kirche, war. So widmete er sich gerade in der Fuldaer Bibliothek mit ganzer Hingabe dem Studium von Kult, Lehre, Institutionen und Frömmigkeitsformen der frühen Kirchengeschichte – und forderte Gelehrtenfreunde zum Besuch dieser so ausgezeichneten Bibliothek auf. Witzel konnte eine ganze Reihe von Handschriften, die heute nicht mehr erhalten sind, einsehen und Exzerpte daraus veröffentlichen.[168] Genannt seien nur ein keltisches Missale,[169] „das wertvollste liturgische Buch der Klosterbibliothek“,[170] und die beiden Prachthandschriften von Sakramentaren, von denen eine heute in Göttingen aufbewahrt wird,[171] während sich von der anderen noch ein einzelnes Blatt in der Hochschul- und Landesbibliothek Fulda befindet. Dazu kommen Agendentexte, Quellen liturgischer Dichtung, Martyrologien, frühe liturgische Abhandlungen. Ein schöner Beleg für Letzteres ist Witzels Fund und Veröffentlichung einer alten Taufordnung (*Ritus baptizandi*, 1541).[172]

167 Typus Ecclesiae prioris (wie Anm. 60), Bl. A3r.

168 Diese sind in reichem Maße bei Pralle 1940 (wie Anm. 101) verzeichnet. Eine separate Publikation der von Pralle zusammengetragenen Belege durch Werner Kathrein ist seit längerem geplant. Einen Auszug aus Pralle bietet Witzel 1986 (wie Anm. 5), S. 102–106.

169 Pralle 1955 (wie Anm. 157).

170 Witzel 1986 (wie Anm. 5), S. 102.

171 Gregor Richter und Albert Schönfelder (Hrsg.): Sacramentarium Fuldense saeculi X., Cod. theol. 231 der Universitätsbibliothek Göttingen (QAAF, 9). Fulda, 1912, Nachdr. Farnborough 1977 (Henry Bradshaw Society, 101). Siehe dazu Christoph Winterer: Das Fuldaer Sakramentar in Göttingen. Benediktinische Observanz und römische Liturgie (Studien zur internationalen Architektur- und Kunstgeschichte, 70). Petersberg, 2009.

172 RITVS BAPTI=||ZANDI || Wie man vor etlichen hundert jaren/ der || Christenleute kinder/ auff gewoenliche zeit || der heiligen Ostern/ in Christi Catholica Kyrch || getaufft hat/ Newlich in einem alten || geschribene buch der Fuldischen || Liberey Latinisch funden/|| vnd zur Aedification der || Christenheit/ || Durch || GEORG. VVICELIVM || verdeudschet.|| (Kolophon: Gedrückt zu S. Victor ausserhalb Mentz/ || Durch Franciscum Behem. || 1541.||) [Richter 113 = Henze 94,1 = VD16 W 4040]; Digitalisate: http://www.mdz-nbn-resolving.de/urn/resolver.pl?urn=urn:nbn:de:bvb:12-bsb10202333-6 (16.05.2016); http://www.mdz-nbn-resolving.de/urn/resolver.pl?urn=urn:nbn:de:bvb:12-bsb10164339-7 (16.05.2016). Diese perfekt in Witzels Bild von der „alten“, vorbildhaften Kirche passende Schrift wurde mehrfach in unselbständiger Form nachgedruckt, noch im gleichen Jahr 1541 in der bereits mehrfach genannten Schrift *Typus ecclesiae prioris*, 1546 in „Form und Anzaigung“ (Mainz: Behem) und 1562 im *Tomus secundus etlicher Bücher Geor. Wicelij des Eltern* (Köln: Erben Quentels / Galenius).

Für das Aufspüren dieser Handschriftenschätze war die gute Ordnung der Bibliothek natürlich von außerordentlicher Hilfe. Ein halbes Jahrhundert vor Witzels Besuchen hatte man die „Liberey“ unter der Leitung des Stiftskustos Johann Knöttel neu eingerichtet, neu geordnet, die Bücher neu signiert und zum Teil mit neuen Titelaufschriften versehen.[173] Auch gab es drei um die Mitte des 16. Jahrhunderts angefertigte Handschriftenkataloge, die allerdings „kein lückenloses Bild der Bibliotheca Fuldensis in ihrem letzten Saeculum“ vermitteln, zudem nicht (nur) als Information für den Bibliotheksbenutzer angelegt waren.[174] Insofern ist man in hohem Maße auf Nachrichten von Bibliotheksreisenden angewiesen, die vor und nach Georg Witzel die Bestände der Klosterbibliothek in wissenschaftlicher Absicht, zum Teil aber auch mit Kauf- oder noch schlimmeren Absichten durchforsteten. Mit der ersten Benutzergruppe verbinden sich etwa Namen wie Johannes Sichard (um 1499–1552, Jurist und Philologe, zuletzt Professor in Tübingen, der anlässlich seines Besuches in Fulda 1527 vermerkt, dass die Bibliothek den Bauernkrieg unversehrt überstanden hat) und Franciscus Modius (1556–1597, Philologe, der sich 1586 in Fulda aufhielt), mit der zweiten etwa der ehemalige Fuldaer Klosterschüler Ulrich von Hutten (1488–1523),[175] Theobald Billicanus (Diepold Gerlacher, um 1493–1554, Theologe in Marburg, der 1547 im Auftrage Herzog Ottheinrichs von Pfalz-Neuburg (1502–1559)[176] Ausschau nach Missalia halten sollte, in Fulda aber wohl

173 Zur Geschichte der mittelalterlichen Bibliothek: Marc-Aeilko Aris, Regina Pütz: Fulda, Bibliotheksgeschichte. In: Friedhelm Jürgensmeier, Franziskus Büll, Regina E. Schwerdtfeger (Hrsg.): Die benediktinischen Mönchs- und Nonnenklöster in Hessen (Germania Benedictina, 7). St. Ottilien, 2004, S. 341–349; Gangolf Schrimpf, Josef Leinweber (†) und Thomas Martin (Hrsg.): Mittelalterliche Bücherverzeichnisse des Klosters Fulda und andere Beiträge zur Geschichte der Bibliothek des Klosters Fulda im Mittelalter (Fuldaer Studien, 4). Frankfurt am Main, 1992 [darin: Josef Leinweber: Der Fuldaer Stiftskustos Johann Knöttel – Neue Funde, S. 173–177]; Josef Leinweber: Der Fuldaer Stiftskustos Johann Knöttel. Ein Beitrag zur Geschichte des Klosters Fulda und seiner Bibliothek im späten Mittelalter. In: FuGbll 48 (1972), S. 126–137; Adolf Schmidt-Darmstadt: Johannes Hapff – ein unbekannter fuldischer Humanist um das Jahr 1500. In: Zeitschrift des Hessischen Vereins für Geschichte und Landeskunde 59/60 = N.F. 49/50 (1934), S. 57–71. (Hapff/Hopf, der sogar eine eigene Bibliothek besaß und zeitweise vielleicht auch Leiter der Stiftsschule war, unterstützte Knöttel bei seinen Ordnungsarbeiten).

174 Karl Christ: Die Handschriftenverzeichnisse der Fuldaer Klosterbibliothek aus dem 16. Jahrhundert. In: Joseph Theele (Hrsg.): Aus Fuldas Geistesleben. Festschrift zum 150jährigen Jubiläum der Landesbibliothek Fulda. Fulda, 1928, S. 24–39, Zitat S. 39; Karl Christ: Die Bibliothek des Klosters Fulda im 16. Jahrhundert. Die Handschriften-Verzeichnisse (Beihefte zum Zentralblatt für Bibliothekswesen, 64). Leipzig, 1933 (Nachdr. Nendeln/Liechtenstein, 1968); Franz Falk: Beiträge zur Rekonstruktion der alten Bibliotheca Fuldensis und Bibliotheca Laureshamensis. Mit einer Beilage: Der Fuldaer Handschriften-Katalog aus dem 16. Jahrhundert, neu hrsg. und eingel. von Carl Scherer (Beihefte zum Zentralblatt für Bibliothekswesen, 26). Leipzig, 1902.

175 G(regor) Richter: Ulrich von Hutten und das Kloster Fulda. In: FuGbll 7 (1908), S. 33–37, 57–64, 77–80, 94–102; 8 (1909), S. 26 f., 33–40, 49–61, hier vor allem 1909, S. 39 f.; vgl. auch Josef Leinweber: Ulrich von Hutten – ein Fuldaer Mönch? In: Würzburger Diözesan-Geschichtsblätter 37/38 (1975), S. 541-556; Josef Leinweber: Ulrich von Hutten und das Kloster Fulda. In: Ulrich von Hutten. Ritter, Humanist, Publizist (wie Anm. 16), S. 79-86; Gerrit Walther: Ulrich von Hutten – seine Zeit und seine Beziehungen zu Fulda (Jahresgabe der Freunde und Förderer der Hochschul- und Landesbibliothek Fulda e.V.). Fulda, 2015.

176 Zum Büchersammler Ottheinrich: Hans Ammerich und Hartmut Harthausen (Hrsg.): Kurfürst Ottheinrich und die humanistische Kultur in der Pfalz (Veröffentlichungen der Pfälzischen Gesellschaft zur Förderung der Wissenschaften in Speyer, 103). Speyer, 2008; Die Ottheinrich-Bibel. Das erste illustrierte Neue Testament in deutscher Sprache, Bayerische Staatsbibliothek, Cgm 8010. Begleitbuch zu den Ausstellungen anlässlich der Zusammenführung der

mit leeren Versprechungen abgespeist wurde), Johannes Basilius Herold (1514–1567, eine eher farblose Gestalt,[177] der man mehrmals bereitwillig Manuskripte für eine Edition der frühmittelalterlichen Rechtsbücher der germanischen Stämme [1557] auslieh, die man nicht zurückerhielt) und Mathias Flacius Illyricus (1520–1575, der seit jeher verdächtigt wird, die ihm, dem Protestanten, dreimal großzügig gestattete Benutzung der Fuldaer Bibliothek genutzt zu haben, um Manuskripte an sich zu bringen, und aus dessen Nachlass u. a. das Göttinger Sakramentar, das Witzel so beeindruckte und aus dem Flacius die sogenannte Fuldaer Beichte 1571 zum Druck brachte, nach Helmstedt und anschließend nach Göttingen gelangt ist); Flacius war darüber hinaus eine Reizfigur für die damals gerade in Fulda ansässig gewordenen Jesuiten.[178] Witzel selbst ist in einem Fall auch nicht ganz unbeteiligt an dem Verkauf einer Fuldaer Handschrift an das Bartholomäusstift in Frankfurt am Main: Die *Vitae S. Bonifacii. Index Reliquiarum et indulgentiarum Fuldensium* benutzte er 1540 zur Abfassung des 1541 gedruckten *Hagiologium*; Johannes Steinmetz gen. Latomus, der Witzel die Benutzung der „Lorscher Litanei“ aus der Karolingerzeit erlaubt hatte, erwarb die Handschrift 1550 für das Bartholomäusstift.[179] Schließlich gab es sicher

Ottheinrich-Bibel im Jahre 2008 [Bayerische Staatsbibliothek, 9. Juli bis 10. August 2008 ... Staatsbibliothek Bamberg, 16. Mai bis 27. Juni 2010] (Ausstellungskataloge der Bayerischen Staatsbibliothek, 80; Patrimonia, 334). 2. Aufl., Jubiläums-Ausg. Darmstadt, 2011; Pfalzgraf Ottheinrich. Politik, Kunst und Wissenschaft im 16. Jahrhundert. Regensburg, 2002; Brigitte LANGER und Thomas RAINER (Hrsg.): Kunst & Glaube. Ottheinrichs Prachtbibel und die Schlosskapelle Neuburg [Begleitbuch zur Ausstellung in Schloss Neuburg, Neuburg a.d. Donau, veranstaltet von der Bayerischen Verwaltung der staatlichen Schlösser, Gärten und Seen, 12. Mai bis 7. August 2016]. Regensburg, 2016.

177 Andreas BURCKHARDT: Johannes Basilius Herold. Kaiser und Reich im protestantischen Schrifttum des Basler Buchdrucks um die Mitte des 16. Jahrhunderts (Basler Beiträge zur Geschichtswissenschaft, 104). Basel / Stuttgart, 1967.

178 Zu den Bibliotheksbenutzern im 16. und 17. Jahrhundert siehe Paul LEHMANN: Johannes Sichardus und die von ihm benutzten Bibliotheken und Handschriften (Quellen und Untersuchungen zur lateinischen Philologie des Mittelalters, 4.1). München, 1911, S. 93–106, die Bemerkung zum Bauernkrieg: S. 115 f., zu Flacius Illyricus: S. 100 f.; Digitalisat: https://archive.org/details/iohannessichardv00lehm (16.05.2016). Vgl. auch Paul LEHMANN: Franciscus Modius als Handschriftenforscher (Quellen und Untersuchungen zur lateinischen Philologie des Mittelalters, 3.1). München, 1908, S. 64-81; Digitalisat: https://archive.org/details/franciscusmodius00lehm (16.05.2016). Zu Flacius Illyricus siehe Martina HARTMANN: „Mit ungeheurer Mühe habe ich den Mönchen in Fulda einige Codices abgerungen“. Matthias Flacius Illyricus sucht Quellen für die erste protestantische Kirchengeschichte. In: FuGbll 79 (2003), S. 5-45; Oliver K. OLSON: „Der Bücherdieb Flacius“ – Geschichte eines Rufmordes. In: Wolfenbütteler Beiträge 4 (1981), S. 111–145, hier S. 126–128; Paul Ludwig SAUER: Matthias Flacius und die Fuldaer Jesuiten. Das unterbliebene Religionsgespräch und Flacius‘ Schrift vom Jahre 1573. In: Buchenblätter 26 (1953), S. 19 f., 31 f., 42 f.; WALTHER 2002 (wie Anm. 92), S. 268–279. Der Zugang zur Fuldaer Bibliothek wurde Flacius durch Adolf Hermann Riedesel zu Eisenbach (1528–1582, hessischer Erbmarschall, als Protestant fuldischer Rat „von Haus aus“, angestellt unter dem aus Karrieregründen vom Protestantismus zum Katholizismus konvertierten, aber latent protestantischer Neigungen verdächtigten Fuldaer Fürstabt Wolfgang Schutzpar gen. Milchling [1558–1567], entlassen von Balthasar von Dernbach 1573) vermittelt, der auch Flacius‘ Edition des Evangelienbuches Otfrieds von Weißenburg und der „Fuldaer Beichte“ finanzierte (HARTMANN 2003 [wie oben], S. 31 f.; Karrieredaten Riedesels für Fulda nach der Materialsammlung des Autors). Schutzpar ist Adressat der Widmung in Georg Witzels „Gesammelten Schriften“, Bd. 1 (1557): TomVs Pri= || mVs || Ettlicher Bücher Geor. Wi= || celij des Eltern/ welche er aus Christlichem Eifer/ zur not= || wendigen Erbawung vnd besserung vnsers alten heili= || gen Christenthums/ innerhalb xxiiij. iaren/ deutsch || gedruckt/ vnd nu wol Corrigiert/ auch sehr ge= || mehret hat ausgehen lassen: Alle sampt || zu lesen und hoeren nutzbarlich. || COLONIAE || Durch die Erben Johan Quentels/ vnd Gerwinum Calenium/ || im Jenner oder Hartmond/ 1559 [Richter 134,1 = Henze 101 = VD16 W 3838]; Nachdruck in: Schriftenreihe zur Förderung der Georg-Witzel-Forschung. Sonderdruck 2.

auch einen Bestand in noch unbekannterer Größenordnung an gedruckten Büchern (Inkunabeln und Frühdrucke).

Außerhalb des Bibliotheksraumes[180] zeigt sich Georg Witzel als aufmerksamer Beobachter liturgischer Besonderheiten in der Stiftskirche, als Liebhaber von Kunstwerken, der uns wichtige Erkenntnisse über die Ausstattung der Stiftskirche im Mittelalter[181] und über die Umgebung der Kirche vermittelt. Da verwundert es nicht, dass Witzel – wie bereits in anderem Zusammenhang erwähnt – für Sebastian Münsters *Cosmographia* 1550 einen Beitrag über Fulda zur Verfügung stellt (mit der „Standardansicht" einer Bibliothek).[182]

3. Die frühneuzeitliche Fuldaer „Bibliothekslandschaft"

Mitte des 16. Jahrhunderts gab es in Fulda nur eine funktionierende größere Bibliothek, eben die des Hauptklosters, die „Bibliotheca Fuldensis". Diese Bibliothek, die zwar auch zu Zeiten ihrer Benutzung durch Witzel bereits einige wertvolle Handschriften durch Verkauf, Nicht-Rückgabe nach Entleihung oder Diebstahl eingebüßt hatte,[183] wurde im Dreißigjährigen Krieg 1632, als das Stift Fulda von der Landgrafschaft Hessen-Kassel kurzzeitig in Besitz genommen war, als „Beute" nach Kassel abtransportiert und ging dort zum größten Teil verloren;[184] das Institut „Bibliotheca Fuldensis" an der Theologischen Fakultät Fulda bemüht sich um die Rekonstruktion einer der bedeutendsten mittelalterlichen Bibliotheken nördlich der Alpen.[185]

179 Gerhardt POWITZ und Herbert BUCK (Bearb.): Die Handschriften des Bartholomäusstifts und des Karmeliterklosters in Frankfurt am Main (Kataloge der Stadt- und Universitätsbibliothek Frankfurt am Main, 3: Die Handschriften der Stadt- und Universitätsbibliothek Frankfurt am Main, 2). Frankfurt am Main, 1974, S. 134; HENZE 1995 (wie Anm. 1), S. 36 f.

180 Zur möglichen Aufstellung der Bücher siehe Martin HELLMANN: Die räumliche Rekonstruktion der Bibliothek von Fulda. In: Faventia 19 (1997), S. 75–87; zum Bibliotheksstandort: Josef LEINWEBER: Wo befand sich im Mittelalter die Bibliothek des Klosters Fulda? In: Mittelalterliche Bücherverzeichnisse des Klosters Fulda (wie Anm. 173), S. 178–180.

181 PRALLE 1970 (wie Anm. 157); Josef LEINWEBER: Die Ausstattung der Fuldaer Stiftskirche im Spätmittelalter. In: FuGbll 60 (1984), S. 118–137. [Als Manuskript ohne Quellenangaben gedruckt.]

182 Vgl. WITZEL, Buchenland, 1979 (wie Anm. 142); WALTHER 2002 (wie Anm. 92), S. 45–48.

183 Das Interesse an den Fuldaer „Bücherschätzen" war wohl dadurch befördert worden, dass Fürstabt Johann I. von Merlau (1395–1440) auf dem Konstanzer Konzil 1414 Handschriften aus Fulda zur Ansicht mitgenommen und zum Verkauf angeboten hatte. Siehe BROWER 1612 (wie Anm. 154), S. 326. Der Großteil dieser Codices kehrte nicht mehr Fulda zurück.

184 Zusammenstellung der Argumente (und der Literatur) für die Verbringung der Bibliothek nach Kassel und der Literatur zur Uberlieferung der Bibliotheca Fuldensis bei Berthold JÄGER: Amt und Konfession. Zur Personal- und Religionspolitik der hessen-kasselischen Regierung in Fulda wahrend des Dreißigjahrigen Krieges 1631–1634. In: AmrhKG 59 (2007), S. 251–323, hier S. 262 f. Anm. 27 (2. Teil). An der Stichhaltigkeit der dort vorgetragenen Argumente ändern auch die Versuche von Hanke, die „Schuld" Hessen-Kassels zu relativieren, nichts. Vgl. Ullrich Christoph HANKE: Fulda in Hessens Hand. Die Besetzung des Stifts Fulda durch Hessen-Kassel (1631/32–1634) (VFGV, 68). Fulda, 2007, S. 184–191.

185 Gangolf SCHRIMPF: Das Projekt „Rekonstruktion der ‚Bibliotheca Fuldensis'". In: Hessisches Jahrbuch für Landesgeschichte 49 (1999), S. 1–19; Marc-Aeilko ARIS [Red.]: Rekonstruktion der Bibliotheca Fuldensis. Geschichte und Forschungsstand des Projekts. Fulda, 2006; Regina PÜTZ: Das Projekt Rekonstruktion der Bibliotheca Fuldensis. In: Jahrbuch für mitteldeutsche Kirchen- und Ordensgeschichte 6 (2010), S. 213–223; Marc-Aeilko ARIS, Regina PÜTZ: Bibliotheca Fuldensis. Ausgewählte Handschriften und Handschriftenfragmente aus der mittelalterlichen Bibliothek des Klosters Fulda (Dokumentationen zur Stadtgeschichte, 29). Fulda, 2010. Vgl. auch Klaus GUGEL, Welche erhaltenen mittelalterlichen Handschriften dürfen der Bibliothek des Klosters Fulda zugerechnet werden? Teil 1: Die Handschriften; Teil 2: Die Fragmente aus Handschriften (Fuldaer

Zwar hatten auch die das Hauptkloster in geringer Entfernung umgebenden Nebenklöster, die in Propsteien umgewandelt worden waren, eigene kleinere Bibliotheken, in denen Urkunden, Akten, Handschriften und auch gedruckte Bücher zusammen aufbewahrt wurden, Archiv und Bibliothek also eine Einheit bildeten. Es handelte sich um Michaelsberg, Neuenberg, Johannesberg, Petersberg und Frauenberg. Letztere Propstei wurde im Bauernkrieg geplündert und zerstört; in der Bibliothek befand sich zeitweise eine mehrbändige Sammlung von Heiligenleben, die der Propst Rugger, welcher später Abt des Hauptklosters werden sollte, um 1156 hatte anlegen lassen. Die Codices wurden im Skriptorium des Klosters geschrieben und mit Miniaturen versehen. Zu einem unbekannten Zeitpunkt – vielleicht im Zuge der Zerstörung des Klosters, vielleicht aber auch viel früher – gelangten die Bücher vom Frauenberg („Mons sanctae Mariae") in die Bibliothek des Hauptklosters, wo sie von Georg Witzel 1541 für sein *Hagiologium* und 1554 für den *Chorus Sanctorum* benutzt wurden. 1541 schreibt er von einem sechsbändigen Quellenwerk, 1554 von einem fünfbändigen; offenkundig war in der Zwischenzeit ein Band abhanden gekommen. Witzel führt im *Chorus Sanctorum*, S. AIIIv/AIVr aus:

> „Das Marianisch exemplar, welchs ich offt und sehr gebraucht, ist in funff Tomos geteilt, auff dem Closter Beatae Mariae virginis bey der Stadt Fuld, vor fast 400 Jaren undter Abbat Marquardo durch den teuren Mann Ruggerum, Probst daselbst, mit grosser Mühe geschrieben und mir unwirdigen durch Gottes Providentz unversehens zu handen komen, und wie ich befinde, sind diese Tomi aus den eltesten Passionalien und andern glaubwirdigen Monumenten der ersten oder anfahenden Kirchen gezogen, dero ettliche noch auf S. Bonifacij marty. Liberey verwaret werden und für Aelte schwer zu lesen sind. Aus denselbigen altgeschriebenen Büchern (welche ich Marianos a Monte B. Mariae virginis nenne) habe ich, was historisch und bewert ist, auserlesen und dasselbig alles lieber [...] summarischer Weise, deudsch, klar und verstendlich beschreiben wöllen, denn die gantze Vitas setzen, welchs mir zu thun unmöglich were, ein solchs moles voluminum ists."

Von dem Werk Ruggers, das nach der Benutzung durch Witzel in den süddeutschen Raum gelangt ist – mit gutem Grund vermutet man Basel – und dann makuliert wurde, sind einige Fragmente erhalten, die sich an verschiedenen Orten in Deutschland und in der Schweiz befinden (Basel, Nürnberg, Solothurn, Stuttgart). Diese Fragmente belegen, dass die Ruggersche Sammlung mit Miniaturen ausgestattet war – und dass Eberhard, Mönch des Hauptklosters und Verfasser des berühmt-berüchtigten, mit Fälschungen durchsetzten *Codex Eberhardi* (zwischen 1150 und 1165 entstanden), als Schreiber und als Buchmaler an dem Sammelwerk mitgewirkt hat (wie übrigens auch an einem weiteren mit Miniaturen ausgeschmückten Produkt des Fuldaer Skriptoriums aus dem dritten Viertel des 12. Jahrhunderts, dem in Leiden aufbewahrten *Codex Vulcanus 46*).[186]

Hochschulschriften, 23a/23b). Frankfurt am Main, 1995/1996. Zur Zielsetzung des Instituts Bibliotheca Fuldensis, „die erhaltenen Codices aus Bibliothek und Skriptorium des Klosters Fulda nachzuweisen und in einer verteilten virtuellen Rekonstruktion mit den im Netz zugänglichen Digitalisaten, Beschreibungen u. a.m. Verknüpfen", siehe http://ibf.thf-fulda.de/institut-bibliotheca-fuldensis (16.05.2016).

186 Sirka Heyne: Ein Fuldaer Legendar des 12. Jahrhunderts. In: Deutsches Archiv zur Erforschung

Auch die Franziskaner, deren Kloster sich mitten in der Stadt befand, verwahrten Bibliotheksmaterial, doch waren die letzten Mönche 1542 gerade im Begriff, ihr Kloster zu verlassen. Die Bestände lagerten vielleicht noch im „Barfüßerkloster", als dieses den von Fürstabt Balthasar von Dernbach 1571 zur Mithilfe bei der Durchführung der Gegenreformation in die Stadt geholten Jesuiten zur Wohnung und zum Schulbetrieb überwiesen wurde. Jedenfalls gingen Urkunden und Bücher in den Besitz der „Societas Jesu Fuldae" über; aus deren Hinterlassenschaft gelangten sie 1773 (oder kurz danach) in die Bibliothek des Priesterseminars und in die 1776 errichtete neue Öffentliche Bibliothek; die heute in der Bibliothek des Priesterseminars vorhandenen mittelalterlichen Urkunden sind überwiegend franziskanischer Provenienz.[187]

Mit der Bibliothek der Jesuiten ist diejenige genannt, die sich bis 1632 nach der Bibliothek des Hauptklosters zur zweitwichtigsten Sammlung von (gedruckten) Büchern in Fulda entwickeln sollte. Im „Schicksalsjahr" 1632 wurde auch sie ein Opfer hessenkasselischer Begehrlichkeiten – so weit die Bücher (wie die Urkunden, darunter die franziskanischen) nicht vor dem Abzug der Jesuiten von diesen in Sicherheit gebracht worden und nach dem Ende des Dreißigjährigen Krieges wieder nach Fulda gelangten; im Bombenangriff auf Kassel 1941 sind die Fuldaer Jesuitica weitgehend verbrannt. Man wird sich die Jesuitenbibliothek und die spätestens seit 1628 nachweisbare Bibliothek im Päpstlichen Seminar, das seit 1584 als päpstlicherseits gefördertes „Internat" für (überwiegend protestantische) Adelssöhne und für einige Bürgersöhne dem Jesuitenkolleg angeschlossen war, als eine Kombination von Schulbibliothek, Kirchenbibliothek und „wissenschaftlicher" Bibliothek vorstellen dürfen, die nicht nur katholische Literatur, sondern zur Auseinandersetzung mit den konfessionellen Widerparten auch deren Schriften bereithielt.[188] Dass sich in dem zeitgleich mit dem Jesuitenkolleg 1572 zur Ausbildung von Priesternachwuchs eingerichteten „Alumnatshaus" von Anfang an eine Bibliothek befunden hat, ist nicht ganz auszuschließen – obwohl die Priesteramtskandidaten bei den Jesuiten studierten und dort im Prinzip Zugriff auf deren Bibliotheksbestände hatten.[189]

Wenige Jahre nach Ausbruch des Dreißigjährigen Krieges kehrten die Franziskaner nach Fulda zurück – zunächst 1620 in kleiner Besetzung in die Severikirche in der Innen-

des Mittelalters 48 (1992), S. 551–584, vor allem S. 569–571, 574 f.; Digitalisat: http://www.digizeitschriften.de/main/dms/img/?PPN=PPN345858735_0048&DMDID=dmdlog46 (16.05.2016); Hartmut Hoffmann, Zum Fuldaer Passionale des 12. Jahrhunderts und zur Vita Wilhelmi confessoris. In: Deutsches Archiv für Erforschung des Mittelalters 58 (2002), S. 509–519; Digitalisat: http://www.mgh-bibliothek.de/dokumente/a/a105042.pdf (16.05.2016). Vgl. auch Richter 1913 (wie Anm. 3), S. 98–100 (S. 99 das Zitat aus Witzels *Chorus*); 56–58 (S. 57 Wiedergabe der Bemerkungen Witzels zur Rugger-Sammlung). Dass Witzel die Handschriften auf dem Frauenberg eingesehen hat, wie Hoffmann schreibt (S. 509), dürfte unzutreffend sein; die seit dem Bauernkrieg weitgehend zerstörten Gebäude auf dem „mons Mariae" werden für die Aufbewahrung wertvoller Handschriften völlig ungeeignet gewesen sein. Es ist sogar möglich, dass die Handschriften schon während der Zeit Ruggers als Abt des Hauptklosters (1176–1177) in die „Bibliotheca Fuldensis" gelangten. – Zur Buchmalerei im *Codex Eberhardi*: Heinrich Meyer zu Ermgassen: Der Buchschmuck des Codex Eberhardi (Veröffentlichungen der Historischen Kommission für Hessen, 58.4). Marburg, 2009.

187 Josef Leinweber (†): Regesten der Urkunden in der Bibliothek des Bischöflichen Priesterseminars Fulda (1231–1898), bearb. von Regina Pütz (Fuldaer Hochschulschriften, 45). Frankfurt am Main, 2004.

188 Zur Frühgeschichte der Bibliothek: Jäger 2010 (wie Anm. 146), S. 57–64.

189 Ebd., S. 73.

stadt, 1623 dann in größerer Zahl auf den seit fast 100 Jahren verwaisten Frauenberg. Auch sie bauten unverzüglich eine neue Büchersammlung auf, denn ihre alten Bestände lagen ja im nunmehrigen Jesuitenkloster. Dabei profitierten sie von Bücherspenden der Fürstäbte Johann Friedrich von Schwalbach 1622 und Johann Berhard Schenck zu Schweinsberg 1623 bzw. 1625. 1627 besaß die Frauenberg-Bibliothek bereits 276 Werke, 90 Jahre später (1715) waren es 1.600, 1780 7.760; dabei hatte die Bibliothek durch den Klosterbrand von 1757 einige Verluste hinnehmen müssen.[190] Eine kleine Bibliothek – vorwiegend für Liturgie und Spiritualität benötigten zudem die Benediktinerinnen, die sich kurze Zeit später, 1626, in Fulda niederließen.[191] Im Zuge der Besetzung Fuldas durch Hessen-Kassel mussten die Franziskaner ebenso wie die Jesuiten die Stadt verlassen. Nur die Benediktinerinnen durften in der Stadt bleiben.

Die Jesuiten kehrten 1635 nach Fulda zurück – nachdem ein einzelner Pater im Oktober 1634 die „Vorhut" gebildet hatte – und nahmen ihren Unterrichtsbetrieb wieder auf, die Franziskaner kamen unmittelbar nach dem Abzug der Hessen im Oktober 1634. Im Hauptkloster der Benediktiner begann man nach dem Totalverlust mit einer neuen Büchersammlung bei Null, errichtete einen neuen Bibliotheksraum – und konnte sich ausgangs den 17. Jahrhunderts über bedeutenden Zuwachs aus der Bibliothek der Propstei Petersberg freuen, deren Bestände 1677 katalogisiert worden waren. Auch Bände aus den Propsteien Johannesberg und Michaelsberg fanden – allerdings zu einem unbekannten Zeitpunkt – den Weg in die Bibliothek des Hauptklosters. Gleiches galt für die Handbibliotheken einzelner sich als Büchersammler betätigender Pröpste und Kapitulare, wie Bonifatius von Hutten (1683–1739), Propst zu Holzkirchen, dann zu Thulba und zuletzt auf dem Petersberg),[192] Karl von Piesport (1716–1800),[193] der auch die Klosterbiblio-

190 Nachrichten über die „Klosterliberey" bei Michael BIHL: Geschichte des Franziskanerklosters Frauenberg zu Fulda 1623–1887 (QAAF, 3). Fulda, 1907, S. 13–15, 22, 135–137; Bestandszahlen 1627, 1715 und 1780 nach Emmanuel DÜRR: Franziskanerbibliotheken in der Provinz Thuringia: Zwischen Auflösung und Konzentration. Ein geschichtlicher Überblick. In: Mitteilungsblatt der Arbeitsgemeinschaft Katholisch-Theologischer Bibliotheken 42 (1995), S. 49-59, hier S. 54–59; Christian PLATH: Die Bibliotheken der Thüringischen Franziskanerprovinz bis zur Säkularisation. In: Kirchliches Buch- und Bibliothekswesen. Jahrbuch [6] 2005/06, S. 41–65, hier S. 44, 49 f., 54–57 (mit kurzer Beschreibung der Bestände 1715); geringfügig erweiterte Fassung in: Jahrbuch für mitteldeutsche Kirchen- und Ordensgeschichte 3 (2007), S. 11–38, hier S. 16 f., 20 f., 27–31.

191 Zur Geschichte der Benediktinerinnen zuletzt: [Candida ELVERT, Michael IMHOF:] Benediktinerinnenabtei zur Heiligen Maria. Geschichte und Baugeschichte. Petersberg, 2001; Candida ELVERT: Geistliche Ordnung des Closters ad Sanctam Mariam (17. Jh.). Zu den Anfängen des Fuldaer Benediktinerinnenklosters. In: FuGbll 77 (2001), S. 57–102; Candida ELVERT: Fulda, St. Maria. In: Die benediktinischen Mönchs- und Nonnenklöster in Hessen (wie Anm. 173), S. 480–511, S. 501 kurze Bemerkungen zur Bibliothek. Vgl. auch Irmgard SCHMIDT-SOMMER: Salome von Pflaumern (1591/92–1654). Zum 350. Todestag der ersten gewählten Priorin des Benediktinerinnenklosters St. Maria in Fulda. In: FuGbll 80 (2004), S. 67–100.

192 Georg-Wilhelm HANNA: Bonifatius von Hutten zum Stolzenberg. In: Mitteilungsblatt der Heimatstelle Main-Kinzig 1 (1996), S. 32–34.

193 Mario RÖDER: Karl von Piesport (1716–1800). Leben und Werk eines Fuldaer Benediktiners und Propstes von Sannerz unter dem Einfluss der kirchlichen Aufklärung. In: Unsere Heimat. Mitteilungen des Heimat- und Geschichtsvereins Bergwinkel Schlüchtern 18 (2002), S. 1–28; Wiederabdruck (ohne Bildmaterial) u.d.T.: Karl von Piesport (1716–1800). Leben und Werk eines Fuldaer Benediktiners unter dem Einfluss der kirchlichen Aufklärung. In: AmrhKG 55 (2003), S. 259–296; Norbert WESS: Carl von Piesport (1716–1800). Leben, Sterben und Beerdigung des bedeutenden Fuldaer Benediktiners und Propstes von Sannerz dargestellt und beurteilt von Zeitgenossen. Herolz, 2012.

thek leitete und für die Einrichtung der Öffentlichen Bibliothek mitverantwortlich werden sollte, oder Stephan von Clodh (1674–1727), erster Fuldaer Weihbischof und Förderer des Wallfahrtswesens.[194]

Ohne größere äußere Beeinträchtigungen konnten sich in den Jahren nach 1650 auch die anderen Bibliotheken entsprechend ihrem Sammelauftrag und ihren (freilich sehr eingeschränkten) finanziellen Möglichkeiten entwickeln. Wie die neue Konventsbibliothek durfte sich auch die Bibliothek des Jesuitenkollegs über umfangreiche Schenkungen freuen, etwa von den Stadtpfarrern Johann Meykranz und Christian Steinheibel. Einzelne Landpfarrer hingegen bedachten die Franziskaner. Mit der Gründung einer Universität in Fulda 1732/34 (in einem repräsentativen Neubau) bildeten die Bibliotheken des Jesuitenkollegs und des ihm angegliederten Päpstlichen Seminars (Letzteres in einem ebenfalls repräsentativen Gebäude) einerseits sowie die des Benediktinerkonvents andererseits eine „virtuelle" Universitätsbibliothek – analog zur quasi paritätischen Besetzung der Lehrstühle an der Universität mit Angehörigen des Jesuiten- bzw. des Benediktinerordens, die einander mehr in Rivalität denn in Eintracht verbunden waren. Der Neubau der Universität tangierte das „Alumnatshaus", so dass es schon 1729 als „Kollegiathaus" an eine andere Stelle verlegt und 1736 ausreichend dotiert wurde.[195] Letzteres wurde lange Zeit als „Neugründung" des Priesterseminars interpretiert, war aber alles andere. 1729/36 demonstrierte der Fuldaer Fürstabt wie schon 1572 bei der Einrichtung des Alumnatshauses, dass er (unter Missachtung der Kompetenzen der Fürstbischöfe in Mainz und Würzburg als geistliche Jurisdiktionsherren) quasi-bischöfliche Funktionen wahrnehmen und die Priesterausbildung selbst organisieren konnte; „legalisiert" wurde dieser Anspruch mit der Bistumserhebung Fuldas 1752/53. Spätestens seit 1729 begann man im Kollegiathaus/Priesterseminar mit einer eigenen Büchersammlung.[196]

Erheblichen Einfluss auf die Bibliothekslandschaft hatten allerdings zwei andere Ereignisse: die Ausweisung des Jesuitenordens 1773 aus dem Reich, gegen die der damalige Fürstbischof Heinrich von Bibra (reg. 1759–1788) nichts unternahm, und die Entscheidung des Letzteren für den Neubau einer Bibliothek für Kloster und (!) Öffentlichkeit neben dem Benediktinerkloster (1776–1778), der rein äußerlich schon den Bruch mit der alten Vorstellung eines Bildungsmonopols für die Geistlichkeit demonstrierte. Dieser neuen Bibliothek dienten als „Grundstock" die Bestände der Klosterbibliothek; hinzu kamen die bedeutenden Altbestand aufweisende Hammelburger Kirchenbibliothek,[197] die von der „Bibliotheca sancti Blasii" (Stadtpfarkiche) aktuell nicht benötigten Bücher, die Bände einer seit dem Beginn des 18. Jahrhunderts aufgebauten Bibliothek in der 1702 neu

194 G(regor) RICHTER: Stephan von Clodh als Restaurator der St. Michaelskirche zu Fulda. In: FuGbll 29 (1937), S. 15–29, 77–80; Werner KATHREIN: Stephan von Clodh OSB als Propst von St. Michael und das barocke Wallfahrtswesen in Fulda. In: Studien und Mitteilungen zur Geschichte des Benediktinerordens und seiner Zweige 122 (2011), S. 307–326.

195 Abdruck der Dotationsurkunde bei PRALLE / RICHTER: Stadtpfarrei, II (wie Anm. 90), Nr. 53 S. 138–143.

196 JÄGER 2010 (wie Anm. 146), S. 73.

197 Hartwig GERHARD: Schicksal der alten Hammelburger Bibliotheken vom 16. Jahrhundert bis zur Gegenwart. Untersuchungen anhand der Inkunabel- und Frühdruckbestände der Hessischen Landesbibliothek Fulda und der Bibliothek des Franziskanerklosters Altstadt (Mainfränkische Studien, 57). Würzburg, 1995.

errichteten Stiftsdechanei (neben der Stiftskirche) mit juristischem Profil, die Privatbibliothek des Geistlichen Rats Johann Heinrich Fischer,[198] Segmente der Franziskaner-Bibliothek Frauenberg, vor allem aber Teile der Bibliotheken von Jesuitenkolleg und Päpstlichem Seminar. Von den 1773 rund 9.000 Titel / 10.500 Bände umfassenden Bibliotheken des Jesuitenkollegs und des Päpstlichen Seminars dürften etwa 3.000 Titel / 3.500 Bände in die Öffentliche Bibliothek gelangt sein – deren Anfangsbestand wird auf 10.000–15.000 Titel geschätzt. Das Päpstliche Seminar wurde als „Bischöfliches Seminar" für die Priesterausbildung weitergeführt, das „Kollegiathaus" aufgegeben. Der Teil der Jesuitenbibliotheken, der nicht in die Öffentliche Bibliothek gekommen war (also rund 6.000 Titel / 7.500 Bände), wurde nun Eigentum der Bibliothek des Priesterseminars.

Mit der Säkularisation des Fürstbistums 1802 und mit der Aufhebung der Klöster und Nebenklöster/Propsteien wurden die Bibliotheksverhältnisse noch einmal grundlegend umgestaltet. Das Priesterseminar zog in Gebäudeteile des ehemaligen Benediktinerkonvents; die Bibliotheken der Propsteien wurden der Öffentlichen Bibliothek einverleibt. Letztere erhielt dazu die nicht unbedeutenden Bestände der wohl im Wesentlichen seit Beginn des 18. Jahrhunderts angelegten Hofbibliothek der Fürstäbte bzw. Fürstbischöfe, Privatbibliotheken von Kapitularen und bürgerlichen Geistlichkeiten sowie kirchliche Bibliotheken aus der Umgebung. Das Bücherangebot konzentrierte sich nun vor allem auf zwei Bibliotheken, deren Räumlichkeiten sich in einander gegenüberliegenden Gebäuden im Schatten des Domes befanden: im Priesterseminar und in der Öffentlichen Bibliothek. Nach dem Übergang Fuldas an Hessen-Kassel 1815/16 wurde die Öffentliche Bibliothek zur Landesbibliothek; das räumliche Nebeneinander von Priesterseminar- und Landesbibliothek wurde erst 1928 mit dem Neubau der Landesbibliothek am Heinrich-von-Bibra Platz beendet.[199]

4. Witzel-Drucke in Fuldaer Bibliotheken

Die Bibliothek des Priesterseminar Fulda und die Hochschul- und Landesbibliothek Fulda und daneben die Bibliothek des Klosters Frauenberg sowie das Stadtarchiv Fulda besitzen heute von den bei Henze erfassten 122 Schriften in 223 Drucken (darunter Neuauflagen, Übersetzungen oder selbständig erschienene), die zu Lebzeiten Witzels (und nur in Aus-

198 Josef LEINWEBER: Johann Heinrich Fischer [aus Hilders]. In: 1075 Jahre Hilders und Simmershausen. Rückblick auf die Ortsgeschichte in Einzelbeiträgen. Hilders, 1990, S. 120f.

199 Zur Geschichte der genannten Bibliotheken seit dem Dreißigjährigen Krieg: JÄGER 2010 (wie Anm. 146), S. 64–70 (Jesuitenbibliothek), S. 71f. (Klosterbibliothek), S. 71–74 (Priesterseminar-Bibliothek), S. 74f. (Anfänge der „Landesbibliothek"), Materialien: S. 136–152, Anmerkungen S. 182–194; Josef LEINWEBER: Die der öffentlichen Bibliothek zu Fulda von ihrer Fertigstellung im Jahre 1778 bis zum Jahre 1802 einverleibten Bände. In: Artur BRALL (Hrsg.): Von der Klosterbibliothek zur Landesbibliothek. Beiträge zum zweihundertjährigen Bestehen der Hessischen Landesbibliothek Fulda (Bibliothek des Buchwesens, 6). Stuttgart, 1978, S. 323–337. Vgl. auch Berthold JÄGER: Fürstbischof Heinrich von Bibra und seine Bildungspolitik im aufgeklärt regierten Hochstift Fulda. Ein Beitrag zum 225. Todestag. In: Buchenblätter 86 (2013), S. 85–87, 90–92, 94–96, 99f., 102–104, hier S. 99f., 102. Online-Version [gekürzt, aber mit zusätzlicher Bebilderung] u.d.T.: Fürstbischof Heinrich von Bibra (1759–1788) und die „Bildungspolitik" im aufgeklärt regierten Hochstift Fulda. Ein Beitrag zum 225. Todestag Bibras am 25. September 2013, Buchenblätter Online-Ausgabe 2013, S. 92-103: http://www.fuldaerzeitung.de/vollbild/artikel/1303619/e-beilagen+buchenblaetter/buchenblatter-22-23 (16.05.2016).

nahmefällen später) erschienen sind, 88 Schriften in 123 Ausgaben und 174 Exemplaren; d.h. 51 Exemplare sind doppelt vorhanden. Ein Teil der nicht als eigenständige Drucke vorhandenen Schriften – also die 34 fehlenden von 122 – ist zudem in Witzel'schen „Sammelbänden" in Fulda greifbar. Dazu kommen ein bislang völlig unbekannt gebliebener Druck sowie zwei anonym erschienene Schriften, die möglicherweise Witzel zugeschrieben werden können.[200] Die Bestandszahlen können sich noch erhöhen, wenn es, wie vorgesehen, zu einem weiteren Ankauf von Witzel-Drucken aus dem Nachlass des Georg-Witzel-Archivs durch die Bibliothek des Priesterseminars kommen wird.[201] Letztere Bibliothek hatte schon in ihrem überkommenen Altbestand diverse Witzel-Schriften, seit Mitte der achtziger Jahre des vergangenen Jahrhunderts konnte infolge der Gewährung von Sondermitteln die Witzel-Sammlung erheblich erweitert werden. Im Gegensatz dazu hat die (Hochschul- und) Landesbibliothek im vergangenen Jahrhundert keine Witzel-Drucke in nenneswertem Umfang nachgekauft.

Provenienzforschung ist eine ebenso spannende wie unter Umständen ertragreiche Arbeit.[202] Sie wird aber fast unmöglich gemacht, wenn in den untersuchten Büchern keine Besitz- oder Schenkungsvermerke enthalten, keine Original- oder andere Signaturen mehr erkennbar sind. Dies ist bei den in Fulda aufbewahrten Witzel-Drucken leider häufig der Fall. Dabei kann nicht ganz ausgeschlossen werden, dass durch unsachgemäßes Vorgehen bei von Laien vorgenommenen „Buchbindearbeiten" – namentlich in der Bibliothek des Priesterseminars in den 1960er und 1970er Jahren – auch Informationen über Vorbesitzer verlorengegangen sind. Dafür helfen in nicht wenigen Fällen Exlibris oder Stempel weiter.

Sodann ist noch darauf hinzuweisen, dass die im folgenden beschriebenen Provenienzen nur einen Auszug aus den bisher durchgeführten Untersuchungen darstellen – es geht an dieser Stelle nicht um Vollzähligkeit, sondern um das Beispielhafte. Aus diesem Grunde auch wurden Witzel-Bände, die erst im 19., 20. oder 21. Jahrhundert in die Fuldaer Bibliotheken gekommen sind, bis auf eine charakteristische Ausnahme hier nicht berücksichtigt.

4.1. Aus Privatbibliotheken über die „neue" Klosterbibliothek in die Öffentliche Bibliothek und in die Landesbibliothek

Nach dem vorher Gesagten dürfte klar sein, dass Bücher Witzels, die vor 1632 in die Klosterbibliothek gekommen sind – und man wird sicher annehmen dürfen, dass Witzel aus Dankbarkeit einige seiner Werke der „Liberey s. Bonifatii" vermacht hat – nicht mehr erhalten sind oder als ehedem zum Ensemble der Bibliotheca Fuldensis gehörend

200 Vgl. als Übersicht die Tabelle im Anhang. Einzelheiten zu einem Teil der Drucke sind den untenstehenden Provenienz-Beschreibungen zu entnehmen.

201 Es handelt sich hierbei um insgesamt 24 Witzel-Drucke, acht davon sind in der Bibliothek des Priesterseminars bislang nicht vorhanden, vier der acht auch nicht in der Hochschul- und Landesbibliothek. Die Zahl der in Fuldaer Bibliotheken vorhandenen Witzel-Drucke würde sich damit auf 92 Schriften in 127 Ausgaben und 198 Exemplaren erhöhen.

202 Annelen OTTERMANN: Woher unsere Bücher kommen. Provenienzen der Mainzer Stadtbibliothek im Spiegel von Exlibris. [Begleitpublikation zur Ausstellung in der Wissenschaftlichen Stadtbibliothek Mainz, 10.2.–14.5.2011] (Veröffentlichungen der Bibliotheken der Stadt Mainz, 59). Mainz, 2011. Zur aktuellen Provenienzerschließung in kirchlichen Bibliotheken, namentlich unter dem Aspekt der Einbandforschung, siehe Armin SCHLECHTER: Provenienzerschließung und Einbandforschung. In: Alessandra SORBELLO STAUB (Hrsg.): „Das Ganze im Fragment". Handschriftenfragmente aus kirchlichen Bibliotheken, Archiven und Museen. Petersberg, 2015, S. 41–55.

in anderen Bibliotheken (noch) nicht erkannt worden sind. Und auch wenn man davon ausgehen darf, dass Georg Witzel an kaum einem seiner Wirkungsorte den Zeitgenossen so präsent war wie in Fulda, wird man nicht darauf schließen können, dass seine Bücher in nennenswerter Zahl Eingang in hiesige Privathaushalte gefunden haben – von Pfarrern einmal abgesehen.[203]

Trotzdem findet sich in den Altbeständen der Hochschul- und Landesbibliothek genau diese Kombination: Aus Privatbesitz um die Mitte des 17. Jahrhunderts in die „neue" Klosterbibliothek. Ein erstes Beispiel hierfür ist ein Exemplar des ersten Halbbandes von Witzels Schrift *Epitome de sanctis* (1551), die ihrerseits einen deutschsprachigen Auszug des ersten Halbbandes von Band I („Winterteil") seines vierbändigen, in acht Teilbänden erschienenen Predigtwerkes *Ecclesiasticae Demegoriae* („Postillen") bildet, der 1542 erstmals publiziert wurde.[204] Der Holzdeckelband mit geprägtem Lederüberzug und zwei defekten Schließen weist einen handschriftlichen Besitzvermerk im vorderen Spiegel auf: „Sum Balthasari Schmaltz 1620 den 6. Januarij. Modo Jo(ann)is Georgij Schmaltz JVCslt [Juris utriusque Consultus]". Auf dem Titelblatt ist ein handschriftlicher Besitzvermerk eingetragen: „Liber S. Bonifacij Fuldae 1663", außerdem enthält es ein Monogramm: „ESBMV". Das Exlibris auf der Rückseite des Titelblatts weist es schließlich als Eigentum der Öffentlichen Bibliothek im Jahre 1776 aus: „Signum Publicæ Fuldensis Bibliothecae. MDCCLXXVI". Das Buch dokumentiert also durch seine Besitzeintragungen drei Stufen der Bibliotheksentwicklung: von der Privatbibliothek in die „neue" Klosterbibliothek, von dieser in die Öffentliche Bibliothek (und dann, das darf hier ergänzt werden, in die Landesbibliothek). Bei Balthasar Schmaltz handelt es sich um einen Kannengießer, der sich 1604 geweigert hatte, zum katholischen Glauben überzutreten, und deshalb gezwungen war, Stadt und Stift Fulda in Richtung Lauterbach zu verlassen – was im Übrigen mit allerhand Repressalien bis hin zum Gefängnisaufhalt und erpresserischen Strafzahlungen verbunden war.[205] Später dürfte er wieder nach Fulda zurückgekehrt sein – wahrscheinlich weil unter dem religiös eher indifferenten Abt Johann Friedrich von Schwalbach (1606–1622) der konfessionelle Druck nachgelassen hatte. Johann Georg Schmaltz war wohl ein Enkel von Balthasar, Sohn des Kanzleiregistrators und Zentgrafen zu Fulda Johann Paul Schmaltz, der sich seinerseits der hessischen Regierung in Fulda 1631–1634 trotz seines katholischen Glaubens zur Verfügung stellte, den neuen Herren aber immer verdächtig blieb.[206] Baltha-

203 Günter Bers: Studienorte, Bildungsstand und Buchbesitz des Weltklerus im Herzogtum Jülich nach Erhebungen der landesherrlichen Visitation von 1559/60. In: Neue Beiträge zur Jülicher Geschichte 5 (1994), S. 21–52 weist für seinen Untersuchungsbereich verbreiteten Besitz von Witzel- und Erasmus-Drucken unter den Pfarrern nach.

204 Epitome de Sanctis. || Kurtze Predige || der Episteln vnnd Euangelien/|| auff alle Feste vnnd Feiertage der Heili= || gen Gottes/ durchs gantze Jar/ auß || den Postillen D. Georgij Wicelij/|| dem Catholischen Laeyen zue gut/|| newlich vnnd trewlich || gezogen. || Jn verlag Johan. Quentels/ Buerger vnnd || Buchdruecker zu Coelen. || Druckts Franciscus Behem/ zu S. Vi= || ctor/ bey Meintz. Jm Jar/|| MDLI. || [Richter 84,2 = Henze 37 A,I-1 = VD16 W 3963]. Signatur HLB: Theol. Gb 20/56; Digitalisat (anderes Exemplar): http://www.mdz-nbn-resolving.de/urn/resolver.pl?urn=urn:nbn:de:bvb:12-bsb10161208-1 (16.05.2016).

205 Zu seiner Person vgl. Otto Schaffrath, Baltzer Schmaltz, ein Opfer der Gegenreformation. In: FuGbll 44 (1968), S. 56–64.

206 Zu ihm siehe Jäger 2007 (wie Anm. 184), S. 286 f. Johann Georg Schmaltz, geb. am 10. Juli 1627 in Fulda als Sohn des Johann Paul Schmaltz (Taufbuch der Stadtpfarrei Fulda 1621–1680, 33), heiratete am

sar Schmaltz ist auch der Eigentümer des an den ersten Halbband von *Epitome de sanctis* angebundenen zweiten Halbbandes („Sommerteil").[207] Hier heißt es am Schluss auf dem letztem, leerem Blatt: „Sum Balthasari Schmaltz 1612". Dies spricht dafür, dass die beiden Schriften erst später zusammengebunden worden sind.

Johann Georg Schmaltz war der Besitzer eines weiteren Bandes, der über die „neue" Klosterbibliothek (und die Öffentliche Bibliothek) in die Landesbibliothek gekommen ist: einem Exemplar der Neuausgabe von *Conciones triginta orthodoxae ecclesiastis Christianae evangelizantibus* unter dem neuen Titel *Homiliae* (1538).[208] Der Kopertband enthält als handschriftliche Besitzeintragungen auf dem Titelblatt: „Liber S. Bonifacij et S. Fundricj (?), Anno 1660; Joannes Georgius Schmaltz". Großvater Balthasar Schmalz hingegen besaß zudem auch eine Ausgabe von *Dialogorum libri tres* (1539).[209] Das Buch präsentiert sich heute noch im Original-Einband; der handschriftliche Eintrag auf dem Titelblatt lautet: „Sum Balthasar Schmaltz".

Eine Provenienzgeschichte der „besonderen Art" weist ein Exemplar von *Auslegungen der prophetischen und allerschönsten Gesänge Mariä, Jesu Mutter, Zacharias' des Priesters und Simeons des Gerechten* (1537) auf, das mit einem anderen Werk zusammengebunden worden ist.[210] Der lediglich hälftig mit stark beschädigtem Leder überzogene Holzdeckelband enthält handschriftliche Besitzeintragungen auf beiden Spiegeln, auf dem Vortitelblatt, auf dem Incipit des ersten Drucks sowie auf dem letzten Blatt, die chronologisch in folgende Ordnung gebracht werden können: Vortitelblatt: „Augustinus Siglerus ... 1559, Nicolaus Eisenbeck"; vorderer Spiegel: „Nicolaus Eisenbeck Anno Domini 1599"; handschriftliche Zueignung auf dem letzten Blatt: „Dem gestrengenn Edlenn Vnndt Ernvesten Melchior von Dermbach Amptmann auff Rockensthuell[211] meinem insonnders grosgünstigenn Junckhern. Bei-

3. Juni 1657 Katharina Grabenau aus Hünfeld (Heiratsbuch der Stadtpfarrei Fulda 1621–1680, 61).

207 EPITOME DE SANCTIS. || Kurtze Predig vber || die Episteln vnd Euangelien von || den Heiligen Gottes/ Auß der Postill || D. Georgij Wicelij/ dem Catholi= || schen Laeyen zu gut/ newlich || vnd trewlich gezogen. || Jm Jar || M.D.LI. || [Mainz: Franz Behem; Druckersignet auf der letzten Seite] [Richter 84,2 = Henze 37 A,I-2 = VD16 W 3692]. HLB: Angebunden an: Theol. Gb 20/56, ohne eigene Signatur (das Exemplar ist unvollständig: Bl. 61–64 und 101–104 sind unbedruckt); Digitalisat (anderes Exemplar): http://www.mdz-nbn-resolving.de/urn/resolver.pl?urn=urn:nbn:de:bvb:12-bsb11173969-5 (16.05.2016).

208 Siehe oben Anm. 76. Signatur HLB: Theol. Gb 16/34.

209 Siehe oben Anm. 59. Signatur HLB: Theol. Ea 16/25. An die Schrift sind neun andere Schriften angebunden, darunter acht von Witzel verfasste.

210 Auslegüge der || Prophetischen vnd aller schoenisten Ge=||senge Marie Jesu mutter/ Zaccharie || des Priesters/ vnd Simeonis des || gerechten/ aus S.Luca/ || An die deutschen. || Mit dreien kleynen Psalmen || des heyligen Dauids. || Durch Georgium || Wicelium. || Anno M.D.XXXvij. || [Leipzig: Nikolaus Wolrab] 1537. [Richter 40 = Henze 9,2 = VD16 W 3866]. Signatur HLB: Theol. Cc 26/52, angebunden 1 an: Theol. Hi 10/90 (Legenda Sancti Wuolfgangi, Landshut 1516); Digitalisat (anderes Exemplar): http://www.mdz-nbn-resolving.de/urn/resolver.pl?urn=urn:nbn:de:bvb:12-bsb10187418-7 (16.05.2016).

211 Melchior von Dernbach (!), Bruder des Fürstabts Balthasar von Dernbach, als fuldischer Rat und Amtmann zu Rockenstuhl (Geisa) nachgewiesen seit 1584, seit 1597 als Nachfolger seines Bruders Otto auch Hofmarschall, 1604 Amtmann zu Brückenau, 1607 vom neuen Abt Johann Friedrich von Schwalbach als Hofmarschall abgelöst. Quellennachweise bei Jäger 1993 (wie Anm. 87), S. 192 Anm. 277. Melchior von Dernbach muss den Witzel-Band zwischen 1599 und 1604 erhalten haben.

fus (?) Judt zum Heroltz"; handschriftlicher Besitzeintrag auf dem rückwärtigen Spiegel: „Christoffel Wehner[212] Anno 1651 den 9ten Decembris"; Incipit: „Liber Sancti Bonifacij".

Vorbesitzer von heute in der Hochschul- und Landesbibliothek Fulda vorhandenen Witzel-Drucken kamen aber nicht nur aus Fulda. Ein Exemplar des oben bereits erwähnten *Hagiologium, seu de sanctis ecclesiae* (1541)[213] fand den Weg hierhin sogar aus Pommern. Die Schrift im Original-Ledereinband, Buchrücken im Innern verstärkt mit einem Handschriften-Fragment, erste Seiten mit teilweise erheblichen Gebrauchsspuren, gehörte laut handschriftlichem Besitzvermerk auf dem Titelblatt „Gregorij Bommelij, pastoris in Quackborgh"[214]; der Stempel auf der Rückseite des Titelblatts drückt aus: „Ex Bibliotheca Fuldensi".

4.2. Aus der „neuen" Klosterbibliothek in die Öffentliche Bibliothek und in die Landesbibliothek

Es gibt freilich auch Beispiele dafür, dass Bücher aus dem ureigenen Besitz der „neuen" Bibliotheca Fuldensis in die Öffentliche Bibliothek überführt wurden. Hierfür steht etwa ein Exemplar des *Catechisticum examen Christiani pueri ad pedes Catholici praesulis*[215]. Der Druck weist einen restaurierten Einband auf, bei dem zwei alte Einbände verwendet wurden; der handschriftliche Besitzeintrag auf dem Titelblatt: „Liber Sancti Bonifacij Fuldae" und das Exlibris auf der Rückseite des Titelblatts: „Signum Publicae Fuldensium Bibliothecae MDCCLXXVI" halten den Besitzwechsel fest. Im zweiten Beispiel wird die Klosterbibliothek gar nicht als Vorbesitzer erwähnt; es ist jedoch davon auszugehen, dass sie es war. Dabei handelt es sich um eine Gesamtausgabe von *Typus ecclesiae prioris* mit dem neuen Haupttitel *Typus Ecclesiae Catholicae* (1559) und mit jeweils eigenen Titelblättern von vieren der fünf Einzelbände und (ab Band 3) eigener Seitenzählung sowie Druckersignets auf den ersten beiden Titelblättern.[216] Der Kopertband weist außen wie auf dem vorderen und dem

212 Ein Christoff Wehner aus Geisa leistet am 19. März 1654 den Bürgereid in Fulda. Vgl. Joseph Kartels: Rats- und Bürgerlisten der Stadt Fulda (VFGV, 4). Fulda, 1904, S. 142. Er ist sicherlich identisch mit Christoff Wehner, der am 3. Dezember 1656 Elisabeth Schneidenwein, die Witwe des Nikolaus Schneidenwein, heiratet. Vgl. Heiratsbuch der Stadtpfarrei Fulda 1621–1680, S. 60. Niclas Schneidenwindt (= Schneidenwein) hatte den Bürgereid in Fulda am 10. März 1631 geleistet. Vgl. Kartels (wie oben), S. 126. Schneidenweins Eheschließung mit Elisabeth Österreich war am 5. Februar 1630 erfolgt. Vgl. Heiratsbuch (wie oben), S. 18. Verwandtschaftliche Beziehungen zu der im 18. Jahrhundert auch im Fuldischen wirkenden Glockengießer-Familie Schneidewind aus Frankfurt am Main sind bislang nicht nachgewiesen. Wehner war Mitglied der „Bruderschaft des Gürtels und der fünf Wundmale des hl. Franziskus" bei den Franziskanern auf dem Frauenberg. Bei den ersten Vorsteherwahlen 1661 wurde er zu einem der beiden Assistenten des Vorstehers gewählt. Vgl. Bihl 1907 (wie Anm. 190), S. 164f.

213 Siehe oben Anm. 95. Signatur HLB: Theol. Hi 1/25.

214 Quackenburg (pol. Kwakowo), Kreis Stolp (pol. Slupsk), Pommern.

215 Catechi= || sticVm Examen || christiani pVeri, ad || pedes catholi= || ci praesV= || lis: || Denuò, sed emendatius, excusum. || Accessit imago uitae humanae, || ex S. Aur. Augustino. || AVTHORE GEOR. || VVICELIO. || MOGVNTIAE, || Ad diuum Victorem excudebat || Franciscus Behem. || M.D.XLV. || [Richter 51,2 = Henze 18,3 = VD16 W 3888]. Signatur HLB: Theol. Gc 1/30; Digitalisat (anderes Exemplar: http://nbn-resolving.de/urn/resolver.pl?urn=urn:nbn:de:bvb:12-bsb00010837-4 (16.05.2016).

216 TypVs Eccle- || siae Catholicae. || Form vnd Anzei= || gung/ welcher gestalt die heilige/ Apostoli= || sche/ vnd Catholische Kyrche Gottes/ vor || Tausent/ mehr oder weniger iaren/ in || der gantzen Christenheit Regiert || vnd Geordnet gewesen: || Jn funff Teile vnterscheidet/ do dise ersten zwey dermas= || sen von newem gemehret/ daß es nu in Sechs || Teile vnterscheiden werden moechte. ||

rückwärtigen Spiegel Handschriften-Fragmente auf; auf der Rückseite des Titelblatts ist das Exlibris: „SIGNUM PUBLICÆ FULDENSIUM BIBLIOTHECÆ MDCCLXXVI" mit Porträt des hl. Bonifatius mit einem von einem Schwert durchbohrten Buch.

4.3. Aus Privatbibliotheken über die Jesuitenbibliothek(en) in die Öffentliche Bibliothek und in die Landesbibliothek

Für die Witzel-Drucke in der Jesuitenbibliothek gilt wie für die in der „alten" Klosterbibliothek, dass sie erst nach dem „Bücherraub" 1632 in die Bibliothek gekommen sind, in diesem Falle ist als frühester Termin 1634 anzunehmen, das Jahr, in dem der erste Jesuit zurückgekehrt ist (die restlichen Jesuiten folgten 1635, das Päpstliche Seminar wurde erst 1651 wiedereröffnet).[217] In den Fällen, in denen vor 1632 vorgenommene Bücherschenkungen sich auch heute noch auffinden lassen, etwa im Falle Balthasars von Dernbach, ist davon auszugehen, dass es sich um Bücher handelt, die die Jesuiten 1632 vor ihrer Flucht abtransportiert und sicherheitshalber nach Köln gebracht hatten; davon dürfte ein großer Teil wieder nach Fulda zurückgekehrt sein. Auch sind einige 1632 nach Kassel abtransportierte Bücher wieder zurückgegeben worden (und heute zumindest in der Priesterseminar-Bibliothek auffindbar), andere sind in die Universitätsbibliothek nach Marburg verbracht worden. Alle diese Bände sind leicht an den zahlreichen Namenseintragungen „Johann Antrecht" auf den Vor- und Titelblättern erkenntlich; nach Margret Lemberg könnte es sich dabei um Schreibübungen eines Sohnes des 1632 für den Bücherabtransport verantwortlichen Auditors Dr. Johann Antrecht handeln, die ersterer in Büchern vornahm, die der Vater aus der Fuldaer Beute (eventuell weil es sich um Dubletten handelte) „abgezweigt" hatte und die nach seinem Tod 1646 zurückgegeben worden sind. Zudem sind nicht alle Fuldaer „Jesuitica" 1941 in Kassel verbrannt – Notendrucke etwa hatte man frühzeitig ausgesondert.[218] Doch diese Bemerkungen betreffen keine Witzel-Drucke.

Wohl die frühesten Schenkungen an die „neue" Jesuitenbibliothek stammen vom Fuldaer Stadtpfarrer Johann Meykranz (gest. 1650),[219] der ein Jahr vor seinem Tod den

Durch Georgium Wicelium den Eltern. || Zu Coeln/ durch die Erben Johan Quentels/ || vnd Gerwinum Calenium/ || M.D.LIX.|| [Richter 52,7 = Henze 106,9 = VD16 W 4045 (nur für die gegenüber den letzten Ausgaben erweiterten Teile 1 und 2)]. Signatur HLB: Theol. Dc 6/17; Digitalisate (andere Exemplare, nach Einzelbänden getrennt): Bd 1: http://www.mdz-nbn-resolving.de/urn/resolver.pl?urn=urn:nbn:de:bvb:12-bsb10199905-9; Bd. 2: http://www.mdz-nbn-resolving.de/urn/resolver.pl?urn=urn:nbn:de:bvb:12-bsb10199906-5; Bd. 3: http://www.mdz-nbn-resolving.de/urn/resolver.pl?urn=urn:nbn:de:bvb:12-bsb10199907-1; Bd. 4: http://www.mdz-nbn-resolving.de/urn/resolver.pl?urn=urn:nbn:de:bvb:12-bsb10164362-1; Bd. 5:http://www.mdz-nbn-resolving.de/urn/resolver.pl?urn=urn:nbn:de:bvb:12-bsb10199909-5 (jeweils 16.05.2016)

217 2010 wies der Autor den frühesten Besitzeintragungen für 1635 nach: Jäger 2010 (wie Anm. 146), Anm. 57, S. 182. Diese Angabe ist, wie unten belegt wird, auf 1634 vorzuziehen.

218 Margret Lemberg: Beute und Erbe. Spuren ungewöhnlicher Bücherwanderungen. Eine Ausstellung der Universitätsbibliothek Marburg vom 27. April bis 30. Mai 1999 (Schriften der Universitatsbibliothek Marburg, 91). Marburg, 1999; zu den in Kassel erhalten gebliebenen Notendrucken aus fuldischem Vorbesitz vgl. darin den Beitrag von Angelika Horstmann: Musikalien aus dem Jesuitenkolleg in Fulda, S. 231–241; siehe auch Angelika Horstmann: Katalog der Musikdrucke aus der Zeit der Kasseler Hofkapelle (1550–1650) (Schriften der Universitatsbibliothek Kassel – Landesbibliothek und Murhardsche Bibliothek der Stadt Kassel, 6). Wiesbaden, 2005, S. 51–53, 162 f., 322 f.

219 Zu ihm siehe Heller 1956-58 (wie Anm. 90), Heft 1, S. 112 f. Zum Testament vgl. Litterae annuae der Fuldaer Jesuiten 1571–1773, 3 handschriftliche Bände, aufbewahrt in der Bibliothen des Bischöflichen

Jesuiten seine Büchersammlung vermacht und dabei nach dem Urteil der Jesuiten große Umsicht gezeigt hatte. In der Erbschaft befanden sich auch zwei Witzel-Drucke: *Epitome Romanorum Pontificum* (1549) wurde oben im Zusammenhang mit Georg Witzels Neffen Johannes Witzel bereits behandelt;[220] aus dieser Schrift soll hier der Besitzeintrag wiedergegeben werden: „Sum Ex libris Joannis Meykrantz. Ex eiusdem liberali don(ati)o(n)e Colleg(ii) Soc(ieta)tis JESV Fuldae 1650" sowie der Spruch auf dem Vorsatzblatt: „Nil moror aut laudes, levis aut convicia vulgi: Cui Christus sapit, huic si placeo benè habet. Nach loser leuth urtheil und gericht, sie loben oder schelten, frag ich nicht. Wen Christus und sein wortt geliebet dir, gefalle ich dem, so gnüget mir." Der zweite Band ist der *Libellus de moribus veterum haereticorum* (1537).[221] Dieses Exemplar hat einen neuen Einband, das Papier ist stellenweise angefasert, S. Cviij weist einen fast vollständigen Textverlust auf; der handschriftliche Besitzvermerk auf dem Titelblatt lautet: „Joannis Meykrantz. Ex eiusdem liberali donatione Colleg(ii) Soc(ieta)tis JESV Fuldae 1650"; hinzu kommt ein Vermerk von anderer Hand: „Euangelico praeconi C.C. d.d.".

Nicht zu erkennen ist bei einem Exemplar der Zweitausgabe von *Oratio ecclesiastica de pastoribus ovium Christi* (1548)[222] der Erstbesitzer. Es handelt sich um einen Sammelband (Kopertband) mit dem handschriftlichen Rückentitel: „Wicelius, Opuscula"; der erste handschriftliche Besitzvermerk auf dem Titelblatt: „Ioannes ... Fuldensis" wurde nachträglich zu tilgen versucht. Ein zweiter Besitzeintrag lautet: „Collegij Societatis IESV Fuldae"; auf der Rückseite des Titelblatts befindet sich das Exlibris der Öffentlichen Bibliothek Fulda mit einem Stich des Bonifatius: „SIGNUM PUBLICÆ FULDENSIUM BIBLIOTHECÆ MDCCLXXVI". Es scheint unwahrscheinlich, dass der „Johannes" mit Meykrantz zu identifizieren ist.

Zwei Witzel-Drucke in der Jesuitenbibliothek waren ursprünglich Widmungsexemplare. Beide beziehen sich mit ziemlicher Sicherheit auf den Erfurter Franziskaner Konrad Klinge (Conrad Clinge), einen „alten Mitstreiter" Georg Witzels, dessen Werke Witzel

Priesterseminars Fulda: Ms. Fuld 15/2.1-3, hier Band 1, S. 387.

220 Siehe oben Anm. 149. Signatur HLB: Theol. Hg 1/94.

221 LibellVs || de moribVs veterVm || Haereticorum, nunc denuo || ab authore reco= || gnitus || Georgii VVicelii. || LIPSIAE, || Nicolaus Vuolrab. || M.D.XXXVII. || [Richter 30,1 = Henze 66,1 = VD16 W 3981]. Signatur HLB: Theol. Hl 2/12; Digitalisate (andere Exemplare): http://www.mdz-nbn-resolving.de/urn/resolver.pl?urn=urn:nbn:de:bvb:12-bsb10979900-1 (16.05.2016); http://www.mdz-nbn-resolving.de/urn/resolver.pl?urn=urn:nbn:de:bvb:12-bsb11019017-4 (16.05.2016). Angebunden an das Exemplar der Landesbibliothek sind vier weitere Witzel-Schriften: 1. Commentariolus de arbore bona (Theol. Dc 1/23), 2. Divorum ex veteri Testamento Exempla (Theol. Ca 8/26), 3: Witzel, Retectio Lutherismi (Theol. Ea 16/14), 4. Homiliae duae de ecclesiae mysteriis (Theol. Dd 14/9).

222 Oratio || Ecclesiastica || de PastoribVs || OviVm Chri= || sti, || Authore Georgio Wicelio || Ecclesiastico. || Coloniae ex officina Ioannis Quentel, Anno Christi nati || M.D.XLVIII. || [Richter 36,2 = Henze 75,2 = VD16 W 3986]. Signatur HLB: Theol. Ga 1/40; Digitalisat (anderes Exemplar): http://digital.staatsbibliothek-berlin.de/werkansicht/?PPN=PPN772070768&PHYSID=PHYS_0001 (16.05.2016). Angebunden an das HLB-Exemplar sind fünf weitere Witzel-Schriften: 1: Praeconium Evangeliae gratiae. Mainz, 1542 (Theol. Dd 11/23); 2: De libero arbitrio Christiani hominis. Köln, 1548 (Theol. Dd 10/74); 3: In Threnos seu Lamentationes Hieremiae prophetae, Köln 1553 (Theol. Cc 14/60); 4: Methodus studii theologici pariter et concionalis officii. Köln, 1552 (Theol. Ba 3/14); 5: Causa tam diuturnae calamitatis ecclesiastici status in Germania. Köln, 1556 (Theol. Hd 3/45).

nach dem Tod Klinges herausgab.[223] Im ersten Falle, einem Exemplar von *Homiliae duae de ecclesiae mysteriis, baptismo et eucharistia* (1538), in der auch die *Oratio in laudem Hebraicae linguae* von 1534 nachgedruckt ist,[224] lautet der Zueignungsvermerk auf dem Titelblatt: „D. Co(n) rado Clingo Ecclesiastae d.", auf der Rückseite des letzten Blattes steht der Besitzeintrag: „Collegij Soc(ietatis) JESV Fuldae". Im zweiten Falle, einem Exemplar von *Retectio Lutherismi* (1538),[225] ist der Zueignungsvermerk kürzer: „Fidem d. Clingo".

Von der Bibliothek des Jesuitenkollegs ist – wie oben erwähnt – eine zweite jesuitische Bibliothek klar zu scheiden: die des 1584 gegründeten Päpstlichen Seminars. Bei beiden Bibliotheken ist der genaue Standort innerhalb der Gebäude von Kolleg und Seminar, vor allem auch nach dem Neubau des Päpstlichen Seminars 1731/32, nicht klar; es besteht allerdings die Möglichkeit, dass beide Bibliotheken ab einem unbekannten Zeitpunkt räumlich und organisatorisch vereinigt waren – ein in der Bibliothek des Priesterseminars befindlicher Bestandskatalog aus dem frühen 18. Jahrhundert[226] führt neben den heute mehrheitlich eindeutig als Bücher aus dem Besitz des Päpstlichen Seminars identifizierbaren Bänden auch einige aus dem Besitz des Jesuitenkollegs auf. Die Zugehörigkeit der Bücher ist äußerlich erkennbar an den relativ schmucklosen Einbänden des Kollegs mit handschriftlichen Verfasser- bzw. Titelangaben sowie Signaturen auf dem Buchrücken einerseits und einem „fast einheitlichen Einband"[227] (Holzdeckel mit Schweinslederbezug bzw. Pergamentbände) mit dem Zusatzetikett „S.P.F." („Seminarium Pontificium Fuldense/Fuldae") in der Mitte des Buchrückens sowie der sorgfältigen Etikettierung von Autor oder Titel im oberen Drittel des Buchrückens, zuletzt auch an der „Signatur" im unteren Drittel des Buchrückens andererseits.[228] Auch gab es nur einen Bibliothekspräfekten – und der gehörte

223 Johannes Beumer: Ein Beispiel katholischer Zusammenarbeit während der Reformationszeit. Der Franziskaner Konrad Klinge (1483/84–1556) und der Theologe Georg Witzel (1501–1573). In: Franziskanische Studien 49 (1967), S. 373–383; Hans-Christian Rickauer: Rechtfertigung und Heil. Die Vermittlung von Glaube und Heilshandlung in der Auseinandersetzung mit der reformatorischen Lehre bei Konrad Klinge (1483/84–1556) (Erfurter Theologische Studien, 53). Leipzig, 1986; Hans-Christian Rickauer: Glaube und Heilshandlung. Zur theologischen Auseinandersetzung des Erfurter Franziskanerpaters Konrad Klinge mit der reformatorischen Lehre. In: Wilhelm Ernst und Konrad Feiereis (Hrsg.): Denkender Glaube in Geschichte und Gegenwart. Festschrift aus Anlass der Gründung der Universität Erfurt vor 600 Jahren und aus Anlass des 40jährigen Bestehens des Philosophisch-Theologischen Studiums Erfurt (Erfurter Theologische Studien, 56). Leipzig, 1992, S. 55–70.

224 Homiliae || dVae || de ecclesiae || mysteriis, || Baptismo et Eu=||charistia. || Encomium sanctae linguae. || GEORG. VVIC. PRESBYT. || LIPSIAE || Excudebat Nicolaus Vuolrab, || M.D.XXXVIII.|| [Richter 42 = Henze 57 = VD16 W 3935]. Signatur HLB: Theol. Dd 14/9, angebunden 4 an: Witzel, Libellus de moribus veterum haereticorum (Theol. Hl 2/12); Digitalisat (anderes Exemplar): http://nbn-resolving.de/urn/resolver.pl?urn=urn:nbn:de:bvb:12-bsb00035934-4 (16.05.2016).

225 RETE= || CTIO LVTHERISMI, QVI || se ueteris & Apostolicae || Ecclesiae nomine uen= || ditat, in admoni= || tionem edi= || ta,|| Authore GEORGIO || VVICELIO. || LIPSIAE || In officina NICOLAI || VVOLRAB. || M.D.XXXVIII. || [Richter 46,1 = Henze 93,1 = VD16 W 4015]. Signatur HLB: Theol. Ea 16/14, angebunden 3 an: Witzel, Libellus de moribus veterum haereticorum (Theol. Hl 2/12); Digitalisate (andere Exemplare): http://www.mdz-nbn-resolving.de/urn/resolver.pl?urn=urn:nbn:de:bvb:12-bsb10979902-2 (16.05.2016); http://www.mdz-nbn-resolving.de/urn/resolver.pl?urn=urn:nbn:de:bvb:12-bsb10998437-1 (16.05.2016).

226 Signatur: Hs. 1004. Zu diesem Bücherverzeichnis vgl. Jäger 2010 (wie Anm. 146), S. 66f.

227 Leinweber 1978 (wie Anm. 199), S. 333.

228 Vgl. Jäger 2010 (wie Anm. 146), S. 68f.

zum Kolleg![229] Ein „unechter“ Witzel-Druck – der Sammelband *Examen Ordinandorum* von 1578 soll laut Titelblatt einen Nachdruck von Witzels *Ordinandorum Examinatio* enthalten, weist im Innern aber nur ein Register zu dieser Schrift auf[230] – liefert nun vielleicht einen weiteren Hinweis auf eine gemeinsame Aufstellung der Bücher von Kolleg und Seminar; dass es auf dem Titelblatt heißt: „S(um) Societatis Jesu Fuldae“ und auf der letzten Seite: „Seminarii Pontific(ii Fuldae)“ könnte allerdings auch so gedeutet werden, dass das Buch zunächst im Besitz des Kollegs und dann des Seminars gewesen ist …

Dem Verzeichnis aus dem frühen 18. Jahrhundert zufolge befanden sich zu diesem Zeitpunkt zwei Witzel-Drucke im Besitz der Bibliothek des Päpstlichen Seminars, der *Catechismus maior* von 1557[231] und das *Euchologium ecclesiasticum* von 1561.[232] Die handschriftlichen Besitzeintragungen lauten: „Sem(inarii) pont(ificii) Soc(ieta)tis JESV Fuldæ“ bzw. „Seminarij Pontificij Soc(ieta)tis JESV Fuldæ“.

4.4. Aus der Jesuitenbibliothek in die Bibliothek des Priesterseminars

Mehrere Witzel-Drucke sind nach der Vertreibung der Jesuiten 1773 von der Jesuitenbibliothek in die Bibliothek des Priesterseminars übergegangen. Nur drei davon seien an dieser Stelle erwähnt. *Vom Canon der lateinischen Messe* liegt in der Zweitausgabe (1549) vor[233]

229 Liste und Biogramme der Präfekten: Jäger 2010 (wie Anm. 146), Anhang S. 136–149; von 1727 bis 1773 (mit zwei kurzfristigen Ausnahmen) war das Amt des Rektors mit dem des Bibliothekspräfekten in Personalunion verbunden.

230 Examen ordinandorvm. || in qvo qvicqvid ad || Clericorum institutionem pertinere videtur, || summa breuitate digestum est. || Auctoribus, R.D. Ioan. Fero, Ioan. || Olrhusio, ac Georgio || VVicelio. || PER F. NICOLAVM AVRIFICVM || Senensem, Carmel. coadunatum, et locupleta= || tum, vt nota asterisci patebit. || Nouissimè verò per eundem summa diligentia || recognitum, & castigatum. || Quae huic Examini accesserunt, versa pa= || gina indicabit. || CVM DVPLICI INDICE. || DILINGAE, || Excudebat SEBALDVS MAYER. || M.D.LXXVIII. || Zwischentitel: || (CONFESSIO || CATHOLICA || CONCILII TRIDENTINI, || DE PRAECIPVIS CHRI-||stianae Religionis Articulis, ||… controuersis. || PER || D. GEORGIUM || EDER. ||) (PIA, ATQUE || SVCCINCTA || CANONIS MISSAE || EXPOSITIO, || … AVCTORE || … ODONE || EPISCOPO CA- || MERACENSE. ||) (DE DIGNITATE, || VITA, ET MORIBVS || CLERICORVM, || … OPVSCVLVM, || … PER F. NICOLAVM AVRIFICVM ||). Signatur PSB: Wic 63,6.2 (früher FU 01/20). Statt des Witzel-Textes enthält der Band den unter den Zwischentiteln aufgeführten Text von Georg Eder!

231 Catechi= || smVs Maior DN. GEOR-|| gij Wicelij othodoxi, recẽs inno-|| vatus, iterũq ; per Authorẽ ipsum ab initio ad finem vsq; adau- || ctus: & nunc denuò La- || tinè sedulò editus, || INTERPRETE BARTHOLOMAEO || <Laurentij Laurentis, vulgò Poyn dicti, filio> || NOVIMAGENSI. || Coloniae ex Officina Haeredum IOANNIS || QVENTEL, mense Septembri, 1557. ||. [Richter 54,4 = Henze 16 Ü2,3]. Signatur PSB: Wic 54,4. Ein Digitalisat dieses seltenen Druckes liegt, im Gegensatz zu Ausgaben von 1554 und 1556, nicht vor. Im Verzeichnis PSB, Hs. 1004, S. 110 lautet die kurze Titelbeschreibung: „Georgij Wicelij Orthodoxi Catechismus latine. Colon(iae) 1557.“

232 Evcholo= || givm Eccle= || siasticvm. || Orationale, vnà cum duodecim || Symbolis Fidei Christianae, || vniuersis Sacrosanctae Ortho= || doxiae cultoribus, non minùs || vtile, quàm necessarium: || PER GEORGIVM VVICE= || LIVM SENIOREM. || COLONIAE, || Apud Maternum Cholinum. || M.D.LXI. ||. [Richter 135 = Henze 46 = VD16 W 3922]. Signatur PSB: Wic 135; Digitalisat (anderes Exemplar): http://nbn-resolving.de/urn/resolver.pl?urn=urn:nbn:de:bvb:12-bsb00021444-2 (16.5.2016). Im Verzeichnis PSB, Hs. 1004, S. 168 lautet die Titelbeschreibung: „Georgij Wicelij Orthodoxi, Euchologium Ecclesiasticum sive Orationale cum 12 Symbolis fidei Xtianæ. Colon(iae) 1561.“

233 Vom Canon || der Latinischen || Messe/|| durch Georg. Wicelium. || Gedruckt zu Coeln/ durch Joannem || Quentel/ im iar vnsers Herren/|| M.DXLIX. || [Richter 72,2 = Henze 114,2 = VD16 W 4056]. Signatur PSB: Wic 72,2 (früher: FU 01/25); Digitalisat (anderes Exemplar): http://resolver.

und enthält den handschriftlichen Besitzvermerk: „Collegii Societatis Jesu Fuldae“. Den gleichen Besitzeintrag weist die an den *Canon* angebundene neunte Ausgabe des *Catechismus ecclesiae. Lehre und Handlungen des heiligen Christentums* auf.[234] Nur ganz wenig variiert in der Schreibweise der Besitzvermerk in dem extrem selten überlieferten *Genealogion* (1557);[235] hier heißt es auf der letzten Seite: „Collegii Soc(ietatis) Jesu Fuldae“.

Ein Band, der erst nach Witzels Tod unter dem Pseudonym Bonifatius Britannicus Germanus erschienen ist, sich einige Zeit in der Fuldaer Jesuitenbibliothek befunden hat, vielleicht nach dem Übergang in die Bibliothek des Priesterseminars jener zu einem unbekannten Zeitpunkt entfremdet wurde (oder aber schon vor 1773 der Jesuitenbibliothek „entglitt“), kam durch Ankauf 1995 in die Bibliothek des Priesterseminars – erst nach dem Kauf wurde seine „Geschichte“ nachvollziehbar. Es handelt sich um die Übersetzung von *Pro Evangelistarum ac Sectarum nostri temporis* unter dem Titel *Praeservativ Kur- und Seelenarznei wider die giftige jetzt schwebende Seuche der neuen evangelischen Sekten vorab des hochschädlichen Luthertums* (1581) im Originaleinband.[236] Auf dem Titelblatt des angebundenen Werkes von Joannes Naß, „Examen Chartaceae Lutheranorum Concordiae“, befindet sich der handschriftliche Eintrag: „Collegii Fuldensis Societatis Iesu“.

staatsbibliothek-berlin.de/SBB0001438C00000000 (16.05.2016).

234 CatechismVs || Ecclesiae. || Lere vnd Han || delunge des heiligen || Christēthumbs / aus der War= || heit Goettlichs Worts / kurtz vnd || lieblich beschrieben / reichlich || gemehret / vñ durchaus || gebessert / Durch || GEOR. WICELIVM. || Zu Coeln am Rhein / durch die Er= || ben des Erbarn Johan Quētels / || 1555. || (Idibus Februarijs … ||) [Richter 20,6 = Henze 16,9 = VD16 W 3882]. Signatur PSB: Wic 20,6 (2. Ex.), angebunden an Wic 72,2; Digitalisat (anderes Exemplar): http://nbn-resolving.de/urn:nbn:de:bvb:12-bsb00019400-2 (16.05.2016); http://www.mdz-nbn-resolving.de/urn/resolver.pl?urn=urn:nbn:de:bvb:12-bsb10537612-0 (16.05.2016).

235 Genealogion qVod|| dam Georgii VVicelii, AD PRO- || pulsandam Jnuidorum de Secta Sycophanticen, qua non sa-|| tis habent, Religionem antiquioris Ecclesiae sacrosan= || ctam in eo condemnasse, nisi omnem quoq; pro-|| geniem huius virulenter || arripiant. || M.D.LVII.|| [Sine loco] [Richter 130 = Henze 51]. Signatur PSB: Wic 130 (früher FU 35/568). Henze gibt als einzigen Bibliotheksstandort die Fuldaer Priesterseminar-Bibliothek an!

236 Preseruatiu/|| Cur vnnd Seelen= || Artzney/ wider die gifftige jetzo schwe= || bende Seuch der NewEuangelischen || Secten/ bevorab deß hochschaedlichen || LVTHERTHVMBS: || Erstlich || Von einem getrewen SeelenArtzt || D. Bonifacio Britanno Germano || in Latein angestellt: || Anjetzt aber || Vnserm vielgeliebten gemeynem Vatter Landt || Teutscher Nation/ zur heylsamen Wolfahrt/ vnnd guthertzi= || gen Warnung/ sich fuer dem Newgeschmidten/ betrieglichen || Syncretismo vñ vermeynter Concordisterey/ bey Ver= || lust ewigs Heyls/ zuhueten/ Jns Teutsch bracht/|| auch vmb ein gut Theyl gemehrt/ vnd || in Truck verfertigt/|| Durch || M. Joannem Engerdum Turingum/ der || H. Schrifft Baccalaurien/ P.L. vnd || ordinari Professorn bey der Vniuiersitaet || zu Jngolstatt/ etc. || Getruckt zu Jngolstatt in der Weissenhornischen || Truckerey/ bey Wolffgang Eder. || ANNO M.D.LXXXI.|| [Richter 119,2 = Henze 84 Ü,1 = VD16 W 3850]. Signatur PSB: Wic 119,2 [Sammelband, enthält außerdem: Joannes Naß: Examen Chartaceae Lutheranorum Concordiae, Außmusterung unnd Widerlegung deß NagelNewgeschmidten ConcordiBuchs … (Ingolstadt), 1581; Caspar Franck: Ein Christliche Predig von der herzlichen triumpheirenden Himmelfahrt Jesu Christi …, Ingolstatt 1578; Gregorius de Valentia: Kurtze Verzeichnuß … uber die kurtze Warnung von Schmidelino Lutheranen wider die Caluinisten zu schutz der Jesuiten, Ingolstatt 1583]; Digitalisate (andere Exemplare): http://www.mdz-nbn-resolving.de/urn/resolver.pl?urn=urn:nbn:de:bvb:12-bsb10982388-3 (16.05.2016); http://www.mdz-nbn-resolving.de/urn/resolver.pl?urn=urn:nbn:de:bvb:12-bsb10986665-2 (16.05.2016).

4.5. Aus der Bibliothek der Stiftsdechanei/Domdechanei in die Öffentliche Bibliothek und in die Landesbibliothek

Die vielleicht am wenigsten bekannte historische Bibliothek in Fulda ist die der Stiftsdechanei, ab 1752 Domdechanei. Auch in ihr befand sich ein Witzel-Druck, und zwar einer der bedeutendsten: die Zweitausgabe des *Chorus sanctorum omnium* (1563) mit den Abschnitten „Von S. Bonifacio Deudschem Apostel vnd auch Marty. sampt anderer Schar. Cap. xxix [Ex libro S. VVillibaldi de Bonifac.]“ (294–305) und „Von Sanct Bonifacij discipeln Lullo vnd Sturmo“ (S. 305–313).[237] Der großformatige Holzdeckelband mit geprägtem Lederüberzug und Vorrichtung für Schließen, der starke mechanische Schäden und Spuren von Holzwurmbefall aufweist, trägt den handschriftlichen Besitzvermerk auf dem Titelblatt: „Liber Decaniae Fuldensis comparatus 1720“.

4.6. Aus Privatbibliotheken über die Bibliothek der Franziskaner auf dem Frauenberg in die Öffentliche Bibliothek und in die Landesbibliothek

Ein Witzel-Druck ist im Zuge mehrfacher Besitzwechsel in die Fuldaer Franziskaner-Bibliothek und von dort in die Öffentliche Bibliothek gelangt: ein Exemplar der Ausgabe des *Hagiologium des sanctis ecclesiae*, die unter dem Titel *Historiarum de divis tam Veteris quam Novi Testamenti tempore celeberrimis* firmiert.[238] Der Kopertband mit Spuren eines Wasserschadens weist diverse handschriftliche Besitzeintragungen auf dem Titelblatt auf, die nicht alle verifiziert werden können: „Joannes Vietor. Ex dono Joannis Gabrielis Mintzenthalers Moguntini me possidet anno [15]79; Bibliothecae Ffrum Min. Recoll. in Monte Mariano prope Fuldam;[239] Ex libris Jo[ann]is Ernst;[240] Reverendo in Christo fratri ac […] Valen-

237 CHORVS || SANCTORVM OMNIVM || Zwelff Bücher Historien Aller || Heiligen Gottes / <on alle andere auserweleten / welcher || Namen allein im Hymel angeschrieben seynd> aus den alten / gu= || ten / vnd bewereten Schrifften vnserer Gottseligen Vorfaren / || mit trew vnd vleis beschrieben/ vnd jtzt eins grossen teils || gemehret/ auffs beste castigirt und zugericht durch || GEORGIVM WICELIVM || SENIOREM. || Cum Registro seu Indice gemino, Nominum SANCTIS peculiarum || altero, altero Titulorum seu Rubricarum. || Zu Cölln am Rhein / durch die Erben des Erbarn Johan Quentels vnd || Gerwinum Calenium / im jar Christi Jesu vnsers Herren / 1563. || Signatur HLB: 2° Theol. Hi 1/28; Digitalisat (anderes Exemplar): http://www.mdz-nbn-resolving.de/urn/resolver.pl?urn=urn:nbn:de:bvb:12-bsb10150214-5 (16.05.2016)

238 Historia-||rvm de divis tam || veteris qvam novi testa-||menti teMpore celeberri=||mis, omni mythologia libe-||re resecta, Liber vnvs. || Accessit Tuba Gratiae, per || CHRISTVM factae, || Et Paedagogiae Christianae initium, || unà cum nonnul-||lis alijs. || Per Georgivm Wicelivm || Seniorem. || Cum Indice locupletißimo. || (SERMO … || SVPER VERBIS || Dominicis: Venite ad me omnes,|| &c.Matth.xj. ||) (DE LIBERO ARBI/TRIO CHRISTIANI HOMI-||nis, epistola … ||) || BASILEAE, ANNO || M.D.LVII. || (Kolophon: BASILEÆ, EX OFFICI=||NA IACOBI PARCI, SVMPTI=||BVS IOANNIS OPORINI, || ANNO M.D.LVII. || MENSE AVGV=||STO.||) [Richter 53,3 = Henze 54,3 = VD 16 W 3932], Signatur HLB: Theol. Ca 8/34; Digitalisate (andere Exemplare): http://www.mdz-nbn-resolving.de/urn/resolver.pl?urn=urn:nbn:de:bvb:12-bsb10208999-8 (16.05.2016); http://www.mdz-nbn-resolving.de/urn/resolver.pl?urn=urn:nbn:de:bvb:12-bsb10193146-0 (16.05.2016).

239 Franziskanerkloster Frauenberg bei Fulda, nach 1623 (Jahr der Wiederbesiedlung des Frauenbergs).

240 Dr. Johannes Ernst, aus Fulda gebürtig, Schüler des Fuldaer Jesuitengymnasiums, ab 1595 im Collegium Germanicum in Rom, nach der Rückkehr aus Rom zunächst Benefiziat im Kollegiatstift Hünfeld, 1603 Stadtpfarrer in Fulda, im gleichen Jahr zusammen mit dem Jesuitenpater Johann Fladius zum Visitator des Fuldaer Stiftsgebietes bestellt, als Fulda päpstlicherseits der Status „nulla dioecesis“ zugestanden war und als Gläubigen vor die Entscheidung gestellt wurden: Teilnahme an der Osterkommunion (und damit „tridentinische Katholizität“ demonstrierend)

tino Cornuto, abbas in [...] Joannis monte in Rinckauia,[241] Joannes Reitterus, plebanus in Dexheym,[242] d[edit]". Die Besitzer-Chronologie stellt sich also folgendermaßen dar: Valentin Horn (vor 1579) – Johannes Vietor (1579) – Johannes Ernst – Kloster Frauenberg/Fulda. Undokumentiert ist der Übergang an die Öffentliche Bibliothek.

4.7. Aus Privatbesitz oder aus der Bibliothek des Kollegiatstifts in Hünfeld in die Öffentliche Bibliothek und in die Landesbibliothek

Nach der Aufhebung des Kollegiatstifts in Hünfeld 1803 wurde dessen Besitz 1805 zur Dotation des neugegründeten Landkrankenhauses (an der Stelle des ebenfalls aufgehobenen Kapuzinerklosters) in Fulda bestimmt. Auch die in reichem Maße vorhandenen Archivalien und Urkunden gelangten an das Landkrankenhaus, die Archivalien wurden aber wohl zu einem unbekannten Zeitpunkt makuliert. Die Hünfelder Urkunden kamen in die Öffentliche Bibliothek und bilden einen Schwerpunkt im Urkundenbestand der Hochschul- und Landesbibliothek.[243] Auch Bücher aus dem Hl. Kreuz-Stift resp. aus dem Privatbesitz eines Dechanten sind in die Öffentliche Bibliothek und demzufolge danach in die Landesbibliothek gelangt.[244] Darunter befindet sich ein Witzel-Druck, nämlich die Erstausgabe der Übersetzung der fünfteiligen deutschsprachigen *Ecclesiasticae demegoriae* („Postill") ins Lateinische: *Postilla, hoc est Enarratio [...] super Evangelia et Epistolas de tempore et de sanctis per totum annum* (1545).[245] Der Holzdeckelband mit geprägtem Lederrücken und

oder Auswanderung! Später (nach 1603, vor 1610) als Nachfolger von Dr. Balthasar Wiegand zum Fuldaer Generalvikar bestellt; amtierte als Stadtpfarrer und Generalvikar bis zu seinem Tod 1629. Er übersetzte zudem als Erster die Vita Sturmi ins Deutsche. Vgl. HELLER 1956-58 (wie Anm. 90), Heft 1, S. 107f.; JÄGER 1993 (wie Anm. 87), S. 198 mit Anm. 308.

241 Valentin Horn aus Alzenau, 1557–1563 letzter Abt des Benediktinerklosters Johannisberg im Rheingau, gest. 1567. Silvia Gräfin BROCKDORFF und Johannes BURKARDT: Johannisberg/Rheingau. In: Die benediktinischen Mönchs- und Nonnenklöster in Hessen (wie Anm. 173), S. 666–697, hier S. 690.

242 Dexheim im Landkreis Mainz-Bingen.

243 Die Urkunden sind unzulänglich (mit zum Teil gravierenden Lesefehlern) erschlossen von Rudolf WERNEBURG: Verzeichnis der Urkunden der Landesbibliothek Fulda. In: FuGbll 35 (1959), S. 101–136. Eine Neuerschließung im Rahmen des so genannten „DULF-Projekts" des Hessischen Staatsarchivs in Zusammenarbeit mit den besitzenden Institutionen Hochschul- und Landesbibliothek Fulda, Bibliothek des Priesterseminars Fulda und Stadtarchiv Fulda steht vor dem Abschluss. Siehe Katrin DORT, Johanne KUENZLEN: Digitale Urkundenlandschaft Fulda (DULF) – ein Zwischenbericht. In: Archivnachrichten aus Hessen 14 (2014), Heft 1, S. 60–64.

244 Willy KIEFER: Das Kollegiatstift zum hl. Kreuz in Hünfeld. Archivalische Quellen zu seiner Geschichte. In: FuGbll 73 (1997), S. 65–72, hier S. 67f., 70. Kein Hinweis auf eine mittelalterliche Bibliothek bei Josef LEINWEBER: Das Hl.-Kreuzstift in Hünfeld und seine Bedeutung für das Hünfelder Land. In: 675 Jahre Stadtrechte, 75 Jahre Hünfelder Kultur- und Museumsgemeinschaft. Hrsg.: Hünfelder Kultur- und Museumsgemeinschaft in Verbindung mit dem Magistrat der Stadt Hünfeld. Hünfeld, 1985, S. 39–49.

245 Postilla || hoc est, enarratio || d. Georgii wicelii || theologi absolVtiss. triVmqVe || lingVarum experientiss. sV || per evangelia et epi= || stolas de Tempore & de Sanctis per to= || tum annum, Latine sedulo reddita, || interprete Gerhardo Lori= || chio Hadamario. || CVM PRAEFATIONE COMMENDATORIA || ipsius Dn. Georgij Wicelij. || Postillae hVic WiceliaNae || accesserunt: || Primo Demegoriae illae, quae super Euangelia et Epistolas quasdam || Dominicales in Postilla ea hactenus sunt desideratae. || Secundo Elenchus praecipuae tractationis, is'q; inuentu facilimus, quippe || in locis suis, paginarum puta marginibus, adsignatus. || Tertio Sectio postillarum triplex, nempe literalis, mystica et moralis. || Quarto Elucidatio sectionis eius, quae cuiuis Ecclesiastae amplificatio || nis campum, sine negocio, aperuerit uastum, Autore || Gerhardo Lorichio Hadamario. || Haec in praesentiarum boni consulat Lector, posthac & Quadrage || simales Wicelij Sermones & alia, Deo fauente, habiturus. || Excudebat apud inclytam Coloniam Agrippinam || PETRVS QVENTEL, || Anno M.D.XLV. || [Richter 62,1 = Henze 37 Ü,1 = VD16 W 3955], Signa-

zwei Schließen weist einen handschriftlichen Besitzeintrag auf dem vorderen Spiegel auf: „Sum Joannis Mihm[246] electi Decani Hunfel(densis) a(nn)o 1606 in festo S. Nicolai"; der handschriftliche Besitzeintrag auf dem Titelblatt hingegen ist unkenntlich gemacht.

4.8. Aus der fürstlichen Hofbibliothek in die Öffentliche Bibliothek und in die Landesbibliothek

Bücher, die aus der Hofbibliothek in die Öffentliche Bibliothek überführt wurden, stammen größtenteils aus der Hinterlassenschaft von Fürstäbten und Fürstbischöfen des 18. Jahrhunderts. Ein weitaus früheres Beispiel liegt mit der Witzel-Schrift *Exercitamenta sincerae pietatis multo saluberrima* (1555)[247] vor, die Fürstabt Wolfgang Christoph von Ussigheim/Eussigheim (1550–1558) als dem „Vorsteher des geistlichen Lebens" in Fulda, der geradezu als „Bischof" („antistes") fungiert – vielleicht von Witzel selbst – handschriftlich dediziert worden ist: „R(everendissimo) d(omino) Vuolphga(n)go Antistitj Fuldensi rel(igioni) d(ono) d(edit)".

4.9. Neue Funde

Die Bibliothek des Klosters Frauenberg in Fulda besitzt einen äußerlich etwas unscheinbaren Sammelband mit mindestens sechs Witzel-Drucken – den Rücken des Kopertbandes schmückt einzig ein auf einem aufgeklebten Schild handschriftlich eingetragener fingierter Titel „Meditationes Et Orationes Wicelij", die Großbuchstaben in roter Tinte. Auf den

tur HLB: 2° Theol. Gb 16/30; Digitalisate (andere Exemplare): http://www.mdz-nbn-resolving.de/urn/resolver.pl?urn=urn:nbn:de:bvb:12-bsb10144202-5 (16.05.2016); http://www.mdz-nbn-resolving.de/urn/resolver.pl?urn=urn:nbn:de:bvb:12-bsb10144203-0 (16.05.2016). Von dieser Schrift erschienen vier weitere Ausgaben 1552, 1557 und 1565. Zu Lorichius (1485–1553), Revertit, Erasmianer und Reformtheologe wie Witzel, der gleich diesem „die berechtigten Anliegen der Neugläubigen aufgreifen, aber die katholische Identität wahren will" und „Reformideen pastoraler und liturgischer Art" entwickelt, „wie sie z.T. erst durch das Zweite Vaticanum verwirklicht wurden", Übersetzer klassischer Dichtung wie zeitgenössischer theologischer Schriften, siehe Michael Kunzler: Die Eucharistietheologie des Hadamarer Pfarrers und Humanisten Gerhard Lorich. Eine Untersuchung der Frage nach einer erasmischen Mess- und Eucharistietheologie im Deutschland des 16. Jahrhunderts (RST, 119). Münster, 1981; Michael Kunzler: Humanistische Kirchenreform und ihre theologischen Grundlagen bei Gerhard Lorich, Pfarrer und Humanist aus Hadamar. In: AmrhKG 31 (1979), S. 75–110; Christoph Galle: Katalog deutschsprachiger Übersetzungen erasmischer Texte im 16. Jahrhundert. In: Christoph Galle; Tobias Sarx (Hrsg.): Erasmus-Rezeption im 16. Jahrhundert (Kulturgeschichtliche Beiträge zum Mittelalter und zur frühen Neuzeit, 5). Frankfurt am Main / Berlin / Bern / Bruxelles / New York / Oxford / Wien, 2012, S. 177–188. Zitate aus Michael Kunzler: Lorich, Gerhard. In: Neue Deutsche Biographie (NDB) 15 (1987), S. 183 f.; Onlinefassung URL: https://www.deutsche-biographie.de/gnd118574426.html#ndbcontent (16.05.2016).

246 Johannes Mihm ist Dechant des Stifts 1607–1655; in seine Amtszeit fällt u. a. die Errichtung eines neuen Dekanats- und Wirtschaftsgebäudes direkt neben dem Kollegiatstift. Vgl. Heller 1956-58 (wie Anm. 90), Heft 2, 1956, S. 164 f.; August Weber: Die Geschichte der Stadt Hünfeld. Hünfeld, 1951, S. 57–60.

247 Exercitamen || ta syncerÆ pieta- || tis mvlto salvberrima, || inter qvae lector habes litvr= || giam seu Missam S. Basilij Mag. recognitam, et || Missam Aethiopum Christianorum in Aphrica, || unà cum uetustiß. Ecclesie Catholicæ Lita-|| nijs, alijs'q; Scitu dignißimis, Per Ge-|| orgium Vuicelium Seniorem || edita. || Anno M.D.LV. || (Kolophon: MOGVNTIÆ, APVD || Franciscum Behem Misnensem, Sumptu Hær= || dum Ioannis Quentelij Ciuis Coloniensis, Anno || Dominicæ Incarnationis M.D.LV. || Mense Februario.) [Richter 94 = Henze 47 = VD16 W 3926]. Signatur HLB: Theol. Ge 1/25, angebunden 2 an: Theol. Cc 9/56; Digitalisate (andere Exemplare): http://www.mdz-nbn-resolving.de/urn/resolver.pl?urn=urn:nbn:de:bvb:12-bsb10992508-4 (16.05.2016); http://www.mdz-nbn-resolving.de/urn/resolver.pl?urn=urn:nbn:de:bvb:12-bsb10888856-6 (16.05.2016).

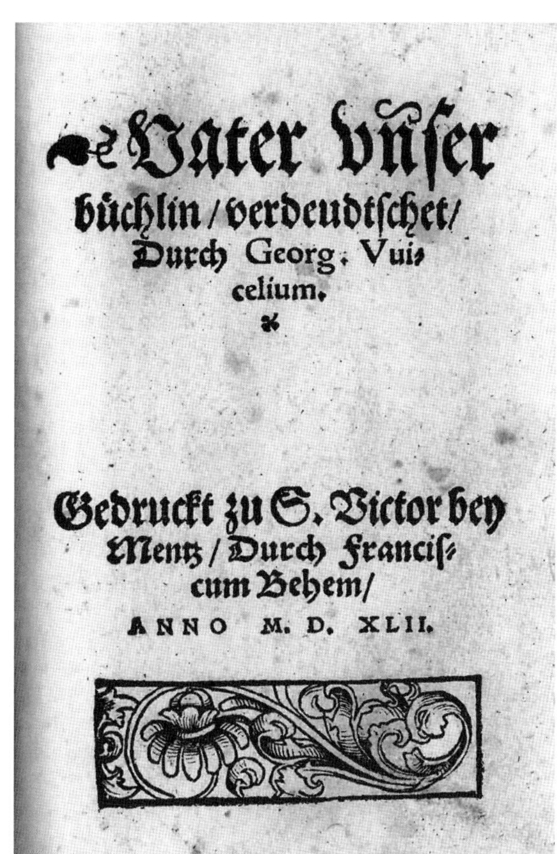

Abb. 3: Titelblatt des bislang unbekannten Druckes des „Vaterunser-Büchleins", 1542

zweiten Blick aber gibt der Band ein paar Geheimnisse preis. In ihm befindet sich zum einen ein bislang unentdeckt gebliebener, namentlich gekennzeichneter Druck von Georg Witzel: das *Vaterunser-Büchlein verdeutscht.*[248] Weder bei Richter noch bei Henze ist es verzeichnet, in den zugänglichen Online-Katalogen nicht zu recherchieren. Aus handschriftlichen Bemerkungen auf dem Titelblatt der ersten Schrift („Eines gottesgelehrten Mannes aus Welschland schöne Betrachtung über den Psalm 31"[249]) und auf dem Vortitelblatt sowie einigen

248 Vater unser | | buechlin verdeutschet/ | | Durch Georg. Vui= | | celium. Gedruckt zu S. Victor bey | | Mentz/ Durch Francis= | | cum Behem/ | | ANNO M.D.XLII.

249 Eines Gottsge= | | lerten mañs/ aus | | Welschland/ schoene betrach= | | tung | | Uber den Psalm xxxj. | | Dariñ der streit der | | Hoffnung vnd Trau= | | rigkeit luestiglich | | beschriben. | | Verdeutscht durch GEORG. VVI= | | CELIVM. | | 1541. | | F. B. | | (Kolophon: Gedrueckt zu S. Victor | | bey Mentz/ durch Fran= | | ciscum Be= | | hem.) [Richter 109 = Henze 52 = VD16 ZV 6911]. Signatur KFB: Fd F 22. Angebunden 1: Witzel, Icon Christiani hominis, Mainz 1542; 2: Witzel, Propheticus sermo, Mainz 1541; 3: Witzel, Ecclesiastica liturgia, Köln 1545; 4: Witzel, Odae Christianae, Mainz 1541; 5: Witzel, Vater unser büchlin verdeudtschet Mainz, 1542; 6: Von der rechten und waren Christlichen Kirchen, Mainz 1541; 7: Vom Gehorsam ein fast schöne Predig, Mainz 1545; Digitalisate von Schöne Betrachtung über den Psalm 31 (andere Exemplare): http://www.mdz-nbn-resolving.de/urn/resolver.pl?urn=urn:nbn:de:bvb:12-

Stempeln lassen sich die Vorbesitzer ermitteln, wenn auch vielleicht nicht alle. Folgende handschriftlichen Besitzvermerke befinden sich auf dem Titelblatt: „Biblioth(ecae) Gelnhausanae Ffrm min(orum) strict(ae) observ(antiae)" und „Convent(us) Salmünster" sowie auf dem Vorsatzblatt: „Joannes Scherpf, parochus in Bischoffsheim"; Besitzstempel auf dem vorderen Spiegel: „Bibliothek Franziskanerkloster Salmünster" (durchgestrichen) und auf der Rückseite des Titelblatts: „Bibliothek Kloster Frauenberg Fulda" komplettieren die Besitzer-Nachweise.

Das Franziskanerkloster in Gelnhausen hat eine dem mittelalterlichen Franziskanerkloster in Fulda vergleichbare Geschichte: 1248 erstmals erwähnt und um 1542 aufgegeben. In der Endphase seines Bestehens muss der Gelnhäuser Konvent sich noch den Ankauf der Witzel-Werke „gegönnt" haben. Der Pfarrer Johannes Scherpf ist möglicherweise identisch mit einem 1625 genannten „Johannes Scherpf, Decanus" in Tauberbischofsheim.[250] Da sich in dieser Stadt seit 1629 ein Franziskanerkloster befand, könnnte das Buch aus dem Besitz von Scherpf in den der Tauberbischofsheimer Franziskaner übergegangen und anschließend in die 1650 eingerichtete franziskanische Niederlassung in Salmünster gekommen sein. Schon bevor die Franziskaner das Kloster in Salmünster 2004 aufgaben, muss das Buch nach Fulda gelangt sein – in eine Bibliothek, die jetzt ihrerseits nur noch die Funktion einer „Archivbibliothek" wahrnehmen kann.

Zum Inhalt der schmalen, zwölf Blätter umfassenden Schrift Witzels ist wenig zu sagen. Er geht eindeutig über den Umfang eines vergleichbaren, mehrfach gedruckten Abschnittes in seinem „Weihekatechismus" (*Ordinandorum examinatio*[251]), welcher eine „Zusammenstellung des prüfungsrelevanten theologischen Grundwissens für das Examen der Weihekandidaten" bietet,[252] hinaus. Es handelt sich um *Enarrationes aliquot, videlicet in symbolum apostolorum, in orationem dominicam, in salutationem angelicam*, die in der Erstausgabe 17 Blätter umfassen. In der lateinischen Fassung wurde dieser „Repetitoriumsstoff" allein bis zum Jahre 1575 insgesamt elfmal nachgedruckt; Barbara Henze verzeichnet keine deutsche Übersetzung. Eine solche liegt jedoch – unter dem Titel *Klärliche und kurze Auslegung über die zwölf Artikel unseres christlichen Glaubens, über das Vaterunser und den englischen Gruß* – gedruckt in einem von Johann Wild, Georg Witzel und Heinrich Mosellanus gemeinsam bestrittenen Sammelband *Examen oder Verhörung der Ordinanden* (1562) vor.[253] Bislang sind von

bsb10998204-7 (16.05.2016); http://daten.digitale-sammlungen.de/~db/0001/bsb00019122/images/ (16.05.2016).

250 A(ugust) Amrhein: Beiträge zur Geschichte des Archidiakonats Aschaffenburg und seiner Landkapitel. In: Archiv des Historischen Vereins für Unterfranken und Aschaffenburg 27 (1884), S. 84–164, hier S. 107.

251 Eine erste Auflage erschien 1543, eine zweite, unveränderte 1544: Ordinan|| dorVm Exami= || natio. || Quid ad interrogata Censurae Mo= || guntinensis de re Ecclesiastica, à Can || didatis Sacri Ordinis, quàm || breuissimè responderi || possit: || Authore Georgio Vuicelio. || Cum Gratia et Priuilegio Caesareo. || Moguntiae, ad diuum Victorem, excude= || bat Franciscus Behem. || ANNO M.D.XLIII. || (Angefügt 39–46b: Appendix de Liturgia; 47–63b: Enarrationes aliquot, „videlicet in Symbolum Apostolorum, in Orationem Dominicam, in Salutationem Angelicam, atque in Decalogum, ab eodem Georgio Vuicelio aeditae, quae statim ordine sequuntur") [Richter 63,1 = Henze 78,2 = VD16 W 3990]; Digitalisat der Ausgabe von 1544: http://www.mdz-nbn-resolving.de/urn/resolver.pl?urn=urn:nbn:de:bvb:12-bsb10180445-1 (16.05.2016).

252 Simon 2000 (wie Anm. 98.), S. 45.

253 Examen || Oder verhoe=||runge der Ordinanden/ das || ist/ deren so in der Catholischen Kirchen || die heilige Weyhunge oder geistliche Orden || durch aufflegunge der haenden des Priester=||thumbs entpfahẽ woellẽ/ kurtzliche anleitun=||ge zu

dieser letzteren Schrift nur Exemplare in der Bayerischen Staatsbibliothek München, in der Sächsischen Landesbibliothek – Staats-und Universitätsbibliothek Dresden und in der Österreichischen Nationalbibliothek Wien nachgewiesen.

Der Sammelband aus dem Kloster Frauenberg enthält ohne Autorennennung zwei weitere Schriften, die ihrer Thematik nach Georg Witzel zugeordnet werden könn(t)en – allerdings stehen eingehendere Untersuchungen noch aus. Es handelt sich zum einen um eine „fast schöne", sieben Blätter umfassende Predigt *Vom Gehorsam* (1545), die offenkundig nur noch in der Staatsbibliothek zu Berlin nachgewiesen ist und dort gerade zur Digitalisierung ansteht.[254] Die Bearbeiter des Gesangbucharchivs an der Universität Mainz, denen ein Witzel-Sammelband mit anderen Drucken zur Verfügung stand,[255] gehen offenbar davon aus, dass es sich auch bei *Vom Gehorsam* um eine Witzel'sche Schrift handelt.[256]

Die andere anonym erschienene und im Frauenberger Sammelband enthaltene Schrift, als deren Autor Georg Witzel suggeriert wird, versteht sich als Zusammenfassung der katholischen Position für das im Zusammenhang mit dem Regensburger Reichstag 1541 anstehende Religionsgespräch mit den Lutheranern, Adressat ist der Kaiser: *Von der rechten und wahren christlichen Kirche* (1541) konzentriert sich auf den siebten Artikel des „Augsburgischen Bekenntnisses" von 1529, „die rechte und wahre christliche Kirche".[257] Aber auch hier soll Spezialuntersuchungen nicht vorgegriffen werden.

der Catholischen lere vnd warheit/| | nit allein den Geistlichen, sondern auch allen Gottsfürchtigen Leien gantz notwendig vnd heilsam zu wissen [...] Durch den Erwürdigen Herrn | | Joannem Wild/ weiland Thom=| |prediger zu Meintz/ [et] c.erstlich | | Lateinisch beschrieben | | vnd nun ver=| |deutschet.| | (Enthält außerdem: Klaerliche vnd kurtze aus=| |legunge vber die xij. Articulen vnsers | | Christlichen glaubens/ vber das Va=| |ter vnser/ vnd den Engelischen | | grus/ vnd vber die zehen Ge=| |bote Gottes. Durch | | D.Georgium | | Wicelium.| |) [Übers. von (M. Henricus Mosellanus.| |)]. Coeln/| | Gedruckt durch Gerhard. Vyren=| |dunck. M.D.LXII.| | [VD16 W 2956. VD16 W 3915 = enthaltenes Werk von Witzel (= S. 99–(112)]; Digitalisat: http://www.mdz-nbn-resolving.de/urn/resolver.pl?urn=urn:nbn:de:bvb:12-bsb10189100-0 (16.05.2016).

254 Vom Gehor= | | sam ein fast schoene Pre= | | dig/ inn welcher das gantz | | buechlein von der Nachfolgung | | Christi gleich als inn einer | | Sum vnd kurtzem in= | | halt beschlossen | | wirt. | | M.D.XLV. (Kolophon: In Kosten vnnd verlag | | des Ersamen vunnd Achtbarn herrn | | Peter Quentels Buchtrucker | | vnnd Burger zu | | Coelln. | | Truckts Frantz Behem/ zu | | Sanct Victor/ bey | | Meyntz. | | ANNO. M.D.XLV. | |) [VD16 ZV 20109]. Signatur KFB: Fd F 22: Angebunden 7 an: Eines Gottsgelerten Manns aus Welschland schöne Betrachtung über den Psalm 31.

255 ECCLESIA=| |stica Liturgia. | | Wie sich der gemein Christen Lay | | der Latinischen Missen/ zur | | besserung sein selbs/ ge=| |brauchen künde. | | Durch Georg. Wicelium. | | ITEM/ | Hymnologium Ecclesie. | Das ist, | Lobgesänge der Catholischen Ky=| |rchen/ zur täglicher Vesperzeit/ durchs gantze Jar/ ver=| |deudtschet | | Durch Georgium Wicelium. | | Gedruckt zu Cöln/ durch Petrum Quen=| |tell/ im jar vnsers Herren 1545.| | Angebunden: 1. Hymnologium Ecclesie; 2. Vom Gehorsam ein fast schöne Predig / in welcher das gantz büchlin von der Nachfolgung Christi gleich als inn einer Sum vnd kurtzem inhalt beschlossen wirt. M. D. XLV.; 3. Zwo Sermon oder Predig Sanct Johannis Damasceni; 4. Vom Canon der Latinischen Messe; 5. Verdeutschte Kyrchgesenge; 6. Von der hailigen Eucharistia.

256 http://www.zdv.uni-mainz.de/scripts/gesangbuch/details.php?id=-346411748 (16.05.2016).

257 Von der rechten | | und waren Christlichen | | Kirchen/ | | Notwendige frag und | | disputation/ | | Auff den Sibenden Artickel | | der Protestirenden | | Confession/ etc. | | An Kaiserliche Maiestat | | gestellt. | | Gedrueckt zu S. Victor ausserhalb | | Mentz/ Durch Franciscum Behem | | M.D.XLI. | | [VD16 V 2627]. Signatur KFB: Fd F 22: Angebunden 6 an: Eines Gottsgelerten Manns aus Welschland schöne Betrachtung über den Psalm 31; Digitalisat (anderes Exemplar): http://daten.digitale-sammlungen.de/~db/0002/bsb00028718/images/ (16.05.2016).

Schlussbemerkung

Die Georg Witzel-Drucke in Fuldaer Bibliotheken dokumentieren nicht nur die große Zahl der Schriften dieses unermüdlichen Streiters für die Kircheneinheit in den beiden wichtigen Fuldaer Bibliotheken der Gegenwart: der Hochschul- und Landesbibliothek und der Bibliothek des Bischöflichen Priesterseminars. Sie verdeutlichen auch, aus welchen zum Teil kleineren Vorgängerbibliotheken die „Schätze" stammen, mit denen sich die heutigen Besitzer schmücken dürfen – und welche „Schätze" in von (Teil-)Auflösung bedrohten Bibliotheken, wie der der Franziskaner auf dem Frauenberg in Fulda, noch zu heben sind. Diese Bibliotheken in Erinnerung zu bringen, ist ein lohnenswerter Nebeneffekt der Provenienzforschung.

Anhang: Witzel–Drucke in Fuldaer Bibliotheken

(Erfasst sind – bis auf Ausnahmen – nur die zu Lebzeiten Witzels erschienenen Drucke, zudem nur Monographien und Erstveröffentlichungen unselbständig erschienener Werke, keine Nachdrucke in „Sammelbänden" oder anderen Buchveröffentlichungen Witzels.)

Henze-Nr.	Kurztitel	Mehrbändig/ Ausgaben	Ex. HLB	Ex. PSB	Ex. Sonst.
1	Acta wie es sich zu Eisleben begeben hat		×	×	–
2	Adhortatiuncula ut vocetur Concilium		×	×	–
3,1	Annotaten in die ersten 33 Psalmen	2 Ausg.	–	–	–
3,2	Christliche gute Annotaten in Luthers Dt. Psalter		× (2.A.)	–	–
4,1.1/2	Annotationes in die Wittenbergische Dolmetschung der Bibel (T. 1–2)	3 Bde.	–	×	–
4,2	Annotationes in Sacras Litteras (T. 2)		–	–	–
4,3	Tomus tertius der Bücher G. Wicelii (T. 3)		–	×	–
4,A1	Auszug: Vom Gottesdienst der Synagoge		–	–	–
5	Antwort auf das aufrührerisch Büchlein		–	–	–
6	Antwort auf Luthers letzt bekennete Artikel	3 Ausg.	× (1.A.)	× (1.A.)	–
7	Antwort auf Schriften unter Eckerlings Namen		–	–	–
8	Apologia	8 Ausg.	× (5.A.)	× (1.A.) × (2.A.)	KFB (1.A.)
9	Auslegung der Gesänge Mariä	2 Ausg.	× (2.A.)	–	–
10	Auslegung des Propheten Haggai		–	–	–
11	Auslegung des 57. Psalms	2 Ausg.	–	–	–
12	Beständige Antwort wider Lutherische		–	×	–
13	Ein Betbüchlein	3 Ausg.	–	× (2.A.)	–
14	Bona et mala. Unselbständig, in: Catechisticum examen (Nr. 18)		– –	– (× 3.A.)	– –
15	Catalogus … aller Bücher		×	–	–
15,Ü	Übersetzung: Catalogus seu enumeratio		×	–	–

Henze-Nr.	Kurztitel	Mehrbändig/ Ausgaben	Ex. HLB	Ex. PSB	Ex. Sonst.
16,1–9	Catechismus ecclesiae	9 Ausg.	× (1.A.)	×× (1.A.)	–
			–	×× (2.A.)	–
			–	× (6.A.)	–
			–	×× (9.A.)	–
16,Ü1	Übersetzung: Catechismus ecclesiae	2 Ausg.	–	–	–
16,Ü2	Übersetzung: Catechismus maior	3 Ausg.	–	× (3.A.)	–
17	Catechismus. Instructio puerorum		–	–	–
18	Catechisticum examen Christiani pueri	3 Ausg.	× (3.A.)	–	–
19	Causa tam diuturnale calamitatis escclesiasticae		×	–	StAF
20,eS	Chorographia Buchonia. Unselbständig,				
	in: Münster: Cosmographey (1550 ff.)	Div. Ausg.	× (7.A.)	× (1.A.)	–
	+ Münster: Cosmographia (1550 ff.)	Div. Ausg.	–	–	–
	Übersetzung: Cosmographie universelle	Div. Ausg.	× (5.A.)	–	–
21,1–2	Chorus Sanctorum	2 Ausg.	× (2.A.)	× (1.A.)	–
21,A	Auszug: Vita s. Sturmii, in: Brower, Antiquitates Fuldenses (1612)		×	×	StAF
22	Christliche und schöne Predigt Basilii		–	–	–
23	Christianorum aliquot poetarum. Unselbständig, in: Disputatio Christianorum et Judaeorum		×	–	–
24	Commentariolus de arbore bone	6 Ausg.	× (3.A.)	× (5.A.)	–
25	Compendiosissima Descriptio belli Judaici		–	–	–
26,1	Conciones triginta orthodoxae		–	×	–
26,2	Homiliae aliquot ab adventu		×	–	–
27	Confutatio calumniossimae responsionis Justi Jonae	2 Ausg.	× (1.A.)	× (1.A.)	–
			–	× (2.A.)	–
28	Conquestio de calamitoso		–	×	–
29	Defensio Ecclesiasticae Liturgiae		–	–	–
30	Deutsch Betbuch		–	–	–
31	Dialogi. Drei Gesprächsbüchlein	2 Ausg.	× (1.A.)	× (1.A.)	–
32	Dialogus ... Gesprächsbüchlein vom Concilio	2 Ausg.	–	× (1.A.)	–
33	Disputatio Christianorum et Judaeorum		×	–	–
34,1	Divorum ex Veteri Testamento exempla		×	–	–
34,4	Catalogus sanctorum Veteris Testamenti		–	×	–
35,1	Dogmata ecclesiastica		–	×	–
35,2	Wie und was die Kirche ... vorzeiten gelehrt		–	–	–
36	Ecclesiastica Liturgia		–	–	KFB
37,1–4	Ecclesiasticae Demegoriae. Postill	2 Bde./4 Ausg.	–	×× (1.A.)	–
			–	× (4.A.)	–
37,Ü1–5	Übersetzung: Postilla ... Enarratio ... super Evangelia	5 Ausg.	× (1.A.)	×× (1.A.)	–
			–	× (2.A.)	–
37,A1–2	Auszug: Epitome de Sanctis	2 Ausg.	×× (1.A.)	–	–
38	Epistel und Evangelium von kaiserl. Obrigkeit		×	×	–
39	Epistel und Evangelien auf Sonn– und Festtage		–	–	–
40	Epistolae duae J. Haneri et G. Wicelii		–	×	–
41	Epistolae adversus Sycophantiam defensurae		–	–	–

Henze-Nr.	Kurztitel	Mehrbändig/ Ausgaben	Ex. HLB	Ex. PSB	Ex. Sonst.
42	Epitome Romanorum Pontificum		×	×	–
43	Etliche Annotaten in die deutsche Dolmetschung der Evangelisten		–	–	–
44	Evangelion Martin Luthers	2 Ausg.	× (1.A.) × (2.A.)	× (1.A.) –	–
45	Euchologion Christianorum		–	–	–
46	Euchologium Ecclesiasticum		–	×	–
47	Exercitamenta syncerae pietatis		×	×	–
48	De fide et operibus S. Augustini		–	×	–
49	Formulae Precationum aliquot Evangelicarum		–	–	–
50	Fragmentum paedagogiae Christianae		–	–	–
51	Genealogion		–	×	–
52	Eines Gottesgelehrten ... Betrachtung		×	–	KFB
53	Ein Güldenes Büchlein	2 Ausg.	–	–	–
54,1 54,2 54,3	Hagiologium seu de sanctis Vitae patrum Historia de divis		× – ×	× – ×	– – StAF
55	Der heiligen Messen Brauch		–	–	–
56	Ein heilsames gutes Büchlein von ... Gerechtigkeit		–	–	–
57	Homiliae duae de Ecclesiae mysteriis		×	–	–
58,1/1 58,1/2 58,1/3 58,2–5 58,Ü1–5 58,A1 58,A2 58,A3 58,A4	Homiliaticum Opus. Postillen Homiliae orthodoxae. Postill Übersetzung: Postilla Auszug: Am Christtag die Epistel Pauli Auszug: Sermon über Evangelium 1. Sonntag Auszug: Postill. Epitome homiliarum dominicalium Auszug: Epitome ... aller sonntäglicher Predigten	3 Bde. 2 Bde./5 Ausg. 5 Ausg.	× (T.1) – × (T.3) – × (1.A.) – – – –	– × (T.2) × (T.3) – × (1.A.) × – – –	– – – – – – – – –
59	Der 120. Psalm Davids		×	×	–
60	Icon Christiani hominis		–	–	KFB
61	Idiomata quaedam linguae sanctae		–	–	–
62	In Quaestionem de igne purgatorio	2 Ausg.	–	–	–
63	In Threnos seu lamentationes Hieremiae		×	–	–
64	Inspectio ecclesiarum		–	×	–
65	Laus Mariae deiparae virginis		×	–	–
66,1 66,2	Libellus de moribus veterum haereticorum De moribus veterum haereticorum	 2 Ausg.	×× –	– ×	– –
67	Liturgia S. Basilii Magni		–	–	–
68,1 68,2	Martyrologion Christi. Heilige Passion Allerheiligste Historia der Passion	 2 Ausg.	– –	× × (1.A.)	– –
69	Methodus concordiae ecclesiasticae	2 Ausg.	× (1.A.)	–	–
70	Methodus orthoxae doctrinae de iustificacione		–	–	–

Henze-Nr.	Kurztitel	Mehrbändig/ Ausgaben	Ex. HLB	Ex. PSB	Ex. Sonst.
71	Methodus studii theologici		×	–	–
72	Neuer und kurzer Catechismus		–	–	–
73	Odae christianae		–	–	KFB
74	Onomasticon ecclesiae		–	–	–
75	Oratio ecclesiastica de pastoribus		×	–	–
76	Oratio in laudem Hebraicae linguae		–	–	–
77	Oratio in veterem Adam. Unselbständig, in: Retectio Lutherismi, 1.A. (Nr. 93)		×	–	–
78,1–2	Ordinandorum Examinatio	2 Ausg.	× (2.A.)	–	–
78,3	Quid ad interrogata censurae		××	–	–
78,eS	Ordinandorum Examinatio. Unselbständig:, in: Auctores Varii: Examen ordinandorum	7 Ausg.	× (1.A.)	× (5.A.)	–
78,A eS	daraus Auszug: Enarrationes aliquot	8 Ausg.	–	–	–
--- (!)	Auszug in dt. Übersetzung: Klärliche und kurze Auslegung ..., in: Examen oder Verhörung der Ordinanden		–	–	–
79	Parallela		–	×	–
80	Praesidium Romani caesariatus		–	–	–
81	Precationes aliquot polemicae		–	–	–
82,eS	De primatu. Unselbständig, in: Praesidium Romani caesariatus (Nr. 80)		–	–	–
83,1	Pro defensione bonorum operum		×	–	–
83,2	Defensio doctrinae de bonis operibus		–	–	–
84,eS	Pro evangelistarum ac sectarum. Unselbständig, in: Cochlaeus: Historia de actis et scriptis Martini Lutheri (1565)	2 Ausg.	–	–	–
84,Ü	Übersetzung: Preservativ Cur- und Seelenarzney	2 Ausg.	–	× (1.A.)	–
85	Propheticus sermo		×	–	KFB
86	Psaltes ecclesiasticus		–	×	–
87	Publicum ecclesiae sacrum		–	×	–
88,1–3	Quadragesimale Catholicum	3 Ausg.	–	× (1.A.)	–
88,Ü1	Übersetzung: Sacrae Quadragesimale lectionum		–	–	–
88,Ü2	Übersetzung: Quadragesimales conciones	3 Ausg.	–	–	–
89	Quaestiones catechisticae	4 Ausg.	× (2.A.)	–	–
90,eS	Querela Evangelii. Unselbständig, in: Retectio Lutherismi (Nr. 93)		×	–	–
91	Quibus modus credendi verbum accipiatur	2 Ausg.	× (1.A.) –	× (1.A.) × (2.A.)	–
92	De Raptu		–	–	–
93	Retectio Lutherismi	3 Ausg.	× (1.A.) – –	– × (2.A.) × (3.A.)	– StAF (2.A.)
94	Ritus baptizandi		–	–	–
95	Sieben Psalmen kurz und gewiß ausgelegt		×	×	–

Henze-Nr.	Kurztitel	Mehrbändig/ Ausgaben	Ex. HLB	Ex. PSB	Ex. Sonst.
96,1+3	Sillabus locorum de bonis operibus	2 Ausg.	–	× (1.A.)	–
			–	× (2.A.)	–
96,2	Loci. Ex sacris literis de bonis operibus		–	×	–
96,4	Comprehensio locorum utriusque Testamenti		–	–	–
96,6	Coacervatio locorum utriusque Testamenti		–	–	–
96,7	Insignum locorum utriusque Testamenti		–	–	–
96,Ü1	Übersetzung: Czweihundert Sprüche		–	–	–
96,A	Auszug: Praeconium evangelicae gratiae	3 Ausg.	× (3.A.)	× (3.A.)	–
97	Spiegel des menschlichen Lebens		–	–	–
98,1	Subsidium de voluntate		×	–	–
98,4	De libero arbitrio Christiani hominis		×	–	–
99	Sylvula dictorum ecclesiasticorum		–	×	–
100	Tägliches Lob Gottes		–	–	–
101	Tomus primus etlicher Bücher		–	×	–
102	Tomus secundus etlicher Bücher		–	×	–
103	De traditione apostolica et ecclesiastica		–	×	–
104	Eine tröstliche schöne Predigt	3 Ausg.	–	–	–
105	Typi ecclesiastici pars ultima Latina		–	–	–
106,1–4	Typus ecclesiae prioris [P. 1]	4 Ausg.	× (1.A.)	× (1.A.)	–
			–	× (4.A.)	–
106,5	Form und Anzeigung wie die heilige catholische Kirche Gottes vor 1000 und mehr Jahren		–	–	–
106,6	... [P.2]		–	×	–
106,7	Dritte Teil des Typi ecclesiastici		–	–	–
106,8	Pars quarta Typi ecclesiae prioris		–	–	–
106,9	Pars quinta Typi ecclesiastici Gesamtausg.: Typus ecclesiae catholicae		×	×	–
107,1	Ein unüberwindlicher gründlicher Bericht, was die Rechtfertigung in Paulo sei		–	×	–
107,2	Summa von der Gerechtfertigung		–	–	–
107,3	Erste Teil von der Justification		–	–	–
--- (!)	Vaterunser–Büchlein		–	–	KFB
108	Verdeutschte Kirchgesänge		–	–	–
109	Verklärung des neunten Artikels		×	×	–
110	Vespertina Psalmodia		×	–	–
111,eS	Via regia, in: Wolff, Lectionum memorabilium (1600) u. a.		×	–	–
111	Via regia (1650)		×	–	–
112	De vita christiani		–	–	–
113	Vom Beten, Fasten und Almosen	4 Ausg.	× (2.A.)	× (2.A.)	–
114	Vom Canon der lateinischen Messe	2 Ausg.	–	× (2.A.)	–
--- (?)	Vom Gehorsam [Zuschreibung unsicher]		–	–	KFB
115,1–5	Von den Toten und ihrem Begräbnis	5 Ausg.	–	–	–
115,6	Wahre Tröstung		×	–	–
115,7	Obdormitio christianorum		–	–	–
116	Von der christlichen Kirche		×	–	–
117	Von der Einigkeit der Kirchen		×	–	–

Henze-Nr.	Kurztitel	Mehrbändig/ Ausgaben	Ex. HLB	Ex. PSB	Ex. Sonst.
118,1–2	Von der heiligen Eucharisty oder Mess	2 Ausg.	× (1.A.)	× (1.A.)	–
118,3	Von der Eucharistia		×	×	–
118,4	Von der heyligen Eucharistia		–	–	–
118,Ü	Übersetzung: De Eucharistia … Ecclesiae	2 Ausg.	× (2.A.)	× (2.A.)	–
119	Von der Buße, Beichte und Bann	4 Ausg.		× (1.A.)	–
			× (2.A.)	× (2.A.)	–
––– (?)	Von der rechten und wahren christlichen Kirche [Zuschreibung unsicher]		–	–	KFB
120	Wahrer Bericht von den Acten der Leipsischen und Speirischen Collucation		–	–	–
121	Wider den unchristlichen Wucher		×	×	–
122	Wider die Ketzer		–	–	–

Reformation oder Transformation?

Katholische Elemente in nachreformatorischen Cantionalbüchern aus Beständen Norddeutscher Kloster- und Kirchenbibliotheken

Ulrike Volkhardt

In te Domine speraui, non confundar in æternum: in iustitia tua libera me.
Inclina ad me aurem tuam: accelera vt eruas me.
Esto mihi in Deum protectorem, & in domum refugij: vt saluum me facias.
Quoniam fortitudo mea & refugium meum es tu: & propter nomen tuum deduces me, & enutries me.
Educes me de laqueo hoc, quem absconderunt mihi: quoniam tu es protector meus,
In manus tuas commendo spiritum meum: redemisti me Domine Deus veritatis.
Psalmus 31[1]

Protestantische kirchenmusikalische Praxis nach der Reformation wird allgemein mit dem deutschsprachigen Kirchenlied konnotiert. Auch in der Musik, wie bereits für viele andere Gebiete nachgewiesen, setzt jedoch keine abrupte Umgestaltung des Gottesdienstes ein. Vielmehr bleibt ein Großteil vorreformatorischer Gesänge sowohl in originaler Melodie als auch mit originalem, lateinischem Text in der Praxis erhalten.

Quellen

Zur Beschreibung dieses Phänomens wurden folgende Cantionalbücher untersucht:
- Cantionall Büch oder Kirchengesenge (Johannes Keuchenthal, St. Andreasberg), Wittenberg 1573[2]
- Psalmodia, hoc est, Cantica sacra (Lucas Lossius, Lüneburg/Vorwort Philipp Melanchthon), Wittenberg 1569/1579[3]
- Neu Leipziger Gesangbuch (Gottfried Vopelius, Zittau), Leipzig 1682[4]

1 Nach Lucas Lossius: Psalmodia, Hoc Est, Cantica Sacra Veteris Ecclesiae Selcta … cum praefatione Philippi Melanthonis. Wittenberg, 1579, p. 365v–366r.

2 Kirchenbibliothek St. Marien Barth, 2° Lit E 32; Kloster Isenhagen, Archiv.

3 Kirchenbibliothek St. Marien Barth, 4° Lit E 42 + 43; Greifswald, Bibliothek des Geistlichen Ministeriums 877; Kloster Lüne, Archiv Nr. 2 (Wittenberg 1569).

4 Greifswald, Bibliothek des Geistlichen Ministeriums 881.

Sowohl Johannes Keuchenthal (um 1522–1583) als auch Lucas Lossius (1508–1582) legten Sammlungen gebräuchlicher Gesänge an, um sie für die Allgemeinheit verfügbar zu machen. Keuchenthal als Prediger in St. Andreasberg[5] akzentuiert die Kirchengemeinde als Adressat:

> „OB nu wol durch den Bapst und seine Geistlichen / viel Unchristliche und Abgöttische Gesenge / in die Kirchen bracht sind / So hat doch hiebeuor / der Ehrwürdige Johannes Spangenberg (seliger gedechtnis) etliche reine Kirchen-Gesenge zusamen bracht / vnd der Christlichen Kirchen zu nutz und förderung in den Druck gegeben: Weil aber viel schöner Geistlicher Lieder / vnd Christlicher Gesenge / darin mangeln / welche zu letzt gar aus den Kirchen komen würden / Hab ich diese Arbeit auf mich genomen / dieselbigen Kirchengesenge vmbgeschrieben / vnd die furnemesten Deudschen Psalmen / vnd Geislichen Lieder / des Ehrwirdigen vnd seligen Mans Gottes / D. Martini Luthers / vnd anderer Christlichen Lehrer / Geistliche Lieder / aus dem Wittebergischen Gesangbüchlin / vnd sonst / alte / schöne / Christliche Lobgesenglin / nach ordnung der zeit / vnd eines jeden Festes / durchs gantze Jhar / hinzu gethan / vnd sampt allen Euangelien / Episteln vnd Collecten / also zusamen bracht / das zu jeder zeit die Gesenge / mit den predigten des Euangelions vberein stimmen / Alleine Gott vnserm Himlischen Vater zu lob vnd Ehren / zu nutz und fürderung meiner Pfarkinder / vnd allen Christlichen Gemeinen / vnd zur anleitung der jungen Theologen vnd Kirchendienern…“ (Keuchenthal)[6]

Lucas Lossius als Lehrer an der Lateinschule der Stadt Lüneburg, dem Johanneum,[7] sammelt und schreibt für Cantor und Chorknaben.

> "AD ECCLESIARVM ET SCHOLARVM VSVM DILIGENter olim collecta, & breuibus ac pijs Scholijs illustrata, nunc autem postremò, accurata diligentia & fide recognita, & multis vtilibus ac pijs cantionibus …"[8]

Sowohl Lossius in seiner Vorrede als auch Philipp Melanchthon in seinem der Sammlung vorangestellten Brief („… amico suo“[9]) betonen die Bedeutung der „Psalmodia nostra veteri Ecclesiastica“[10]. Es geht um den *sensus musicus*, der durch die Liebe zur Musik die Frömmigkeit fördere. Das Cantionale des Lossius ist bis auf wenige Gesänge ausschließlich in lateinischer Sprache verfasst.

Selbst Gottfried Vopelius (1645–1715), Kantor an der Nikolaikirche Leipzig und für die Musik verantwortlicher Lehrer an der Nikolaischule, veröffentlichte noch 1682 eine ähnlich geartete Sammlung wie Keuchenthal und Lossius, in der sich „gebräuchliche Ge-

5 Christian BETTELS: Johannes Keuchenthal. In: Die Musik in Geschichte und Gegenwart (MGG), 2. Aufl., Personenteil, Bd. 10. Kassel, 2003, Sp. 63 f.

6 Cantionall Büch, Vorrede.

7 Friedhelm ONKELBACH: Lucas Lossius und seine Musiklehre. Regensburg, 1960.

8 LOSSIUS 1579 (wie Anm. 1): Titel.

9 Ebd.: Philippvs Melanchthon Geleitwort.

10 Ebd.: Lectori Christiano Salutem (Lossius).

sänge / Lateinische Hymni und Psalmen ... Te Deum Laudamus, Symbolum Nicænum, & c. Choraliter, Und was sonst bey dem ordentlichen Gottesdienste gesungen wird ..."[11] versammeln.

Inhalte

Das Cantionale von Lossius, 1569 in erster Auflage gedruckt, enthält nur zu einem kleinen Teil „neue" deutsche Gemeindelieder. Vielmehr tradiert es das vorreformatorische Ordinarium und Proprium Missae, „wie es in der Lüneburger Kirche das ganze Jahr über gesungen wird".[12] Dies entspricht der Tatsache, dass auch protestantische Kirchenordnungen der unmittelbar nachreformatorischen Zeit die lateinische Messe als Kontinuum vorsehen. Luther selbst sagt hierzu:

> „Ich verwerfe keine Zeremonien, nur was dem Evangelium widerspricht; alles andere halte ich in unserer Kirche fest. ... So zelebrieren wir auch die Messe mit den herkömmlichen Gewändern und Riten und schieben nur gewisse deutsche Lieder ein und lesen anstelle des Canon die Einsetzungsworte deutsch. Schließlich will ich die lateinische Messe auf keinen Fall abschaffen und habe die deutsche nur erlaubt, weil man mich drängte."[13]

Er wollte das Latein insbesondere an den Schulen und in Gesängen des Gottesdienstes erhalten wissen, Latein und Deutsch konnten nebeneinander bestehen.[14] In größeren Orten gestaltete der jeweilige Chor der Schule den Gottesdienst zu einem wesentlichen Teil. Hier war Latein Unterrichtssprache. Der pommersche Reformator Bugenhagen beschreibt den Gottesdienst als lateinisch-deutsche Mischform „unter Mitwirkung der Schulchöre".[15] Das Cantionale des Lüneburgers Lossius ist Zeugnis dieser Praxis. Lossius schreibt fast ausschließlich Latein und kommentiert alle Gesänge mit lateinischen Anmerkungen. Keuchenthals Sammlung enthält auch zahlreiche deutsche Gesänge bzw. alte Gesänge mit sowohl lateinischem als auch deutschem Text. Erstaunlich ist die im Typendruck hergestellte Anmutung der alten Neumennotation.

11 Neu Leipziger Gesangbuch (Gottfried Vopelius, Zittau), Leipzig 1682; Greifswald, Bibliothek des Geistlichen Ministeriums 881.

12 "ORDINARIVM, HOC EST, COMMONEFACTIO GEneralis de ordine solenni ceremoniarum, vsitato in Ecclesia Luneburgensi per totum annum", p. I

13 Nach Ada Kadelbach: Lieder der Reformationszeit – Gottesdienstlicher Kontext und Typen. In: Albert Gerhards und Matthias Schneider (Hrsg.): Der Gottesdienst und seine Musik, Bd. 1 (Enzyklopädie der Kirchenmusik, 4.1). Laaber, 2014, S. 229.

14 Elisabeth Schmierer: Die Geschichte der Musik der Renaissance, Teilband 2: Die Musik des 16. Jahrhunderts (Handbuch der Musik der Renaissance, 1.2). Laaber, 2016, S. 127.

15 Jochen Arnold: Liturgische Reformen. In: Wolfgang Hachstein und Christoph Krummacher (Hrsg.): Geschichte der Kirchenmusik. Laaber, 2011, Bd. 1, S. 230.

Hymnus: *Christe qui lux es*

Als Beispiel sei der Hymnus *C(h)riste qui lux es* in einigen Varianten herausgegriffen:[16] Er ist im niedersächsischen Kloster Isenhagen als Manuskript aus dem 15./16. Jahrhundert erhalten, das als Umschlag um das Ausgabenregister der Domina Ursula von Badendorf (1581–1589) verwendet wurde. Im Keuchenthaler Cantionale ist er in der lateinischen Ursprungsfassung mit ebenfalls lateinischen Kommentaren überliefert, aber auch als „Der Hymnus / CHRISTE QVI LVX &c. Deudsch“ mit dem Text „Christe der du bist tag vnd liecht“.

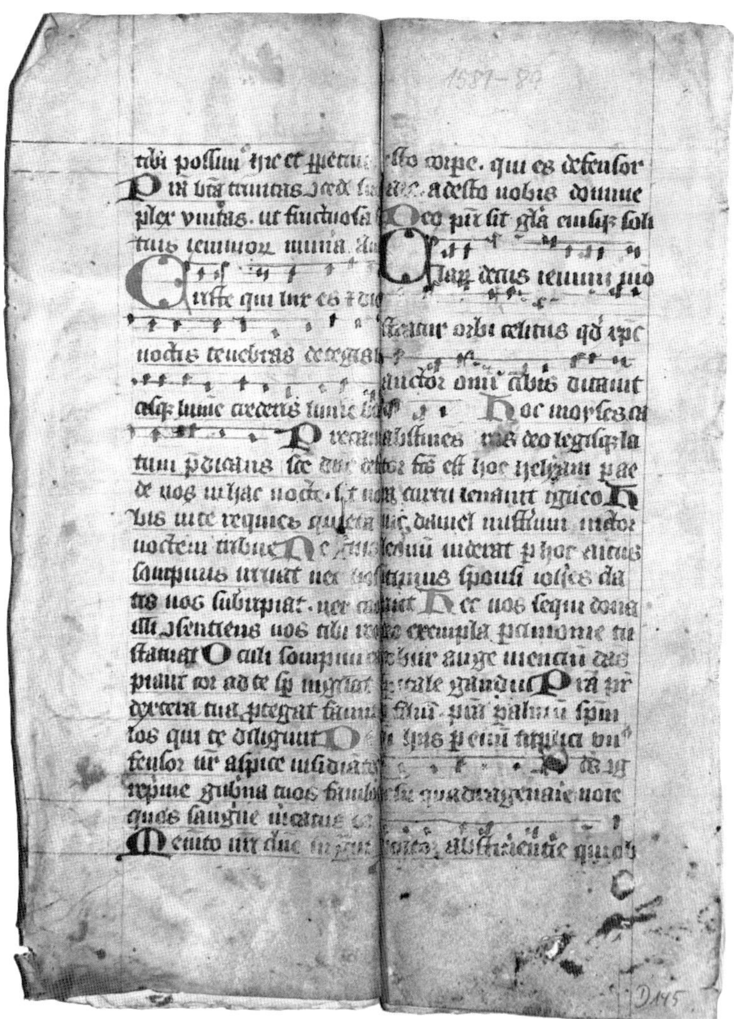

Abb. 1: Hymnus Criste qui lux es, Manuskript Kloster Isenhagen[17]

16 Ediert in: Ulrike Volkhardt (Hrsg.): Herre unser Herrscher. Hildesheim, 2015, S. 16 und 22 f.

17 Fragment, Einbandmakulatur, D 145.

Dominica Inuocauit. 127

HYMNVS,
CHRISTE QVI LVX ES
& dies, ΑΜΕΤΡΟΣ, incerti
Autoris.

PRecatio Ecclesiæ, & ſingulorum Membrorum eius, vt tempore noctis, adeoq; totius vitæ ſpacio conſeruentur, & defendantur contra varias impoſturas Diaboli, ne circumuenti, in peccata, aut alia incommoda vitæ vel bonorum prolabamur, id quod ſæpè fieret, niſi Deum haberemus cuſtodem & opitulatorem.

Exordium ab officio Chriſti, quod inter cætera eſt, illuminare mentes vera noticia Dei. vnde ipſe Lumen ſe vocat, Iohan. 5. Et Simeon appellat eum lumen ad reuelandas Gentes, Luc. 2.

Propoſitio: Doce, iuua, & defende nos. Beatum lumen vocat Euangelium ab effectu, quia noticia eius verè beatos reddit, Ad hoc annunciandum miſſus eſt Chriſtus, Eſa. 61. Matth. 4.

Lux duplex eſt, Altera creata, vt, Et dixit Deus, fiat lux, & facta eſt lux, Gene. 1. Altera, increata, Filius Dei, vt Iohan. 1. Vita erat lux hominum, & lux in tenebris lucet. Item, erat vera lux, quæ illuminat omnem hominem veniens in hunc mundum.

Precamur ſancte DOMINE,
Defende nos in hac nocte,
Sit nobis in te requies,
Noctem quietam tribue.

Tota vita nox eſt, plena tenebrarū, id eſt, ignorationis Dei, & pereuntium bonorum.

Requies) id eſt, tranquillitas animi de placata ira Dei, & remiſſis peccatis, quæ ex [illegible] onſolatione fidei oritur, [illegible] lus pacem Dei vocat [illegible] 4. omnem ſenſum

Y

Abb. 2 a und b: Hymnus Christe qui lux es, Cantionale Keuchenthal[18]

18 Exemplar Kirchenbibliothek Barth.

Dominica Inuocauit. 128

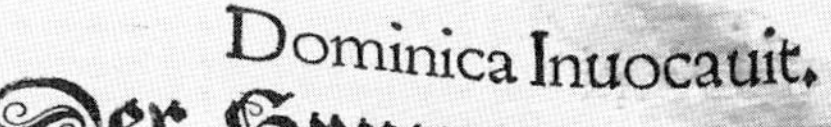

Der Hymnus / CHRI-
STE QVI LVX &c.
Deudsch.

CHrist[e] der du bist tag vnd liecht/

Für dir ist HErr verborgen nichts/

Du Veterliches liechtes glantz/ Ler vns den weg

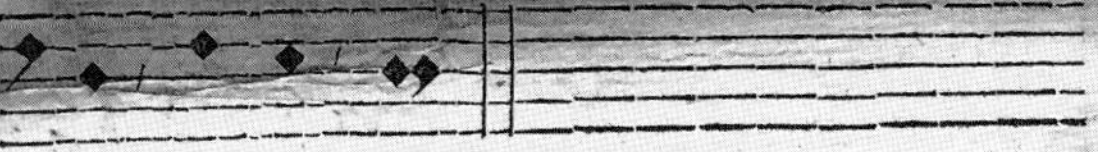

der warheit gantz.

WJr bitten dein Göttliche krafft/
Behüt vns HERR in dieser nacht/
Bewar vns HERR für allem leid/
Gott Vater der Barmhertzigkeit.

VErtreib den schweren schlaff HErr Christ/
Das vns nicht schad des Feindes list/
Das Fleisch in züchten reine sey/
So sind wir mancher sorgen frey.

SO vnser augen schlaffen schier/
Las vnser hertze wachen dir/

Y ij Besch

Abb. 2b

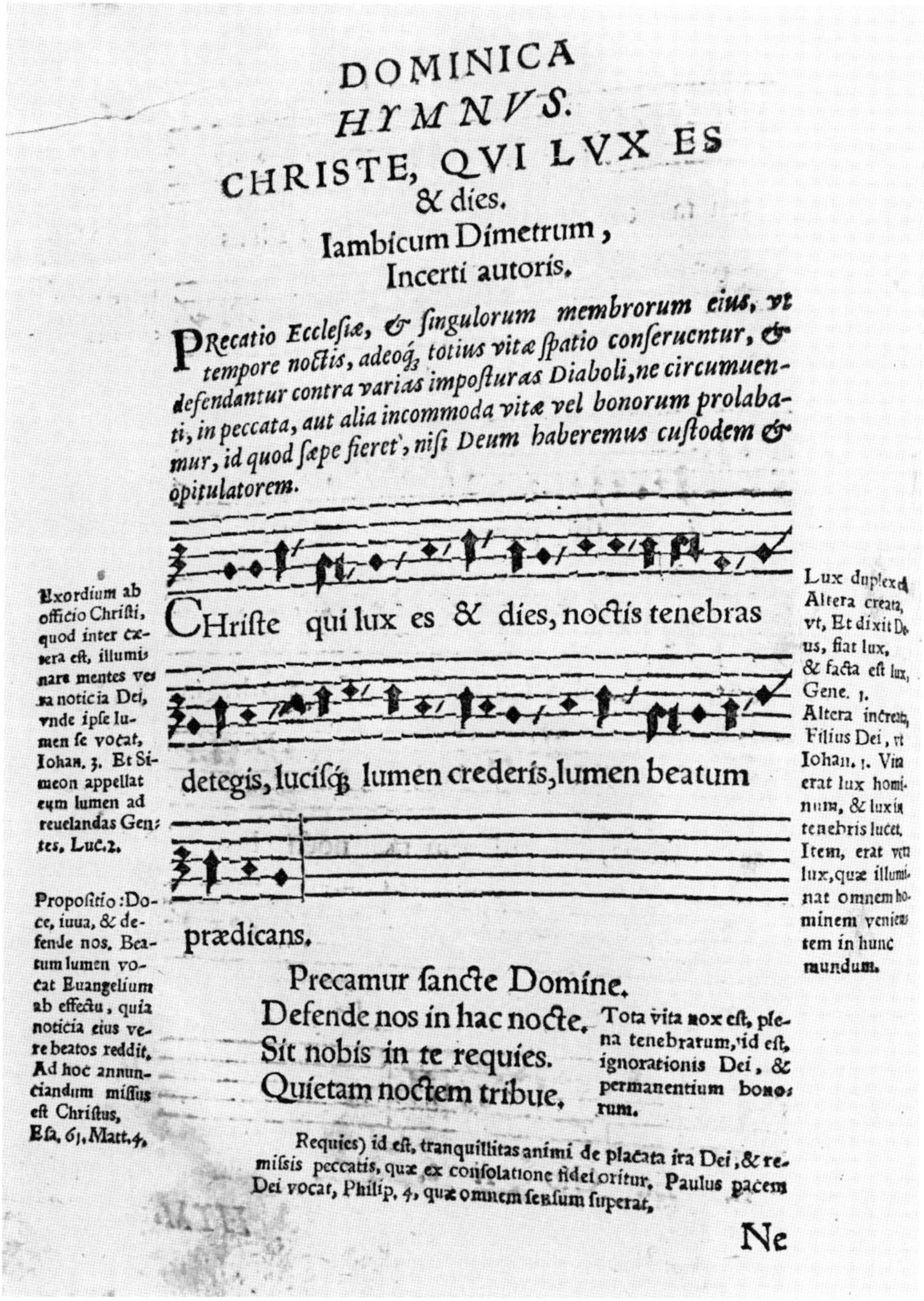

DOMINICA

HYMNVS.

CHRISTE, QVI LVX ES & dies.

Iambicum Dimetrum,

Incerti autoris.

PRecatio Ecclesiæ, & singulorum membrorum eius, vt tempore noctis, adeoq; totius vitæ spatio conseruentur, & defendantur contra varias imposturas Diaboli, ne circumuenti, in peccata, aut alia incommoda vitæ vel bonorum prolabamur, id quod sæpe fieret, nisi Deum haberemus custodem & opitulatorem.

Exordium ab officio Christi, quod inter cætera est, illuminare mentes vera noticia Dei, vnde ipse lumen se vocat, Iohan. 3. Et Simeon appellat eum lumen ad reuelandas Gentes. Luc. 2.

CHriste qui lux es & dies, noctis tenebras detegis, lucisq; lumen crederis, lumen beatum prædicans.

Lux duplex est. Altera creata, vt, Et dixit Deus, fiat lux, & facta est lux, Gene. 1. Altera increata, Filius Dei, vt Iohan. 1. Vita erat lux hominum, & lux in tenebris lucet. Item, erat vera lux, quæ illuminat omnem hominem venientem in hunc mundum.

Propositio: Doce, iuua, & defende nos. Beatum lumen vocat Euangelium ab effectu, quia noticia eius vere beatos reddit. Ad hoc annunciandum missus est Christus, Esa. 61. Matt. 4.

Precamur sancte Domine.
Defende nos in hac nocte.
Sit nobis in te requies.
Quietam noctem tribue.

Tota vita nox est, plena tenebrarum, id est, ignorationis Dei, & permanentium bonorum.

Requies) id est, tranquillitas animi de placata ira Dei, & remissis peccatis, quæ ex consolatione fidei oritur. Paulus pacem Dei vocat, Philip. 4. quæ omnem sensum superat.

Ne

Abb. 3: Hymnus Christe qui lux es, Cantionale Lossius[19]

19 Exemplar Kirchenbibliothek Barth, p. 56v.

Bei Lossius ist der Hymnus nur auf Latein festgehalten.

Lieder: *DIes est lætitiæ, IN dulci iubilo, Pver natus in Bethlehem, PAruulus nobis nascitur, IN natali Domini, REsonet in laudibus, NVnc Angelorum gloria*

An den Weihnachtsliedern (IN DIE NATIVITATIS IESV CHRISTI) der Sammlung von Lossius lassen sich Bewahrung und langsame Transformation sehr deutlich erkennen: Erst nach 3 Antiphonen (*DOminus dixit ad me / TAnquam sponsus Dominus / DIffusa est gratia*), einem Responsorium (*VErbum caro factum est*), einem Introitus (*PVer natus est nobis*), zwei Sequenzen (*GRates nunc omnes / EIa recolamus laudibus*), weiteren drei Antiphonen (*TEcum principium / REdemptionem misit Dominus / DE fructu ventris tui*), zwei Hymnen (*A Solis ortus / COrde natus ex parentis*), einer Antiphon über das Magnificat (*VErbum caro factum est*), den Antiphonen über Magnificat und Benedictus (*NOtum fecit Dominus / GLoria in excelsis Deo / ECce Maria genuit*), der Antiphon *HErodes iratus* und der Antiphon über das Benedictus *ANgeli eorum semper vident* folgen Weihnachtslieder, die in moderner Notation mit Takt- und Rhythmusangaben notiert sind.

DIes est lætitiæ[20] ist als „CAnticum veteris Ecclesiæ de natiuitate Christi, quo persona eius describitur, & modus natiuitatis humanæ" überschrieben. Text und Kommentare sind ausschließlich lateinisch. Ein Alla breve-Takt ist vorgezeichnet, ebenso ein b (Abb. 4).

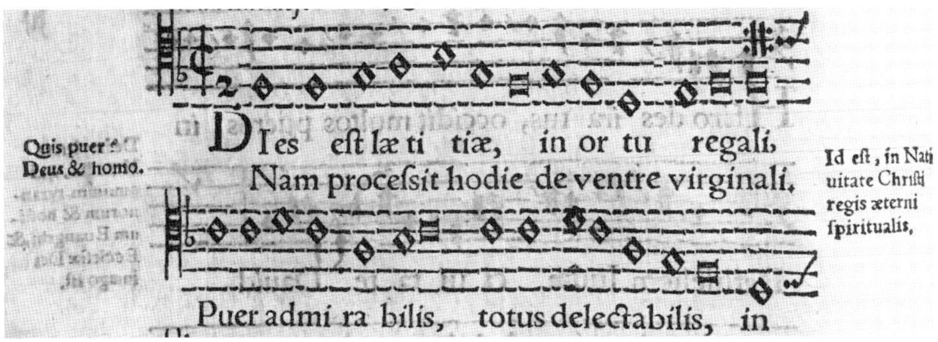

Abb. 4

IN dulci iubilo[21] weist eine Mischung aus lateinischem und niederdeutschem Text sowie ein griechisch geschriebenes Omega auf:

> „In dulci iubilo, nu singet vnd weset fro / vnsers herten wunne licht in præsepio, vnde lüchtet als de Sünne matris in gremio, Alpha es & Ω."

Das gesamte Lied ist mit ausschließlich lateinischen Randkommentaren versehen. Taktart, Rhythmus und Tonart/Modus sind „modern" notiert (Abb. 5).

20 Lossius 1579 (wie Anm. 1), p. 26v.

21 Ebd., p. 27.

Abb. 5

Pver natus in Bethlehem[22] erscheint zunächst in einer lateinischen reinen Textversion, korrigiert von Hermann Bonnus (1504–1548), Superintendent zu Lübeck, kommentiert auf Latein, dann interessanterweise unter der Überschrift „Alia Melodia“ mit ausschließlich lateinischem Text in rhythmischer Notation und schließlich vierstimmig (!) in einer lateinisch niederdeutschen Textkombination. Hierzu gibt eine Anmerkung am Rande den aufführungspraktischen Hinweis: Die Knaben singen lateinisch vor, auf Deutsch wird wiederholt (Abb. 6):

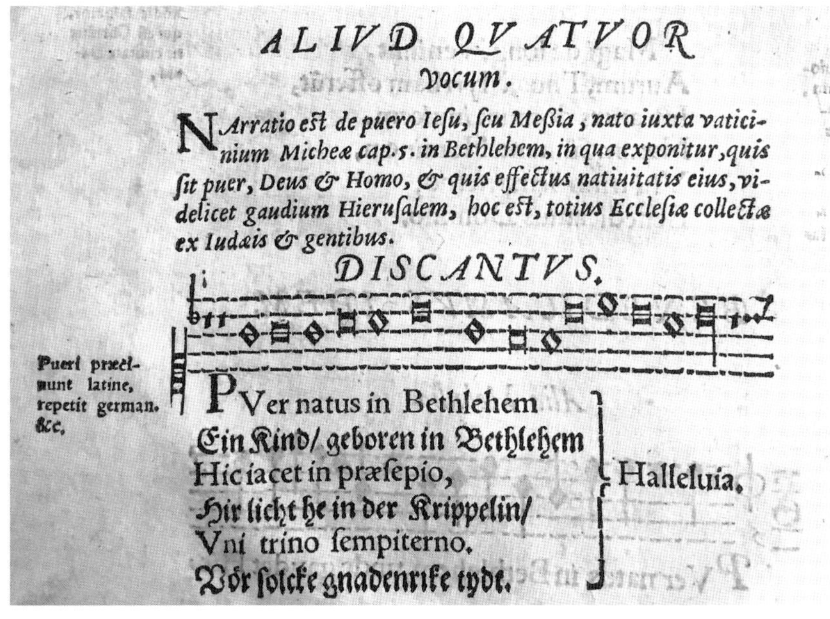
ALIVD QVATVOR vocum.

NArratio est de puero Iesu, seu Meßia, nato iuxta vaticinium Micheæ cap. 5. in Bethlehem, in qua exponitur, quis sit puer, Deus & Homo, & quis effectus natiuitatis eius, videlicet gaudium Hierusalem, hoc est, totius Ecclesiæ collectæ ex Iudæis & gentibus.

DISCANTVS.

Pueri præcinunt latine, repetit german. &c.

PVer natus in Bethlehem
Ein Kind/ geboren in Bethlehem
Hic iacet in præsepio,
Hir licht he in der Krippelin/
Vni trino sempiterno.
Vör solcke gnadenrike tydt.
Halleluia.

Abb. 6

PAruulus nobis nascitur / Uns ist ein Kindlein Heut geborn[23] ist ein rhythmisch sehr einfaches Lied im Dreiertakt mit zahlreichen Strophen, lateinisch/deutsch im Wechsel. Für die Strophen sind die PVERI als Sänger vorgezeichnet, für die Schlusszeile „Trinitatis gloria“ der

22 Ebd., pp. 27ff.

23 Ebd., p. 30f.

CHORVS. Hier, wie auch in vielen anderen Liedern und Gesängen der Cantionale aus der Barther Kirchenbibliothek weisen zahlreiche handschriftliche Eintragungen auf den konkreten praktischen Gebrauch hin (Abb. 7):

Abb. 7

IN natali Domini[24] weist noch eine andere Form auf: Die jeweiligen Strophen erscheinen komplett lateinisch und in lateinischer Übersetzung.

REsonet in laudibus[25] und *NVnc Angelorum gloria*[26] haben ausschließlich lateinischen Text, sind aber rhythmisiert notiert.

Die Folge der Weihnachtslieder schließt mit dem *Benedicamus Domino*[27] in „alter" Notation ab (Abb. 8):

Abb. 8

24 Ebd., p. 31 f.

25 Ebd., p. 32 v.

26 Ebd., p. 33.

27 Ebd., p. 33 v.

Liedsätze / mehrstimmige Sätze vorreformatorischer Gesänge

Die späte Sammlung des Gottfried Vopelius von 1682 weist immer noch zahlreiche vorreformatorische Gesänge in lateinischer Sprache auf, teils ebenfalls in der rückweisenden neumenartigen Notation, teils aber in zeitgenössischen Sätzen von Johann Hermann Schein und anderen (z. B. *Veni redemptor gentium*).

Großformen: *Passion – Auferstehungshistorie – Lamentationes Jeremiae – Litanei*

Alle Cantionale beinhalten größere Formen wie z. B. die Passion. Keuchenthal dokumentiert die frühe Form der Passion, in der Evangelist und Jesus nach dem Matthäusevangelium rezitieren und vierstimmige Turbae kommentieren.[28] Bei ihm findet sich auch die Passion in Liedform nach Sebaldus Heyden (23 Strophen).[29] Bei Lossius ist die Passion rein lateinisch. Unterschiedliche Sänger mit verschiedenen Rollen sind nicht explizit benannt wie bei Keuchenthal. Ihr Einsatz ergibt sich aber aus dem jeweiligen Stimmumfang bzw. der Stimmlage: tiefe – mittlere – hohe Lage.[30] Vopelius hat in seine Sammlung eine deutsche Matthäuspassion,[31] ähnlich jener Keuchenthals, und eine ebensolche Johannespassion[32] aufgenommen.

Darüber hinaus findet sich bei ihm eine Auferstehungshistorie[33] in Fortsetzung des mittelalterlichen Osterspiels.[34] Hier sind viele Sänger mit genau spezifizierten Rollen vorgesehen: Evangelist, Die drey Weiber, Die zwene Männer im Grabe, Maria Magdalena, Zweene Engel, Der Jüngling im Grabe, Die Hohenpriester und Eltesten, Cleophas und sein Gesell etc. Jesus spricht immer durch einen vierstimmigen Chor.

Lossius publizierte auch die *Lamentationes Jeremiae*.[35] Seine Funktion als Lehrer und sein pädagogischer Impetus zeigen sich hierbei in einer Besonderheit: Die Kommentare am Rand beziehen sich nicht nur auf den Inhalt der Klagelieder, sondern erläutern den rhetorischen Aufbau mit Hinweisen auf *Argumentum libri, Admiratio, Antithesis, Expositio, Amplificatio, Adhortatio* etc. (Abb. 9).

28 Keuchenthal, pp. 186 ff.; Praktische Notenedition: Ulrike Volkhardt (Hrsg.): Historia von dem Leiden und Sterben unsers Herren Jesu Christi (Matthäuspassion). Hildesheim, 2015. Einspielung: Ensemble devotio moderna (Leitung: Ulrike Volkhardt): Herre unser Herrscher. Kassel, 2008.

29 Keuchenthal, pp. 222 ff., Einspielung: Ensemble devotio moderna (Leitung: Ulrike Volkhardt): Zu Gottes Ehr und Deinem Trost. Kassel 2012.

30 Lossius 1579 (wie Anm. 1), pp. 34 ff.

31 Vopelius (wie Anm. 11), pp. 179 ff.

32 Ebd., pp. 227 ff.

33 Ebd., pp. 264 ff.; Praktische Notenedition: Ulrike Volkhardt (Hrsg.): Die Aufferstehung unsers Herren Jesu Christi (Auferstehungshistorie). Hildesheim, 2015.

34 Erhalten u. a. im Kloster Wienhausen, Hs. 80; Praktische Notenedition: Ulrike Volkhardt (Hrsg.): Danck unde Loff. Hildesheim, 2015. Einspielung: Ensemble devotio moderna (Leitung: Ulrike Volkhardt). In: Susanne Rode-Breymann (Hrsg.): Musikort Kloster. Kulturelles Handeln von Frauen in der Frühen Neuzeit. Köln / Wien, 2009 (mit CD: Osterspiel).

35 Lossius 1579 (wie Anm. 1), pp. 88 ff.

Abb. 9

Die Litanei[36] ist in allen Cantionale enthalten: teils lateinisch, teils niederdeutsch.

Gebrauch

Die Barther Exemplare der Cantionale von Lossius und Keuchenthal weisen extreme Gebrauchsspuren auf. Hierzu zählen Besetzungshinweise (Korrektur falsch gedruckter Stimmbezeichnungen, Stimmverteilungen), Textkorrekturen, Kritzeleien wie Rechenübungen, Ornamente und Namen. Aus dem zweiten Barther Exemplar sind alle Holzschnitte

36 Praktische Notenedition: Ulrike Volkhardt (Hrsg.): Vorlehn uns freden gnediglich. Hildesheim, 2015.

herausgeschnitten worden. Das Keuchenthal Cantionale in der Barther Kirchenbibliothek ist durch Herzog Philipp II., den Sohn des Barther Herzogs Bogislaws XIII. in die Bibliothek gekommen und wurde offensichtlich bis in das 18. Jahrhundert hinein zur Kenntnis genommen (Abb. 10). Die Makulatur im Barther Exemplar 4° Lit. E 42 besteht aus liturgischen Notenhandschriften mit Tinte auf einfachem Papier, ist also wohl nicht zur Verstärkung des Einbandes, sondern zur Benutzung im Gottesdienst eingefügt worden. Insgesamt legen diese Cantionalbücher Zeugnis von einem lebendigen Umgang mit der nachreformatorischen musikalischen Praxis im Gottesdienst ab.

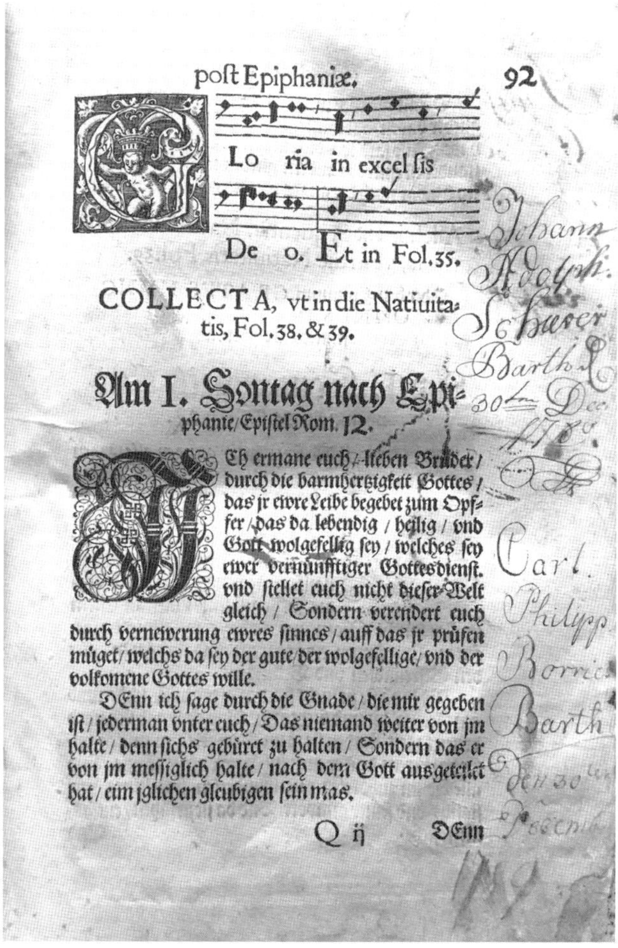

post Epiphaniæ. 92

Lo ria in excel sis

De o. Et in Fol.35.

COLLECTA, vt in die Natiuitatis, Fol.38. & 39.

Am I. Sontag nach Epiphanie/Epistel Rom. 12.

Ich ermane euch/lieben Brüder/ durch die barmhertzigkeit Gottes/ das jr ewre Leibe begebet zum Opffer/das da lebendig/heilig/vnd Gott wolgefellig sey/welches sey ewer vernünfftiger Gottesdienst. vnd stellet euch nicht dieser Welt gleich/Sondern verendert euch durch verneiwerung ewres sinnes/auff das jr prüfen müget/welchs da sey der gute/der wolgefellige/vnd der volkomene Gottes wille.

DEnn ich sage durch die Gnade/die mir gegeben ist/jederman vnter euch/Das niemand weiter von jm halte/denn sichs gebüret zu halten/Sondern das er von jm messiglich halte/nach dem Gott ausgeteilet hat/ein jglichen gleubigen sein mas.

Q ij DEnn

Johann Adolph
Barth

Carl Philipp
Barth

Abb. 10

Einem Helden der italienischen Barockoper auf der Spur: Stefanino Leonardi (*Montefiascone 17??, † Fulda 11. Mai 1765)*

Alessandra Sorbello Staub

Jochen Bepler in bleibender Anerkennung

Die Bibliothek des Bischöflichen Priesterseminars Fulda bewahrt in ihrem noch unkatalogisierten neuzeitlichen Brief- und Aktenbestand eine Papierkladde mit Korrespondenz. In diesem Konvolut sind zwei Briefe in italienischer Sprache enthalten, die die Aufmerksamkeit der Verfasserin geweckt haben.

Das äußere Blatt trägt eine blaue Aufschrift von einer Hand des 19. Jahrhunderts[1] – *Hinterlassenschaft des Musikus Steph. Leonardi 1765.* Ein zweiter Vermerk von einer zeitgenössischen Hand ist auf dem ersten Blatt erhalten. Sie lautet *Correspondenz in Betreff des dahier im Güldenen Stern dem 11.ten Maij 1765 verstorbenen Italienischen Musici und Castraten Stephani Leonardi Hinterlassenschaft nebst einem Inventario aus hiesigem Vicedom-amt.* Die Nachricht ist insofern interessant, weil das Kastratenwesen in Fulda bereits mehrere Jahre zuvor 1737 abgeschafft wurde.[2] Aus welchem Grund war daher ein Kastratensänger in Fulda? Und vor allem, was hatte einen bekannten Künstler des italienischen *belcanto* wie Stefano Leonardi nach Fulda geführt? Der folgende Beitrag versucht aufgrund des spärlichen Quellenmaterials, neue Aspekte der Biographie und des musikalischen Werdegangs Stefano Leonardis bis zum Tode in Fulda herauszuarbeiten.

Stefano Leonardi, genannt Stefanino, gehörte zu den namhaften Sängern seiner Zeit und war langjährig für den Bayreuther Hof tätig (Abb. 1).[3] Gebürtig aus Montefiascone,[4]

* Für Rat und anregende Gespräche bei der Fertigstellung dieses Beitrags möchte ich an dieser Stelle Christine Klössel, M.A., Dr. Berthold Jäger und Professor Dr. Inga Mai Groote herzlich danken.

1 Wahrscheinlich handelt es sich um die Hand von Dr. Gregor Richter (1874–1945), Professor für Kirchengeschichte am Priesterseminar Fulda.

2 Vgl. dazu Gottfried Rehm: Beiträge zur Musikgeschichte. In: Geschichte der Stadt Fulda. Von der fürstlichen Residenz zum hessischen Sonderstatus, Bd. 2. Fulda, 2008, S. 541–559, hier 543.

3 Irene Hegen: Die markgräfliche Hofkapelle zu Bayreuth (1661–1769). In: Silke Leopold und Bärbel Pelker (Hrsg.): Süddeutsche Hofkapellen im 18. Jahrhundert. Eine Bestandsaufnahme (Schriften zur Südwestdeutschen Hofmusik, 1). Online-Publikation, 2014, S. 1–54, hier 37 mit Anm. 259, URL: http://www.hof-musik.de/PDF/SSH1.pdf (16.5.2016).

4 Genaue Geburtsdaten sind nicht bekannt. Zur Herkunft vgl. die Angabe im Libretto der Oper Sirace „BIRALCA Confidente di Fulgene / e occulta Maga. / Il Sig. Stefano Leonardi di Monte Fiascone". Vgl. Giovanni Andrea

Abb. 1: Alexandre Roslin, Steffanino Leonardi, zwischen 1745–1747. Bayreuth, Neues Schloss, Altes Musikzimmer

tritt er nach Ausweis der Besetzungszettel in den Jahren zwischen 1737 und 1742 an den Theatern von Fano, Persiceto, Rom, Livorno und Venedig auf.[5] Sein erster nachgewiesener Auftritt fand 1737 in Fano am Teatro della Fortuna als Sorbina in *Intermezzi di Sorbina e Cialdone* von Carlo Sodi statt.[6] Wahrscheinlich aus diesem Grund wird er in den Libretti der folgenden Jahre häufig mit dem Beinamen "Il fanesino" erscheinen. 1740 sang er in Rom am Teatro Valle als Ormindo in *La Libertà Nociva* von Rinaldo Di Capua.[7] Im Jahr 1741 übernahm er vier verschiedene Rollen an drei unterschiedlichen Theatern. Er war zunächst

Galletti: Sirace ein musicalisches Schauspiel; in Erlang auf dem berühmten neuen Theatro des Durchlauchtigsten Fürsten und Herrn, Herrn Friederichs, Marggrafens zu Brandenburg-Culmbach ... und deroselben würdigster Frauen Gemahlin ... Frideriken Sophien Wilhelminen ... auf Deroselben gnädigsten Befehl von denen Cammer-Musicis in dem Carneval des 1744 Jahres vorgestellet. Bayreuth: Friederich Elias Dietzel, 1744. Digitalisat der UB Erlangen unter: http://digital.bib-bvb.de/webclient/DeliveryManager?custom_att_2=simple_viewer&pid=2725278. Zur Herkunft und Biografie s. auch Sabine Henze-Döhring: Markgräfin Wilhelmine und die Bayreuther Hofmusik. Bamberg, 2009, S. 140. Auf Montefiascone als Herkunftsort der Familie wird auch in einem der aufgefundenen Briefe hingewiesen. Battistelli zählt Leonardi hingegen aufgrund des Beinamens „Il fanesino" zu den Sängern aus Fano. Franco Battistelli: Cantanti fanesi del secolo XVIII. In: Nuovi studi fanesi 20 (2006), S. 61–72, hier 65.

5 Vgl. hierzu auch die Datenbank der Universität Bologna Corago: Repertorio e archivio di libretti del melodramma italiano dal 1600 al 1900 http://corago.unibo.it (16.5.2016) sowie Carlo Sartori: I libretti italiani a stampa dalle origini al 1800. Catalogo analitico con 16 indici, Bd. 1–7. Cuneo, 1990–94.

6 Battistelli 2006 (wie Anm. 4), S. 65.

7 "ORMINDO gentiluomo romano / Il Sig. Stefano Leonardi". Vgl. Giovanni Guadalberto Barlocci: La libertà nociva, dramma giocoso per musica da rappresentarsi nel Teatro alla Valle nel Carnevale dell'anno 1740. Dedicato all'Illustrissima signora la signora marchesa Maria Virginia Patrizj / [musica di Rinaldo da Capua]. In Roma : Komarek, 1760. Digitalisat: https://archive.org/details/lalibertnocivadr00rina. Die Titelrolle von Dorimene übernahm der berühmte deutsche Kastrat „Antonio Uberi detto il Porporino" mit dem Leonardi später in Berlin erneut zusammenarbeiten würde (s. weiter S. 228).

Oristeo in *Diomeda* von Lorenzo Gibelli[8] in Persiceto am Teatro degli accademici candidi uniti, später Rodrigo in *Il Cid* von einem unbekanntem Komponisten und dann Serse in *Il Temistocle* von Andrea Bernasconi,[9] beide in Livorno am Teatro di San Sebastiano.[10] Im Herbst 1741 war er schließlich Siffare in *Il Vincitore di se stesso* von Ignazio Fiorillo[11] in Venedig am Teatro S. Angelo.[12] Er blieb offenbar auch im Frühjahr 1742 in Venedig am Teatro S. Angelo und übernahm dort die Rollen von Valdemaro in *Ambleto* von Giuseppe Carcani[13] und *Learco in Cirene* von Pietro Pellegrini.[14]

Im Jahre 1742 verließ Stefano Leonardi Italien. Er wurde von Carl Heinrich Graun als Sänger für die neu gegründete Oper Friedrichs des Großen engagiert.[15] Am 7. Dezember 1742 wirkte er an der Einweihung der Hofoper mit dem Werk *Cleopatra e Cesare* von Graun mit und übernahm die Titelrolle des Cesare.[16]

8 Battistelli 2006 (wie Anm. 4), S. 65. Vgl. auch Francesco Passarini: Diomeda dramma per musica da rappresentarsi nella terra di S. Giovanni in Persiceto nel teatro de' sig. Accademici Candidi Uniti il settembre 1741 / [la poesia è del signor Francesco Passarini veronese, la musica del recitativo, e di alcune arie è del sig. Lorenzo Gibelli bolognese, le altre arie sono di diversi autori]. Bologna: Costantino Pisarri, [1741].

9 Als „Stefano Leonardi detto il Fanesino". Vgl. Fulvio Venturi: L'opera lirica a Livorno: 1658–1847. Dal Teatro di San Sebastiano al Rossini. Livorno, 2004, S. 148. Mit Andrea Bernasconi wird Leonardi später in München arbeiten. Auf die Wurzel dieser Zusammenarbeit in Italien verweist Sabine Henze-Döhring: Die musikalische Komposition der Oper L'Huomo. Vortrag auf dem Symposium anlässlich der Wiederaufführung von L'Huomo. Das musikalische Theater der Markgräfin Wilhelmine. 2. Oktober 2009, Kunstmuseum Bayreuth https://www.uni-marburg.de/fb09/musikwissenschaft/institut/mitarbeiter/onlinepublikationen/lhuomo.pdf (13.5.2016).

10 Als „Stefano Leonardi detto il Fanesino". Vgl. Venturi 2004 (wie Anm. 9), S. 148.

11 „SIFFARE Principe die Colco, altro figlio di / Mitridate / Sig. Stefano Leonardi". Vgl. Antonio Zaniboni: Il Vincitor di se stesso, dramma per musica del sig. conte Antonio Zaniboni patrizio bolognese. Da rappresentarsi nel Teatro di Sant' Angelo l'autunnpo dell'anno 1741. Dedicato a sua eccellenza il sig. carolo Filippo Lasteras / [La musica è del sig. Ignazio Fiorillo di Napoli]. Venedig: Marino Rossetti, 1741. Digitalisat: https://books.google.de/books?id=H920HmvVsSgC&pg=PA1. Taddeo Wiel: I teatri musicali veneziani del Settecento. Catalogo delle opera in musica rappresentate nel secolo XVIII in Venezia. Venezia, 1897, Nr. 405, S. 136 sowie Eleanor Selfridge-Field: A New Chronology of Venetian Opera and Related Genres, 1660–1760. Stanford, 2007, S. 473.

12 Vgl. Ludwig Schiedermair: Bayreuther Festspiele im Zeitalter des Absolutismus. Studien zur Geschichte der deutschen Oper. Leipzig, S. 1908, S. 112 mit Anm. 2.

13 „VALDEMARO, Generale del Regno / Il Sig. Stefano Leonardi". Vgl. Apostolo Zeno: Ambleto: drama per musica da rappresentarsi nel Teatro di Sant'Angelo il carnovale dell'anno 1742, consacrato a sua eccellenza il signor conte Jacopo Sanvitale / [La musica è del Sig. Giuseppe Carcani] Venedig: Gasparo Girardi, 1742. Volltext: http://www.internetculturale.it/jmms/iccuviewer/iccu.jsp?id=oai%3Abid.braidense.it%3A7%3AMI0185%3AMUS0011453 (16.5.2016).

14 "LEARCO Principe di Cipro / Il Sig. Stefano Leonardi". Vgl. Silvio Stampiglia: Cirene: dramma per musica da rappresentarsi nel Teatro di S. Angelo il carnovale 1742: dedicato a Sua Eccellenza il signor marchese Annibale Palmieri / [La musica è del Sig. Pietro Pellegrini di Brescia]. Venedig: Marino Rossetti, [1742?]. Digitalisat: http://www.urfm.braidense.it/rd/03031.pdf (16.5.2016).

15 Vgl. den Brief von Friedrich II. an seine Schwester Wilhelmine vom 20. Oktober 1742: "J'ai presque tout de nouveaux chanteurs: la Molteni, admirable voix et grande chanteuse; le Proporino, Leonardi et Paolino sont les trois nouveaux chanteurs". Brief Nr. 124 Zit. aus der digitalen Ausgabe der Werke Friedrichs des Großen der Universitätsbibliothek Trier http://friedrich.uni-trier.de/de/oeuvres/27_1/127/ (16.5.2016). In den monatlichen Schatullrechnungen ist für November 1742 eine Zahlung von 257 Reichsthalern an Cornagia u. Leonardi verzeichnet. Vgl. Die Schatullrechnungen Friedrichs des Großen. Online-Ausgabe von Perspectivia.net http://quellen.perspectivia.net/bestaende/spsg-schatullrechnungen/jahre/j03_1742/s0015 (16.5.2016).

16 Giovan Gualberto Bottarelli: Cleopatra e Cesare, dramma per musica da rappresentarsi nel Regio Teatro nuovamente fabricato in Berlino per ordine di S.M. il Ré di Prussia / [la poesia è del signore Giovan Gualberto Bottarelli di Siena poeta di S.M.] ; [la musica è del signore Carlo Enrico Graun, maestro di Cappella

In Berlin blieb er zunächst nur eine Saison.[17] Im Folgejahr verließ er den Brandenburgischen Hof. Vielleicht genügte er – wie bisher für die Mehrzahl der übrigen engagierten italienischen Sänger vermutet[18] – den hohen künstlerischen Ansprüchen Friedrichs nicht.[19] Vielleicht folgte Friedrich auch der Bitte seiner Schwester, der Markgräfin Sophie Friederike Wilhelmine, die ihn in einem Brief aus dem Jahre 1743 um zwei junge Sänger bat, von denen sie einen engagieren und in Italien weiter ausbilden lassen wollte.[20] Stefanino Leonardi kam 1743 nach Bayreuth[21] und wurde für die Brandenburgisch-Kulmbachische Hofkapelle engagiert.[22] In den folgenden Jahren wird er am Hof überhaupt nur wichtige Rollen bei bedeutenden Aufführungen wahrnehmen.[23] Wir finden ihn 1744 bei der Einwei-

di S.M] ; [la traduzione è del signore Giovanni Mattia Dreyer, d'Hamburg] Berlin: Christian Sigismund Bergemann, 1742. Karl Heinrich Siegfried Rödenbeck wird zu diesem Ereignis in seinem Geschichtskalender für den 1. Dezember 1742 Folgendes notieren: „Freitag Oper (Cleopatra), mit der das neuerbaute Opernhaus eingeweiht wurde, Sonnabend Assemblée in der Stadt. Außer den schon genannten Operisten sangen jetzt auch noch: die Sänger Porporino, Stefanino, Paulino und die Sängerin Molteni". Zit. nach der digitalen Ausgabe der Werke http://friedrich.uni-trier.de/de/roedenbeck/1/76-o2/ (16.5.2016) Auf die umfangreiche Literatur zum Werk und seiner Aufführung kann hier aus Platzgründen nicht eingegangen werden. Zu den Anfängen der Berliner Oper unter Friedrich II. siehe Christoph HENZEL: Zu den Aufführungen der großen Oper Friedrichs II. von Preußen 1740–1756. In: Jahrbuch des staatlichen Institutes für Musikforschung (1997), S. 9–57 und Claudia TERNE: Friedrich II. von Preußen und die Hofoper. In: Michael KAISER und Jürgen LUH (Hrsg.): Friedrich der Große und der Hof. Beiträge des zweiten Colloquiums in der Reihe „Friedrich300" vom 10./11. Oktober 2008 (Friedrich 300 - Colloquien, 2) URL http://www.perspectivia.net/publikationen/friedrich300-colloquien/friedrich-hof/Terne_Hofoper (16.5.2016).

17 Vgl. Friedrich Wilhelm MARPURG: Historisch-kritische Beyträge zur Aufnahme der Musik, Bd. 1. Berlin, 1754, S. 80: „Im Jahre 1743 im Carneval 1) Cleopatra von Bottarellis Poesie, und Herrn Grauns Composition. 2) la Clemenza di Tito. Die Poesie ist vom Abt Metastasio, die Musik von Herrn Hassen. In diesen beiden Opern sungen die Sängerinn Benedetta Molteni, und die Castraten Stefano Leonardi, Antonio Uberi detto Porporino, und Paolo Bedeschi, welche kurz vorher aus Italien angekommen waren zum erstenmale, Zu Ende dieses Jahres giengen Trulzi, Mazzanti, Leonardi und Pinetti wieder ab."

18 Henzel behauptet: „die von Graun engagierten Sängerinnen und Sänger entsprachen in ihrer Mehrzahl nicht den in sie gesetzten Erwartungen". Zit. nach HENZEL 1997 (wie Anm. 16), S. 22. Diese Meinung teilt auch Mary OLESKIEWICZ: The Court of Brandenburg-Prussia. In: Samantha OWENS, Barbara M. REUL und Janice B. STOCKIGT (Hrsg.): Music at German Courts 1715 – 1760. Changing artistic priorities. Woodbridge, 2011, S. 79–130, hier 97. Aufgrund der Analyse der Partituren schätzt auch Henze-Döhring die sängerischen Fähigkeiten Leonardis nicht besonders hoch. Vgl. HENZE-DÖHRING, musikalische Komposition, 2009 (wie Anm. 9), S. 16. An anderer Stelle führt Henze-Döring als Begründung für die Entlassung Leonardis auch die Ankunft des Sängers Felice Salimbeni an. Vgl. HENZE-DÖHRING, Markgräfin Wilhelmine, 2009 (wie Anm. 4), S. 81. Die zeitgenössischen Quellen – etwa Marpurg – nennen zur Entlassung der Sänger keine Gründe.

19 Über Friedrich als Musiker s. jüngst Sabine HENZE-DÖHRING: Friedrich der Große. Musiker und Monarch. München, 2012, mit weiterführender Literatur.

20 „Je pourrai bien l'engager et lui faire finir son apprentissage in Italie". Zit. aus dem Brief von Wilhelmine an Friedrich vom 19. Oktober 1743, in Auszügen veröffentlicht und ins Deutsche übersetzt von Ruth MÜLLER-LINDENBERG: Wilhelmine von Bayreuth. Die Hofoper als Bühne des Lebens. Köln, 2005, S. 98 mit Anm. 67. Für diese These spricht auch Leonardis erneutes Engagement am Berliner Hofe im Jahre 1755 (s. unten).

21 Seine Ankunft als „königl. preuß. Cammermusicus" am 23. November 1743 ist in der Bayreuther Zeitung vom 30. November 1743 festgehalten. Vgl. HENZE-DÖHRING, Markgräfin Wilhelmine, 2009 (wie Anm. 4), S. 140 f. Für die ältere Forschung war Leonardi bereits 1740 in Bayreuth im Gefolge einer italienischen Operntruppe. Vgl. Josef FOCHT: Die musische Aura der Markgräfin Wilhelmine. Musikinszenierung in der Kunst des Bayreuther Rokoko (Peda-Kunstführer – Musik im Bild, 1). Passau, 1998, S. 80 sowie Heinrich BAUER: Die italienische Festoper am Hofe zu Bayreuth. München, 1976, S. 16.

22 Zur Bayreuther Hofkapelle vgl. jüngst HEGEN 2014 (wie Anm. 3), S. 1–54.

23 In einem Fall ist er sogar als Librettist tätig für: Clori Drama per Musica ; An dem hocherfreulichen Geburtsfest Des Durchlauchtigsten Fürsten und Herrn Friederichs, Marggrafens zu Brandenburg, in Preussen ... den 10. May 1748 Chloris : ein Schäferspiel. Bayreuth: Dietzel, [ca. 1748]. Vgl. HENZE-DÖHRING, Markgräfin

hung des Markgrafentheaters in Erlangen[24] als Biralca in *Sirace*[25] und als Tito in *La clemenza di Tito*,[26] beide Werke von unbekannten Komponisten. Im Jahre 1748 sang er als Valentiniano III. in der Oper *Ezio*[27] anlässlich der Hochzeit von Wilhelmines Tochter, Elisabeth Friederike Sophie mit Herzog Carl Eugen von Württemberg, die zugleich den feierlichen Rahmen für die Einweihung des Markgräflichen Opernhauses in Bayreuth darstellte.[28] In den darauffolgenden Aufführungen – 1752 als Deucalion in *Deucalione e Pirra*,[29] 1754 als Anemone in *L'Huomo*[30] und 1756 als Polidamante in *Almatea*[31] – sang er sogar Texte und teilweise Musik, die die Markgräfin selbst geschrieben hatte.[32]

Wilhelmine, 2009 (wie Anm. 4), S. 140. Eine doppelte Tätigkeit als Sänger und Librettist übte am Bayreuther Hof auch Giovanni Andrea Galletti aus. Vgl. Rashid-S. Pegah: The Court of Brandenburg-Culmbach-Bayreuth. In: Owens, Reul und Stockigt (Hrsg.) 2011 (wie Anm. 18), S. 389–412, hier S. 403. Die Aufschrift von Leonardis Portraits (Alexandre Roslin, zwischen 1745 – 1747) im Alten Musikzimmer des Bayreuther Schlosses würde sogar für eine Tätigkeit als Komponist sprechen: „Le compositeur Steffanino Leonardi". Zit nach Henze-Döhring, Markgräfin Wilhelmine, 2009 (wie Anm. 4), S. 140. Eine Mitwirkung Leonardis an der Oper L' Huomo hat Henze-Döhring nachgewiesen. Vgl. Henze-Döhring, musikalische Komposition, 2009 (wie Anm. 9), S. 13 sowie Henze-Döhring 2012 (wie Anm. 19), S. 157 ff.

24 In diesem Jahre nimmt er auch an Jagddivertissements in Kaiserhammer teil. Vgl. Henze-Döhring, Markgräfin Wilhelmine, 2009 (wie Anm. 4) S. 140 und Pegah 2011 (wie Anm. 23) S. 404.

25 „BIRALCA Confidente di Fulgene / e occulta Maga. / Il Sig. Stefano leonardi di Monte Fiascone". Vgl. Galletti 1744 (wie Anm. 4).

26 Pietro Metastasio: La Clemenza di Tito. Dramma per Musica Da recitarsi in Erlang nel nuovo famoso Teatro Di Sua Altezza Serenissima Federico Margravio di Brandenburgo Culmbac ... e Di ... Federica Sofia Wiglielmina Nata Real Principessa di Prussia e Margravia di Brandenburgo Culmbac ... Per Loro comàndo Dalli Musici di Camera il Carnevale dell' Anno 1744. Bareit: Federico Elia Dietzel; [1744].

27 Pietro Metastasio: Ezio dramma per musica da rappresentarsi nel Ducal-Teatro di Bareith in occasione delle faustissime nozze delle Altezze Serenissime di Elisabetha Friderica Sophia, principessa di Brandenburgo Culmbac e Carlo, Duca di Wirtembergo &c. per commando delle loro Altezze &c. Bareith: Dietzel, 1748. Zu Werk und Aufführung vgl. Reinhard Wiesend: Der Bayreuther Ezio von 1748. Ein Machtwerk? In: Peter Niedermüller und Reinhard Wiesend (Hrsg.): Musik und Theater am Hofe der Bayreuther Markgräfin Wilhelmine (Schriften zur Musikwissenschaft, 7). Mainz, 2002, S. 85–96 mit weiterführenden Literatur.

28 Arno Störkel: Die Hochzeit von Elisabeth Friederike Sophie, Tochter der Markgräfin Wilhelmine. In: Peter O. Krückmann (Hrsg.): Paradies des Rokoko. Galli Bibiena und der Musenhof der Wilhelmine von Bayreuth, Ausstellungskatalog. München, 1998, S. 90–93 sowie Karl Müssel: Die große Bayreuther Fürstenhochzeit. Vorgeschichte, Vorbereitungen und Verlauf. In: Archiv für Geschichte von Oberfranken 77 (1997), S. 7–118.

29 „Deucalion Mr Stephanino." Vgl. Wilhelmine von Bayreuth: Deucalion et Pyrrha. Opéra melé de Danses representé sur le grand Théâtre de l'Opera pendant le Carneval de l'an 1752 par Ordre de Son Altesse Royale Fréderique Sophie Wilhelmine Madame de Marggraue de Brandebourg-Coulmbac &c. &c. = Deucalione e Pirra. Bayreuth: Dietzel, [ca. 1752]. Digitalisat der UB Erlangen: http://digital.bib-bvb.de/webclient/DeliveryManager?custom_att_2=simple_viewer&pid=2501662 (16.5.2016).

30 „ANEMONE Il Sigr. Stephano Leonardi". Zum Werk und seiner Aufführung vgl. Henze-Döhring, musikalische Komposition, 2009 (wie Anm. 9) mit weiterführenden Literatur sowie Henze-Döhring 2012 (wie Anm. 19), S. 156 ff. Ein Faksimile des Libretto ist auch in: Niedermüller und Wiesend (Hrsg.) 2002 (wie Anm. 27), S. 127–203 abgedruckt.

31 „POLIDAMANTE ovvero JARBASI / Il Sig. Stefanino Leonardi" Vgl. Wilhelmine von Bayreuth: Amalthea Ein Singspiel in drey Aufzügen ; ... auf dem grosen Theater zu Bayreuth aufgeführt im Jahr 1756 = Amaltea: Drama Per Musica Composto In Francese Da Sua Altezza Reale Frederica Sofia Willelmina Marggravia Di Brandenburgo Culmbach &c. Bayreuth: Friedrich Elias Dietzel, 1756 (Digitalisat der UB Erlangen http://digital.bib-bvb.de/webclient/DeliveryManager?custom_att_2=simple_viewer&pid=2557014 16.5.2016) und Wilhelmine von Bayreuth: Amalthée. Opéra En Trois Actes = Amaltea : Drama Per Musica Composto In Francese. Bayreuth: Friedrich Elias Dietzel, [1756] (Digitalisat der UB Erlangen http://digital.bib-bvb.de/webclient/DeliveryManager?custom_att_2=simple_viewer&pid=2469963 16.5.2016).

32 Auf die umfangreiche Literatur über die Markgräfin Wilhelmine als Komponistin kann hier aus Platzgründen nicht eingegangen werden. Zur Musik am Bayreuther Hof vgl. jüngst Pegah 2011 (wie Anm. 23), S. 389–412 mit weiterführender Literatur sowie Hegen 2014 (wie Anm. 3), S. 1–54.

Stefanino Leonardis Tätigkeit während seiner langen Bayreuther Zeit als ,Primouomo' umfasst sechs Aufführungen. Er trat jedoch nicht nur am Bayreuther Hofe auf. Vielmehr finden wir ihn auf Reisen als Gastsänger in italienischen und deutschen Opernhäusern.[33] Seine Mitwirkung lässt sich für den Herbst 1749 als Cambise in *Ciro riconosciuto* von Jommelli im venezianischen Teatro Grimani in San Giovanni Grisostomo [34] nachweisen. Zwei weitere Rollen übernahm er in Venedig im folgenden Frühjahr ebenfalls am Teatro Grimani: Medarse in *Siroe* von Gioacchino Cocchi[35] und die Titelrolle in *Artaserse* von Pampani.[36] Wenige Jahre später – unmittelbar vor seinem erneuten Engagement am Berliner Hof[37] – ist er in zwei unterschiedlichen Rollen am Teatro San Carlo in Neapel nachzuweisen: 1753 als Achille in *Ifigenia in Aulide* von Jommelli[38] und als 1754 Ricimiero in der gleichnamigen Oper von Galuppi.[39] Neben den Gastauftritten in den italienischen Theatern sang er 1750 in Stuttgart Artaserse in der gleichnamigen Oper von Graun.[40] Diese Aufführung findet bei der Einweihung des neuen Theaters durch Frederike von Brandenburg-Bayreuth statt.[41]

33 Das war allerdings kein Privileg Leonardis. Auch die anderen Sänger am Bayreuther Hof pflegten Gastauftritte an anderen Theatern wahrzunehmen. Im Falle von Giacomo Zaghini lassen sich für die Jahre zwischen 1735 und 1748 mindestens 26 Opernauftritte andernorts zählen. Vgl. Sabine Henze-Döhring: Konzeption einer Höfischen Musikkultur. In: Niedermüller und Wiesend (Hrsg.) 2002 (wie Anm. 27), S. 97–118, hier S. 105 f.

34 Vgl. Schiedermair 1908 (wie Anm. 12), S. 112 mit Anm. 2. sowie Wiel 1897 (wie Anm. 11), Nr. 511, S. 175 und Selfridge-Field 2007 (wie Anm. 11), S. 521 f.

35 "MEDARSE Secondo Genito di Cosroe / Il Sig. Stefano Leonardi, Virtuoso di Came-/ra di S.A:S. Margravio, e di S.A.S.R. Margravia di Brandemburgo-Barait". Vgl. Pietro Metastasio: Siroe dramma per musica da rappresentarsi nel famosissimo Teatro Grimani di S. Gio. Grisostomo, nel carnovale dell'anno 1750 / [musica di Gioacchino Cocchi]. Venedig: Merceria All'Insegna della Scienza, [1750]. Digitalisat:der Biblioteca Braidense oai:bid.braidense.it:7:MI0185:MUS0010778 (16.5.2016).

36 Vgl. Wiel 1897 (wie Anm. 11), Nr. 523, S. 180 sowie Selfridge-Field 2007 (wie Anm. 11) S. 527.

37 In den Jahren 1754–1756 wurden in Berlin die Oper Semiramide, Montezuma, Ezio, I fratelli nemici und Merope von Carl Heinrich Graun und Il tempio d'amore von Johann Friedrich Agricola aufgeführt. Vgl. Henzel 1997 (wie Anm. 16), S. 52 f. Die Mitwirkung Leonardis lässt sich aufgrund fehlender Angaben in den Libretti allerdings nicht direkt überprüfen. Seine eventuelle Mitwirkung an I fratelli nemici ist allerdings Gegenstand eines Briefs von Friedrich II. an Wilhelmine vom 25. April 1755. Siehe weiter S. 233 f.

38 "Stefano Leonardi Virtuoso di Camera ed all'attual servizio dell'Altezze Reali die Bayraith, Brandeburgo, Columbae et. Etc. etc." Vgl. Mattia Verazi: Ifigenia in Aulide drama per musica da rappresentarsi nel Real Teatro di S. Carlo a dì 18 decembre 1753. In cui si commemora l'augusto nome della regina regnante delle Spagne ... [la musica è del signor D. Nicolò Jomelli napoletano ..., signor D. Tommaso Traetto maestro di cappella napoletano]. Neapel: Domenico Lanciano, 1753 Digitalisat https://books.google.de/books?id=w2Vv32tqXYYC (16.5.2016).

39 Ricimero re de' Goti, drama per musica da rappresentarsi nel Real Teatro di S. Carlo a dì 4 novembre 1753 per solennizzare il glorioso augusto nome di sua maestà, alla real consorte ... dedicato / [la musica è del sig. D. Baldassarre Galuppi detto il Buranello veneziano]. Neapel: Domenico Lanciano, [1753].

40 „ARTASERSE , Principe, e poi re di Persia , Amico / d'Arbace , ed amante di Semira / Il Sig. Stefano Leonardi". Vgl. Pietro Metastasio: Artaserse Dramma Per Musica Da Rappresentarsi Nel Teatro Ducale Di Stutgart Festeggiandosi Il Felecissimo Giorno Natalizio Di ... Elisabetta Sophia Federica, Duchessa di Wirtemberg & Teck. Per Comando Di ... Carlo, Duca di Wirtemberg e Teck ...La Poesia É del Signore Abbate Pietro Metastasio, Poeta Cesareo. La Musica É del Signore Graun, Maestro di Capella di S. M. il Ré di Prussia [Musik Carl Heinrich Graun]. Stuttgart: Johann Georg Cotta, 1750. Digitalisat der UB Heidelberg: urn:nbn:de:bsz:16-diglit-268774 (16.5.2016).

41 Zur Musik am Württembergischen Hof siehe jüngst Rainer Nägele: Die württembergische Hofmusik. Eine Bestandsaufnahme. In: Silke Leopold u. Bärbel Pelker (Hrsg.): Süddeutsche Hofkapellen im 18. Jahrhundert. Eine Bestandsaufnahme (Schriften zur Südwestdeutschen Hofmusik, 1). Online-Publikation, 2014, S. 479–486, URL: http://www.hof-musik.de/PDF/SSH1.pdf (16.5.2016) sowie Samantha Owens: The Court of Württemberg-Stuttgart. In: Owens, Reul und Stockigt (Hrsg.) 2011 (wie Anm. 18), S. 165–196, mit weiterführender Literatur.

Wenige Jahre später ist er an der Hofoper in München tätig,[42] 1754 als Tamerlano in *Il Bajazet*[43] und 1755 als Adriano in *Adriano in Siria*, beides Werke von Andrea Bernasconi.[44]

In den italienischen, aber auch in den deutschen Libretti dieser Gastauftritte wird Leonardi stets als „Künstler des Bayreuther Hofs bezeichnet: „virtuosso della corte di Bayreuth“[45] bzw. als „Virtuoso di Camera All'attual Servizio di S[ua] A[ltezza] S[erenissima] il Margrave Regnante di Bareyth-Brandenburg“.[46] Die Häufigkeit der Gastauftritte vermittelt den Eindruck, dass Stefano Leonardi gerne als Werbeträger für den Bayreuther Hof auf Reisen geschickt wird.[47]

Die Begegnung mit Wilhelmine von Bayreuth war für den künstlerischen Werdegang Leonardis von großer Bedeutung. Aus ihrer Korrespondenz mit ihrem Bruder, Friedrich dem Großen, erfahren wir, dass Wilhelmine zu Beginn seines Aufenthalts in Bayreuth sich persönlich um die Abrundung seiner musikalischen Ausbildung gekümmert hat:

> „Stefanini [!] wird auch hervorragend. Der arme Teufel hat niemals ordentlich studiert, weshalb er nicht zwei gleichmäßige Töne singen kann. Ich hatte die Geduld, ihn ein Jahr lang das Solfeggio üben zu lassen. Jetzt singt er Contra-Alt und zwar besser als Zaghini,[48] und alle Töne sind rein und gleichmäßig.“[49]

42 Stefano Leonardi gehörte laut Sadgorski zu den wenigen Sängern, „die in Diensten auswärtigen Fürsten standen und Gastspiele in München absolvierten“. Daniela Sadgorski: Andrea Bernasconi und die Oper am Münchner Kurfürstenhof 1753–1772. München, 2010, S. 100. Stefano Leonardi wird in den Libretti der Opern Il Bajazet (1754) und Adriano in Siria (1755) als „Virtuoso di Camera All'attual Servizio di S[ua] A[ltezza] S[erenissima] il Margrave Regnante di Bareyth-Brandenburg“ gekennzeichnet.

43 Agostino Piovene: Bajazet Vorgestellet in einem gesungnen Schau-Spiel Auf dem neuen Hof-Schau-Platz Nach höchsten Befehl Sr. Churfürstl. Durchläucht Maximilian Joseph, In Obern und Niedern Bayern, auch der Obern Pfalz Herzog, Pfalz Grafen bey Rhein, des Heil. Röm. Reichs Erz-Truchseß und Churfürst, Landgrafen zu Leuchtenberg [et]c. [et]c. Auf Höchst Dero Namens-Tage am 12. October 1754. Digitalisat de BSB München http://daten.digitale-sammlungen.de/~db/0005/bsb00055499/images/ (16.5.2016).

44 Pietro Metastasio: Adriano in Siria. Dramma per Musica da rappresentarsi nel nuovo teatro di corte per comando di S.A.S.E. Massimiliano Gioseppe, Duca dell'Alta e Bassa Baviera [...] Nel Carnevale dell'Anno MDCCLV [...] La Poesia è del Sig. Abbate Pietro Metastasio, Poeta di S.M.C.e.C. / La musica è del Sig. Adrea de Bernasconi... München: Johann Paul Jakob Vötter, [1755]. Digitalisat der BSB München http://bavarica.digitale-sammlungen.de/resolve/display/bsb10885804.html (16.5.2016). Die erste Rolle in der Oper von Bernasconi spielte Ferdinando Mazzanti. Aus der Korrespondenz von Maximilian III. Joseph mit seiner Schwester Maria Antonia in Dresden erfahren wir, dass der Kurfürst Leonardis schauspielerische Fähigkeiten mochte, jedoch Mazzanti für den besseren Sänger hielt: „Mazanti qui fait da premier homo est excelente la voy n'est pas de plus bells mais son çavoir est incomprensible [...] Stefanini fait adriano qui est bon acteur mais pour le chant il n'y a pas de comparaison a faire“ Zit. nach Sadgorski 2010 (wie Anm. 42), S. 105.

45 So im Libretto von Artaserse von Pampani (wie Anm. 36). Diese Bezeichnung gilt laut Henze-Döhring dem Bayreuther Hof als Werbemaßnahme. Vgl. Henze-Döhring, Markgräfin Wilhelmine, 2009 (wie Anm. 4), S. 81.

46 So die Bezeichnung im Libretto der neapolitanischen Aufführung der Ifigenia in Aulide, s. oben Anm. 38.

47 Vgl. Henze-Döhring, Markgräfin Wilhelmine, 2009 (wie Anm. 4), S. 81.

48 Giacomo Zaghini (Fano *1715 – †1770) genannt 'Il Fanesino' war seit 1738 ebenfalls Sänger am Bayreuther Hof und gilt als Konkurrent von Stefanino Leonardi. Vgl. hierzu Focht 1998 (wie Anm. 21) S. 79 ff. mit Hinweis auf Erich Bachmann, Die ›Comödiantenbildnisse der Markgräfin Wilhelmine von Bayreuth. In: Wilhelm Müller (Hrsg.): Im Glanz des Rokoko. Markgräfin Wilhelmine von Bayreuth. Gedenken zu ihrem 200. Todestag (Archiv für Geschichte von Oberfranken, 38). Bayreuth, 1958, S. 186–193, hier 188 f. mit Anm. 6. Über Zaghinis Biografie siehe auch Battistelli 2006 (wie Anm. 4), S. 66–68, Henze-Döhring, Markgräfin Wilhelmine, 2009 (wie Anm. 4), S. 140 f. und Henze-Döhring 2002 (wie Anm. 33), S. 105 f.

49 Brief von Wilhelmine an Friedrich vom 25. Dezember 1746 veröffentlicht in Auszügen und ins Deut-

Die Übung wird die begabte Stimme von Stefano Leonardi zu einer größeren Reife verholfen haben. Nur wenige Jahre später äußert sich Wilhelmine in einem Brief an ihren Bruder erneut voller Lob über ihn: „Stefanino wird täglich besser und beginnt Zaghini zu übertreffen. Er hat die schönste Stimme auf der Welt."[50]

Auch in den Folgejahren erwähnen sowohl Wilhelmine als auch ihr Bruder in ihrer Korrespondenz Stefano Leonardi. Die Briefe vermitteln ein Bild der wachsenden Wertschätzung der Geschwister für den italienischen Sänger. Die Erwähnungen Leonardis in dieser Korrespondenz verdichten sich im Zusammenhang mit einem konkreten Auftrag Friedrichs im Jahre 1754. Auf der Suche nach einem neuen *primo uomo*[51] wird Friedrich von seiner Schwester informiert, dass Leonardi einen jungen Sänger entdeckt hatte: „Stefanino hat mir von einem jungen Mann erzählt, gerade 15 Jahre alt, der die schönste Stimme hat, die er jemals gehört hätte. Er ist nur ein Schüler. Er ist in Foligno, im Kirchenstaat, und gehört dem dortigen Kapellmeister".[52] Friedrichs Besuch in Bayreuth für die Aufführung der Oper *L'huomo*[53] bietet ihm Gelegenheit, die Bekanntschaft mit Leonardi aufzufrischen. In einem Brief vom Ende Juni 1754 schreibt der König an seinen Kammerdiener Fredersdorf „ich habe in bareit [Bayreuth] Mit [dem Sänger] Steffanino abgeredet, er Sol mihr einen Jungen buben Kaufen in Rohm [Rom], der eine schöne Stime hat. Mach ihm dorten doch Credit und schreibe ihm darum".[54]

Im Jahre 1755 reist Stefano Leonardi also im Auftrag Friedrichs des Großen nach Italien.[55] Trotz der kurzen Begegnung scheint Leonardi bei Friedrich dem Großen auch sonst in guter Erinnerung geblieben zu sein. Friedrich bezieht sich sogar zum Vergleich auf *Stefanino,* als er scherzhaft über die Stimme des Bischofs von Tournai schreibt.[56] Darüber hinaus wird er ihn im Jahre 1755 erneut für Berlin engagieren lassen. Über die Umstände berichtet Friedrich erneut in einem Brief an seine Schwester: „Ich freue mich eine Oper über ‚Die uneinigen Brüder' zu machen. Mit Eurem Erlaubnis wird Stefanino in diesem Winter bei uns singen, und ich werde für ihn eine schöne Partie machen."[57] Am 13. Juli

sche übersetzt von Müller-Lindenberg 2005 (wie Anm. 20), S. 98 mit Anm. 68.

50 Brief von Wilhelmine an Friedrich vom 30. November 1748. Zit. nach Gustav Berthold Volz (Hrsg.): Friedrich der Große und Wilhelmine von Bayreuth. Briefe, Bd. 2: Briefe der Königszeit 1740–1758. Berlin, 1926, S. 157. Vgl. auch Schiedermair 1908 (wie Anm. 12), S.125: „Stephanini devient tout les jours meilleurs, et commence a surpasser."

51 Zu den konkreten Wechseln der Sänger am Preußischen Hof siehe: Mary Oleskiewicz: The Court of Brandenburg-Prussia. In: Owens, Reul und Stockigt (Hrsg.) 2011 (wie Anm. 18), S. 79–130, hier 97 f.

52 „Stephanino m'a parlé d'un jeune home qui n'a que 15 ans qui a dit la plus Belle voix quil ait entendu de sa vie. Ce n'est qu'un Ecollier. Il est a Folgno dans l'etat du Pape et apartiert au Maitre de Chapell de cett endroit. J'ai crû peut etre il seroit propre pour recruter avec le tems votre Opera. La voix doit etre Infinimet plus Belle que celle de notre nouveau chanteur. Maiss il lui faut encore 2 ou 3 ans pour le former." Brief vom Wilhelmine an Friedrich vom 6. Mai 1754, in Auszügen veröffentlicht bei Oleskiewicz 2011 (wie Anm. 51), S. 97. [Übertragung ins Deutsche von der Verf.].

53 S. oben Anm. 30.

54 Brief von Friedrich an seinen Kammerdiener Fredersdorf. Brief Nr. 192 zit. nach Johannes Richter: Die Briefe Friedrichs des Großen an seinen vormaligen Kammerdiener Fredersdorf. Berlin, 1926, S. 297.

55 *Sein ›Einkauf' war offenbar erfolgreich, denn der junge Giuseppe Tosoni wird 1755 zum Berliner Hof kommen und bis 1791 dort bleiben.* Vgl. Oleskiewicz 2011 (wie Anm. 51), S. 98.

56 Brief von Friedrich an Wilhelmine vom 21. November 1754: "Je ne connais point l'évêque de Tournai que vous avez accompagné du clavecin; c'est peut-être dommage qu'il ne soit pas un Stefanino; il en chanterait une octave plus haut." Brief Nr. 282 Zit. aus der digitalen Ausgabe der Werke Friedrichs des Großen der Universitätsbibliothek Trier http://friedrich.uni-trier.de/de/oeuvres/27_1/284 (16.5.2016).

57 Brief von Friedrich an Wilhelmine vom 25. April 1755: „Je m'amuse à faire un opéra des Frères ennemis. Avec

1755 trifft Leonardi in Berlin ein.[58] Im August desselben Jahres schreibt Friedrich erneut seiner Schwester:

> „Sie sind zu gütig, um zu erlauben, dass Stefanino hier singt, statt auswärts zu singen, da Ihr ihn nicht benötigt; da Eure Vorstellungen im Sommer stattfinden und unsere im Winter, glaube ich, dass er mit beiden zurecht kommen wird; ich halte ihn für den besten Sänger, den es zurzeit in Europa gibt."[59]

Stimmen der Bewunderung für die Sängerkunst Leonardis finden sich auch außerhalb der Korrespondenz der Geschwister etwa in einem Brief des Marquis Antoine Honneste d'Adhémar, jenes Freundes Voltaires, der längerer Zeit am Bayreuther Hofe anwesend war: „Ich glaube, dass Ihr vor allem von einem [gewissen] Stefanini bezaubert sein würdet, ein bewundernswerter Mann in seiner Kunst."[60]

Tatsächlich scheint Stefano Leonardi bei seinem zweiten Engagement am Berliner Hof die hohen Erwartungen und Ansprüche Friedrichs erfüllt zu haben.[61] Friedrichs Kommentar zur Aufführung der Oper ist eindeutig: „Ich erlaube mir Euch das Libretto der Oper zu senden. Stefanino war dabei wunderbar. Im nächsten Winter werden wir Die uneinigen

votre permission, Stefanino chantera cet hiver chez nous, et je lui fais une belle partie". Brief Nr. 293. Zit. aus der digitalen Ausgabe der Werke Friedrichs des Großen der Universitätsbibliothek Trier http://friedrich.uni-trier.de/de/oeuvres/27_1/298/(16.5.2016). [Übersetzung ins Deutsche der Verf.].

58 Brief von Friedrich an Wilhelmine vom 13. Juli 1755: „Stefanino vient d'arriver." Brief Nr. 299. Zit. aus der digitalen Ausgabe der Werke Friedrichs des Großen der Universitätsbibliothek Trier http://friedrich.uni-trier.de/de/oeuvres/27_1/307/(16.5.2016). Den Aufenthalt von Stefano Leonardi am Berliner Hof belegen auch die monatlichen Schatullrechnungen von 1755–56. Er erhält ab Juli 1755 das Reisegeld von Bayreuth (»Bareuth«) bis Potsdam nachgezahlt sowie Quartiergeld und Diäten für die Monate Juli 1755 bis zum 31. März 1766, der als Tag seiner Abreise verzeichnet ist. Vgl. Die Schatullrechnungen Friedrichs des Großen. Online-Augabe von Perspectivia.net http://quellen.perspectivia.net/bestaende/spsg-schatullrechnungen/personen/p1656 (16.5.2016).

59 Brief von Friedrich an Wilhelmine vom 30. August 1755: „Vous avez trop de bonté de permettre que Stefanino, au lieu de chanter ailleurs, chante ici lorsque vous n'en avez pas besoin; comme vos opéras sont l'été, et les nôtres en hiver, je crois qu'il pourra faire face à tous les deux; je le tiens pour le meilleur chanteur qu'il y ait à présent en Europe." Brief Nr. 310. Zit. aus der digitalen Ausgabe der Werke Friedrichs des Großen der Universitätsbibliothek Trier http://friedrich.uni-trier.de/de/oeuvres/27_1/310/ (16.5.2016). [Übersetzung ins Deutsche der Verf.]. Leonardi gilt allerdings nicht als erste Wahl. Nach Oleskiewicz kam Leonardi als Ersatz für Menzoni nach Berlin. Vgl. Oleskiewicz 2011 (wie Anm. 51), S. 98. Siehe dazu auch Henze-Döhring 2012 (wie Anm. 19), S. 157 ff.

60 Dieser Eintrag findet sich unter Rasur in einem undatierten Brief an Alexandre d'Adhémar de Marsanne aus dem Jahre 1753: „Il me semble que vous Seriez Surtout charmé d'un Stefanini homme admirable dans son genre.
Sa voix habile et touchante
Peint les charmes du repos
La colère d'un heros;
Ses soupirs près d'une amante
Du cette intrépidité
Qui luttant contre l'orage
Oppose à l'adversité
L'effort d'un noble courage."
Zit. nach Edgar Mass: Le Marquis d'Adhémar. La correspondence inédite d'un ami des philosophes à la cour de Bayreuth (Studies on Voltaire and the eighteenth century, 109). Banbury, 1973, S. 115. Über die Person des Marquis Antoine Honneste d'Adhémar siehe ebd., S. 13–19.

61 Friedrich hatte präzise Vorstellungen über die Qualität seiner Sänger, wie man einem Briefe an seinen Kammerdiener Fredersdorf von Mitte Juli 1754 entnehmen kann: „Den contralt Muss Man hören, wie die Stime ist; er mus den Discant weder durch die Nase noch durch den hals Singen, eine egale Stime haben, und helle [und] Clar [singen], nicccht Dumpfig, sonsten wil ich ihm nicht." Zit. nach Henzel 1997 (wie Anm. 16), S. 22, Anm. 48.

Brüder haben, wo er ebenfalls eine gute Rolle hat, die er – ich bin sicher – ebenfalls gut meistern wird."[62]

Während die Briefe Friedrichs eher von künstlerischer Bewunderung geprägt sind, strahlt die Korrespondenz Wilhelmines menschliche Wertschätzung aus. Diese wird deutlich greifbar in der Erzählung ihrer durch Stefanino Leonardi vom Schlossbrand geretteten Bibliothek: „Die Sänger, besonders Stefanino, haben mir ihren Eifer erwiesen. Er hat alles aufs Spiel gesetzt, um meine Bibliothek zu retten. Ein seltenes Beispiel von Mut und Treue bei solchen Leuten!"[63] Stefano Leonardi unterhält offenbar aus der Ferne eine persönliche Korrespondenz mit der Markgräfin. Er informiert sie über den Gesundheitszustand ihres Bruders und übermittelt ihr seine Grüße.[64] In einer Auflistung aus Wilhelmines Nachlass erfahren wir, dass sie Leonardi zu Lebzeiten eines ihrer Klaviere geschenkt hatte: „Eins von Hubertt stehet bey Mons: Stephanini, welches aber Sr Königliche Hoheit geschenkt haben."[65]

Stefano Leonardi ist Bayreuth in besonderer Weise verbunden und bleibt auch nach dem Tode Wilhelmines im Jahre 1758 am Hofe. Im *Hochfürstlich-Brandenburg-Culmbachische[n] Adress- und Schreib-Calender* ist er von 1744 bis 1763 beim Personal der »Hofkapell- und Kammermusik« aufgeführt.[66] Er gehört zu den wenigen Künstlern, die im Besitz eines Hauses sind.[67] Nach einem Besoldungsverzeichnis des Jahres 1762 erhält er ein Gehalt von 1500 Reichsthalern.[68] Erst nach dem Tode von Markgraf Friedrich († 26. Februar 1763), als sein Nachfolger, Markgraf Friedrich Christian, die Entlassung des italienischen und französischen Personals anordnete, wird er Bayreuth verlassen.[69] Zu seiner Entlassung 1763 erhielt er 200 fl. Reisegeld.[70]

Über die Zeit nach seiner Entlassung aus Bayreuth sind keine Einzelheiten bekannt. Die in Fulda aufgefundenen Archivalien[71] werfen neues Licht auf diese letzten Jahre seines Lebens. Aus der Überschrift des Konvolutes war bereits zu erfahren, dass Stefano Leonardi am 11. Mai 1765 in Fulda verstorben ist.

62 Brief von Friedrich an Wilhelmine vom 1. Oktober 1755: „je prends la liberté de vous envoyer le livret du divertissement. Stefanino y a fait des merveilles. Nous aurons cet hiver les Frères ennemis, où il a un beau rôle, dont je suis sûr qu'il s'acquittera de même." Brief Nr. 301 Zit. aus der digitalen Ausgabe der Werke Friedrichs des Großen der Universitätsbibliothek Trier http://friedrich.uni-trier.de/de/oeuvres/27_I/312/ (16.6.2016). [Übersetzung ins Deutsche von der Verf.].

63 Brief von Wilhelmine an Friedrich vom 30.11.1748. Zit. nach Volz (Hrsg.) 1926 (wie Anm. 50), S. 244.

64 Hinweise einer solchen Korrespondenz finden sich in den Briefen Wilhelmines an Friedrich vom 22. August 1755 und vom 12. Februar 1756. Vgl. Digitale Ausgabe der Werke Friedrichs des Großen der Universitätsbibliothek Trier, Brief Nr. 301 http://friedrich.uni-trier.de/de/oeuvres/27_I/308 und Brief Nr. 312 http://friedrich.uni-trier.de/de/oeuvres/27_I/323 (16.6.2016).

65 In der Liste werden mehrere Klaviere genannt, die sich als Leihgabe bei den italienischen Musikern befinden. Beim Instrument von Stefano Leonardi handelt es sich hingegen um ein Geschenk. Vgl. Irene Hegen: Neue Dokumente und Überlegungen zur Musikgeschichte der Wilhelminenzeit. In: Niedermüller und Wiesend (Hrsg.) 2002 (wie Anm. 27), S. 27–58, hier 45.

66 Vgl. Schiedermair 1908 (wie Anm. 12), S. 149.

67 Hegen 2014 (wie Anm. 3), S. 35. Die Angelegenheit wird in der Forschung kontrovers diskutiert. Siehe dazu Henze-Döhring, Markgräfin Wilhelmine, 2009 (wie Anm. 4), S. 141.

68 Vgl. Schiedermair 1908 (wie Anm. 12), S. 151.

69 Vgl. Ebd., S. 153 und Henze-Döhring, Markgräfin Wilhelmine, 2009 (wie Anm. 4), S. 141.

70 „Er bekam einmal 200 fl. Fränk. Für den Tisch während seiner Abwesenheit und jährlich 12 Klafter Flößholz." Zit. nach Hans-Joachim Bauer: Barockoper in Bayreuth (Thurnauer Schriften zum Musiktheater, 7). Laaber, 1982, S. 187.

71 Bibliothek des Bischöflichen Priesterseminars, Hs. 1765/I, f. 4.

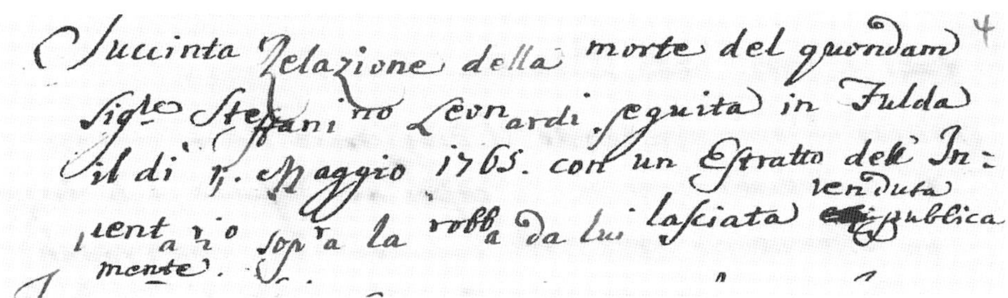

Succinta Relazione della morte del quondam Sig.re Steffanino Leonardi seguita in Fulda il di 11. Maggio 1765. con un Estratto dell' Inventario sopra la robba da lui lasciata venduta publicamente.

Abb. 2: Bericht über die Umstände des Todes Leonardis. Fulda, Bibliothek des Bischöflichen Priesterseminars, Hs. 1765/1, f. 4.

Das Konvolut umfasst Briefe in italienischer Sprache und einen ausführlichen Bericht über die genauen Umstände seines Todes, ebenfalls in italienischer Sprache (Abb. 2). Die Rückseite des Konvolutes bildet ein umfangreicher Auszug des Zwangsversteigerungsprotokolls von Stefano Leonardis Hinterlassenschaft.

Initiator des Briefwechsels in italienischer Sprache mit der Fuldaer Kanzlei ist der Kardinal Alessandro Albani,[72] der im Namen des Bruders des verstorbenen Sängers – ein Marc'Antonio aus Montefiascone – um Erkundigungen über den Verbleib der Erbschaft von Stefano Leonardi bittet. Marc'Antonio Leonardi habe die Nachricht des Todes seines Bruders erhalten und möchte sich vor einer eventuellen Reise nach Deutschland über den Tod des Bruders vergewissern sowie genauere Auskunft über die Höhe der Hinterlassenschaft erhalten. Die Antwort aus Fulda folgt binnen einem Monat. Man habe umgehend Erkundigungen eingeholt und teilt mit, dass der Verstorbene seinen Besitz in Hildburghausen hinterlassen hat. Dorthin wollte er auch zurückkehren.

Weitere Details zu den Umständen seines Todes liefert der dreiseitige Bericht in italienischer Sprache. Stefano Leonardi war am 7. Mai in Fulda angekommen. Er war erkrankt und befand sich offenbar auf Durchreise in Hessen. Aufgrund des fortgeschrittenen Zustandes seiner Krankheit ließ er sich aus dem protestantischen Kassel zuerst nach Schlitz und schließlich nach Fulda bringen. Er stieg in Fulda im Goldenen Stern in Begleitung von vier Dienern ab, einem eigenen und dreien des Grafen Ghörz von Schlitz.[73] Der Zustand des Wassersüchtigen war so schlecht, dass nur einmal chirurgische Hilfe versucht werden konnte. Er erhielt daraufhin die letzte Ölung und starb am 11. Mai 1765. Er wurde in der Stadtpfarrkirche St. Blasius begraben (Abb. 3).[74] Nach seinem Tode wurden seine Kisten versiegelt. Der Verstorbene hatte allerdings kaum etwas bei sich. Aufgrund dessen musste seine Hinterlassenschaft in Fulda öffentlich versteigert werden, um die Arzt- und Beerdi-

72 Lesley Lewis: Alessandro Albani [Art.]. In: Dizionario Biografico degli Italiani. Online-Ausgabe: http://www.treccani.it/enciclopedia/alessandro-albani_%28Dizionario-Biografico%29/ (15.6.2016).

73 In Frage kommt der Erzieher der herzoglichen Prinzen von Sachsen-Weimar-Eisenach, Johann Eustach Graf von Görtz. Wolfgang Stribrny: Görtz, Johann Eustach Graf von [Art.]. In: Neue Deutsche Biographie (NDB), Bd. 6. Berlin, 1964, S. 538.

74 Im Kirchenbuch der Fuldaer Stadtpfarrei ist sein Tod ebenfalls für den 11. Mai 1765 vermerkt: „Mortuus est et in Ecclesia Parochiali ~~sepultus est in sepultus~~ D. Stephanino Leonardi italus Castratus." Fulda, Diözesanarchiv DE_Ful3_JCM/A/2/1-5.

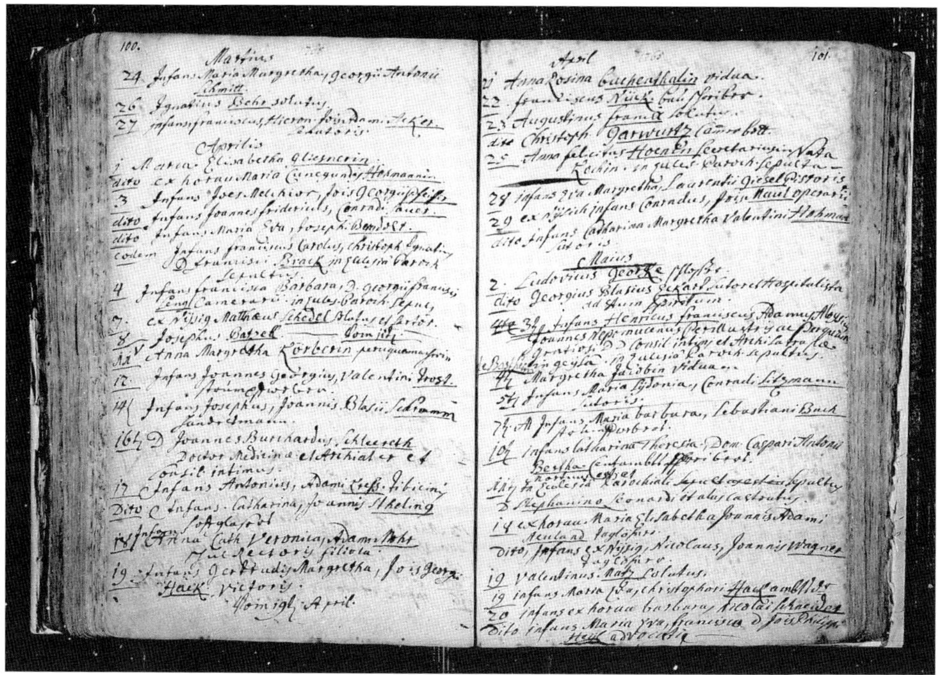

Abb. 3: Kirchenbuch der Fuldaer Stadtpfarrei. Fulda, Diözesanarchiv

gungskosten begleichen zu können. Laut Aussage seiner Diener hatte er seine Reichtümer einer Sängerin des Prinzen von Hildburghausen, Ottaviana, anvertraut. Nach Hildburghausen wollte er auch ursprünglich zurückkehren.

Aus dem spärlichen Bericht ist nicht direkt zu entnehmen, ob Stefano Leonardi selbst eine Anstellung in Hildburghausen hatte und bei wem. Prinz Joseph Friedrich von Sachsen-Hildburghausen (1702–1787)[75] unterhielt zu jener Zeit eine der bekanntesten Kapellen Europas, gab regelmäßig Konzerte und hatte sogar Christoph Willibald Gluck als Kapellmeister beschäftigt.[76] Er hielt sich allerdings bis Ende der 1760er Jahre nicht in Hildburghausen, sondern in Wien auf, wo seine Tätigkeit als Musikmäzen belegt ist.[77] Die Erwähnung von Hildburghausen als Aufenthaltshort verweist vielmehr auf die musikalische Tätigkeit seines Neffen, Herzog Ernst Friedrich III. von Sachsen-Hildburghausen (1727–1780) und seiner dritten Ehefrau Ernestine Auguste Sophie von Sachsen-Weimar-Eisenach. Diese war am Bayreuther Hof aufgewachsen, wo das Paar 1758 auch geheiratet hatte.[78] Auch für den Bariton und Librettisten Giovanni Andrea Galletti, der teilweise

75 Rainer EGGER: Joseph Friedrich, Prinz von Sachsen-Hildburghausen [Art.]. In: Neue Deutsche Biographie (NDB). Bd. 10. Berlin, 1974, S. 624f.

76 Vgl. Bruce Alan BROWN: Gluck and the French Theatre in Vienna. Oxford, 1991.

77 Vgl. Peter CSENDES, Karl VOCELKA u. Ferdinand OPLL (Hrsg.): Wien. Geschichte einer Stadt, Bd. 2: Die frühneuzeitliche Residenz (16. bis 18. Jahrhundert). Wien, 2003, S. 532.

78 Heinrich Ferdinand SCHOEPPL: Die Herzoge von Sachsen-Altenburg. Bozen, 1917 (Neudruck: Altenburg, 1992), S. 72f.

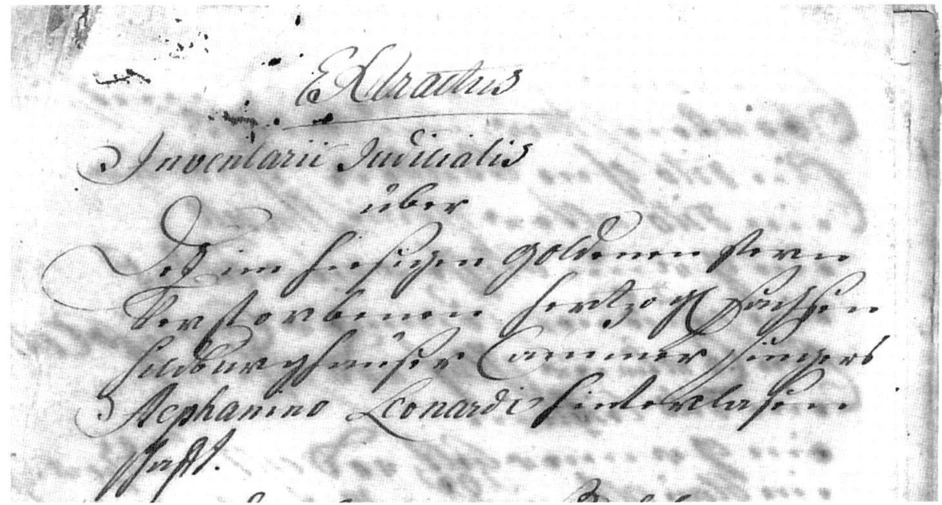

Abb. 4: Auszug aus dem Versteigerungsprotokoll. Fulda, Bibliothek des Bischöflichen Priesterseminars, Hs. 1765/1, f. 8.

zeitgleich mit Stefano Leonardi in Bayreuth war, lässt sich eine Tätigkeit als Librettist für den Hof von Sachsen-Hildburghausen nachweisen.[79] Diese Vermutung wird indirekt durch den im Konvolut enthaltenen Auszug aus dem Versteigerungsprotokoll bestätigt (Abb. 4). Die Einleitung dieses Textes lautet „Extractus / Inventarii Iudicialis/ über/des im hiesigen Goldenen Stern /verstorbenen Hertzogl(ichen)Sachsen / Hildburghauser Cammer Singers/ Stephanino Leonardi Hinterlassen/schaft."[80]

Aufgrund fehlender Untersuchungen über die Musik am Hofe Sachsen-Hildburghausen kann die aufgeworfene Frage an dieser Stelle nicht ohne umfangreiche Quellenstudien weiter verfolgt werden.[81]

Der Bericht über die Umstände des Todes Leonardi wirft dennoch eine dünne Spur auf, die dieser Aufsatz gerne der musikwissenschaftlichen Forschung für weitere Studien zur Verfügung stellt.

79 Vgl. Pegah 2011 (wie Anm. 23), S. 403 mit Anm. 66.

80 Bibliothek des Bischöflichen Priesterseminars, Hs. 1765/1, f. 8.

81 Überblicksartig zur Musikgeschichte der Stadt: Ingward Ullrich: Hildburghäuser Musiker. Ein Beitrag zur Musikgeschichte der Stadt Hildburghausen. Frankenschwelle, 2003.

Die Korrespondenz im Konvolut ist rückwärts geordnet. Der jüngste Brief (Bl. 1) – datiert Fulda 31. Dezember 1765 – ist „a Monsignor de Perger Roma" adressiert. Der Adressat ist Johann Joseph Graf von Pergen, im Jahre 1764 k. k. und der deutschen Nation Auditor Rotae zu Rom.[82] Unklar ist, ob es sich dabei um eine Kopie oder um einen Entwurf handelt, der nicht abgeschickt wurde. Dem Brief folgt ein dreiseitiger Bericht über die Umstände des Todes von Stefano Leonardi (Bl. 2), der offensichtlich als Beilage für den Brief gedacht war. Das dritte Blatt stellt das Konzept für diesen Brief dar. Es folgt schließlich der älteste Brief der Korrespondenz (Bl. 4). Er entstammt vom Kardinal Alessandro Albani[83] und ist auf den 30. November 1765 datiert. Verfasser der für den Fuldaer Fürstbischof Heinrich von Bibra in italienischer Sprache formulierten Schriftstücke dürfte der Kanzleimitarbeiter Giovann Battista Pauli sein.[84]

Aufschlussreich für die letzten Lebensjahre Leonardis ist vor allem der ausführliche Bericht über die Umstände seines Todes, der hier folgend im Original wiedergegeben wird.

»Succinta Relazione della morte del quondam / Sig.re Stephanino Leonardi Seguita in fulda il dì 11. Maggio 1765 con un Estratto dell' In=/ventario sopra la robba da lui lasciata e venduta publica=/mente/
Il quondam Sig.re Stffano leonardi Musico Italiano venuto a Fulda il dì 7. Maggio 1765 con Seco un Suo / Sevitore proprio e tre altri del Sig.re Conte Ghörz / di Slitze che l'acconpagnavano, prese il quar=/tiere nell'Osteria della Stella, e Hidropico qual / era ffin'all'ultimo Segno fece chiamare i primi / Medici di questo luogo, e volse che per mezzo d'un'operazione chirurgica gli si cavasse l'acqua./
Si sentì da lui e dalla famiglia che già da qualche / tempo girato era intorno a consultare in altri luoghi / acattolici i Medici più rinnomati e farsi guarire dal /suo male. Per tal fine s'era fatto trasportare acnhe / a Hassia cassel, e poi a Slitze luogo parimenti acat=/tolico ma più vicino verso Fulda, fin tanto che / non trovandovi più alcuno sollievo volse essere traspor=/tato a Fulda, ove per la premura ch'ave tenutosi / un consiglio medico si risolse di venire a tal operazione / e ancorche doppo la prima l'infermo desiderava/ la seconda, questa pure non si fece, di pura che / l'ammalato per la gran fiacchezza in cui si trovava / allora non venisse a morire sotto le mai del chirurgo/ durante l'operazione. L'infermo vedendosi all'/estremo Si confessò e fù provisto del Ss.tmo Viatico, e / rese l'anima al Sig.re il dì 11. Maggio, sotterrato con / tutti li onori della Parrochia di S. Biaggio./[85]
Spirato ch'era non tardò il Magistratto civile di questa Cit/tà di bollare sigillare le casse del defonto, e di drizzare / un Inventario della robba lasciata. Ma non trovandosi / in denaro cotanto altro che fiorini 60 Monet di Ger=/mania, ne altra robba preziosa, come a dire gioje, / anelli etc. oltre quuel poco che verrà detto qui sotto, si/ si [!] comminciò a Sospettare de' servitori, i quali però giu=/rarono sopra lor coscienza di non auer tolto cosa alcu=/na appartenete al Padrone e da lui portato seco a / Fulda, assicurando che le di lui sostanze sele teneva / in mano una cantatrice del Principe di Hildburghau=/sen, Ottauiana di nome.

82 http://www.deutsche-biographie.de/sfz94620.html (16.5.2016).

83 Lesley Lewis: Alessandro Albani [Art.]. In: Dizionario Biografico degli Italiani. Online-Ausgabe: http://www.treccani.it/enciclopedia/alessandro-albani_%28Dizionario-Biografico%29/ (16.5.2016).

84 Giovanni Battista Pauli ist seit als 1724 Kapellmeister in Fulda nachgewiesen. Im Jahre 1734 wurde er Kammerrat, dann Hofkammerrat. Seit 1756 ist er als Zählmeister in der Rentkammer tätig. Hinweis von Dr. Berthold Jäger.

85 S. o. Eintrag im Kirchenbuch der Fuldaer Stadtpfarrkirche, heute im Fuldaer Diözesanarchiv.

In si ffatta maniera altro non restaua che di vendere per / ordine del Magistrato al più offerente quanto si trouò / di robba da lui lasciata, e sene cavarone fiorini 550. che / con il contanto detto di sopra fanno la somma di fiorini / 610.
Robba preziosa, come giá si è detto, non si trouò fuorche / una canna con un pomo d'oro, una mostra di Tombac / che è una compusizione di metallo all'imitazione dell'oro; / una Tabacchiera di simil materia, e un'altra di Tarta=/ruga: un paro di bottoncini da camiscia di corniola:/ un guarnimento di fibie d'argento, ed un altro di pietre / false:/ una carrozza a due persone. Un cucchiaro, coltello e forcina d'argento: due para di pistolette./
Di abiti e di biancheria non si trouò ne meno gran cosa / e del prezioso, e di altra robba men considerabile speci=/ficata minutamente nell'Inuentario non occorre far / mezione quando tutta la riscossa della pubblica ven=/dita già si legge espressa di sopra in folle e consiste in/ fiorini 550. e tutta la massa fiorini 610.
Le spese funerali e le Messe per l'anima del defonto importono fior:/240 e quarantani 39.
Dopo la morte del Sig.re Leonardi un Consigleire del Conte de / Ghörz venne a chiedere in virtù d'una cedola informa di cambio fior./ 172. de' quali rimase debitore il defunto. In vedere questa cam=biale si pagò detta somma,

A' servitori si diedero fior: 22 e qualche cosa delli abiti e bianche=/ria
All'oste della Stella fior: 54. 334Kr.
A' medici, chirurgo, medicine, infirmaro fior. 36.42kr.
Per la pubblicazione sub hasta, e vendita della robba spese ed altre / sportule agli officiali fior. 83/
Che fanno la somma di fior. 608.54kr. E vi sono ancora alcune speserelle specificate dell'Inventario e ne' protocolli della vendita pubblica.
Per fine si aggiunga che della robba venduta non si è potuto conten=/tare un altro Medico forastiere di cui si servì il defonto prima/ di venire a Fulda, il quale intesa la morte scrisse per qualche / sua presentione che gli restaua col Sig. Leonardi.
E' ben vero che doppo la morte se n'è venuto un uomo da Hildburg=/hausen spacciandosi per Segretario di quel Principe e facendo pre=/tensione all'eredità ; ma perche non potè legitimarsi in al=/cun modo, non fù udito e sene partì.«

Stefano Leonardis Rollen 1737–1756 anhand der Besetzungsangaben in den Libretti

Rolle	Werk	Musik	Libretto
Sorbina	Sorbina e Cialdone	Carlo Sordi	k. A.
Ormindo	La libertà nociva	Rinaldo di Capua	Giovanni Guadalberto Ballocci
Rodrigo	Il *Cid	k. A.	Jacopo Alborghetti
Serse	Temistocle	Andrea Bernasconi	Pietro Metastasio
Oristeo	Diomeda	Lorenzo Gibelli	Francesco Passarini
Siffare	Il vincitor di se stesso	Ignazio Fiorillo	Antonio Zaniboni
Valdemaro	Ambleto	Giuseppe Carcani	Apostolo Zeno
Learco	Cirene	Pietro Pellegrini	Silvio Stampiglia
Cesare	Cleopatra e Cesare	Carl Heinrich Graun	Giovan Gualberto Bottarelli
Biralca	Sirace	k. A.	Giovanni Andrea Galletti
Tito	La clemenza di Tito	k. A.	Pietro Metastasio
Valentiniano III.	Ezio	Verschiedene Autoren	Pietro Metastasio
Cambise	Ciro riconosciuto	Niccolò Jommelli	Pietro Metastasio
Medarse	Siroe	Gioacchino Cocchi	Pietro Metastasio
Artaserse	Artaserse	Carl Heinrich Graun	Pietro Metastasio
Artaserse	Artaserse	Antonio Gaetano Pampani	Pietro Metastasio
Deucalion	Deucalione e Pirra	Verschiedene Autoren	Wilhelmine von Bayreuth
Ricimiero	Ricimero re de' Goti	Baldassare Galuppi	Francesco Silvani
Achille	Ifigenia in Aulide	Niccolò Jommelli	Mattia Verazi
Anemone	L' *uomo	Andrea Bernasconi	Wilhelmine von Bayreuth
Tamerlano	Bajazet	Andrea Bernasconi	Andrea Piovene
Adriano	Adriano in Siria	Andrea Bernasconi	Pietro Metastasio
Polidamante	Amaltea	Verschiedene Autoren	Wilhelmine von Bayreuth

Datum	Ort	Theater
1737	Fano	[Teatro della Fortuna]
17/01/1740	Rom	Teatro Valle
Karneval 1741	Livorno	Teatro San Sebastiano
Karneval 1741	Livorno	Teatro San Sebastiano
05/09/1741	San Giovanni in Persiceto	Teatro de' sig. Accademici Candidi Uniti
04/11/1741	Venedig	Teatro Sant'Angelo
26/12/1741	Venedig	Teatro Sant'Angelo
30/01/1742	Venedig	Teatro Sant'Angelo
07/12/1742	Berlin	Hoftheater (Einweihung)
Karneval 1744	Erlangen	Markgrafentheater (Einweihung)
Karneval 1744	Erlangen	Markgrafentheater
1748	Bayreuth	Markgräfliches Opernhaus (Einweihung)
15/11/1749	Venedig	Teatro Grimani, S. Giovanni Grisostomo
26/12/1749	Venedig	Teatro Grimani, S. Giovanni Grisostomo
[ca. 1750]	Stuttgart	Markgräfliches Theater (Einweihung)
24/01/1750	Venedig	Teatro Grimani, S. Giovanni Grisostomo
	Bayreuth	Markgräfliches Opernhaus
04/11/1753	Neapel	Teatro San Carlo
18/12/1753	Neapel	Teatro San Carlo
1754	Bayreuth	Markgräfliches Opernhaus
12/10/1754	München	Hoftheater
05/01/1755	München	Hoftheater
1756	Bayreuth	Markgräfliches Opernhaus

Johann Michael Kratz als Illustrator

Michael Brandt

„Der Dom zu Hildesheim, seine Kostbarkeiten, Kunstschätze und sonstige Merkwürdigkeiten ...“ lautet der beziehungsreiche, noch im Duktus des Ancien Regime gefasste Titel jenes Grundlagenwerkes, dessen bisher nur im Manuskript vorliegender erster Teil zusammen mit einem Reprint des zweiten, 1840 im Druck erschienenen Teilbandes, von Jochen Bepler erstmals vollständig herausgegeben wurde.[1]

Sowohl für den ersten Teil des Gesamtwerkes wie für Teil 2 und 3 waren 1840 bereits separat gedruckte Abbildungen erschienen (Abb. 1). Schon eine flüchtige Durchsicht macht deutlich, dass sie von verschiedenen Händen stammen, wobei das für den zweiten und dritten Teil bestimmte Konvolut entschieden einheitlicher wirkt als die Blattfolge für den ersten. Darüber hinaus gibt es neben den auf dem Titelblatt zu Teil 2 und 3 angekündigten Tafeln 13 weitere, darunter eine mit detaillierten Ansichten des Thietmarleuchters, der in der regulären Folge nur sehr summarisch abgebildet ist (Abb. 2). Im wissenschaftlichen Nachlass von Kratz finden sich darüber hinaus Einzelblätter, die offenkundig als Vorlagen für zusätzliche Bildtafeln dienen sollten, so zum Beispiel die sogar farbig angelegte Reproduktion vom Einband des Ratmann-Missale (Abb. 3). Das Ganze erweckt den Eindruck eines „work in progress“, das vermutlich nie zum Ende gekommen wäre, wenn dem unermüdlich forschenden und auf zunehmende Präzisierung bedachten Gelehrten nicht verlegerische Sachzwänge auf den Boden der Tatsachen geholt hätten.

Lässt schon der Titel des Kratz'schen Opus erkennen, wie vielfältig das Unternehmen angelegt ist, so findet diese Vielfalt auch in der Art, wie die Illustrationen konzipiert sind, ihren Niederschlag. Verglichen mit der um bauhistorische Korrektheit bemühten Wiedergabe von Details des alten Westturms der Bischofskirche und dem aufgemessenen Grundriss ihrer Krypta zum Beispiel, nimmt sich die Darstellung des Annenfriedhofs eher wie ein vom Geist der Romantik geprägtes Stimmungsbild aus, das durch den hinzufantasierten Deckel einer Grabgruft an die Vergänglichkeit alles Irdischen gemahnen will (Abb. 4–5). Vielfach hat Kratz bei seinen Illustrationen auch auf ältere Vorlagen zurückgegriffen. Im Fall der Grabplatte des Bischofs Siegfried II. (1279–1310) ist das verständlich, denn das betreffende Bronzeoriginal war nur noch in einer Nachzeichnung des 18. Jahrhunderts

1 Johann Michael KRATZ: Der Dom zu Hildesheim. Seine Kostbarkeiten, Kunstschätze und sonstige Merkwürdigkeiten. Neudruck der Bände 2 und 3 von 1840, Erstdruck von Band 1: Geschichte und Beschreibung des Domes zu Hildesheim, Text und Tafelband (Hildesheimer Historische Mitteilungen, 2). Hildesheim, 2013.

DER

Dom zu Hildesheim.

Erster Theil

DER

ABBILDUNGEN,

BESTEHEND AUS 15 TAFELN.

Hildesheim 1840.

Abb. 1: J. M. Kratz, Der Dom zu Hildesheim, Teil 1, Abbildungen, Titelbild

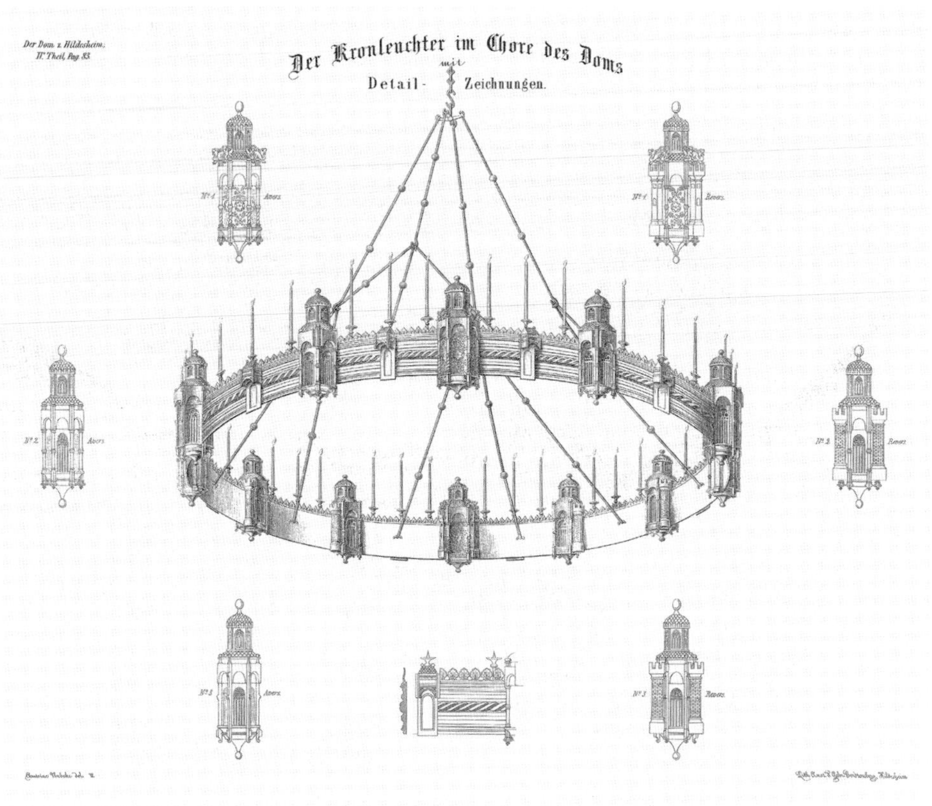

Abb. 2: J. M. Kratz, Der Dom zu Hildesheim, Teil 2, Abbildungen, Pag. 83, Thietmarleuchter im Domchor

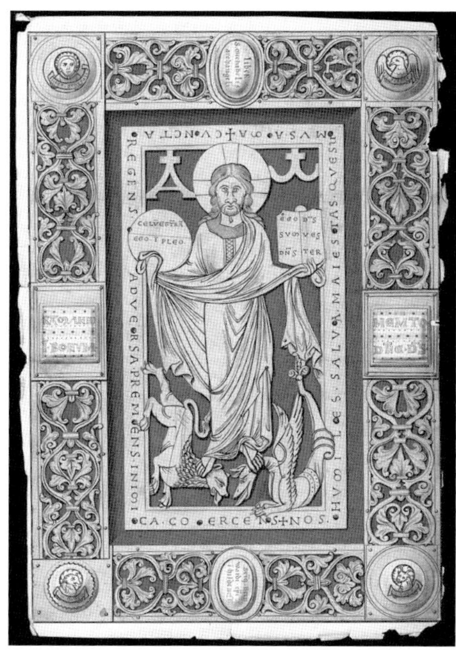

Abb. 3: Buchdeckel des Ratmann-Missale, Nachzeichnung in Hs C 375 der Dombibliothek Hildesheim

Abb. 4: J. M. Kratz, Der Dom zu Hildesheim, Teil 1, Abbildungen, Taf. B, Annenfriedhof von Westen

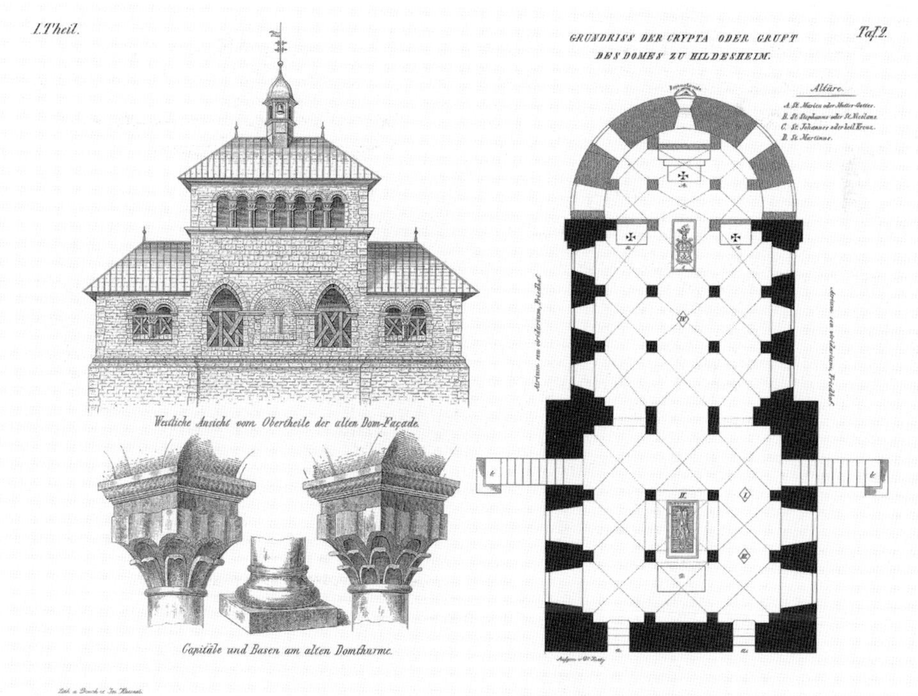

Abb. 5: J. M. Kratz, Der Dom zu Hildesheim, Teil 1, Taf. 2, Westturm und Kryptagrundriss

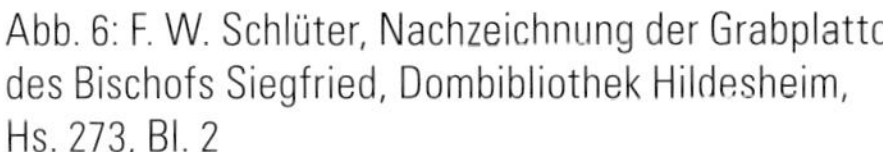

Abb. 6: F. W. Schlüter, Nachzeichnung der Grabplatte des Bischofs Siegfried, Dombibliothek Hildesheim, Hs. 273, Bl. 2

Abb. 7: J. M. Kratz, Der Dom zu Hildesheim, Teil 1, Taf. 7b, Grabplatte des Bischofs Siegfried II.

greifbar. Die Reproduktion bei Kratz erweckt gleichwohl den Eindruck, es handele sich um eine Wiedergabe nach dem Original, das im 18. Jahrhundert dem neuen Fußbodenbelag des Domes zum Opfer gefallen war (Abb. 6–7). Auch die Vorlage für die Abbildung des edelsteinverzierten Bernwardkelches stammt aus dem 18. Jahrhundert (Abb. 8). In diesem Fall handelt es sich um einen Kupferstich, der wohl zum Regierungsantritt von Fürstbischof Clemens August geschaffenen Bildfolge *Gloriosa Antiquitas Hildesina* des Johann Ludwig Brandes.[2] Die betreffende Tafel von Kratz orientiert sich an dieser Vorlage sogar in der Anordnung der vergrößert gezeigten antiken Steinschnitte am Kelch (Abb. 9). Der Rückgriff auf den Kupferstich ist auch insofern von Interesse, als Kratz Zugang zu den Druckplatten gehabt haben muss. Sie gehörten nämlich zu der von Bischof Eduard Jakob Wedekin (1849–1870) zusammengetragenen diözesanen Kunstsammlung.[3] Bis heute hat sich ein umfangreiches Konvolut davon neu abgezogener Blätter erhalten, deren Druckplatten Kratz mit seinen Initialen versah. Das macht Sinn, wenn er zunächst vorhatte, die

2 Elisabeth Epe (Scholz): Gloriosa Antiquitas Hildesina. In: Michael Brandt (Hrsg.): Schatzkammer auf Zeit. Die Sammlungen des Bischofs Eduard Jakob Wedekin, 1796–1870, Katalog zur Ausstellung des Diözesan-Museums Hildesheim. Hildesheim, 1991, S. 219–222 (Kat. Nr. 91).

3 Vgl. Brandt 1991 (wie Anm. 2).

Abb. 8: Gloriosa Antiquitas Hildesina, Johann Ludwig Brandes, nach 1724, Einzelblatt mit Bernwardkelch

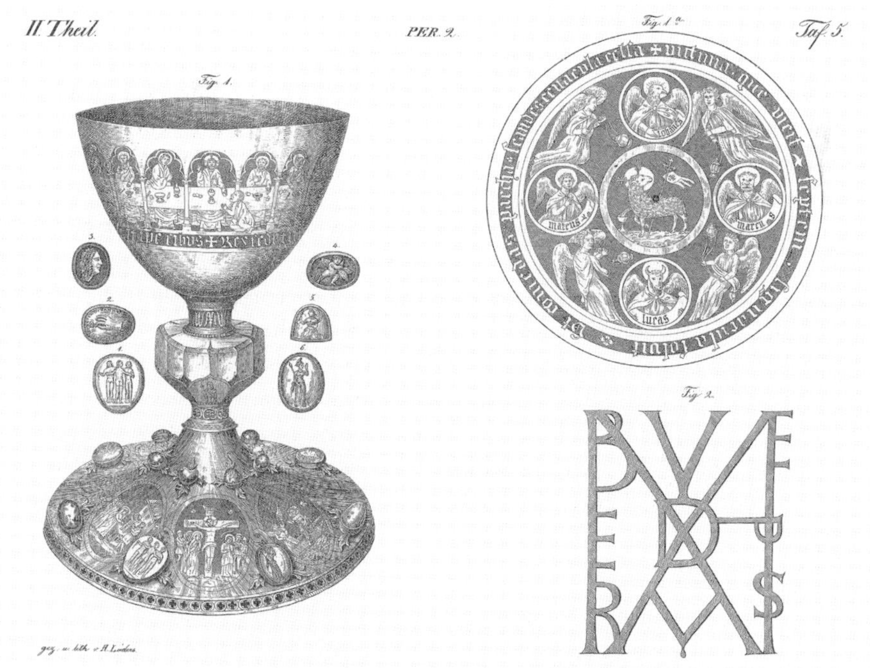

Abb. 9: J. M. Kratz, Der Dom zu Hildesheim, Teil 1, Taf. 5, Fig. 1, Bernwardkelch

neuen Abzüge für sein geplantes Domwerk zu verwenden, bevor er dann lithographische Reproduktionen in Auftrag gab.

Interessanterweise hat auch Brandes auf eine ältere Vorlage zurückgegriffen. Diese Abbildung findet sich in dem von seinem Zeitgenossen Johann Christian Rosenthal verfassten und wohl auch eigenhändig illustrierten Prachtwerk *Enchiridion Hildesiense,* einer um 1720 vermutlich vom Domkapitel zum Regierungsantritt des Fürstbischofs Joseph Clemens in Auftrag gegebenen Handschrift (Abb. 10).[4] Hier ist der Kelch zusammen mit anderen wichtigen Schatzstücken des Domes noch ganz nach Art eines spätmittelalterlichen Heiltumsblattes wiedergegeben. In einem entscheidenden Punkt weicht Brandes davon ab: Sein bzw. seiner Auftraggeber Interesse gilt besonders den antiken Steinen am Kelchfuß, die mit erkennbarem Bemühen um Detailtreue wiedergeben werden. Hier geht es also nicht mehr nur um die Abbildung des als Bernwardreliquie verehrten Kelches, sondern mehr noch um dessen antike Spolien, also um den Kunstwert der mittelalterlichen Zimelie. Die Akzentuierung bleibt für Kratz bestimmend, der im Titel seines Werkes ausdrücklich von „Kunstschätzen" spricht. Es ist dieses aufkommende Bewusstsein für die künstlerische Bedeutung der mittelalterlichen Schätze, das sogar den Bischof selbst veranlasste, den Schatzkammerbestand des Domes bei Zusammenkunft der Geschichts- und Altertumsvereine Deutschlands in Hildesheim 1856 als Ensemble von Kunstwerken im Hohen Chor seiner Kathedralkirche zur Besichtigung aufstellen zu lassen.[5]

Detaillierte Reproduktionen mittelalterlicher Kunstwerke wie die von Brandes und in gewisser Weise auch von Rosenthal sind im 18. Jahrhundert kein Einzelfall. Weitaus präziser noch, als diese beiden es vermochten sind die Zeichnungen des Bamberger Subkustos Johann Graff, der 1734 eine „ausführliche und vollständige Beschreibung der ... Heiligenreliquien, Antiquitäten, Gold, Silber und andere Kostbarkeiten" des dortigen Domschatzes zusammengestellt hat.[6] Besonders überrascht dabei die Präzision in der Wiedergabe der mittelalterlichen Miniaturen. Sie basiert auf einem Pausverfahren vom Original, das kurz zuvor von dem antiquarisch interessierten und in dieser Hinsicht tatkräftigen Multiplikator Abt Gottfried Bessel aus dem österreichischen Stift Göttweig propagiert worden war. Anknüpfend an die Forschungen des französischen Benediktiners Jean Mabillon (1643–1707), des Begründers der modernen Urkundenforschung, und des Jean Bolland, der seit 1643 die Acta Sanctorum herausgab, war Bessel der Erste, der für die Erforschung der mittelalterlichen Geschichte nun auch in größerem Umfang Kunstwerke einbezog.[7] Interessanterweise finden sich im Nachlass von Kratz etliche Pausen, die nach dem Bessel'schen Verfahren angefertigt wurden, allerdings nicht von Kratz selbst, sondern von

4 Göttingen, Niedersächsische Staats- und Universitätsbibliothek, Cod. Histor. 436. Vgl. dazu Christian SCHUFFELS: Das Brunograbmal im Dom zu Hildesheim. Kunst und Geschichte einer romanischen Skulptur (Quellen und Studien zur Geschichte und Kunst im Bistum Hildesheim, 4). Regensburg, 2012, S. 124–126.

5 Beschreibung der im Dome zu Hildesheim am 17. September 1856 ausgestellten Kunstschätze und Merkwürdigkeiten bei Zusammenkunft der deutschen Geschichts- und Alterthums-Vereine (Beilage zu Nr. 4 des Correspondenzblatts der deutschen Geschichts- und Alterthumsvereine).

6 Renate BAUMGÄRTEL-FLEISCHMANN (Hrsg.): Ein Leben für den Bamberger Dom. Das Wirken des Subkustos Graff (1682–1749), Katalog zur Ausstellung im Diözesanmuseum Bamberg. Bamberg, 1999.

7 Gregor Martin LECHNER OSB und Michael GRÜNWALD (Hrsg.): Die Graphische Sammlung Stift Göttweig. Geschichte und Meisterwerke. Regensburg, 2010, S. 26f.

Abb. 10: Johann Christian Rosenthal, Enchiridion Hildesiense, um 1716, Blatt mit Bernwardkelch, Göttingen, Staats- und Universitätsbibliothek, Cod. Ms. 2° Hist. 436

einem guten Bekannten seines Onkels. Der betreffende Franz Engelke war nicht nur ein leidenschaftlicher Sammler Hildesheimer Altertümer, sondern Zeit seines Lebens auch um deren Erforschung bemüht.[8] So veröffentlichte er 1832 in den „Mittheilungen geschichtlichen und gemeinnützigen Inhalts für das Fürstenthum Hildesheim und Goslar“ erstmals Namens- und Titelmonogramm des Bischofs Bernward vom Einband des sog. Kleinen Bernwardevangeliars und schrieb dazu aus gegebenen Anlass: „Alte Kunstwerke werden aber selbst in unserer Zeit wenig geachtet. … Es ist daher zu wünschen, dass alle diese Gegenstände wenigstens durch Abbildung und genaue Beschreibung für die Nachwelt erhalten würden.“[9] Es wundert nicht, dass die Umzeichnung des betreffenden Monogramms von Kratz für die Bildtafeln zum zweiten und dritten Teil des Domwerkes übernommen wurde.

8 Helga STEIN: Hildesheimer Sammlungen und Sammler des 19. Jahrhunderts. In: BRANDT 1991 (wie Anm. 2), S. 44–50, hier S. 46 f.

9 Franz ENGELKE: Großes vollständiges Namen- und Titelmonogramm des Bischofs Bernward. In: Mitheilungen geschichtlichen und gemeinnützigen Inhalts. Eine Zeitschrift für das Fürstenthum Hildesheim und die Stadt Goslar 1 (1832), S. 291–294, hier S. 291.

Abb. 11: Gerhard Walter Molanus, Lipsanographia Sive Thesavrvs Reliqviarvm Electoralis Brvnsvico-Lvnebvrgicvs, 1713, Bernwardpatene, Dombibliothek Hildesheim

Abb. 12: Johann Christian Rosenthal, Enchiridion Hildesiense, um 1716, Bernwardpatene, Göttingen, Staats- und Universitätsbibliothek, Cod. Ms. 2° Hist. 436

Ein anderer Vorlagenkreis kam bei der Abbildung der sog. Bernwardpatene zum Zuge: Sie wurde 1713 erstmals vom Loccumer Abt Gerhard Walter Molanus publiziert und zwar in seiner *Lipsanographia*, einer ausführlichen und mit einigen Abbildungen versehenen Abhandlung über den Reliquienschatz des Braunschweiger Blasiusstiftes, der 1671 in den Besitz der Hannoverschen Linie des Welfenhauses geriet und in der Kapelle des Hannoverschen Leineschlosses gehütet wurde. Den Kupferstich von Molanus nahm sich dann Rosenthal im *Enchiridion Hildesiense* zum Vorbild. Für Kratz war das wohl ausschlaggebend dafür, die im Besitz der Welfen befindliche Patene gleichwohl in sein dem Domschatz gewidmetes Tafelwerk mit aufzunehmen, nun aber offenkundig an einer fotografischen Vorlage orientiert und vermutlich deshalb erst auf einem der nachträglich zugefügten Blätter (Abb. 11–13).

Das leitet über zur Nachwirkung, die das Domwerk von Kratz seinerseits entfaltet hat. In kurzer Folge werden die Hildesheimer Kunstschätze in der zweiten Hälfte des 19. Jahrhunderts nämlich gleich mehrfach in damals erschienenen Grundlagenwerken zur mittelalterlichen Kunst abgebildet, so etwa in dem mehrbändigen Opus *Mélanges d'archéologie* der beiden französischen Jesuiten Charles Cahier und Arthur Martin, in den seit 1844 von Adolphe-Napoleon Didron herausgegebenen *Annales archéologiques*, in dem von Thomas

Abb. 13: J. M. Kratz, Der Dom zu Hildesheim, Teil 2, Taf. 3, Bernwardpatene

H. King in London publizierten *Study-Book of Medieval Architecture and Art* und in dem 1888 erschienenen Handbuch *La messe. Études archéologiques sur ses monuments* von Charles Rohault de Fleury, der Kratz die einschlägigen Artikel als Sonderdrucke zukommen ließ.[10] Kratz hat diese Faszikel dann mit Lichtbildern des Hildesheimer Fotografen Franz Heinrich Bödeker versehen, auf dessen Fotos wohl auch die jüngsten Abbildungen für den Tafelteil des Domwerkes zurückgehen dürften (Abb. 14–15).

Die neue Perspektive, die sich damit eröffnete, findet ihre Fortsetzung heute in der digitalen Fotografie der Hildesheimer Kostbarkeiten. Von diesen technischen Möglichkeiten konnte Johann Michael Kratz zwar noch nichts ahnen, aber auf seine engagierte Weise hat er nicht unwesentlich dazu beigetragen, Kunstwerke durch möglichst getreue Abbildungen zu dokumentieren.

10 Dombibliothek Hildesheim, 2 Jd 346.3

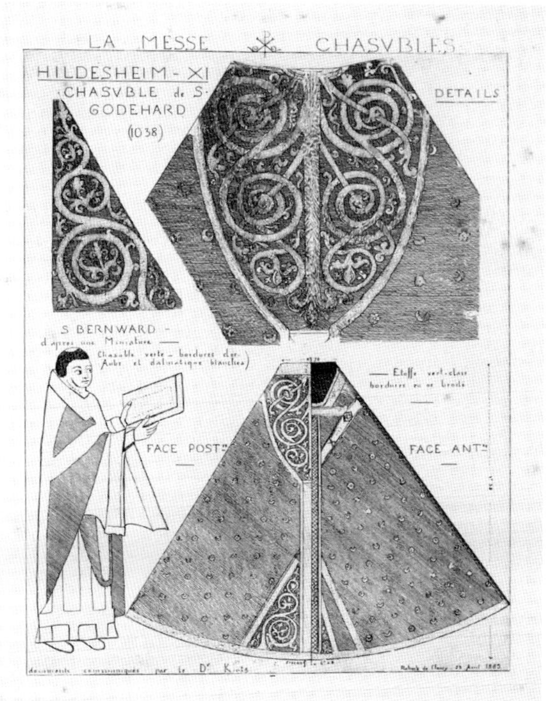

Abb. 14: C. R. de Fleury, La messe, Sonderdruck, Dombibliothek Hildesheim, 2 Jd 346.3, Bernhardkasel

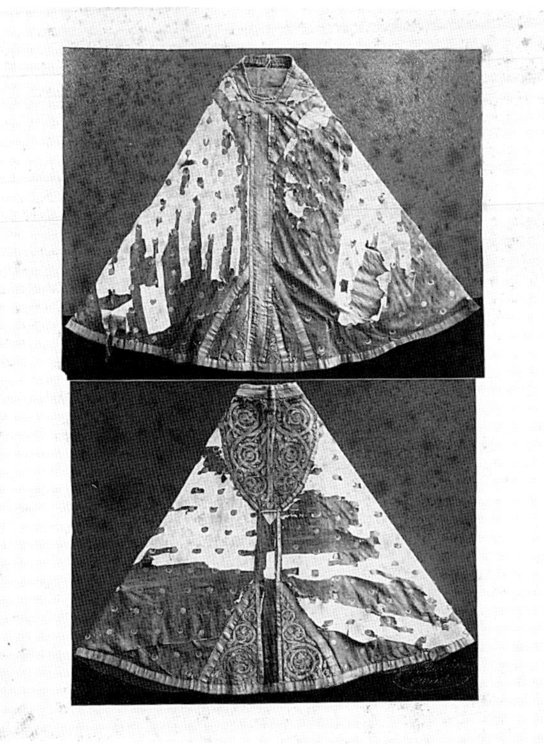

Abb. 15: Bernhardkasel, Aufnahme von F. H. Bödeker, Dombibliothek Hildesheim

Bildnachweis

Christian Heitzmann/Gerhard Lutz/ Hermann-Josef Schmalor
Abb.: Foto Edmund Deppe

Gabriele Canstein
Alle Abb.: Predigerseminarbibliothek Braunschweig

Britta-Juliane Kruse
Abb. 1–8: Fotos Ad Stijnman
Abb. 9–15: Fotos Britta Juliane Kruse

Monika E. Müller
Abb. 1: Thomas Schauerte (wie Anm. 7), Abb. 1
Abb. 2: Christiane Kruse (wie Anm. 41), S. 129, Abb. 3
Abb. 3: Herbert Heckmann (wie Anm. 14), S. 32
Abb. 4: Eleanor P. Spencer: L'Horloge de Sapience. Bruxelles, Bibliothèque Royale, Ms. IV. 111. In: Scriptorium 17/2 (1963), Pl. 22
Abb. 5: Genoveva Nitz (wie Anm. 54), S. 8

Claudia Höhl
Abb. 1: Dommuseum Hildesheim, Foto Florian Monheim
Abb. 2: © GDKE-Landesmuseum Mainz, Foto Ursula Rudischer
Abb. 3: Landesmuseum Hannover, Landesgalerie
Abb. 4: Brüssel, Bibliothèque Royale
Abb. 5: Foto LVR-LandesMuseum Bonn, Hans Theo Gerhards
Abb. 6: © bpk, Bildagentur für Kunst, Kultur und Geschichte, Berlin
Abb. 7: Dommuseum Hildesheim
Abb. 8: Budapest, Museum of Fine Arts

Hermann-Josef Schmalor
Alle Abb.: Erzbischöfliche Akademische Bibliothek, Paderborn

Regula Schorta
Abb. 1, 2, 4–7: Hildesheim, Dommuseum (Fotos Ansgar Hoffmann)
Abb. 3: Regula Schorta, Köniz

Berthold Jäger
Abb. 1: Österreichische Nationalbibliothek Wien, Porträtsammlung, PORT_00111947_01
Abb. 2: Hessisches Staatsarchiv Marburg, Slg. 7/c 357]. In: Historische Ortsansichten <http://www.lagis-hessen.de/de/subjects/idrec/sn/oa/id/1463> (Stand: 14.10.2008), vgl. Anm. 141
Abb. 3: Archiv des Autors

Ulrike Volkhardt
Alle Abb.: Fotos Ulrike Volkhardt

Alessandra Sorbello Staub
Abb. 1: Archiv der Autorin
Abb. 2: Fulda, Diözesanarchiv
Abb. 3: Bibliothek des Bischöflichen Priesterseminars Fulda, Hs. 1765/1, f. 4
Abb. 4: Bibliothek des Bischöflichen Priesterseminars Fulda, Hs. 1765/1, f. 8

Michael Brandt
Abb. 10, 12: Göttingen, Staats- und Universitätsbibliothek
Alle anderen Abb.: Dombibliothek Hildesheim

Autorinnen und Autoren

Prof. Dr. Michael I. Allen is Associate Professor of Classics at the University of Chicago. His research focuses on Carolingian texts and authors. He teaches Ancient authors and Medieval Latin and Palaeography. He is a Korrespondierendes Mitglied der MGH (Munich).

Prof. Dr. Michael Brandt ist seit 1981 als Konservator in der Kirchlichen Denkmalpflege sowie als Kustos am Diözesanmuseum des Bistums Hildesheim tätig gewesen. Von 1993 bis 2015 war er Direktor des Dommuseums und hatte als Kustos der Hohen Domkirche maßgeblichen Anteil an deren Generalsanierung und Neugestaltung. Er beschloss seine berufliche Tätigkeit mit der Wiedereröffnung des grundlegend sanierten und erweiterten Dommuseums. Ein Schwerpunkt seiner wissenschaftlichen Tätigkeit liegt im Bereich der kirchlichen Schatzkunst des frühen und hohen Mittelalters.

Gabriele Canstein war von 1988 bis 2014 Bibliothekarin in der Predigerseminarbibliothek beim Theologischen Zentrum in Braunschweig. Sie arbeitet weiterhin bei einzelnen Projekten der Bibliothek mit.

Prof. Dr. Martina Giese ist Inhaberin des Lehrstuhls für Geschichte des Mittelalters an der Universität Potsdam. Zu ihren Forschungsinteressen gehört die Untersuchung und editorische Aufarbeitung der vorrangig handschriftlichen Überlieferung, wobei das Bistum und die Stadt Hildesheim einen Schwerpunkt bilden.

Dr. Christian Heitzmann studierte Geschichte, Klassische Philologie und Mittellatein in Freiburg und Florenz. Tätigkeit in Katalogisierungsprojekten in Stuttgart und Wolfenbüttel. Seit 2007 leitet er die Abteilung Handschriften und Sondersammlungen der Herzog August Bibliothek.

Dr. Claudia Höhl studierte Kunstgeschichte, Klassische und Christliche Archäologie sowie Mittelalterliche Geschichte in Bonn und Berlin. Seit 2003 war sie zunächst als wiss. Mitarbeiterin im Dommuseum Hildesheim tätig, dessen Leitung sie im November 2015 übernommen hat. Neben der Museumsarbeit ist sie Lehrbeauftragte an der Hochschule für angewandte Wissenschaft und Kunst (HAWK) in Hildesheim und an der Universität Hildesheim.

Dr. Berthold Jäger studierte Geschichte, Politik- und Erziehungswissenschaft; Promotion an der Justus-Liebig-Universität Gießen 1982; Bibliotheksdirektor i.K. i.R., Leiter der Bibliothek des Bischöflichen Priesterseminars Fulda 1984–2011. Veröffentlichungen zur Fuldaer Geschichte und zum Bibliothekswesen.

PD Dr. Britta-Juliane Kruse ist Privatdozentin im Fach Germanistik (Schwerpunkt Mediävistik) an der FU Berlin und wiss. Mitarbeiterin der Herzog August Bibliothek Wolfenbüttel. Als Senior Fellow des Alfried Krupp Wissenschaftskollegs Greifswald erforscht sie gerade die 1611 von Sophia Hedwig von Pommern Wolgast an ihrem Witwensitz Loitz gegründete Kirchenbibliothek.

PD Dr. Monika E. Müller hat Kunstgeschichte, lateinische und italienische Philologie sowie lateinische Paläographie in Tübingen und Urbino studiert. 2005 Promotion über die Wandmalereien und Stuckarbeiten von San Pietro al Monte di Civate, 2016 Habilitation in Göttingen über die Schrift- und Bildkultur in St. Michael in Hildesheim (11.–15. Jh.). Forschungsschwerpunkte: Buch- und Wandmalerei sowie Skulptur in Deutschland, Frankreich und Italien (11.–16. Jh.), mittelalterliche Bibliotheks-, Buch- und Wissensgeschichte, Druckgraphik (15.–16. Jh.).

Dr. theol. Hermann-Josef Schmalor studierte Katholische Theologie und absolvierte eine Ausbildung für den höheren Dienst an Wissenschaftlichen Bibliotheken. Promotion 2003, Honorarprofessor an der Theologischen Fakultät Paderborn 2013; Direktor der Erzbischöflichen Akademischen Bibliothek Paderborn 2009–2016.

Dr. Regula Schorta studierte Kunstgeschichte und mittelalterliche Geschichte an der Universität Bern; 1995 Promotion. 1992–1993 wiss. Mitarbeiterin am Dom- und Diözesanmuseum Hildesheim. 1994–2001 Leiterin der Textilkonservierungsabteilung, seit 2002 Direktorin der Abegg-Stiftung in Riggisberg.

Dr. Alessandra Sorbello Staub studierte Germanistik, Anglistik, Romanistik, Mittellateinische Philologie, Geschichte und historische Hilfswissenschaften in Catania, Freiburg i.Br., Bonn und Würzburg. Promotion 1998 in Würzburg mit einer Arbeit über mittelalterliche Fachliteratur. 1999 Post-Doc in Philadelphia, University of Pennsylvania. 1999–2011 im staatlichen Bibliotheksdienst (UB Frankfurt am Main, BSB München, WLB Stuttgart). Seit 2011 Direktorin der Bibliothek des Bischöflichen Priesterseminars Fulda. Seit 2015 Sprecherin der Gemeinsamen Altbestandskommission Kirchlicher Bibliotheken.

Prof. Dr. Ulrike Volkhardt studierte Musik und Philosophie in Hannover und Amsterdam. Prof. für Blockflöte/Aufführungspraxis Folkwang Universität der Künste. Intern. Konzerte Alte/Neue Musik. Gründerin/Leiterin div. Ensembles, CDs, Editionen, Publikationen. Gründerin European Recorder Players Society/Förderverein Kirchenbibliothek Barth (Beirat u.a. J. Bepler).